兴宁年鉴

XINGNING YEARBOOK

2021

兴宁年鉴编纂委员会 编

方志出版社
Publishing House of Local Records

图书在版编目（CIP）数据

兴宁年鉴．2021 / 兴宁年鉴编纂委员会编．-- 北京：方志出版社，2021.11
ISBN 978-7-5144-5020-0

Ⅰ．①兴… Ⅱ．①兴… Ⅲ．①兴宁 -2021- 年鉴 Ⅳ．① Z526.54

中国版本图书馆 CIP 数据核字（2021）第 263994 号

兴宁年鉴（2021）

编　　者：兴宁年鉴编纂委员会
责任编辑：罗　滔

出 版 者：方志出版社
地址　北京市朝阳区潘家园东里 9 号（国家方志馆 4 层）
邮编　100021
网址　http://www.zgfzcb.cn
发　　行：方志出版社图书经销中心
电话（010）67110500
经　　销：各地新华书店
印　　刷：梅州市强鑫印务有限公司

开　　本：889×1194　1/16
印　　张：24.5
字　　数：637 千字
版　　次：2021 年 11 月第 1 版　2021 年 11 月第 1 次印刷
印　　数：0001 ～ 1200 册

ISBN 978-7-5144-5020-0　定价：180.00 元

编辑说明

一、《兴宁年鉴》是中共兴宁市委、兴宁市人民政府主管，兴宁市地方志办公室主办的地方综合年鉴。《兴宁年鉴》以马克思列宁主义、毛泽东思想、邓小平理论、“三个代表”重要思想、科学发展观、习近平新时代中国特色社会主义思想为指导，坚持辩证唯物主义和历史唯物主义的立场、观点和方法。

二、《兴宁年鉴2021》（以下简称本年鉴）主要反映2020年兴宁市各项事业发展的基本情况。全书设特载、年度关注、大事记、兴宁概貌、政治、法治、军事、经济、教科文卫体、社会生活、镇（街道）、名录、附录13个类目，约42万字，随文图片226幅。

三、本年鉴有计划地选取一批具有典型意义，能反映兴宁市新貌，能体现时代特征、地方特色、行业特色和年度亮点，有存史价值的彩色图片，图文并茂、形象直观地反映兴宁各方面的发展变化。

四、本年鉴为方便读者检索，采用类目、分目、次分目、条目4个层次的结构形式，不同层次的标题在字体、字号和版式上都有明显的区别。行文中简称的“省”指广东省，“市”指兴宁市。

五、本年鉴所用资料由各镇（街道）、市直各单位提供，并经所在单位领导审定，年鉴编辑部据以编纂成书。各单位撰稿人姓名、图片提供者源自来稿所注。

六、本年鉴中所用的统计数字，主要由供稿单位提供，部分增长数字未使用可比价格，由于文内统计口径不一，在使用时以市统计局公布的数字为准。图片专辑中的数据如与正文相关数据有出入的，以正文为准。

七、本年鉴绝大部分计量单位使用国家法定计量单位，但尊重某些行业或单位的使用习惯和标准，书中也使用一些其他的计量单位。文字、标点符号、数字用法均执行国家标准。

八、本年鉴配备双重检索系统，前有目录检索，后有按汉语拼音字母顺序排列的主题索引，方便读者检索。

兴宁市行政区划图

兴宁市行政区划统计简表

镇(街道)	村（社区）名称及数量
兴田街道	鹅三 鹅湖 米寨 管岭 一联 洋岗（村6个）河背 兴田 西郊 南郊 东街 城东 宁江 城北 宝华 金源 官汕 大新 泰宁 永泰 怡兴 明珠（社区16个）
福兴街道	大塘 新联 五里 高田 梅子 神光 锦华 黄畿 墨池 向阳（村10个）福兴 新城 兴南 锦绣（社区4个）
宁新街道	黄岭 大岭 文星 水楼 横湖 横新 洋里 寨仔 大路 阳光 大圳 高陂（村12个）佛岭 洋岭 城南 东风 宁新 商业城 茶都 曙光（社区8个）
罗浮镇	浮中 高坑 浮北 浮西 塘社 勤光 浮美 岩前 罗栋 小佑 蕉坑 象湖 瑶兴 中和 新南 上下畲 中坑 浮东 东星 澄联 徐田 练优 浮南 岭南 浮塘（村25个）罗浮（社区1个）
罗岗镇	五五 白水 白群 柿子坪 蕉坑 蕉一 罗中 德丰 富强 福胜 徐坑 霞岚 红旗 红星 坳下 罗东 联兴 联东 官庄 高陂 源清 澄清 五福 溪联 溪庄 溪东 溪群 溪一 元潘 潘洞（村30个）罗岗（社区1个）
黄槐镇	槐东 槐西 西埔一 禾村 双龙 双下 下宝龙 上宝龙 宝丰 新村 黄溪 西埔二（村12个）黄槐（社区1个）
大坪镇	金坑 友联 大东 长坑 坪联 坪光 潭坑 小碰 龙塘 双红 吴田 岭东 岭河 布骆 佛坳 屏汉 新春 白云 胜利 祠堂 坪中 秋水 鸽池 黄坑 兰塘 咨洞 大福 将军 上河岭 下河岭 上大塘 下大塘 陶坑 兰亭 兰塘寨 朱坑 上黄坑（村37个）大坪（社区1个）
黄陂镇	土墩 联丰 留陂 虎留 学士 振光 桥尾 五星 寺岗 黄石 春勤 樟坑 上翁 下翁 粒坑 三佳 龙溪 陶塘 后山 陶古 径口 径中 甘一 甘专 中心 浊水 大一 大二（村28个）黄陂（社区1个）
叶塘镇	麻岭 上径 下中 黄竹 鸭池 莲池 �竹 西山 陂下 长丰 双涵 汤湖 富祝 下径 上中 河西 田心 龙坪 下洋 大路下 彭陂 岳桥 上岳 甘塘 大众 同众 北塘 群星 新生 留桥 建新 黎明 乌池 龙塘 洋陂 石新 教礼 三口塘 胜青 苏京 三变（村41个）叶塘（社区1个）
合水镇	中官 石陂 明星 霞洞 洋田 罗英 下官 上官 白泡 龙东 罗陂 溪唇 富和 五联 湖岭 双溪 乐群 麻坑（村18个）合水 龙北 （社区2个）
新陂镇	先声 茅塘 福庆 福民 福丰 茶塘 乐仙 三新 新元 家庄 华新 新金 上长岭（村13个）新陂（社区1个）
龙田镇	凉伞 金星 曲塘 坪见 龙盘 鸳塘 环陂 鸡公桥 蓼塘 五一 丽溪 碧园 羊岭 高陂 水陂 石壁（村16个）龙田（社区1个）
石马镇	石岌 上庄 下庄 三社 虎石 小水 秀水 大觉 三联 马上 马下 马石 新石 郑塘 新田 刁田 新群 陶背 向前 洋门 礤下 米渡 李塘 蕉联 宫前 公陂（村26个）石马（社区1个）
宁中镇	龙岗 和新 石岭 坪塘 和一 建民 新塘 凉新 土坑 邹陶 文一 大茔 陂丰 蕉塘 和山 古塘 星民 枫岭 竹一 丝光 丝新 鸭桥 鹅一（村23个）宁中（社区1个）
永和镇	大成 成鹤 沙坪 石陂 新中 永星 永生 华峰 华岭 廉峰 长安 蓝排 仁里 三枫 锦洞 长新 林场 湖尾 新寨 夜明 七层 板子 振兴 崇新（村24个）永和 （社区1个）
径南镇	马山 胪声 新洲 李连 宝山 半径 圩下 宝兴 章峰 坪宫 官亭 黄坑 浊水 章印 柏塘 坪埔 陂蓬 太阳 珊田 白石 先锋 星耀 双梧 东升（村24个）径南（社区1个）
刁坊镇	罗坝 圩东 周兴 长征 贵峰 新建 新坪塘 黄沙 联新 长段 河塘岭 郑江 荷慕 横江岭 三潭 新兴 瑶岗 建兴 红光 新光 金银 刁潭（村22个）刁坊（社区1个）
坭陂镇	红卫 新岭 上笃陂 东联 陂新 陂宁 东红 南方 笃陂 丙塘 东方 新民 大新 将军 新湖 东山 理中 文德 东兴 文东 宣明 柑子 角塘 王村 官陂 合湖 汤一 汤二 黄垌 湖柏 河心（村31个）坭陂（社区1个）
新圩镇	民新 大村 茶星 步东 曹田 双头 官峰 寨塘 船添 新丰 新北 新里 鲤湖 崇上 石崖 莲塘 蓝布 蓝二 虎洞（村19个）新圩（社区1个）
水口镇	璜江 新坪 双成 森丰 坪畲 宋声 径下 下畲 茂兴 共寨 光夏 河口 松陂 教美 黎光 前锋 群兴 布头 博溪 先锋 井下 石下 官岭 东升 光华 洋槐

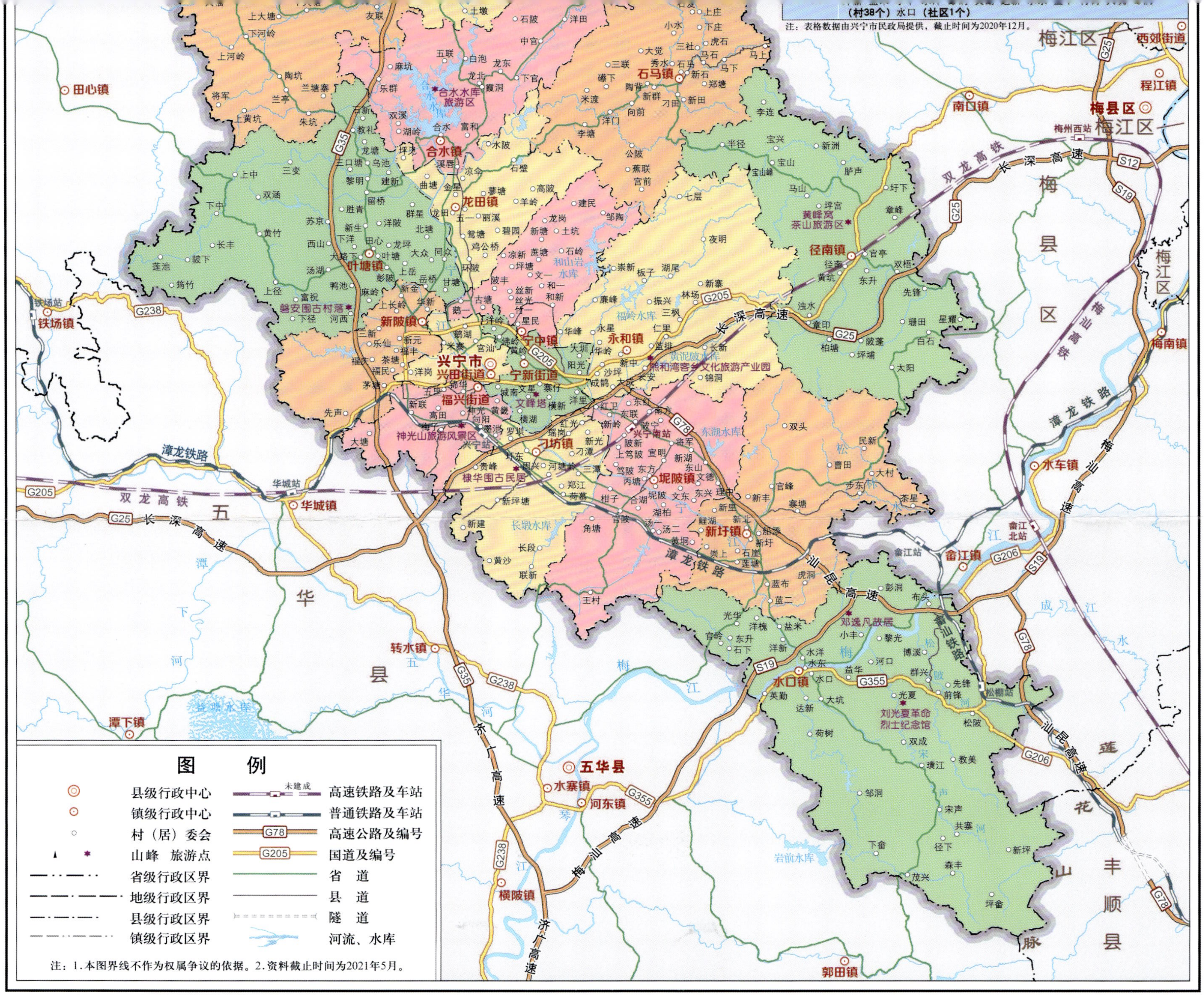

广东省地图院 编制

比例尺 1:270 000

审图号：粤MS(2021)002号

兴宁市中心城区图

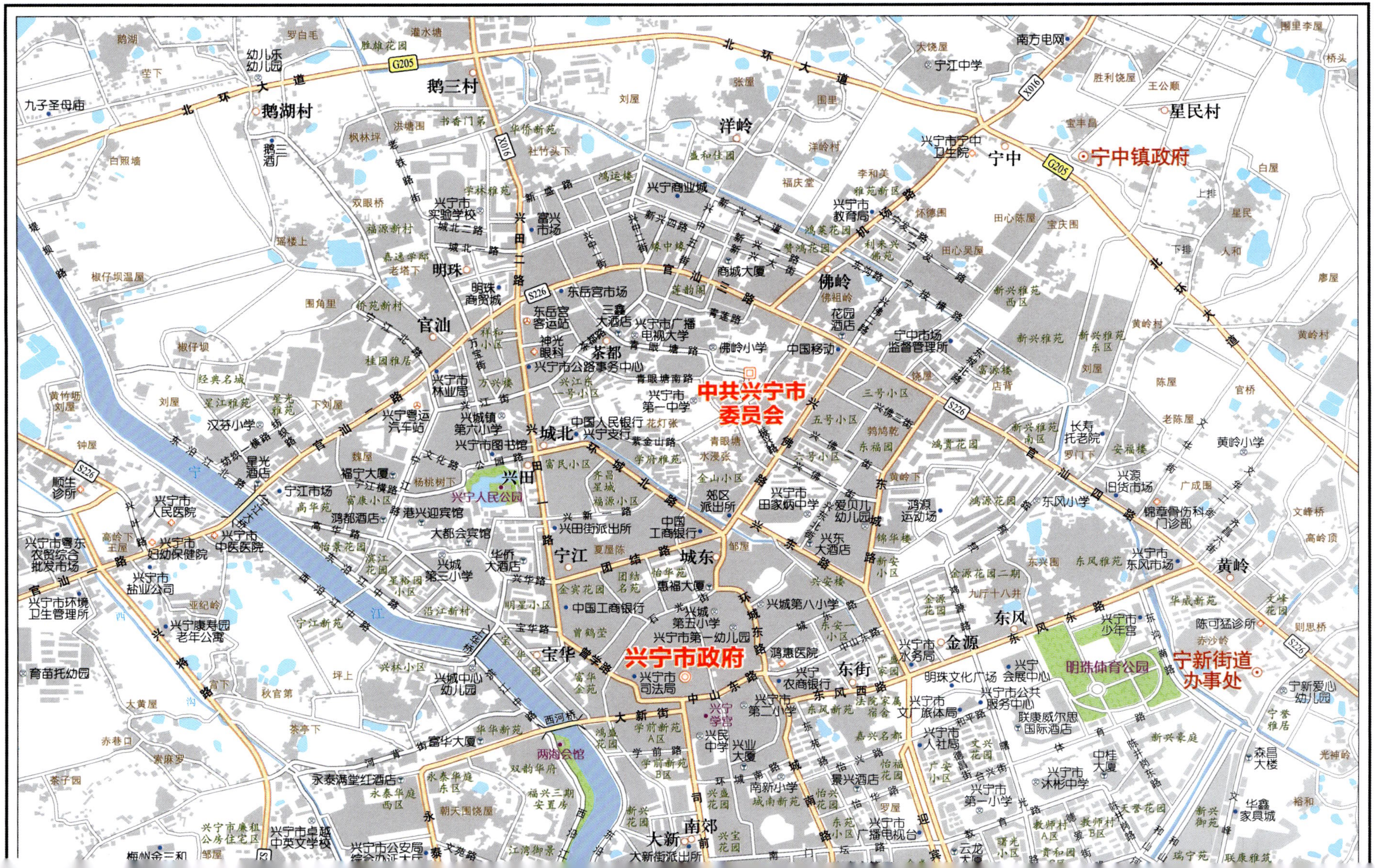

兴宁市政府
中共兴宁市委员会
宁中镇政府
宁新街道办事处
明珠体育公园
兴宁人民公园
两海会馆
兴宁学宫
北环大道
官汕一路
官汕二路
官汕三路
官汕四路
兴田一路
兴田二路
东风东路
东风西路
中山东路
中山西路
环城北路
环城东路
团结路
兴城北路
大新街
东岳宫市场
兴宁商业城
商城大厦
佛岭
明珠
官汕
茶都
城北
兴田
宁江
城东
宝华
东街
东风
金源
黄岭
南郊
大新
洋岭
鹅三村
鹅湖村
星民村
宁中
兴宁市第一中学
中国移动
兴宁市教育局
兴宁市人民医院
兴宁市中医医院
兴宁市妇幼保健院
兴宁市司法局
兴宁市第一幼儿园
兴城第五小学
兴城第八小学
中国工商银行
中国人民银行
鸿惠医院
九子圣母庙
育苗托幼园
宁江中学
南方电网
黄岭小学
东风小学
佛岭小学
汉芬小学
兴宁粤运汽车站
东岳宫客运站
兴宁市图书馆
港兴迎宾馆
大都会宾馆
鸿都酒店
福宁大厦
宁江市场
明珠文化广场
会展中心
联康威尔思国际酒店
森昌大楼
华鑫家具城

广东省地图院　编制

审图号：粤MS(2021)002号

兴宁名片

文化之乡

华侨之乡

商贸之乡

足球之乡

中央苏区县

客家山歌之乡

中国花灯之乡

中华诗词之乡

中国油茶之乡

中国围龙屋之乡

全国粮食生产先进县

中国民间艺术杯花舞之乡

数字兴宁 2020

土地面积 2104.85 平方千米

户籍人口 116.35 万人
常住人口 77.94 万人

地区生产总值 179.17 亿元

第一产业增加值 51.70 亿元

第二产业增加值 26.87 亿元

规模以上工业增加值 12.71 亿元

第三产业增加值 100.59 亿元

全体居民人均可支配收入 23365 元

城镇居民人均可支配收入 27947 元

农村居民人均可支配收入 19241 元

金融机构存款余额 379.3 亿元

社会消费品零售总额 101.33 亿元

进出口贸易总额 5.66 亿元

实际利用外资直接投资 101 万元

地方公共财政预算收入 10.34 亿元

地方公共财政预算支出 71.93 亿元

空气质量优良率 99.45%

森林覆盖率 67.03%

农业龙头企业 106 家

全社会用电量 12.86 亿千瓦时

货物周转量 5.2 亿吨千米

旅客周转量 3863 万人千米

邮电业务总量 1.24 亿元

接待旅客总数 211.35 万人次

旅游总收入 12.73 亿元

在校中小学生人数 125086 人

公办在职教职工 9687 人

卫生技术人员 3189 人

卫生床位数 2983 张

兴宁市第七次人口普查主要数据

人口性别构成

单位：人

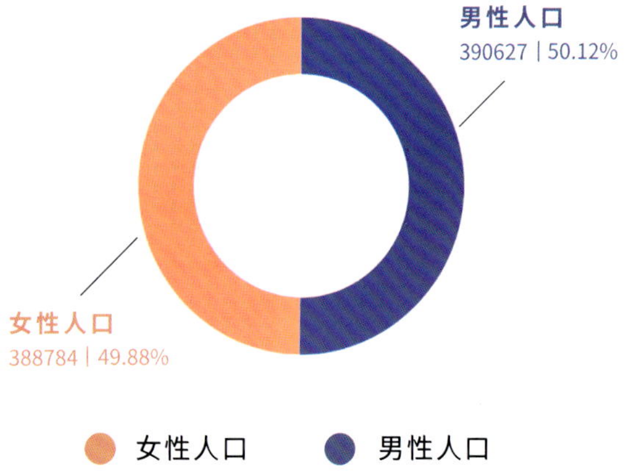

人口年龄构成

单位：人

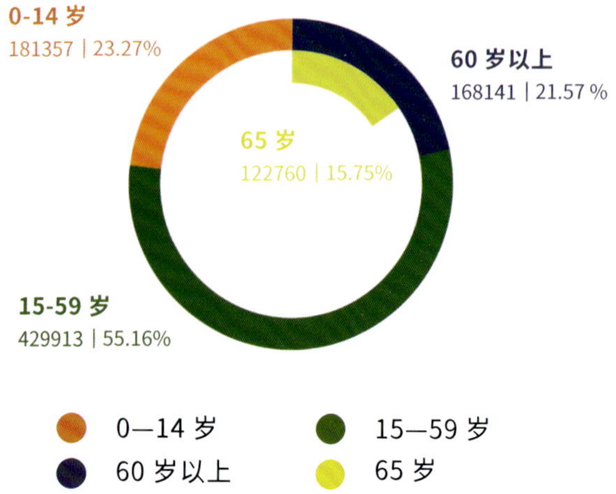

各镇（街道）常住人口

单位：人

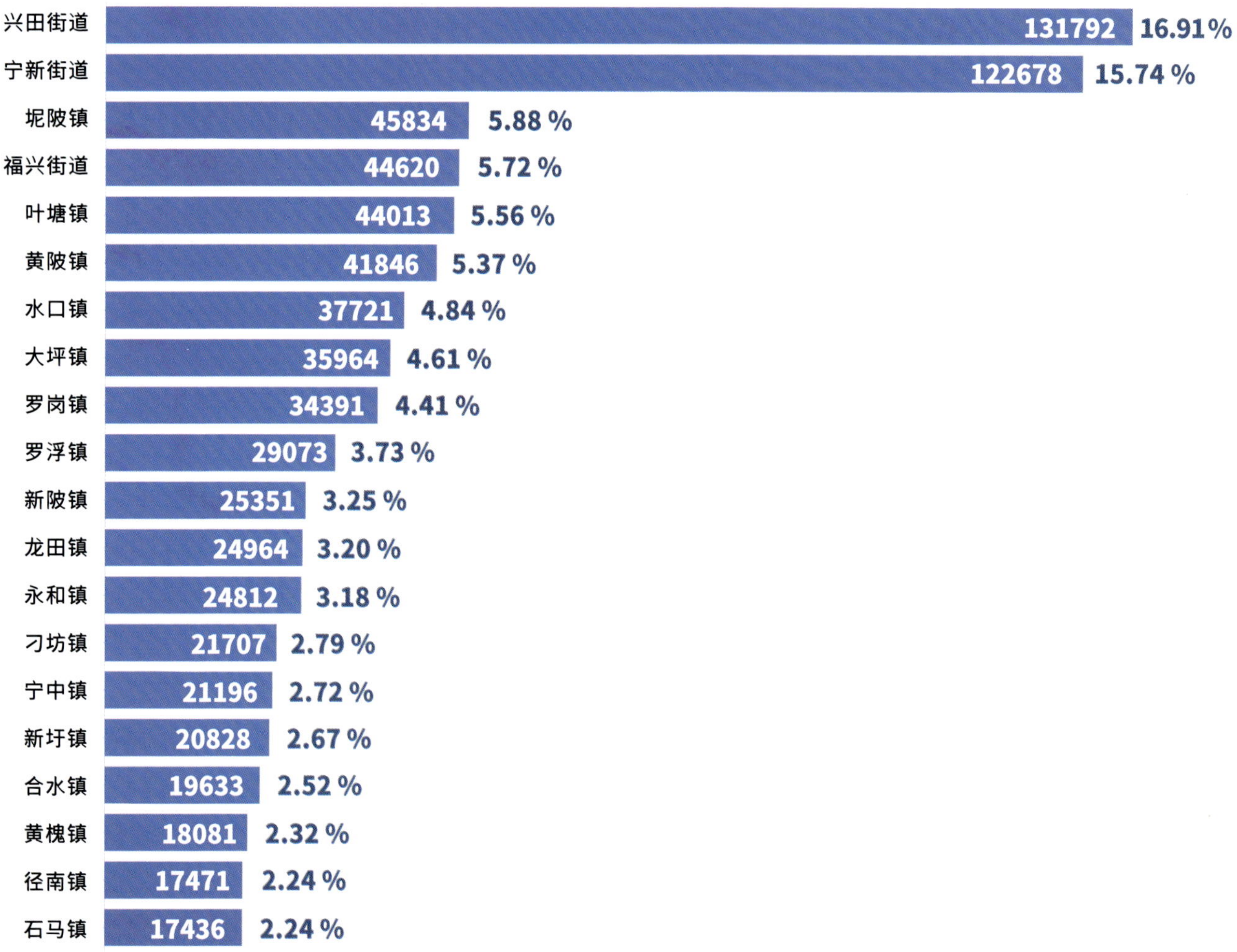

兴宁市部分机构全称、简称对照表

序号	机构全称	机构简称
1	中共兴宁市纪律检查委员会、兴宁市监察委员会	市纪委监委
2	中共兴宁市委办公室	市委办公室
3	中共兴宁市委组织部	市委组织部
4	中共兴宁市委宣传部	市委宣传部
5	中共兴宁市委统一战线工作部	市委统战部
6	中共兴宁市委政法委员会	市委政法委
7	中共兴宁市委机构编制委员会办公室	市委编办
8	中共兴宁直属机关工作委员会	市直机关工委
9	中共兴宁市委巡察工作领导小组办公室	市委巡察办
10	中共兴宁市委老干部局	市委老干部局
11	兴宁市民族宗教事务局	市民族宗教局
12	兴宁市人民政府办公室	市政府办公室
13	兴宁市发展和改革局	市发展改革局
14	兴宁市教育局	市教育局
15	兴宁市科工商务局	市科工商务局
16	兴宁市公安局	市公安局
17	兴宁市民政局	市民政局
18	兴宁市司法局	市司法局
19	兴宁市财政局	市财政局

续表

序号	机构全称	机构简称
20	兴宁市人力资源和社会保障局	市人力资源社会保障局
21	兴宁市自然资源局	市自然资源局
22	兴宁市住房和城乡建设局	市住房城乡建设局
23	兴宁市交通运输局	市交通运输局
24	兴宁市水务局	市水务局
25	兴宁市农业农村局	市农业农村局
26	兴宁市文化广电旅游体育局	市文化广电旅游体育局
27	兴宁市卫生健康局	市卫生健康局
28	兴宁市退役军人事务局	市退役军人事务局
29	兴宁市应急管理局	市应急管理局
30	兴宁市审计局	市审计局
31	兴宁市市场监督管理局	市市场监管局
32	兴宁市统计局	市统计局
33	兴宁市医疗保障局	市医保局
34	兴宁市城市管理和综合执法局	市城市管理和综合执法局
35	兴宁市信访局	市信访局
36	兴宁市政务服务数据管理局	市政务服务数据管理局
37	兴宁市林业局	市林业局
38	兴宁市人民代表大会常务委员会办公室	市人大常委会办公室
39	中国人民政治协商会议广东省兴宁市委员会	市政协
40	广东省兴宁市人民法院	市法院

续表

序号	机构全称	机构简称
41	广东省兴宁市人民检察院	市检察院
42	中国国民党革命委员会兴宁市委员会	市民革
43	中国民主同盟兴宁市委员会	市民盟
44	中国民主建国会兴宁市委员会	市民建
45	兴宁市总工会	市总工会
46	中国共产主义青年团兴宁市委员会	团市委
47	兴宁市妇女联合会	市妇联
48	兴宁市科学技术协会	市科协
49	兴宁市社会科学界联合会	市社科联
50	兴宁市文学艺术界联合会	市文联
51	兴宁市归国华侨联合会	市侨联
52	兴宁市残疾人联合会	市残联
53	兴宁市工商业联合会	市工商联
54	中共兴宁市委党校	市委党校
55	兴宁市地方志办公室	市地方志办
56	兴宁市招商和企业服务中心	市招商和企业服务中心
57	兴宁市公路事务中心	市公路事务中心
58	兴宁市房产服务中心	市房产服务中心
59	中共兴宁市委党史研究室	市委党史研究室
60	兴宁市社会保险基金管理局	市社保局
61	兴宁市档案馆	市档案馆

续表

序号	机构全称	机构简称
62	兴宁市人民武装部	市人武部
63	武警梅州支队兴宁中队	武警兴宁中队
64	兴宁市消防救援大队	市消防救援大队
65	梅州市住房公积金管理中心兴宁市经办业务分理处	兴宁市住房公积金分理处
66	兴宁市融媒体中心	市融媒体中心
67	兴宁市供销合作社联合社	市供销联社
68	国家税务总局兴宁市税务局	市税务局
69	兴宁市气象局	市气象局
70	东莞石碣（兴宁）产业转移工业园管理委员会	市工业园管委会
71	兴宁市二轻集体企业联社	市二轻联社
72	中国电信股份有限公司兴宁分公司	中国电信兴宁分公司
73	中国移动通信集团广东有限公司兴宁分公司	中国移动兴宁分公司
74	中国联合网络通信有限公司兴宁市分公司	兴宁联通
75	中国人民银行兴宁市支行	人行兴宁支行
76	中国邮政集团有限公司广东省兴宁市分公司	兴宁邮政
77	广东电网有限责任公司梅州兴宁供电局	兴宁供电局
78	广东烟草梅州市有限公司兴宁市分公司	兴宁市烟草专卖局（分公司）
79	广东省盐业集团梅州有限公司兴宁分公司	兴宁盐业公司
80	兴宁市自来水总公司	市自来水总公司

《兴宁年鉴2021》
涉及的部分缩略语注解

“1+1+9”：是广东省委十二届四次全会部署的重点任务，其中两个“1”分别指的是坚定不移加强党的领导和党的建设以及以新担当新作为不断把改革开放推向深入；一个“9”指的是举全省之力推进粤港澳大湾区建设，加快建设科技创新强省，扎实推进高质量发展，加快建设现代化经济体系，坚决打好三大攻坚战，实施乡村振兴战略，构建“一核一带一区”区域发展新格局，加快文化强省建设，营造共建共治共享社会治理格局九方面重点工作。

“123456”：是梅州市委、市政府落实广东省委“1+1+9”工作部署的施工图，即要走好一条绿色发展之路；深化广东梅兴华丰产业集聚带和梅江韩江绿色健康文化旅游产业带“两带”建设；建设宜居宜业宜游“三宜”城市；改善教育、医疗、社保、平安四个重点民生；构建“五星争辉”格局；突出政治建设、基层党建、干部建设、意识形态、正风肃纪反腐和发挥党委领导核心作用六项工作。

一城一廊一带：“一城”是指梅州副中心城市，“一廊”是指创新创业发展长廊，“一带”是指生态涵养发展带。

“三旧”改造：为广东省特有的改造模式，分别是“旧城镇、旧厂房、旧村庄”改造。

PPP模式：为Public-Private Partnership的英文首字母缩写。指在公共服务领域，政府采取竞争性方式选择具有投资、运营管理能力的社会资本，双方按照平等协商原则订立合同，由社会资本提供公共服务，政府依据公共服务绩效评价结果向社会资本支付对价的一种模式。

放管服：简政放权、放管结合、优化服务的简称。

刑释解矫：指刑满释放人员和解除社区矫正人员。

空壳村：指集体经济薄弱、财政亏空的村子。

“两新”组织：是指新经济组织和新社会组织的简称。新经济组织指的是私营企业、外商投资企业、港澳台商投资企业、股份合作企业、民营科技企业、个体工商户、混合所有制经济组织等各类非国有集体独资的经济组织。新社会组织，指的是社会团体和民办非企业单位。

社区大党委：是由社区党组织牵头与辖区机关、企事业单位在平等基础上，以共同需要、共同利益、共同目标为纽带，建立起的社区各单位党组织相互联系，沟通信息，交流经验，研究、协调社区党建和社区工作的区域化党建组织实体。

头雁工程：选优配强基层党组织书记。

“三定”规定：指对机关、事业单位主要职责、内设机构、人员编制及领导职数等内容进行确定，按照统一的体例和审核审批程序，由党中央、国务院以及地方党委、政府印发的“主要职责、内设机构和人员编制”的规范性文件，是部门履行职责的重要依据。“三定”规定即“定职能、定机构、定编制”的简称。

政务服务“四免”：即政府部门核发的材料原则上免提交、政府部门形成的业务表单数据原则上免填写，可用电子印章的免用实物印章，可用电子签名的免用手写签名，实现更多事项全程网办。

粤省事：我国首个集成民生服务微信小程序，也是广东省“数字政府”改革建设的重要成果，用户通过“实人+实名”身份认证核验，即可在小程序通办多项民生服务事项。

粤商通：面向全省1200万商事主体的移动应用平台，实现企业办事“一站式”“免证办”“营商通”。

粤政易：由广东省统一建设、分级管理，供广东省内各级政务工作人员处理公文、信息、事务的移动办公平台。

一门式、一网式：“一门式”，即建立前台综合受理、后台分类审批、统一窗口出件的服务模式；“一网式”，即将行政审批事项和公共服务事项整合到一张“网”来办理。

双随机、一公开：指工商和市场监管部门在依法实施工商职能监督检查时，采取随机方式抽取被检查对象，随机方式选派执法检查人员，及时公开检查结果。

政务服务“好差评”：指政务服务对象及社会各界对政务服务机构、平台及工作人员的服务质量作出的评价。

双统筹：即统筹推进疫情防控和经济社会发展。

三不：即不敢腐、不能腐、不想腐。

三资：即农村集体经济中的资金、资产、资源。

四风：即形式主义、官僚主义、享乐主义和奢靡之风。

“五个一”服务：即一个项目、一个领导、一个专班、一个方案、一抓到底。

雪亮工程：指公共安全视频监控联网应用项目。

“六稳”：即稳就业、稳金融、稳外贸、稳外资、稳投资、稳预期。

“六保”：即保居民就业、保基本民生、保市场主体、保粮食能源安全、保产业链供应链稳定、保基层运转。

“清四乱”：指对流域面积1000平方千米以上河流、水面面积1平方千米以上湖泊管理范围内乱占、乱采、乱堆、乱建等问题开展的专项整治行动。

“五清”：指在江河湖库开展清理非法排污口、清理水面漂浮物、清理底泥污染物、清理河湖障碍物、清理涉河湖违法违建的专项整治行动。

“四好农村路”：指把农村公路建好、管好、护好、运营好。

“房地一体”确权登记：指将农村宅基地和集体建设用地使用权及地上的建筑物、构筑物实行统一权籍调查、统一确权登记、统一颁发房地一体不动产权证书。

“两新一重”：指新型基础设施，新型城镇化，交通、水利等重大工程。

“五有一网格”防控措施：“五有”指要有疫情防控指南，有防控管理制度和责任人，有适量防护物资储备，有属地医疗卫生力量指导支持，有隔离场所和转运安排准备等措施。“一网格”指镇（街）、村（社区）要落实网格化管理，组织人员到户到人，做好重点人群的信息登记、摸排和监测等工作，督促落实好个人防护措施，发现异常情况及时了解、核实和报告。

“六个一批”：即“引进一批”“招聘一批”“吸收一批”“培养一批”“支援一批”“调剂一批”。

“专精特新”：指“专业化、精细化、特色化、新颖化”。

“个十百千万”思路举措：指梅州市政府提出的园区和招商工作思路，即每年一个招商会、一个亿的财政资金投入；新入园10个项目、固定资产投资实现10%的增长；增加收储土地100亩以上、早日达到百亿工业产值；达到9000亩总规模、每年增加税收1000万元以上；建成1万平方米以上的标准厂房，实现万人以上就业。

“三权分置”：指所有权、承包权、经营权三权分置。

“三变”改革：指“资源变资产、资金变股金、农民变股东”。

“四不摘”：指脱贫摘帽后不摘责任、不摘政策、不摘帮扶、不摘监管。

“三区三线”：“三区”是指生态空间、农业空间、城镇空间；“三线”是指生态保护红线、永久基本农田保护红线、城镇开发边界。

“三线一单”：即指生态保护红线、环境质量底线、资源利用上线和生态环境准入清单。

“一照三证”：指的是营业执照、健康证、广东省食品安全管理员证、小作坊登记证。

“两类人员”：指的是营业窗口的营业员、行政管理人员。

“三员”：指的是客户专员、终端专员、信息专员。

政务服务“四免”：政府部门核发的材料原则上免提交，政府部门形成的业务表单数据原则上免填写，可用电子印章的免用实体印章，可用电子签名的免用手写签名。

“两癌”免费筛查：是兴宁市根据《中国妇女发展纲要（2011—2020年）》及《“健康广东2030”规划》等文件精神，落实广东省政府进一步推动实施妇女“两癌”免费筛查要求，免费为妇女提供宫颈癌和乳腺癌相关检查的项目，三年一期。在兴宁市主要面向全市35岁至64岁的兴宁市户籍妇女及粤东西北地区与江门市的90个欠发达县（市、区）在该市常住的广东户籍妇女。

2020 年 1 月 11 日，中国共产党兴宁市第十三届委员会第十次全体会议在市会展中心召开 （刘海阳 摄）

2020 年 3 月 30 日，中共兴宁市纪委十三届五次全体会议召开 （刘海阳 摄）

2020 年 6 月 18—19 日，兴宁市第十五届人民代表大会第六次会议在市会展中心召开　　（刘海阳　摄）

2020 年 6 月 17—18 日，中国人民政治协商会议第十四届兴宁市委员会第五次会议在市会展中心召开　　（刘海阳　摄）

2020 年 7 月 6 日，兴宁市产业转移工业园举行 10 个项目集中动工仪式 （刘海阳 摄）

2020 年 9 月 22 日，农民丰收节活动在叶塘镇举行 （陈伟 摄）

2020 年 9 月 30 日，兴宁市在合水革命烈士陵园举行公祭活动　　（陈建军　摄）

2020 年 11 月 11 日，兴宁丝苗香米年平均亩产量达 1300.12 千克，破世界纪录

（王丽华　摄）

2020 年 11 月 16 日，2020 第二届梅州互联网大会在兴宁市会展中心召开

（黄伟金 摄）

2020 年 12 月 28 日，国家重大革命历史题材电影《生死坚守》在兴宁开影　（刘海阳 摄）

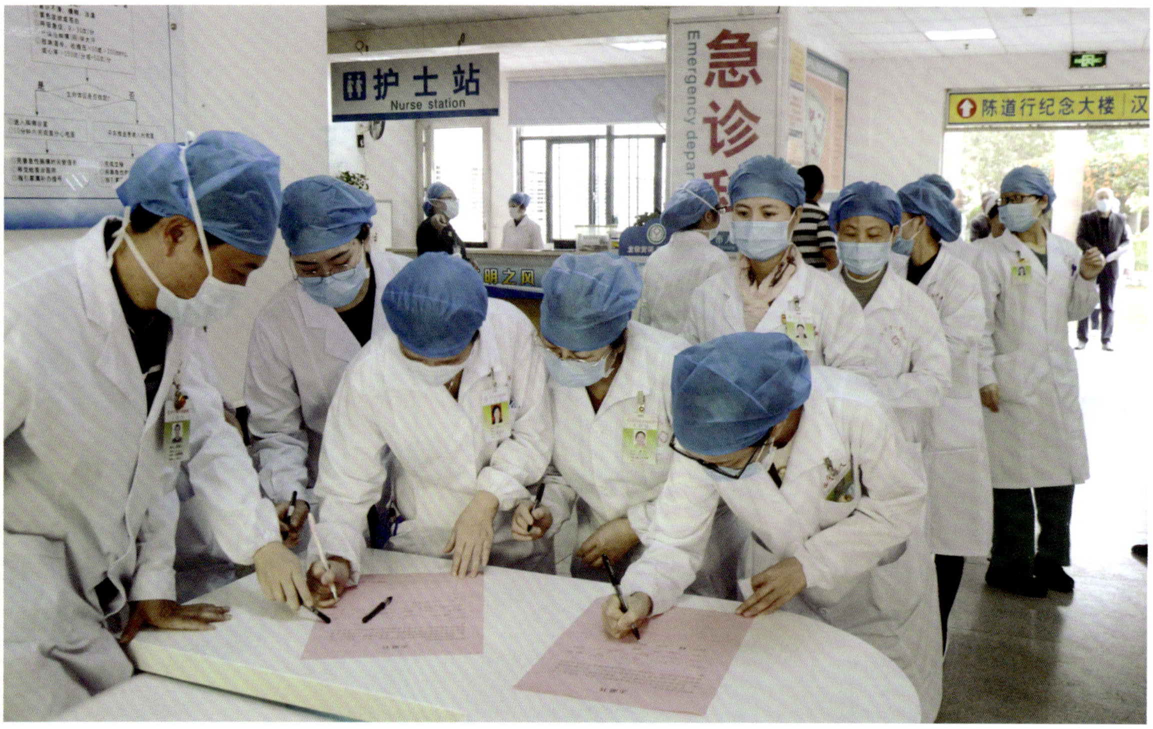

2020 年 1 月 24 日，兴宁市人民医院医护人员请缨到抗疫一线

（市人民医院提供）

2020 年 1 月 28 日，兴宁市公安局领导检查督导疫情防控工作　　（市公安局提供）

2020 年 2 月 2 日，兴宁市公安局组建疫情防控先锋队　　（市公安局提供）

2020 年 2 月 4 日，兴宁市卫生监督所开展消毒产品行业专项监督检查工作
（市卫生健康局提供）

2020 年 2 月 11 日，兴宁市援鄂医疗队出征　　（市人民医院提供）

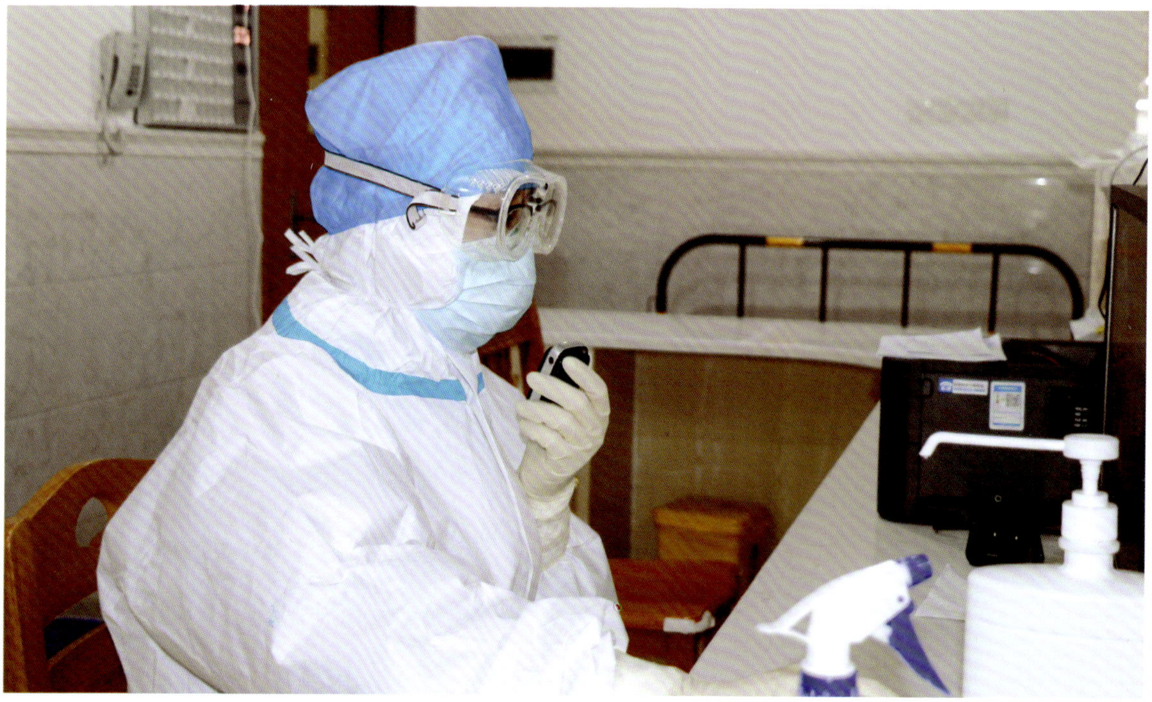

兴宁市第五人民医院隔离病房　　（市卫生健康局提供）

兴宁市援鄂医护人员合影　　　　　　　　　　（市卫生健康局提供）

2020 年 4 月 4 日，兴宁市援鄂医护人员平安回家　　　　　　　　　　（市人民医院提供）

2020 年 2 月 13 日，兴宁市公安局对商铺进行疫情防控排查　　（市卫生健康局提供）

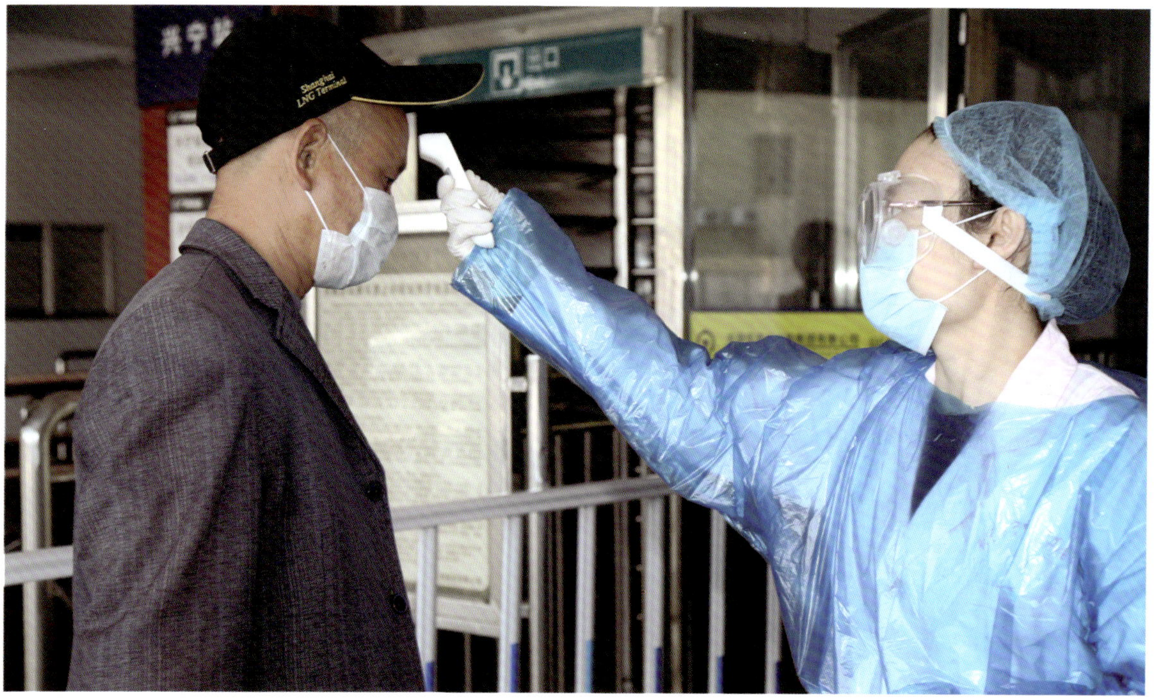

兴宁市抗疫工作人员在火车站测温　　（市卫生健康局提供）

兴宁市在高速路口组织疫情防控排查 （陈建军 摄）

兴宁市组织捐献抗疫慰问物资 （市卫生健康局提供）

南部新城（黄伟金 摄）

罗浮镇澄联村（陈建军 摄）

罗浮镇光伏发电项目　　（黄伟金 摄）

乡村变迁　　（张永林 摄）

大坪镇友联村 （市委农办提供）

合水水库 （张文煌 摄）

无人机喷洒农药　　（王振华　摄）

捕捞现场　　（王振强　摄）

兴宁陶器制作技艺　（袁火坤 摄）

兴宁竹篾编织技艺　（袁火坤 摄）

兴宁火车站至水口镇国防线改造后　（黄伟金 摄）

新农村机械化收割　（曾翠芳 摄）

破而后立·先行者

作者：吴浩镐

入选美好生活——
广东省美术作品展

中国故事

作者：吴浩镐

第十四届广东省
艺术节优秀美术作品展
银奖

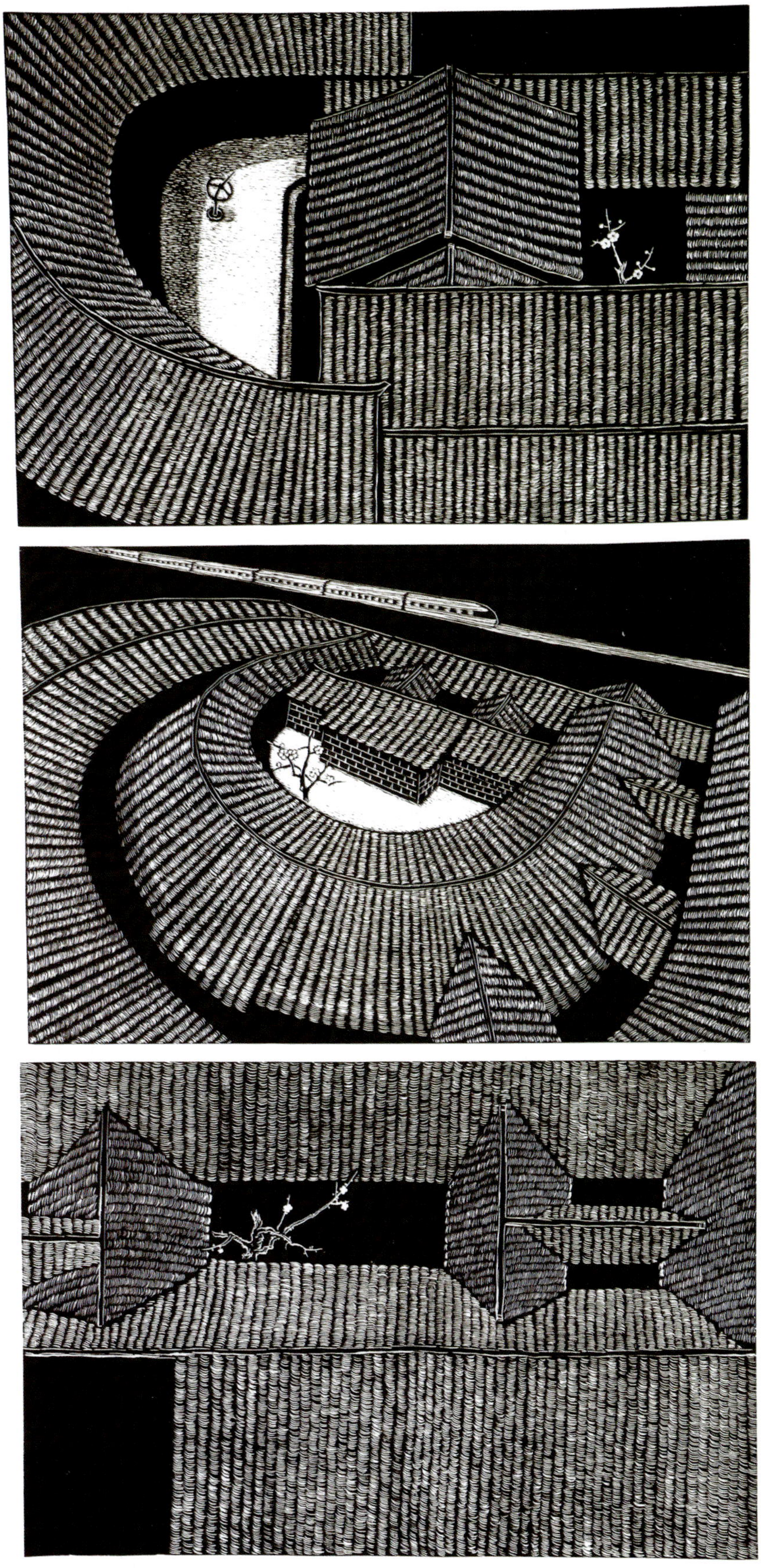

客家古屋之春

作者：林焕权

入选美好生活——
广东省美术作品展

丝路愿景

作者：罗远娟

入选第十四届
广东省艺术节
优秀美术作品展

高路入云端

作者：梁侃

入选第十四届
广东省艺术节
优秀美术作品展

目录

特载

年度关注

大事记

兴宁概貌

政 治

中共兴宁市委员会

兴宁市人民代表大会

兴宁市人民政府

政协兴宁市委员会

纪检监察

民主党派·工商联

群众团体

法 治

军 事

经 济

经济管理

财政·税收

金融

城乡建设

农 业

工 业

交通运输

邮 电

商贸流通

教科文卫体

教育·科技

文 化

卫生健康·体育

社会生活

镇(街道)

名 录

附 录

特载

责任编辑：曾永宏

在市委十三届十二次全会上的报告

（2021年1月27日）

兴宁市委书记　余其豹

这次会议的主要任务是，以习近平新时代中国特色社会主义思想为指导，深入贯彻落实习近平总书记出席深圳经济特区建立40周年庆祝大会和视察广东重要讲话、重要指示精神，全面贯彻中共十九届五中全会、中央经济工作会议精神，认真落实省委十二届十一次、十二次、十三次全会和梅州市委七届十次全会部署，总结我市2020年工作，谋划“十四五”时期我市经济社会发展，审议《中共兴宁市委关于制定国民经济和社会发展第十四个五年规划和二〇三五年远景目标的建议》，部署2021年工作，动员全市上下感恩奋进、乘势而上，奋力谱写兴宁苏区高质量发展新篇章，为广东在全面建设社会主义现代化国家新征程中走在全国前列、创造新的辉煌做出应有贡献！

一、攻坚克难，2020年工作取得尤为不易的新成效

2020年是极为不易的一年。面对新冠肺炎疫情和经济下行压力，我们坚持观大势、谋全局、干实事，坚决贯彻中央和省委、梅州市委决策部署，统筹推进疫情防控和经济社会发展，全面践行新发展理念，紧抓“六稳”“六保”工作不放松，全面打赢脱贫攻坚战，经济社会发展保持稳中有进的良好态势，决胜全面建成小康社会取得决定性成就。

——鼓舞人心的是全市创业奋进的干劲得到激发。10月12—14日，习近平总书记时隔两年再次亲临广东考察指导，赋予广东在全面建设社会主义现代化国家新征程中走在全国前列、创造新的辉煌的总定位总目标，为新发展阶段做好各项工作指明了方向，提供了遵循。10月19—20日，省委书记李希专程到梅州、兴宁调研，面对面、手把手指导我们学习贯彻落实习近平总书记重要讲话、重要指示精神，对兴宁乡村振兴、脱贫攻坚等工作给予肯定并对今后工作作出明确要求，让我们思路更清晰、路径更明确。省人大、省政协、省委组织部等领导相继到兴宁调研指导，梅州市委、市政府主要领导多次深入兴宁，为兴宁发展把脉问诊开方并肯定“双统筹”工作，充分体现了省委省政府、梅州市委市政府对兴宁发展的高度重视、对兴宁人民的关心关爱，让我们备受鼓舞、倍添信心、倍添干劲，极大地激发了全市上下奋进新征程、谱写新篇章的昂扬斗志。

——来之不易的是疫情防控取得重大胜利。疫情发生后，我们坚决响应习近平总书记的号召，把疫情防控作为压倒一切的首要政治任务，全市总动员、全民大行动、社会各界踊跃捐款捐物、党员干部冲锋在前，迅速构筑起联防联控、群防群治的严密防线。5名医护人员驰援湖北，8例确诊病例全部治愈出院，实现无死亡病例、无医院感染、无社区传播。全市上下齐心战疫情、协力保生产，经济社会秩序全面恢复，在应对大考中展现了使命担当、汇聚了磅礴力量。

——难能可贵的是经济运行实现稳中提质。面对经济下行压力，我们千方百计复工复产，坚持项目为王、企业为上，深入实行市领导挂钩联系重点项目制度，狠抓项目建设拉动有效投资，推动经济第三季度实现由负转正，有力夺取“双统筹、双胜利”。全年实现地区生产总值179.17亿元，比增0.4%；固定资产投资84.57亿元，比增40.7%，位列梅州第1；一般公共预算收入10.34亿元，比增1.2%；工业投资28.03亿元，比增45.8%；金融机构存贷比提高到62.87%。181个老区苏区振兴发展项目推动实施71个，36个省市重点项目完成投资47.57亿元，年度投资完成率104.04%，位列梅州第1。总投资25.7亿元的10个园区集中动工工业项目加快建设，园区标准厂房首期交付使用。新引进招商项目18个、计划投资104亿元，出让土地25宗14.14亿元，争取中央预算内投资和国债等资金14.11亿元，有力支撑全市经济平稳增长，破浪前行。

——蓄能攒劲的是改革创新迈出崭新步伐。坚持以改革驱动创新、以创新驱动发展，我市被推介为第三批全国农村创业创新典型县。乡镇街道体制改革和事业单位改革工作稳妥推进，71项重点改革事项扎实推进，“放管服”“数字政府”改革大力推动，率先在梅州县一级实现不动产登记自助智能“秒批”，营商环境不断优化。切实用改革激发市场活力，预计全年减税降费3.2亿元，16家国有“僵尸”企业全部出清。大力实施创新驱动发展战略，新认定高新技术企业3家。出台加快互联网产业发展措施，高水平举办第二届梅州互联网大会，互联网产业园扎实推进，互联网产业蓬勃发展，为全市发展注入强劲动力。“十四五”规划和国土空间规划编制工作有序推进，全面落实“三进一出”工程，全情服务梅州综保区、无水港和跨境电商综试区建设，开放水平全面扩大。

——最为可喜的是脱贫攻坚全面胜利。坚持把脱贫攻坚作为最大的政治责任，深入开展市、镇、村三级书记遍访活动，产业扶贫村村联动带贫益贫典型经验在全省产业扶贫推进会上作交流发言。全市贫困人口11109户、27529人均达到脱贫标准，58个省定贫困村均达到出列标准，如期实现全面脱贫。同时，乡村振兴阔步前进。基本完成“三清三拆三整治”任务，90%以上村庄达到干净整洁村标准，完成403千米“四好农村路”建设，新改建农村公厕769座，新陂叶塘“两镇五村”乡村振兴连片示范项目高标准推进，得到了省委书记李希的肯定，成为“网红景点”。成功举办农民丰收节、农特产品展销会暨年货购物节等活动；丝苗米省级现代农业产业园基本建成，广弘农牧30万头生猪养殖项目落地建设，丝苗米、梅州柚、兴宁鸽、单丛茶、油茶等优势产业发展壮大，丝苗香米年亩产实现1300.12千克、创世界纪录，“兴宁鸽”入选2020年第一批全国名特优新农产品名录，龙田镇被评为第十批全国“一村一品”示范村镇。入选广东省数字乡村发展试点名单，国家级电子商务进农村综合示范县建设工作稳步推进，在全省首创启动客货“三级物流”配送体系建设，农村电商交易额达20.96亿元，排梅州首位。深入实施“粤菜（客家菜）师傅”“广东技工”“南粤家政”工程，新增城镇就业人数3605人。成功举办首届“兴宁鸽”美食烹饪等大赛，打响兴宁“全鸽宴”，展现了全市农业产业发展的良好态势。

——愈发靓丽的是生态底色更加夯实。坚决守护好绿水青山，实施森林碳汇造林0.2万亩、森林抚育18万亩。全面完成污染防治攻坚战三年行动任务，全面铺开“两美”行动，建成万里碧道7.2千米，市环境综合治理与修复、静脉产业园等项目扎实推进，建筑余泥渣土临时受纳场、市污水处理厂扩容工程和9座镇级污水处理厂投入运行，新增配套管网157.51千米，基本完成城市黑臭水体整治项目，狠抓工业污染、畜禽养殖污染、农业面源等专项治理，全市饮用水源水质达标率100%，城市空气质量优良率99.45%，县域生态环境质量考核排名全省第6、梅州第2。全域旅游加快融合发展，广东明珠养生山城等8个旅游重点项目扎实推进，熙和湾客乡文化旅游产业园被认定为省森林康养基地，叶塘镇鸭池村获评第二批省文旅特色村。

——令人振奋的是民生福祉不断增进。坚持过紧日子，统筹八成财力用于民生建设，以小财政办大民生、用小切口推动大变化，荣获“2018—2020年全国计划生育优质服务先进单位”称号。基础设施不断完善，梅龙高铁项目扎实推进，“一江两岸”河堤公路加快建设，河惠莞高速麻布岗出口至罗浮连接线公路工程启动，锦绣大桥即将建成通车。城市功能日益完善，老旧小区改造、图书档案馆等项目稳步推进，亲水公园一区全面开放，国家卫生城市、省文明城市创建工作有力推进，龙田镇获评“广东省文明村镇”，新圩等7个镇获评“广东省卫生镇”，亲水公园二区、第二自来水厂产能扩建与输水复线等民生工程加快建设，实现4G网络全覆盖，建成5G基站191个。教育事业长足进步，锦绣学校一期等4个新改建项目建成使用，新增学位4460个，城区学校起始班级实现标准班额办学，各镇（街）设立奖教助学基金，校长交流轮岗改革显现成效。医疗卫生事业快速发展，全国基层中医药工作先进单位创建、医共体建设、新建市人民医院扎实推进，市中医医院住院大楼等项目投入使用，镇、村卫生院（站）标准化建设全部完成。全面完成图书文化馆总分馆、288块足球场地建设任务，兴宁竹板歌入选国家级“非遗”名录。成功创建省第十一届双拥模范城（县），梅州市首个国防教育训练基地在我市挂牌成立，国家重大革命历史题材影片《生死坚守》首映并反响良好。全面推进法治兴宁和平安兴宁建设，村级“雪亮工程”、创建省级民主法治村（社）和镇村公共法律服务实体平台建设实现全覆盖。严厉打击治理电信网络新型违法犯罪，铁腕推进扫黑除恶专项斗争，累计打掉涉黑恶团伙69个、黑社会性质组织犯罪团伙3个、电信网络诈骗团伙6个，获评2019年度梅州市扫黑除恶工作先进县（市），普法工作连续两年获评全省县（市区）第一名，安全生产形势持续稳定向好，人民群众的安全感和满意度不断提高。

——提振士气的是党的建设全面加强。贯彻落实新时代党的建设总要求，严格执行省委“两个维护”十项制度机制，坚决全面彻底肃清李嘉、万庆良恶劣影响，持续巩固深化“不忘初心、牢记使命”主题教育，狠抓“大学习、深调研、真落实”工作，深入开展17个重大课题调研，开展各类学习培训班95期2200多场次，党员干部“四个意识”更加牢固，“四个自信”更加坚定，“两个维护”更加坚决。完成党的基层组织建设三年行动计划，城市基层党建示范市建设全力推进，市委党校改扩建项目扎实推进，培育党建示范点47个，27个软弱涣散党组织全部整顿转化，78个“空壳村”全部摘帽，全面完成501个村（社区）党组织换届，基层党组织建设得到全面加强。坚持新时期好干部标准，选优配强各级领导班子，激励干部担当作为。人才驿站建成运营。抓实意识形态工作，高质量推动融媒体中心建设，全面实施“三好一正”工程。全力配合做好省委第十三巡视组巡视兴宁工作，坚定不移正风肃纪反腐，全年共立案319件，党纪政务处分311人，查处涉黑涉恶腐败和“保护伞”案件11件，对村巡察覆盖率100%，全市风清气正的良好政治生态得到进一步巩固。

一年来，市委坚持总揽全局、协调各方，支持人大、政协依法依章程履行职责，加强法治政府建设，保证司法机关依法独立公正行使职权；支持各民主党派、工商联、无党派人士参政议政，加强党外代表人士队伍建设和民族、宗教、港澳台及侨务工作；充分发挥工青妇等群团组织作用，国防教育、档案保密等工作得到全面加强，兴宁发展站在了新的起点上。

艰难方显勇毅，磨砺始得玉成。2020年是我们在习近平总书记掌舵领航走过极不平凡的一年，我们遇到的困难比预想多，取得的成果比预期的好。这些成绩的取得，是在省委、梅州市委的坚强领导下，全市人民团结一心、奋力拼搏的结果。在此，我代表市委常委会，向奋战在全市各条战线上的广大干部群众，向广州市天河区的大力帮扶和给予鼎力支持的老干部、海外侨胞、港澳台同胞、社会各界人士表示衷心的感谢，并致以崇高的敬意！

二、科学谋划，充分认识“十四五”时期面临的形势与任务

当前，“十三五”圆满收官，“十四五”开局起步。“十三五”时期，在习近平总书记、党中央的擎旗领航下，市委坚决贯彻党中央、省委和梅州市委各项决策部署，负重自强、拼搏进取、真抓实干，“一城一廊一带”发展格局渐次成形，“工贸新城·智慧兴宁”建设势头良好，全市高质量振兴发展迈出坚实步伐，全市各项事业发展取得新成就。

一是经济实力迈上新台阶。经济结构持续优化，科技创新能力得到提升，工业园区承载力不断增强，互联网产业蓬勃发展，基础设施建设取得重大进展，新旧动能转换初见成效。预计“十三五”期间，地区生产总值年均增长 3.1%，人均生产总值年均增长 2.6%。

二是全面深化改革纵深推进。党政机构改革全面完成，乡镇街道体制改革稳步推进，“放管服”改革取得积极进展。主动融入服务“双区”“双城”建设，与粤港澳大湾区核心城市联系更加紧密，积极参与“一带一路”建设，对外开放不断扩大。

三是城乡面貌越来越靓。以中心城区、中心镇为主阵地的新型城镇化扎实推进，城市架构进一步拉开。全域旅游快速发展，特色现代农业亮点纷呈，农村人居环境全面提升。生态优势巩固提升，万里碧道加快建设，城乡环境综合治理与修复、市静脉产业园项目等环保设施进一步完善，污染防治力度加大，优质生态产品供给不断提高。

四是民生福祉明显改善。脱贫攻坚取得决胜成果。教育、医疗两大公共服务水平提升，成功创建广东省推进教育现代化先进市，基本建成覆盖全市人口的社会保障体系，基本医疗保险实现全覆盖，文化事业和文化产业繁荣发展，社会保持和谐稳定，人民生活水平不断提升。连续 8 次获评“省双拥模范城”。

五是党的建设全面加强。新时代党的建设总要求和党的组织路线得到有效落实，党的领导和党的建设明显进步。“两学一做”学习教育、“不忘初心、牢记使命”主题教育持续巩固深化，坚决全面彻底肃清李嘉、万庆良恶劣影响，政治生态得到显著提升，意识形态工作责任制得到落实，各级党组织锻造得更加坚强有力，全面从严治党取得重大成果。

成绩鼓舞人心，经验弥足珍贵。五年来特别是市第十三次党代会以来，我们顶压奋进、坚毅前行，兴宁发展呈现出一系列趋势性、关键性甚至转折性变化，质量结构、体制机制、发展环境、基础支撑正在发生系统性整体性重塑，初步走出了一条生态优先、绿色发展的路子。这些成绩的取得，离不开以习近平同志为核心的党中央举旗定向、掌舵领航；离不开省委和梅州市委的坚强领导、鼓舞激励；更离不开全市各级各部门和党员干部的奋发有为、难中求成，社会各界的广泛参与、和衷共济。实践中，我们深刻体会到，必须坚持以习近平新时代中国特色社会主义思想为指导，把“两个维护”落实到经济社会发展各领域各方面各环节；必须坚持以人民为中心，不断满足人民对美好生活的向往；必须牢固树立正确政绩观，多做为后人作铺垫、打基础、利长远的事；必须坚定不移深化改革开放，持续增强经济社会发展动力活力；必须加强组织领导，强化系统观念。这是我们做好今后工作的宝贵精神财富，必须倍加珍惜、长期坚持、深入践行、发扬光大。

我们要继续保持“十三五”时期的良好发展趋势，全面把握“十四五”时期的重大机遇，顺势而为、乘势而上，与全国全省一道进入全面建设社会主义现代化国家的新发展阶段。

（一）准确把握危与机的辩证关系。习近平总书记指出，危和机总是同生并存的，克服了危即是机。习近平总书记强调，要深入分析，全面权衡，准确识变、科学应变、主动求变，善于从眼前的危机、眼前的困难中捕捉和创造机遇。我们要深刻领会习近平总书记关于国际国内形势的重大判断，关于新发展阶段的重要论述，关于构建新发展格局的重大战略抉择，关于“十四五”时期发展的重大部署，胸怀“两个大局”，顺应发展趋势，开局“十四五”、开启新征程。我们要深刻认识到我市发展仍然处于重要战略机遇期，既有全国的“普惠”机遇，也有自己苏区的独特机遇，各种有利条件正加速集聚，叠加形成了兴宁发展“黄金期”，实现兴宁全面振兴发展大有可为。从挑战看，一方面，当今世界正经历百年未有之大变局，国际力量对比深刻调整，新冠肺炎疫情影响广泛深远，世界进入动荡变革期，不稳定性不确定性明显增加，国际环境变化带来的挑战更大；另一方面，我市自身发展不平衡不充分的问题仍然比较突出，重点领域关键环节改革任务还很艰巨，产业结构整体处于价值链中低端，科技和产业创新亟待突破，基础设施建设还有短板，生态环境治理任务繁重，城乡区域发展和收入分配仍有差距，这些深层次矛盾和问题必须加大力度、综合施策、系统解决。我们更要深刻认识到，大变局大挑战中蕴藏大机遇。机遇在于和平与发展仍是时代主题，经济全球化趋势不可逆转，人类已经进入互联互通新时代，科学技术正在加速迭代；机遇在于国家对推动创新突破、加快产业升级、构建新发展格局、推进乡村振兴等作出一系列重大战略安排；机遇在于省深入推进“双区”“双城”建设，高质量加快“一核一带一区”建设，推进更高水平的区域协调发展；机遇在于兴宁在长期发展中形成的发展理念、产业建设、生态优势等都有了长足的进步，振兴发展的基础进一步夯实。我们要牢记习近平总书记赋予广东的总定位总目标，把握广东历史方位，深化对兴宁市情的认识，坚决贯彻新发展理念，善于顺应大势、抢抓机遇，努力变政策红利为发展效益，转换动能、激活资源，注入新的时代价值，推动兴宁特色化、差异化发展，形成新的综合竞争力。

（二）准确把握基本思路和远景目标。中共十九届五中全会对“十四五”规划和到2035年的远景目标作出统筹谋划，省委十二届十二次全会、梅州市委七届十次全会对贯彻工作作出了全面部署，擘画了广东、梅州“十四五”发展新蓝图，我们要以高度的政治自觉，认真学习贯彻，把中央和省委、梅州市委的决策部署，全面贯彻到兴宁各项工作之中。

一要明确方向不动摇。习近平总书记赋予广东的总定位总目标，省委、梅州市委提出的“十四五”规划《建议》，一个是纲，一个是目，是愿景所在、是行动蓝图。我们要深刻领会两者之间的关系，找准兴宁的历史方位，立足生态发展区定位，坚持走生态优先、绿色发展之路，继续深化实施“一城一廊一带”和“工贸新城·智慧兴宁”思路举措，为梅州打造生态经济发展新标杆，建设生态发展区先行示范市做出兴宁贡献。

二要坚持原则不动摇。中共十九届五中全会提出，“十四五”时期，我们的经济社会发展必须遵循五条原则，即坚持党的全面领导，坚持以人民为中心，坚持新发展理念，坚持深化改革开放，坚持系统观念。梅州市委全会提出，梅州作为经济欠发达地区，要在这“五个坚持”的基础上，还要坚持“发展第一要务”的原则，走生态优先、绿色发展之路。我们兴宁必须坚决对标对表，坚定不移地加快发展、高质量发展，以功能区引领发展，推动产业生态化、生态产业化，实现美丽与发展共赢。

三要坚定目标不动摇。根据中央和省、梅州市的远景目标安排，科学展望到二〇三五年，国家将基本实现社会主义现代化，进入发达国家行列，广东将更进一步走在全国前列。展望二〇三五年，经过“十四五”夯基垒台、“十五五”攻坚突破、“十六五”决战决胜，我市经济实力、绿色发展能力、综合竞争力将大幅提升，经济总量和城乡居民人均收入显著增加，科技创新能力将有较大提升，人的全面发展、全体人民共同富裕率先取得更为明显的实质性进展，开创新时代兴宁苏区振兴发展新局面。今后五年要努力实现发展质量越来越好，人均主要经济指标更加接近全国平均水平。一是经济发展取得新成效，二是改革开放迈出新步伐，三是社会文明实现新高度，四是生态环境形成新优势，五是民生福祉实现新进步，六是治理效能得到新提升。

（三）准确把握“十四五”的重点任务。习近平总书记强调，“十四五”时期要以推动高质量发展为主题，经济、社会、文化、生态等各领域都要体现高质量发展的要求。省委书记李希要求，要把新发展阶段的重点任务理清楚，咬定青山不放松，以扎实的步伐迈向社会主义现代化。梅州市委全会提出，要围绕建设现代化，把握好、解决好事关高质量发展的突出问题，努力实现更高质量、更有效率、更加公平、更可持续、更为安全的发展。我们要深刻理解高质量发展的内涵和要求，转化为我们生态发展的原则和方向，实现发展质量、结构、规模、速度、效益、安全相统一。

一要求正求稳，实现思想引领和创新思维同频共振。坚持用习近平新时代中国特色社会主义思想武装头脑、指导实践，既要纠正一切与新发展理念不相适应的思想认识、思维定式、路径依赖和工作方式，又要始终保持“闯”的精神、“创”的干劲、“干”的作风，按照省委“推动县域经济高质量发展”的要求，大力推动新型工业化、信息化、城镇化、农业现代化同步发展，充分展现兴宁现代化建设的探索性创新性。

二要突破突围，实现传统产业和新兴产业合拍共鸣。梅州市委全会提出，要围绕广东打造新发展格局的战略支点，着力打造接受支点辐射、服务支点建设、参与“双循环”的现代经济体系。我们要大力实施创新驱动发展战略，培育发展参与“双循环”的市场体系，壮大市场主体规模，激发市场主体活力，推动要素、商品、服务等循环流转畅通无阻。要完善推动高质量发展的体制机制，积极承接粤港澳大湾区战略性产业梯度转移和科技成果落地，推进传统产业转型升级和主导产业发展，把互联网产业培育成为新的经济增长极。

三要相生相长，实现生态绿意和红色文化整体繁荣。省委全会强调，要推动文化大发展大繁荣，建设更高水平的文化强省；推动绿色发展，建设更高水平的美丽广东。兴宁是原中央苏区县，是一方红色热土，绿色生态是兴宁迈向高质量发展的最亮底色。要积极做好“红绿融合”发展，一方面要守牢绿色生态底线，全力打造“生态涵养发展带”，让生态优先成为高质量发展优势；另一方面要繁荣发展文化产业和文化事业，传承和弘扬优秀苏区精神，探索红色资源价值向高质量绿色发展的精神动能和产业发展动能转化路径，让红色文化成为引领发展的旗帜，让绿色资源成为助推百姓致富的钥匙。

四要借势借力，实现老区苏区和湾区特区出新出彩。省委全会强调，要加快“双区”建设，为广东高质量发展提供强大牵引。梅州市委全会提出，要融入“大湾区”，拓展梅州发展新的空间。“双区”建设，兴宁是参与者、支撑者和受惠者。要聚焦“湾区所向、兴宁所能”，全面加强与广州天河区对口帮扶，发挥好“侨乡”优势，持续推进“三进一出”，全力建设粤港澳大湾区后花园、康养地、体验场。要深入实施“粤菜（客家菜）师傅”“广东技工”“南粤家政”工程，拓展两地劳务交流合作；吸引“两种资源”“两个市场”，服务融入“双区”建设，对接“双循环”新发展格局，推动兴宁苏区高质量发展。

五要实干实效，实现城市建设和乡村振兴共同提升。中共十九届五中全会提出，要全面实施乡村振兴战略，加快农业农村现代化。兴宁要顺应“三农”工作重心的历史性转移，巩固拓展脱贫攻坚同乡村振兴的有效衔接，实施乡村建设行动，促进农业高质高效、乡村宜居宜业、农民富裕富足。要围绕打造梅州市副中心城市，推进新型城镇化，着力抓好中心城区提质扩容，深化城乡融合发展，带动美丽小城镇、美丽乡村建设。要深化“一城一廊一带”发展格局建设，按照不同功能和赛道，以组团发展引领镇域发展，带动全域振兴。

三、砥砺奋进，全力推动2021年开好局起好步

今年是“十四五”规划的开局之年，是中国共产党建党100周年，做好今年的各项工作意义重大。今年工作的总体要求是：以习近平新时代中国特色社会主义思想为指导，全面贯彻中共十九大和中共十九届二中、三中、四中、五中全会以及中央经济工作会议精神，围绕习近平总书记赋予广东在全面建设社会主义现代化国家新征程中走在全国前列、创造新的辉煌的使命任务，按照省委十二届十一次、十二次、十三次全会和梅州市委七届十次全会的部署要求，认真落实省委“1+1+9”工作部署和梅州市委“123456”思路举措，坚持稳中求进工作总基调，立足新发展阶段，贯彻新发展理念，参与打造新发展格局战略支点，以推动高质量发展为主题，以深化供给侧结构性改革为主线，以改革创新为根本动力，以满足人民日益增长的美好生活需要为根本目的，坚持系统观念，巩固拓展疫情防控和经济社会发展成果，更好统筹发展和安全，扎实做好“六稳”工作、全面落实“六保”任务，高质量构建“一城一廊一带”发展格局，奋力谱写“工贸新城·智慧兴宁”新篇章，努力当好梅州生态发展主力军，确保“十四五”开好局、起好步，以优异成绩庆祝建党100周年。

经市委常委会研究，今年发展主要目标是全市地区生产总值增长5.5%，一般公共预算收入增长3%，全体居民人均可支配收入增速与经济增速持平。这些预期目标，是在深入调研、认真分析的基础上提出来的，是稳中求进、稳定预期的需要。我们要同心同德、咬紧目标、狠抓落实，确保全面完成任务，力争完成得更好。要抓好以下重点工作。

（一）聚力抓培育、优机制，释放创新发展“新动能”。坚定不移实施创新驱动发展战略，加强源头创新、推进产业创新。一是强化创新主体地位。支持企业引入新技术、新设备、新业态，推动企业开展新一轮技术改造，推动骨干企业与高校院所建立产学研合作关系；发挥广东壹号国家级科技企业孵化器作用，引导科技型中小企业快速成长。主动服务融入“双区”“双城”建设，全面推行“总部+基地”“研发+生产”“总装+配套”“前端+后台”“销售+生产”等产业共建新模式和总部经济。二是培育智能智造产业。强化政策支持力度，发展壮大我市互联网产业，继续在企业融资、科技成果转化、创新创业等方面给予更大的政策支持。大力引进智能制造、智慧家居、在线教育等相关信息技术服务企业落户兴宁，抢占数据红利、政策红利。三是建立创新人才机制。全面落实“省科创12条”“梅州市科创20条”和金融人才政策，加大科技研发投入，支持企业引进一批青年拔尖人才和科研创新团队，努力营造“近者悦、远者来”的人才发展环境。

（二）聚力抓平台、调结构，夯实经济发展“压舱石”。抢抓省“实施新一轮省内帮扶，省里将研究出台加大北部生态发展生态补偿和产业引导的支持政策”，围绕梅州构建“5311”绿色产业体系，大力推进重点项目建设，全力发展壮大装备制造、食品药品等主导产业，加快推动机电、工艺、酿酒等传统产业转型升级，壮大产业集群，加快提升产业链供应链现代化水平。重点要建好“六园”。一是持续建好产业转移工业园。扎实推进广州天河（兴宁）产业转移工业园建设，加快完善园区基础设施和服务配套设施建设，大力推进产业转移工业园整体城镇化项目（标准厂房）建设，全面打造园区科技研发产品展示平台、校企合作示范基地、创新企业孵化器和珠三角企业实现拎包入住、轻资产转移的承接地，推动产、城、镇联动，聚集企业和人气，推动园区提质增效。二是持续建好互联网产业园。坚持高起点定位、高标准谋划、高质量建设，全方位创建创业服务的数字化、科技化的创新创业平台，积极跟进“大数据中心”建设和推动签约项目落地，打造5G智慧产业和工业互联网产业相结合的新发展理念产业园，推动产业从类同集聚到关联集聚转变。三是持续建好丝苗米现代产业园。聚集现代农业生产要素，因地制宜、突出重点，创新联农带农机制，力争将丝苗米现代产业园建设成为面向广东省、辐射华南地区的大米产业振兴与升级的创新引领区、稻米全产业链发展技术装备集成示范区、生态循环与绿色发展核心示范区以及新型经营主体合作创新区。发挥袁隆平院士“兴宁杂交稻香米”题词的效应，打响兴宁丝苗米品牌。四是持续建好酒文化产业园。突出以广东明珠养生山城一期酒文化产业园为龙头，推动中小酒厂整合提质增效，加强品牌营销，擦亮中华老字号“珍珠红”等品牌，做大做强客家娘酒、米酒产业，推动酒业“走”出去。五是谋划建设兴宁肉鸽产业园。依托龙头企业，建设兴宁肉鸽产业园，持续抓好六个“一”建设，即打造一桌“全鸽宴”、制定一个养殖标准、打造“兴宁鸽”一个品牌、出台一个产业扶持政策、制定一套宣传方案、打造一个销售平台，延长产业链，打响兴宁“全鸽宴”，形成龙头带动、农户参与、共性平台支撑的集群发展格局，让“兴宁鸽”冲出围龙、飞向全国。抢抓省开展第二轮现代农业产业园建设，推动申报省肉鸽现代农业产业园。六是谋划建设神光山康养旅游产业园。紧抓高铁建设契机，大力发展康养文化旅游产业，推进康养旅游与中医药、医疗保健、饮食文化融合发展。谋划建设市旅游服务中心，依托神光山现有良好的旅游基础，打造集文化展示和体验、特色商业与民宿于一体的文化旅游精品项目，与熙和湾客乡文化旅游产业园、广东明珠养生山城、“两镇五村”乡村振兴示范区、大坪红色景点等串珠成链，建成面向湾区大市场的特色文化旅游精品线路，建立与湾区客源联动机制，提升旅游休闲消费带动力。

（三）聚力强服务、促融入，拓展改革开放“新空间”。大力推进改革，深化商事制度和投资便利化改革，建立完善服务融入“双区”“双城”的体制机制。一是营造一流营商环境。持续推进“数字政府”“放管服”改革，着力提高工程、项目审批效率；做好政务云平台和“迁云上线”工作，全力打造“数字政府”。全面落实省“实体经济新10条”“制造业19条”“稳外资12条”等惠企政策，深化土地、技术、数据等要素市场配置改革，多渠道降低企业成本。继续抓好事业单位改革，推动水口、坭陂、罗浮中心镇改革取得新成效。加强国企改革，加快推动市城投公司等国企实体化运营转型，打造具有核心竞争力企业。二是狠抓“三进一出”。强化产业链招商，加快引进先进制造业为重点的龙头项目，全面探索“企业总部在湾区、生产基地在兴宁”“研发孵化在湾区、成果转化在兴宁”“生产在兴宁、消费在湾区”的产业产品共建模式。三是打造湾区后花园。以创建国家级电子商务进农村综合示范县为契机，加强供应链新技术和新模式创新，有效融入全省、梅州供应链网络，推动“菜篮子、米袋子、果盘子、茶罐子、油瓶子”走进湾区大市场。全面加强与广州天河在消费扶贫、就业、教育、医疗卫生、康养旅游等领域的合作。四是畅通内外循环。强化土地、资金等要素保障和供给，以梅州综保区、无水港为桥头堡，发挥“华侨之乡”优势，做好“侨”字文章，推动兴宁工艺外贸基地转型升级，探索发展具有兴宁特色的跨境电子商务发展模式，激发发展新潜力。

（四）聚力强产业、补短板，吹响乡村振兴“冲锋号”。全面实施乡村振兴战略，围绕发展精细农业、建设精美农村、培养精勤农民，加快农业农村现代化。一是推动脱贫攻坚成果同乡村振兴有效衔接。推动开发式扶贫与保障性扶贫深度融合，加快从驻村帮扶向驻镇帮镇扶村、从帮扶脱贫向帮扶全面振兴、从实现全面小康向迈向现代化转变，确保过渡期内帮扶政策总体稳定、分类优化，实现由集中资源支持脱贫攻坚向全面推进乡村振兴平稳过渡。二是大力发展乡村产业。实行粮食安全党政同责，抓好复耕复种工作，严防死守耕地红线。推进种业发展，加强种质资源保护利用。突出高质高效深化农业供给侧结构性改革，推动质量兴农、绿色兴农、科技兴农，围绕建设“跨县集群、一县一园、一镇一业、一村一品”现代农业产业体系，做大做强兴宁鸽、丝苗米、梅州柚、油茶、生猪等农业优势产业。三是实施乡村建设行动。突出宜居宜业，启动实施农村人居环境整治提升五年行动，持续推进“万企帮万村”行动、“厕所革命”，全面推进农房管控和乡村风貌提升，因地制宜谋划打造乡村振兴连片示范项目，重点推进石马镇“六村联动”和刁坊、坭陂、新圩“三镇十一村”新农村连片示范区建设。加快推进市镇村公共服务一体化。四是加强和改进乡村治理。深入推进平安乡村建设，创新乡村治理方式。持续深化农村土地制度、集体产权制度等改革，采取多种方式发展壮大村集体经济。突出富裕富足推动农民持续稳定增收，实施高素质农民培育工程，推广“订单收购+保底分红”“土地流转+务工收入”等合作模式，吸引各类人才在乡村振兴中建功立业，激发广大农民的积极性、主动性、创造性。

（五）聚力强措施、促协调，激发城市发展“内生力”。坚持把保护城市生态环境摆在更加突出的位置，科学合理规划城市生产空间、生活空间、生态空间。加强智慧城市建设，立足省生态发展区定位，制定兴宁市智慧城市总体规划，统筹建设各领域的智慧项目，有计划、分层次地协调推进城市智慧交通、能源、物流、医疗、教育、城管、应急工程等建设。突出在功能配套、城市环境、产业形态等方面重点发力，谋划建设“高铁新城”。以“两美”行动为抓手，深入推进国家卫生城市、省文明城市和省卫生镇村创建工作，不断巩固提升城市管理“网格化+门前三包”工作成效，加快推进城市生活垃圾分类工作，提升城市精细化管理水平。

（六）聚力美环境、亮底色，构筑生态环保“新屏障”。坚守生态保护红线、永久基本农田、城镇开发边界三条控制线。深入开展蓝天、碧水、净土保卫战。持续打好污染防治攻坚战，推动绿色低碳技术创新和清洁生产，消除重污染天气。落实河长制，高质量推进“万里碧道”建设，实现各级河道长治久清。严格保护合水水库等饮用水源地，改造提升一批自然保护区和森林公园。推进国家储备林项目建设，抓好纯松林、残次林的林分改造，严防森林火灾，完成森林抚育18万亩任务，推动碳排放交易。抓好崩岗、水土流失等地质灾害治理，加快推进静脉产业园、铁山嶂矿区生态修复综合治理工程建设，加强固体废物处置，积极创建“无废城市”，全力擦亮绿色底色，筑牢生态屏障。

（七）聚力抓基建、拓空间，打造生态发展“主心骨”。加大交通建设。全力配合推进梅龙高铁建设，加快推进梅龙高铁兴宁南站综合枢纽客运站及连接线落地建设，加快一江两岸河堤公路和河惠莞高速麻布岗出口至罗浮连接线公路工程建设，推进国省道、县乡公路改造升级和“四好农村路”建设，形成外畅内联的交通网络。完善宁江干流及城区、中心镇防洪工程体系，谋划实施城乡一体化水资源配置石壁水库增效扩容改造工程，推进农村饮水安全工程建设。大力推动新一代城市网络、人工智能、工业互联网等新型基础设施和省数字乡村发展试点建设，加快5G基站和电动汽车充电桩建设，深入实施光纤入户、光网城市、光纤农村工程，推进5G扩展应用，抢占数字经济发展主动权。

（八）聚力抓文化、提思想，推动城乡文明“展新貌”。推进两个文明协调发展，深化精神文明建设九大行动，促进文化事业繁荣发展，着力打造文化名城。加强对传统文化的融合和创新，加大罗屏汉故居、刘光夏故居、黄文杰故居、南粤古驿道、两海会馆等红色资源保护利用，分类推进革命遗址旧址建设，打造红色精品旅游线路，传承弘扬好苏区精神。创作一批红色题材、客家题材重点剧目，积极开展文化交流活动，加大宣传推介国家重大革命历史题材电影《生死坚守》，唱响红色教育主旋律。启动《祝允明岭南诗文辑注》编纂出版项目，加快市图书档案馆建设，积极发挥市、镇、村三级公共文化阵地作用，大力推进乡风文明建设，不断丰富和活跃群众文化生活。推进文化电商、创意设计、网络动漫等文化产业，提升公共文化服务信息化、数字化和智能化水平，增强文化产业的经济效益、社会效益。

（九）聚力增福祉、惠民生，谱写协调发展“新乐章”。持之以恒抓好常态化疫情防控。做好今年的经济社会发展工作，必须把常态化疫情防控作为前提条件，坚决担当起“一把手一肩挑”的疫情防控政治责任。从严织牢织密“外防输入、内防反弹”的立体防控网，健全完善突发公共卫生事件应急机制，切实加强疫情监控，加强基层社区和广大农村的疫情防控工作领导，及时发现上报突发异常情况，做到第一时间反应处置，切实保障人民生命安全和身体健康。用力保障和改善民生，继续办好年度十件民生实事。着力扩大和稳定就业，深入实施“粤菜（客家菜）师傅”“广东技工”“南粤家政”“农村电商”“乡村工匠”等人才培养工程，高质量发展技工教育，全力支持市高级技工学校创建技师学院，培养各种新型实用技能人才。落实养老保险、医疗保险、失业和工伤保险、社会救助制度，提升社会保障能力。着力补齐学前教育短板，建设覆盖城乡、布局合理、公益普惠的学前教育公共服务体系；加快推进城乡教育信息化资源均衡配置，深化中小学布局结构调整，谋划文峰片区学校，解决城区义务教育学校大班额问题；大力实施奖教工程，着力培育一批名师名校长。抢抓“省计划再投入60亿元支持建设20家高水平医院，重点倾斜粤东粤西粤北医院”的契机，大力争取支持加快新建市人民医院项目建设，推动市人民医院创建“三甲”医院，推进全国基层中医药工作先进单位创建工作，升级改造乡镇卫生院。推进市域社会治理现代化建设，切实维护政治安全，严厉打击新型网络犯罪，推动扫黑除恶常态化制度化，建设高水平的平安之乡。严格落实安全生产责任制，深化法治建设“三级同创”，认真贯彻实施《中华人民共和国民法典》，建设法治政府，深化司法改革，落实全民普法，营造公平公正的法治环境。

四、全面加强党的建设，为开局“十四五”、开启新征程提供坚强政治和组织保证

做好“十四五”和今年工作，关键在党、关键在人。要坚持和加强党的全面领导和党的建设，坚持党要管党、全面从严治党，把各级党组织锻造得更加坚强有力。

（一）旗帜鲜明讲政治抓政治。坚持把党的政治建设摆在首位，把讲政治落实到党的领导、党的建设和各项事业发展中，坚持用党的创新理论“铸魂”，把学习贯彻习近平新时代中国特色社会主义思想当作头等大事和首要政治任务，深入开展“大学习、深调研、真落实”工作，持续巩固“不忘初心、牢记使命”主题教育成果，增强党员干部的政治判断力、政治领悟力、政治执行力。严格执行省委“两个维护”十项制度机制，坚定执行党的政治路线，严肃党内政治生活，坚决同以习近平同志为核心的党中央保持高度一致。严明政治纪律和政治规矩，巩固深化肃清李嘉、万庆良恶劣影响成果，严守“五个必须”，杜绝“七个有之”。扎实做好省委巡视组反馈意见的整改落实，把巡视整改成效体现到加快发展实践中。

（二）坚持和加强党的全面领导。主动适应新形势新任务，从体制机制上保证党对经济社会发展的集中统一领导，做到把方向、管大局、作决策、保落实。定期听取市人大、市政府、市政协、市法院、市检察院党组的工作情况。充分发挥市委全面深化改革委员会等议事协调机构职能作用，及时研究经济社会发展战略、定期分析经济形势、研究重大方针政策等各项工作。坚持党管意识形态原则，牢牢把握意识形态主动权，组织开展庆祝建党100周年宣传教育。坚持党管武装，加强群团工作的领导，持续巩固壮大爱国统一战线。健全完善上下贯通、执行有力、更加严密的组织体系，着力构建科学合理的考核评价机制，增强各级党组织的执行力，确保党中央决策部署在兴宁落地落实。

（三）全面加强基层党组织建设。组织实施好新一轮加强基层党组织建设三年行动计划，健全完善基层组织体系，大力推动基层党组织标准化、规范化建设，提升组织力。压实市、镇、村三级书记抓基层党建责任，平稳有序推进村（社区）“两委”换届选举工作，选优配强村（社区）“两委”班子。加快建设城市党建示范市，深化共建共治共享，提高各领域党的组织覆盖和工作覆盖。充分发挥党组织战斗堡垒和党员先锋模范作用，切实增强基层党组织的向心力、战斗力、吸引力、组织力和号召力。

（四）持续锻造高素质干部队伍。坚持党管干部原则，贯彻新时期好干部标准，突出政治第一，认真谋划做好市镇村领导班子换届工作，进一步优化班子整体结构，树立好导向、形成好气象。强化干部教育管理，持之以恒加强思想淬炼、政治历练、实践锻炼、专业训练，切实提高把握新发展阶段、贯彻新发展理念、构建新发展格局的政治能力、战略眼光和专业水平。旗帜鲜明为敢于担当的干部担当，建立正向激励体系，进一步健全容错纠错机制，按照“三个区分开来”的要求，切实让党员干部卸下“想干事、怕出错”的思想包袱，充分调动党员干部干事创业的积极性、主动性、创造性，树立讲担当、重担当的鲜明导向。

（五）持之以恒正风肃纪反腐。始终保持“严”的主基调不变，保持监督执纪问责的高压态势，巩固和发展反腐败斗争压倒性胜利。坚持纠“四风”与树新风并举，持续深化纠“四风”工作，坚决破除形式主义和官僚主义，铲除黑恶势力“保护伞”。把制度建设贯穿在正风肃纪反腐的全过程，推动纪律监督、监察监督、派驻监督、巡察监督、审计监督统筹衔接，强化对公权力运行的制约和监督，一体推进不敢腐不能腐不想腐，涵养风清气正政治生态。

政府工作报告

——在兴宁市第十五届人民代表大会第七次会议上

（2021 年 2 月 7 日）

兴宁市市长　洪国华

一、2020 年工作总结

2020 年是极不平凡的一年。一年来，市政府在上级和市委的坚强领导下，在市人大及其常委会、市政协的监督支持下，坚持以习近平新时代中国特色社会主义思想为指导，认真贯彻落实中央、省、梅州市和兴宁市委的部署要求，全力抓好“双统筹”，努力夺取“双胜利”，实现经济社会健康稳定发展，决战决胜全面建成小康社会。

（一）疫情防控取得阶段成果。我们坚持人民至上、生命至上，全市上下众志成城，医务人员逆行奋战，党员干部履职尽责，人民群众风雨同舟，共同筑牢严密防线。在防控物资紧缺情况下，广大乡贤、商会踊跃捐款捐物，共收到社会捐赠款物约 1825 万元，汇聚起强大合力。我们坚持战疫“一盘棋”，派出 5 名医务工作者紧急驰援湖北、10 名医护人员支援广州白云机场。我们坚持“两手抓、两手硬”，推动规上企业在 3 月初全面复工、全市学生在 5 月中旬全面复学，全力加快恢复正常生产生活秩序。我们毫不松懈做好常态化疫情防控，坚持“人、物”同防，严格管控重点人员、重点场所和重点环节，全面落实防境外输入管理、冷链物品监测等措施，加快完善公共卫生服务体系，大力开展爱国卫生运动，持续织牢织密“外防输入、内防反弹”防控网。累计投入约 1.07 亿元，核酸检测 15.5 万多份、居家隔离 4028 人、集中隔离 701 人，24 个联合检疫检测点检测约 90 万人次。实现 8 例确诊病例全部治愈出院，无死亡病例、无医院感染、无社区传播，2 月 8 日后无新增确诊病例，全市维持低风险地区防控等级，疫情防控形势稳定向好。

（二）“六稳”“六保”有效落实。全力稳预期，预计全市地区生产总值 179.17 亿元、比增 0.4%；一般公共预算收入 10.34 亿元、比增 1.2%。聚力稳投资，36 个省市重点项目完成年度投资计划的 104%；引进合同项目 18 个、计划投资总额 104 亿元，其中 17 个项目当年签约建设；实现固定资产投资比增 40.7%，增速梅州第一。努力稳外贸，完成进出口总额 5.66 亿元，降幅从一季度末的负 18.7% 收窄至年末的负 9.4%。积极促消费，完成社会消费品零售总额 101.33 亿元，其中农村电商成交额逆势比增 29.8%。大力稳金融，金融机构存贷比 62.9%，同比提高 7.3 个百分点。着力稳就业，超额完成就业任务，城镇登记失业率 2.45%。新登记市场主体 7590 户、比增 7.5%。粮食总产量与 2019 年持平。树牢过“紧日子”思想，坚决压减一般性支出，全力保基本民生、保工资、保运转。

（三）实体经济平稳发展。全面落实稳企扶企政策，为 87 家企业争取各类贷款 3.32 亿元，为 44 家企业发放增信贷款 1.18 亿元，为 3435 家企业减免社保费 1.33 亿元，全年减税降费 3.2 亿元，新增规上企业 10 家，实现工业投资比增 45.8%、增速梅州第一，规上工业增加值降幅从一季度末的负 17.5% 收窄至年末的负 3.7%。园区标准厂房首期交付使用，首期道路和三期道路兴合段工程竣工，赐裕鞋业等 10 个总投资 25.2 亿元的项目集中动工建设，园区固定资产投资实现比增145%。共征收广州天河（兴宁）产业转移工业园和广梅园、综保区、无水港兴宁区域的土地1780多亩。创新驱动深入实施，24家企业完成技改投资2.04亿元，新认定明和光学等3家高新技术企业，新增科技型中小企业37家。高规格承办2020第二届梅州互联网大会，互联网产业园加快建设。文旅康养产业加快发展，玖崇湖温泉度假小镇等8个旅游重点项目扎实推进，叶塘镇鸭池村获评省文旅特色村，熙和湾客乡文化旅游产业园森林康养基地被认定为省试点。

（四）“三大攻坚战”成果丰硕。污染防治攻坚战顺利收官，投入约7.98亿元，全面完成主要污染物减排任务，饮用水源和考核断面水质达标率均达100%，城市空气质量优良率达99.45%，县域生态环境质量考核排名全省第6、梅州第2。压实河（湖）长制，全面完成集中式饮用水源环境整治及河湖“清四乱”“五清”工作，基本完成东排沟黑臭水体治理；静脉产业园建设提速，市污水处理厂提标扩容工程建成使用，新建镇级污水处理厂6座，新增市镇村配套管网157.5千米；整治合水镇11个废弃铁矿点，畜禽养殖、农业面源等污染治理成效良好；完成碳汇造林2000亩、森林抚育18万亩。脱贫攻坚全面胜利，累计投入各类帮扶资金6.07亿元，实施帮扶项目12.45万个，建档立卡贫困户11109户27529人和58个贫困村全部脱贫摘帽。重大风险防范化解有力，无新增政府隐性债务，涉地涉房等信访突出问题得到有序化解，打击治理电信网络新型违法犯罪成绩突出，安全生产、食品药品监管、应急救援等工作扎实有效，社会保持和谐稳定。

（五）乡村振兴亮点纷呈。特色农业成果丰硕，我市被推介为全国农村创业创新典型县，龙田镇入选全国“一村一品”示范村镇，新认定省“一村一品、一镇一业”专业镇1个、专业村30个，梅一客等6家企业获评省“菜篮子”基地，新培育省级农业龙头企业1家、林业龙头企业5家。丝苗米省级现代产业园基本建成，新上广弘农牧30万头生猪现代养殖项目；“兴宁鸽”入选全国名特优新农产品名录，“19香”丝苗米年亩产创世界新纪录。农业设施不断夯实，建设高标准农田8454亩，撂荒土地复耕复种3415.8亩，拆旧复垦交易指标958.7亩，水田垦造完成梅州市级验收3716.8亩。农村人居环境持续改善，扎实开展农房管控和乡村风貌提升工作，加强土地管理和违建整治；投入约3.9亿元，基本完成“三清三拆三整治”任务，完成“千村示范、万村整治”项目148个，生活污水治理率达70%以上、垃圾分类减量率35%以上，90%以上村庄达到干净整洁村标准、40%以上村庄达到美丽宜居村标准，58个省定贫困村创建为新农村示范村，建成新陂叶塘“两镇五村”乡村振兴示范片。龙田镇获评省文明镇，新圩等7个镇通过省卫生镇验收，新增省卫生村77个。国家级电子商务进农村综合示范项目成效显著。我市入选省数字乡村发展试点。

（六）基础设施加快完善。投入约10.87亿元，大力推进了一批交通、水利、城建等基础设施项目。基本完成梅龙高铁征地拆迁任务，有力保障工程无障碍施工，投资率居梅州首位。“一江两岸”河堤公路等项目加快推进，升级改造国道205线宁新至新陂段路面，完成403.89千米“四好农村路”建设攻坚任务，锦绣大桥建成通车，新改建东城路东城市场段等9条市政道路。实施了北环大道等一批主干道的路口渠化工程，尽力消除道路交通安全隐患。生态小流域治理等水利工程扎实推进，完成崩岗治理一期和宁江河3宗固床陂修复工程，迁建市第二自来水厂取水点，实现村村通自来水行政村全覆盖。棚户区改造、图书档案馆、美术馆等项目稳步推进，宁江公园一区全面开放，建成碧道7.2千米，改造城区供水管网11千米，完成“三旧”改造124.5亩，实施了宁新东风村3个老旧小区改造工程。“两美”行动和“创卫”“创文”深入开展，建成生活垃圾分类示范片区1个、试点小区7个，新改建农贸市场2个、公厕783座。改造中低压电网1638千米，城区主要公共场所实现5G覆盖。

（七）社会事业全面进步。全年民生支出62.98亿元，占一般公共预算支出的87.55%。特定群体免费乘坐公交车等十件民生实事达成年度目标。完成锦绣学校一期等4个新改建项目、新增学位4460个，城区学校起始班级全部实现标准化班额；实施了田家炳幼儿园等4个改迁建工程，市教师发展中心挂牌成立，各镇（街）均设立奖教助学基金，高考600分以上人数居梅州第二。新建市人民医院工程进度加快，完成20个卫生院（社区服务中心）规范化标准化建设和429个村卫生站升级改造，实现标准化公建民营卫生站全部配备村医，市中医院2个中医特色专科通过国家级验收。新增星级养老机构6家，社区、村级养老设施覆盖率分别达100%、68%。完成图书馆文化馆总分馆建设年度任务，市图书馆获评省基层文化工作先进单位，“一村一文化活动中心”获评省文旅公共服务体系优秀案例。竹板歌入选第五批国家级非物质文化遗产推荐名单，全民国防教育重点推荐影片《生死坚守》在我市首映。升级改造大坝里运动场，全面完成288块足球场地建设任务，大力发展足球青训，青少年足球、蹦床、跆拳道等均取得好成绩。国防动员、拥军优抚工作有力，获评五星级退役军人服务中心（站）14个、优秀率居梅州前列，成功创建省第十一届双拥模范城（县），梅州首个国防教育训练基地在我市挂牌。社会治理不断加强，扫黑除恶专项斗争和禁毒工作成绩显著，“雪亮工程”实现村级全覆盖，491个村（社区）全部创建为省级民主法治村（社区）。福兴街道人民调解委员会获评“全国模范人民调解委员会”；市消防大队福兴站团支部获评“全国五四红旗团支部”；市公安局被评为“全省执法质量考评优秀县级公安机关”。我市被评为2018—2020年全国计划生育优质服务先进单位。第七次全国人口普查顺利开展。统战、民宗、妇女儿童、残疾人事务、青年、统计、气象、供销、档案、保密等工作扎实有力。

（八）各项改革深入推进。“放管服”改革不断深化，“证照联办”改革试点全面推行，实现“双随机、一公开”监管全覆盖，88.27%政务服务事项实现“一窗受理”，行政许可和服务事项申请材料精简37.47%、办结天数提速62.64%、网上办结率71.6%、“最多跑一次”率达93.54%，实现政府投资项目90个工作日内、社会投资项目60个工作日内完成审批，不动产一般登记3个工作日内、抵押登记1个工作日内办结。坚持每季度召开1次企业座谈会，帮助48家（次）企业解决30项问题，营商环境不断优化。稳妥推进镇（街）体制改革和水口镇行政管理体制改革试点工作，下放政务服务事项307个。持续推动事业单位等改革，出清16家国有“僵尸”企业。农业农村综合改革稳步推进，基本完成农村“房地一体”确权登记工作外业调查。编制完成“十四五”规划纲要（草案），国土空间规划编制、自然保护地整合优化工作有序开展。扎实推进法治政府建设，自觉接受监督，办理人大议案建议32件、政协提案95件，办复率100%、满意和基本满意率100%。

二、“十三五”期间工作回顾

2020年各项工作任务基本完成，标志着我市“十三五”规划目标基本实现。五年来，我们坚持发展第一要务，坚持稳中求进，坚持生态优先、绿色发展，全力推动各项工作不断取得新成绩，高质量发展态势进一步显现。全市地区生产总值从2015年的153.37亿元增长到2020年的179.17亿元，年均增长3.1%；社会消费品零售总额从85.09亿元增长到101.33亿元，年均增长6.9%；累计完成固定资产投资346亿元，年均增长1.1%；一般公共预算收入质量不断提高；全体居民人均可支配收入增长与经济增长基本同步。

五年来，我们坚持协调发展，城乡面貌持续改善。高标准推进城市建设，中心城区建成区扩大到28.51平方千米，棚户区改造、“四馆一场”等配套项目扎实推进，建成省道225线火车站至水口段（一期）、北环大道、望江狮水闸拆除重建等一批重大基础设施。中心镇、重点镇、专业镇建设稳步推进，产城融合步伐加快。成功创建省卫生城市、省县级文明城市提名城市，实现梅州市卫生村全覆盖。全面完成脱贫攻坚任务。丝苗米、肉鸽、油茶等特色农业加快规模化品牌化发展，我市获评国家级电子商务进农村综合示范县，龙田镇成为梅州首个入选全国农业产业强镇建设的乡镇，“两镇五村”乡村振兴连片示范效应凸显。

五年来，我们坚持绿色发展，生态保护持续加强。全力打好碧水、蓝天、净土保卫战，216件各级环保督察案件全部办结，实现镇级污水处理设施建制镇全覆盖，新增镇村污水处理能力3.23万吨/日、居梅州首位，关闭畜禽养殖场（点）899个，基本消除城市黑臭水体，全市空气质量优良率连续五年达97%以上，饮用水水源地水质达标率达100%。大力推进绿色产业体系建设，现代农业、新型工业加快发展，服务业持续壮大，其中文化旅游、互联网产业实现较快发展。

五年来，我们坚持创新发展，发展活力持续增强。培育高新技术企业21家、高新技术产品140个，建设省级以上工程技术研究中心6个，市中小企业服务中心成为梅州首家国家级示范平台，广东壹号成为梅州首个国家级科技企业孵化器。新增专利授权数2058件、申请数3674件。狠抓重点领域改革，全面完成党政机构改革，镇（街）体制、事业单位等改革稳步推进，“数字政府”建设加快，完成黄槐农电体制改革任务，农业农村、医疗卫生、教育等改革取得实效，政府治理能力不断提升。

五年来，我们坚持开放发展，后发优势持续显现。大力构建“外联内畅”交通路网，梅龙高铁动工并设兴宁南站；平兴高速、兴华高速建成通车，新增高速通车里程55千米；升级改造国、省、县、乡道884千米，成功创建省级“四好农村路”示范县。主动融入服务梅兴华丰产业聚集带建设，扎实做好水口工业园土地调规征收工作。深化与天河区的交流合作，广州天河（兴宁）产业转移工业园完成固定资产投资66.9亿元、收储土地1110多亩，综合承载力不断提升。加大招商力度，引进项目62个、计划总投资212.5亿元。高标准举办梅州互联网大会，动工建设互联网产业园，助推数字经济蓬勃发展。金融机构贷款余额从101.8亿元增至238.5亿元，金融服务能力不断增强。

五年来，我们坚持共享发展，民生福祉持续增进。共完成民生投入276.45亿元，占一般公共预算支出的84.86%。每年十件民生实事均完成年度目标，累计新增城镇就业2.35万人，基本民生保障标准逐年提高，五大险种综合参保人数达33.12万人、年均增长7%。实施新建市人民医院工程，建成市第五人民医院等5个强基项目。成功创建省推进教育现代化先进市，新改建齐昌学校等15所学校，增加学位14470个，有效缓解“大班额”问题。公共文化服务体系不断完善，积极配合梅州推进足球特区创建工作。国防动员、双拥共建扎实开展，我市连续8届获评省双拥模范城（县）。“平安兴宁”建设加快，安全生产机制不断健全，扫黑除恶专项斗争成效显著，社会大局稳定和谐。工会、民宗、信访、慈善等各项事业均取得新进展。

过去的成绩来之不易，这是习近平新时代中国特色社会主义思想科学引领的结果，是上级和市委坚强领导的结果，是市人大、市政协大力支持的结果，是全市人民共同努力的结果。我代表市政府，向全市人民，向各人大代表、政协委员，向各民主党派、人民团体、无党派人士，向省梅属驻兴单位、驻兴宁部队、武警官兵，向关心支持兴宁发展的港澳台同胞、海外侨胞和社会各界朋友，表示衷心的感谢并致以崇高的敬意！

在看到成绩的同时，我们也清醒地认识到，当前的兴宁正处于爬坡过坎的关键期，经济社会发展面临不少问题和困难，主要体现在：一是县域经济有待壮大。经济堆头小，人均GDP在梅州靠后；产业体量小，2020年规上工业增加值仅占梅州的5.6%；龙头企业少，年产值超5亿元的工业企业仅2家；创新水平低，高新技术企业数量仅占梅州的10.3%。二是发展动力有待增强。重大投资项目不够多，投资结构不够合理，工业项目偏少；用地难、融资难等“瓶颈”问题仍存在，垦造水田、征地拆迁进展偏慢，直接制约项目落地和建设。三是公共服务有待完善。民生领域历史欠账较多，教育、医疗、文体等社会事业投入还不够大，城乡配套、公共服务水平与群众期望还有差距。一般公共预算收入总量小、质量不够高，刚性支出不断增长，收支矛盾突出。四是工作能力有待提高。一些政府部门和干部依法行政、担当作为、创新发展的能力还有待提升，政务效能还不够高，营商环境有待进一步优化，等等。对此，我们将采取有力措施，认真加以解决。

三、“十四五”时期主要目标任务

“十四五”时期是我们乘势而上、开启全面建设社会主义现代化新征程、向第二个百年奋斗目标进军的第一个五年，是我市加快振兴发展的关键时期，抓好“十四五”时期的经济社会发展意义重大。为科学制定全市“十四五”规划，市委提出了《关于制定国民经济和社会发展第十四个五年规划和二〇三五年远景目标的建议》，市政府据此编制了《兴宁市国民经济和社会发展第十四个五年规划和二〇三五年远景目标纲要（草案）》，提请本次大会审议通过后实施。

“十四五”时期经济社会发展的指导思想是：坚持以习近平新时代中国特色社会主义思想为指导，全面贯彻中共十九届五中全会及中央经济工作会议精神，按照省委十二届十一次十二次十三次全会、梅州市委七届十次全会要求和兴宁市委十三届十二次全会部署，深入贯彻省委“1+1+9”工作部署和梅州市委“123456”思路举措，坚持稳中求进工作总基调，立足新发展阶段，贯彻新发展理念，参与打造新发展格局战略支点，以推动高质量发展为主题，以深化供给侧结构性改革为主线，以改革创新为根本动力，以满足人民日益增长的美好生活需要为根本目的，坚持系统观念，统筹抓好稳增长、促改革、调结构、惠民生、防风险、保稳定各项工作，全力构建“一城一廊一带”发展格局，加快建设宜居宜业宜游“工贸新城·智慧兴宁”，争当梅州生态发展主力军，确保全面建设社会主义现代化国家开好局、起好步。

“十四五”时期经济社会发展主要目标是实现“七个新”，即全力推动我市经济发展取得新成效、城乡建设呈现新面貌、生态建设形成新优势、改革开放迈出新步伐、社会文明达到新高度、民生福祉实现新进步、治理效能得到新提升，力争地区生产总值年均增长6.5%、全体居民人均可支配收入增长与经济增长同步，实现经济发展质量和效益稳步提高，人均主要经济指标与全国、全省平均水平的差距明显缩小。

为此，我们必须坚持党的全面领导，不断提高能力水平；坚持以人民为中心，不断实现人民对美好生活的向往；坚持新发展理念，实现更高质量、更有效率、更加公平、更可持续、更为安全的发展；坚持深化改革开放，持续增强发展动力活力；坚持系统观念，实现发展质量、结构、规模、速度、效益、安全相统一。

一是致力于发展实体经济。坚持“产业兴市、项目为王”，加快发展现代产业，助力梅州市构建“5311”绿色产业体系。培育壮大电子信息、装备制造等战略性新兴产业，改造传统产业，提升现代服务业，推动产业结构进一步优化。大力发展互联网产业，积极打造北部生态发展区互联网产业高地。加快文旅康养、乡村旅游融合发展，全力建设大湾区后花园、康养地、体验场。抓好产业园区建设，将广州天河（兴宁）产业转移工业园打造为振兴工业经济的主平台，力争至2025年产值超100亿元、税收超5亿元。深化创新驱动，强化资金、人才等要素保障，大力培育创新主体，力争至2025年高新技术企业增至35家以上。

二是致力于推进城乡融合发展。推进中心城区提质扩容，加快建设美丽小城镇，谋划将广州天河（兴宁）产业转移工业园及叶塘镇周边打造为兴宁城市副中心，规划建设“高铁新城”，至2025年城市建成区扩大5平方千米、城市人口增加5万人，努力打造梅州副中心城市。健全城乡融合发展体制机制，持续推进乡村振兴，巩固提升脱贫攻坚成果，改善农村人居环境，发展特色现代农业，做大做强丝苗米、“兴宁鸽”、柚果、油茶、茶叶、生猪等优势产业，打造大湾区的“菜篮子、米袋子、果盘子、茶罐子、水缸子”。

三是致力于提升基础设施水平。确保梅龙高铁2024年建成通车，建成兴宁南站综合枢纽客运站及连接线，完善高速路网，积极融入大湾区1.5小时交通圈；改造升级国、省、县、乡道路和“四好农村路”，力争到2025年旅游公路乡镇全覆盖。完善水利基础设施，提高水旱灾害防御能力，保障城乡供水安全。健全现代能源保障体系。办好人民满意教育，九年义务教育巩固率达到95%以上。建设健康兴宁，建成市人民医院，提升公共卫生服务水平，力争2022年成功创建全国基层中医药工作先进单位，发展壮大中医药产业。统筹推进智慧城市等十大工程，加快建设“智慧兴宁”。

四是致力于筑牢绿色生态屏障。立足省生态发展区定位，按照“点上高效开发、面上全面保护”原则，走好生态优先、绿色发展之路。严格执行生态监管制度和永久基本农田保护制度，至2025年全市耕地保有量保持在46.72万亩以上。加快污水处理等环保设施建设，建成静脉产业园。加强生态环境保护，打好蓝天、碧水、净土保卫战，提升生态涵养能力，推行清洁生产，发展绿色产业，力争每年度的环境质量主要指标稳定达标，顺利完成节能减排目标。

五是致力于增进民生福祉。办好每年十件民生实事，加强就业服务，完善社会保障体系。建设文化强市，提升公共文化服务水平，提高社会文明程度，推动文化产业、体育事业发展。推进社会治理现代化，全面贯彻落实总体国家安全观，加强安全生产、应急管理，推动扫黑除恶常态化，加快法治兴宁建设，守牢意识形态阵地，积极防范化解各种风险挑战，力争2022年成功创建国家安全发展示范城市，建设更高水平的平安兴宁。

六是致力于扩大内需。推进供给侧结构性改革，注重需求侧管理，大力畅通内外循环，发展壮大市场主体。抓好重点项目建设，加大“两新一重”建设、战略性新兴产业等领域投资，扩大民间投资，力争固定资产投资年均增长10%。加快现代商贸物流体系建设，扩大镇村消费，提振传统消费，培育新型消费，力争社会消费品零售总额年均增长7%。

七是致力于推进改革开放。深化“放管服”改革，推进“数字政府”建设，加快政府职能转变，不断优化营商环境。深化与天河区的合作共建，积极承接梅州综保区、无水港辐射，强化招商引资，培育发展跨境电商和外贸新业态。主动服务融入“双区”建设，加强与汕潮揭、闽赣等周边地区的交流合作，推动区域协同发展。

四、2021年工作重点

2021年是中国共产党成立100周年，是“十四五”规划开局之年，也是开启全面建设社会主义现代化国家新征程的第一年，做好今年政府工作，意义非常重大。我们要持续巩固疫情防控和经济社会发展成果，更好地统筹发展和安全，扎实做好“六稳”“六保”工作，奋力推动高质量发展，加快构建“一城一廊一带”发展格局、建设“工贸新城·智慧兴宁”，确保实现“十四五”良好开局。

今年经济社会发展的主要预期目标作如下安排：地区生产总值增长5.5%以上；固定资产投资增长7%以上；一般公共预算收入增长3%；规上工业增加值增长5%；社会消费品零售总额增长8%；进出口总额增长2%；全体居民人均可支配收入稳步增长；完成梅州市下达的能耗双控目标。

为实现上述目标，重点做好如下工作：

（一）抓好常态化疫情防控，不断巩固拓展防控成果。

始终坚持生命至上，保持高度警醒警觉，坚持“科学防控、精准防控”，压实属地、部门、单位、个人“四方责任”，严把“境外输入”“省外输入”“冷链输入”“人物同防”四个关口，落实“五有一网格”防控措施，从严从紧抓好重点人群、重点场所、重点时段、重要环节以及基层社区、农村的疫情防控工作，坚决筑牢“外防输入、内防反弹”严密防线。加强宣传引导，深入开展爱国卫生运动，不断夯实群防群控基础。进一步完善应急处置预案，做足人员配备和物资储备，加强核酸检测、流调溯源、隔离管控等能力建设。继续实施“六个一批”人才引进工程，不断提升基层医疗卫生机构服务水平，加快补齐基层防疫短板。

（二）提高产业发展水平，不断发展壮大实体经济。

提升产业质效。支持立讯技术、金雁电工等重点企业增资扩产，加快泰歌科技、赐裕鞋业等重大项目建设，力争完成工业投资29.5亿元，推动以装备制造、电子信息、食品药品为主的制造业加快高质量发展，促进轻纺、工艺、建材等产业转型升级，不断壮大新能源、新材料等产业。推进互联网产业园建设，实施智慧交通、智慧新警务等项目，大力发展工业互联网、跨境电商等新业态，壮大互联网产业，做大数字经济。启动省级全域旅游示范区创建工作，加快熙和湾客乡文化旅游产业园等9个旅游重点项目进度，谋划建设神光山康养旅游产业园，促进文旅产业提质发展。推进广东明珠养生山城、鸿利丰中药材加工等项目建设，引导联康药业提质升档，培育发展中医药、大健康产业。统筹“培大育强扶小”，促进中小企业“专精特新”发展，加大力度支持企业上市，力争新增规上企业5家、年产值亿元以上企业2家。

加快园区建设。贯彻梅州市“个十百千万” 园区提质增效思路举措，推动园区整体城镇化、安置区二期、天兴冷链物流等项目加快建设，力争标准厂房二期主体、“六纵六横”道路工程在上半年全面完工，全年引进12家以上企业进驻标准厂房，实现园区固定资产投资、工业总产值均增长10%以上。强化亩产效益评价，持续清理低效闲置厂房，新增土地收储200亩以上。谋划实施智慧园区、小学、卫生院等配套项目，推动产城乡融合发展。

强化招商引资。进一步压实市直部门和镇（街）招商责任，发挥驻外专业招商队作用，强化与商会、协会等的沟通联系，深入实施乡贤回乡投资兴业工程，研究出台扶持总部经济发展优惠政策，推进精准招商、以商招商、专业招商、平台招商，力争全年引进合同项目12个以上、计划总投资70亿元以上。推行全周期“保姆式”服务，加强项目引进、落地、建设、发展全过程的跟踪服务，让企业留得住、做得大、发展好。

深化创新驱动。深入实施高新技术企业树标提质行动，力争新增国家高新技术企业2家以上、省高新技术产品10项以上、梅州市级以上工程技术研究中心3家以上，新认定科技型中小企业5家以上。加快省级农业科技园区申报工作。加大科研投入，强化知识产权保护，完善引才育才聚才机制，争取科研经费投入占GDP比重提高到0.35%，努力培育引进一批制造业、互联网等领域的高级人才。

（三）顺应构建新发展格局，不断打造新增长点。

聚力扩大投资。狠抓重点项目建设，确保完成今年省市重点正式项目46.16亿元的年度投资任务。全力保障梅龙高铁无障碍施工，启动兴宁南站综合枢纽客运站及连接线工作；加快河惠莞高速公路麻布岗出口至罗浮连接线（兴宁段）建设，完成省道225线火车站至水口段（二期）工程，改造“四好农村路”150千米。完成上大塘河生态小流域治理工程，推进全域自然村集中供水、水土保持科技示范园项目建设，启动城乡一体化水资源配置石壁水库增效扩容改造工程。新建村级污水处理站78个，力争静脉产业园一期项目在上半年建成试运行。全面完成黄槐黄陂电网改造等项目，加快5G网络等新型基础设施建设。

大力促进消费。落实国家和省促消费政策措施，开展新一轮汽车、家电等大宗商品下乡和以旧换新活动，活跃夜间商业和市场，提振餐饮、文旅等传统消费，培育发展信息服务、智能终端等新型消费。加快省数字乡村发展试点项目建设，争创全国电商激励县，办好农特产品展销会等活动，大力推动消费扶贫，带动乡镇和农村消费。培育壮大现代商贸物流产业，新增限上商贸企业2家。

努力稳定外贸。加大各级稳外贸政策落实力度，培育壮大出口主体。支持外贸企业更新设备、创新产品，组织企业参加广交会等各类展会，巩固发展传统市场。推动企业加快数字化信息化改造，借助梅州综保区和跨境电商综试区等平台，深化运用“互联网+”等新模式，积极拓展新兴市场，实现进出口总额稳步增长。

（四）夯实“三农”发展基础，不断推动乡村振兴。

发展农业特色产业。抓好“一镇一业、一村一品”建设，启动宝宁农牧鸽产业科技园项目，积极创建肉鸽省级现代产业园，筹办梅州市肉鸽产业大会，力促丝苗米省级现代产业园在上半年投产达产，全年新扩种梅州柚2.85万亩，加快广弘农牧生猪现代养殖项目建设，做强做大“兴宁鸽”、丝苗米、柚果等富农兴村产业，助推乡村振兴。坚持科技兴农、品牌强农、服务助农，大力发展精深加工，推广农技服务，强化金融支持，壮大新型农业经营主体，促进产业融合发展，推动特色农业提质扩量塑品牌，争取新增省级农业龙头企业2家、粤字号农产品5个。改造低产低效油茶林3万亩，推进铁皮石斛、沉香等中药基地建设，发展林下经济，壮大中医药产业。深入实施藏粮于地、藏粮于技战略，建设高标准农田1.86万亩，完成历史承诺5193亩和承接省划转892亩水田垦造任务，新增拆旧复垦500亩，确保粮食生产稳定。落实复耕复种补助等惠农政策，力争完成撂荒土地集约流转和复耕复种1万亩。

实施乡村建设行动。加强涉农资金统筹使用，完成68个涉农资金项目年度建设任务，加快完善水、电、路、通信、物流和助农服务等设施。深入开展农村人居环境综合治理，推进污水治理、垃圾分类、“厕所革命”等工作，建设“千村示范、万村整治”项目110个，实现干净整洁村全覆盖、50%以上村庄建成美丽宜居村。完善村庄规划，加大农房风貌管控和乡村风貌提升力度，加强农民建房和农村宅基地管理，因地制宜建设小菜园、小果园、小花园、小公园，打造各具特色的精美农村。突出示范带动，按国家AAAA级旅游景区标准改造提升“两镇五村”示范片，加快石马“六村联动”和刁坊、坭陂、新圩“三镇十一村”连片示范建设。

深化农业农村综合改革。扎实推进农村集体产权制度、农村土地“三权分置”和“三变”等改革，积极开展土地股份合作试点，全面完成符合条件的“房地一体”农村不动产登记发证工作。深化“万企帮万村”行动，不断壮大农村集体经济，力争消除43个无经济收入村。

巩固拓展脱贫攻坚成果。严格落实“四不摘”要求，健全防止返贫动态监测和帮扶长效机制，持续夯实“两不愁三保障”，继续抓好产业、就业、消费帮扶，推动帮镇扶村，稳定增收渠道，做好同乡村振兴的有效衔接。

（五）推动城市提质扩容，不断推进新型城镇化。

完善城市配套。加快棚户区改造等工程建设，力争“一江两岸”河堤公路在国庆前全面通车，至年底宁江公园二区建成使用，完成福兴安置区三期共12栋、宁新安置区C区一期共7栋的主体工程，尽快启动中骏城市综合体项目。完成市第二自来水厂扩建，改造城区供水管网22.45千米，启动城市供排水、内涝整治、垃圾中转站升级改造等项目。加快宁新东风片区等“三旧”改造进度，完成3个老旧小区改造工程。发挥财政资金引领撬动作用，促进多元化投入支持新型城镇化建设。

改善城市环境。全力推进国家卫生城市、新一轮省文明城市创建工作，加大“两美”行动力度，巩固提升“网格化+门前三包”成效，全面推行生活垃圾分类，不断改善提升人居环境。狠抓城市交通堵点治理，完成省道239线赤巷口至兴宁大道段等3个道路扩宽工程，实施兴将线扩宽等一批道路改造项目。加快数字化城市管理信息系统建设，实施“微改造”，抓好小更新，新增一批交通管理、治安监控、停车场、市场、公厕等便民设施，下足“绣花”功夫，提升城市精细化管理水平。

增强城镇活力。坚持“房住不炒”，促进房地产市场平稳健康发展。以5个圩镇改造提升为引领，推进美丽小城镇建设，加强圩镇周边环境综合整治，强化道路、污水垃圾处理等规划建设，提升教育、医疗等公共服务水平，增强圩镇集聚力辐射力。加快商贸、物流、金融等体系建设，提高创新创业服务水平，引导产业集聚发展，壮大城镇经济。加快健全城乡融合发展机制，促进农业转移人口市民化、就近就地城镇化。

（六）加强环境保护治理，不断推进生态文明建设。

狠抓综合治理。全面完成上级环境监察移交问题整改任务。确保市镇污水处理设施全面运行、发挥效益。抓好工业排污、餐饮油烟废气、畜禽水产养殖、移动源、固废等污染防治工作，加强烟花爆竹燃放和露天焚烧管控，谋划实施铁山嶂矿区矿山生态修复综合治理工程，积极创建“无废城市”。

夯实生态屏障。统筹实施山水林田湖草生态保护修复，守护好绿水青山。压实“河（湖）长制”，突出抓好饮用水源和宁江河流域综合整治，确保饮用水水源水质、考核断面水质和空气质量优良率顺利达标。推进县级国家森林城市建设工作，全面推行林长制，完成新造林5733亩、森林抚育18.77万亩，抓好纯松林、残次林的林分改造，积极配合梅州实施国家储备林项目。新建森林资源监测中心，加快森林高火险区综合治理等项目建设，提升森林防灭火能力，加强林木林地保护，保障森林资源安全。

推动绿色发展。高标准完成国土空间规划编制，科学统筹“三区三线”划定，加快构建“三线一单”生态环境分区管控体系，推进自然保护地整合优化和完善落界。加强农业面源污染防治和违建整治，抓好耕地质量提升及安全利用示范区建设，坚决遏制耕地“非农化”、防止“非粮化”，严守耕地保护红线。推进节能降耗，实施能源消费和能源能耗强度“双控”计划，严把项目环保准入关、环境执法关，强化资源节约和循环利用，发展绿色产业，倡导绿色生活。

（七）织密社会民生网，不断提高群众幸福感满意度。

加强社会保障。坚持就业优先，力争城镇新增就业人数3500人、失业人员再就业2800人，城镇登记失业率控制在3.5%以内。落实社保惠企惠民政策，扩大各类险种覆盖面。加快建立多层次更高效的医疗支付和医疗保障体系，推进普通门诊“镇村一体化”试点和国医馆纳入定点医疗机构试点工作。加强社会救助，做好特殊困难群体的关爱服务，推动普惠型、互助性养老服务发展。

推进教育振兴。完成锦绣学校初中部、黄岭小学等6个中小学校工程，实现在秋季学期招生，力争增加7100个学位，进一步解决“大班额”问题。启动新建文峰学校、坜陂中学等4个项目，实施大坪中学等4所乡镇寄宿制学校宿舍楼建设工程。完成20个镇（街）中心幼儿园独立建制，确保田家炳幼儿园等4个改扩建幼儿园在秋季学期招生。积极开展创建全国义务教育优质均衡县（市）工作，迁建教师发展中心，实施基础教育质量提升行动，大力培育一批名师名校长，支持民办教育、普惠性学前教育发展。加强学校思政课建设。加快推进市高级技工学校创建技师学院、梅卫职校创建省级重点中职学校工作。

发展医疗卫生事业。力争完成新建市人民医院主体工程，启动市慢性病防治院、宁新和福兴街道社区卫生服务中心等5个整体搬迁项目。扎实开展全国基层中医药工作先进单位创建工作，加强市人民医院特色专科建设，实施基层中医馆服务能力再提升工程，大力培育引进中医药人才，推动中医药传承创新发展。探索推进县域医共体运行。支持民营医疗卫生事业发展。

繁荣文化体育事业。加快美术馆等项目建设，力争图书档案馆在上半年建成使用，启动演艺馆改为体育馆设计施工程序。加强非物质文化遗产、重点文物的保护传承，抓好红色资源、名人故居等的活化利用，积极打造版画培训体验展示基地，筹建新兴木刻运动版画纪念馆，办好纪念中国新兴版画运动九十周年暨全国版画展，促进文化电商、创意设计等文化产业发展。建强融媒体中心，优化提升市镇村三级公共文化服务体系，深入实施文化惠民活动，加强精神文明建设，创作更多文艺精品。积极配合梅州做好足球特区创建工作，大力发展足球青训，支持跃速体育、红旗体育等企业扩产提档，广泛开展全民健身运动，推动“体育+”产业多元发展。

加强和创新社会治理。推进国家安全发展示范城市创建工作，统筹抓好政治安全、经济安全、生态安全、社会稳定等工作，有效防范化解各类重大风险。狠抓安全生产，加强食品药品监管、消防安全、校园安全等工作。强化应急救援队伍、设施和机制建设，不断提升综合应急救援能力。落实源头稳控措施和多元化解机制，加大“问题楼盘”等历史遗留问题的排查治理力度，积极化解信访存量。推进市域社会治理现代化试点工作，加快市公安局警务技能训练基地、“枫桥式”派出所建设，完善“综治中心+网格化+信息化”系统，健全扫黑除恶常治长效机制，严厉打击电信网络诈骗等违法犯罪，狠抓禁毒工作，提升平安兴宁建设成效。加强镇（街道）社会工作服务站建设，推动社会治理向基层放权赋能，提升社区管理和基层服务能力。深化平安乡村建设，强化乡村治理，实现文明村镇全覆盖。支持基层武装规范化信息化建设，完善退役军人保障体系，推动国防动员、双拥共建等工作取得新成绩。落实全民普法，全面实施民法典，支持社会组织、慈善事业等健康发展，助推社会治理体系和治理能力现代化。

人民对美好生活的向往，就是我们的奋斗目标。为深入践行以人民为中心的发展思想，根据省市有关精神，今年首次实行民生实事人大代表票决制。结合上级要求和我市民生实际需要，我们研究拟定了2021年度十件民生实事候选项目共12个，提交会议审议。请代表们投票选出今年十件民生实事，我们将全力抓紧办好。

面对高质量发展要求，我们将持续深化重点领域改革，不断提高政务服务质量，力争“兴宁服务，天天进步”，着力构建更有效市场。

我们将全力优化营商环境。全面落实减税降费等惠企政策，用好风险信贷补偿基金，加强政银企对接，提高金融服务能力，全力支持实体经济、民营经济发展。深化“放管服”改革，推行“证照联办”改革，全覆盖开展“证照分离”改革，持续推出一批便民利企举措。重点确保工程建设项目审批管理系统实现覆盖率、审批实时共享率、联合审图验收率“三个100%”；用水报装时限缩减到4.5天、用气办理时限缩减到8天、低压接电不超过8.5天、中高压接电不超过35天；广泛应用不动产登记自动审批系统，推动登记窗口向乡镇延伸，实现不动产登记24小时“不打烊”“就近办”。

我们将加快“数字政府”建设。推进一体化在线政务服务平台建设，倡导政务服务“马上办”“一次办”，实现更多事项“一窗式”“一网通”办理，让数据多跑路、群众少跑腿，推动政务服务再提速、再增效。加大“粤省事”“粤政易”“粤商通”等推广应用力度，推进“12345热线”归并工作，不断提高政务服务信息化、智能化水平。

我们将深入推进行政体制改革。深化乡镇体制改革，加大水口等中心镇放权强镇改革力度，扎实推进事业单位、群团机关等改革，不断提高政府治理能力。抓好财政预算管理、土地管理等改革，推动公共财政综合管理平台顺利上线实施。深化市属国企改革，加快城投实体化进程。高质量完成好“十四五”规划编制。

面对发展的重任、人民的期待，我们将以模范机关建设为引领，不断加强法治型、廉洁型、服务型、效能型政府建设，奋力打造更有为政府。

我们将坚持“严”字当头。始终把党的政治建设摆在首位，严守政治纪律和政治规矩，增强政治判断力、领悟力、执行力，坚决贯彻落实上级和市委决策部署，严抓省委巡视整改，加强意识形态工作，把“两个维护”贯穿政府工作全过程各方面。

我们将坚持“法”字强基。认真学习贯彻习近平法治思想，强化法治政府建设，从严落实重大行政决策程序，严格规范公正文明执法，加强政务公开，自觉接受各类监督，高质量办好人大代表建议、政协提案，不断提高依法行政能力水平。

我们将坚持“实”字为要。深入开展“大学习、深调研、真落实”，着力摸实情、出实招、求实效。持之以恒纠“四风”、树新风，深化拓展基层减负工作，让干部有更多时间和精力抓落实。健全用好激励容错机制，使敢为、善为、有为蔚然成风。

我们将坚持“廉”字打底。狠抓政府系统党风廉政建设和反腐败工作，强化行政监察、审计监督和执纪问责，用好“四种形态”，营造良好发展氛围。强化预算刚性约束和资金绩效管理，严控“三公”经费等支出，把有限财力用在推动发展、改善民生上，以政府过紧日子换取群众过好日子！

链接：2021年兴宁市人民政府十件民生实事

1. 深入实施“粤菜（客家菜）师傅”“广东技工”“南粤家政”三项工程；
2. 预防接种门诊整体搬迁项目；
3. 提高低保、特困人员、孤儿基本生活补贴和残疾人两项补贴保障水平；
4. 实施兜底民生服务社会工作双百工程；
5. 免费实施出生缺陷筛查项目；
6. 健全学前至普通高中各学段生均经费保障制度；
7. 加强食品安全监督检测；
8. 城区网架完善工程；
9. 推进智慧交通城市建设；
10. 全面实施人居环境“千村示范、万村整治”工程项目。

年度关注

责任编辑：郑桂元

新冠肺炎疫情防控

2020年1月新冠疫情发生，兴宁市报告8例确诊病例，至3月12日全部治愈出院，无死亡病例、无医务人员感染。全市投入专项防控经费7995.19万元，划拨党费114万元，接受社会各界捐款733.35万元，认捐物资价值1089.9万元。发放各类型防护口罩75万个，防护服（含隔离衣）1.3万件（套）。

（市新冠疫情防控办公室）

2020年，兴宁市抓好高、中风险地区来兴返兴人员监测、筛查、隔离医学观察工作。全年排查49.5万人，落实居家隔离4027人，集中隔离701人。对重点场所、重点人群做到核酸检测全覆盖，全年核酸检测15.4万人次，完成重点场所环境监测1393份，重点食品监测1369份，从业人员核酸检测率100%。

是年，兴宁市投入600万元，全面加强各医疗卫生机构（含村卫生站、个体诊所）预检分诊建设，对经预检疑似感染者落实即时报告和隔离观察制度，实现关口前移。投入近2000万元，在市人民医院和水口镇中心卫生院设置发热门诊，将宁中镇卫生院改造为发热门诊。投入1000多万元，将金叶酒店、水口集中隔离点、港兴宾馆定为集中隔离场所，全市设立火车站、汽车站等检疫检测点21个。投入800多万元完成市人民医院、市第三人民医院、市疾控中心核酸检测实验室建设。成立专门物资管控组，加强各社会捐赠物资的管理，兴宁市红十字会接收爱心捐款733.35万元，接受口罩、消毒液、食品药品等爱心捐物338批。

（市卫生健康局）

2020年1月，市人民医院组成新冠肺炎救治专家组进驻市第五人民医院，救护车出车150辆次，救治专家组会诊指导14人次，收治排查患者152人。2月，医院5名医护人员加入梅州市第三批援助湖北医疗队，前往湖北省荆州市公安县抗疫；10月，医院2名护士加入梅州市卫生系统支援白云机场海关抗疫队，开展口岸核酸采样工作。

（市人民医院）

2020中国（兴宁）花灯文化节

2020年1月14日，2020中国（兴宁）花灯文化节暨广东省第八届花灯文化节·梅州兴宁第二届花灯文化旅游节在兴宁市熙和湾·客天下花灯文化特色小镇开幕，活动由中国民间文艺家协会、广东省精神文明建设委员会办公室、广东省文学艺术界联合会、兴宁市人民政府联合主办，中国民协副主席邱运华、省文明办副主任吴祖清、省文联专职副主席吴华钦、省民协主席李丽娜、梅州市委宣传部部长陈晓建等参加开幕式。

花灯节以“传承花灯文化、弘扬客家精神”为主题，吸引全国13个省的43支民间花灯代表队参展，有33个花灯品类300多盏灯。展期从1月14日至2月8日，历时26天。其间开展第十五届中国民间文艺山花奖·优秀民间工艺美术作品（灯彩）初评活动，及广东省第八届花灯文化节花灯作品评比活动，有来自全国各地的28支花灯代表队300多盏（组、套）花灯参评。

（市地方志办）

梅州兴宁互联网产业园动工

2020年1月18日，梅州兴宁互联网产业园动工，梅州市委书记陈敏，市领导黄文沐、余其豹参加动工活动。

梅州兴宁互联网产业园选址于兴宁市南部新城中心区，距离高速公路出口约2千米，毗邻亲水公园河畔。园区用地面积2.8万平方米，总建筑面积13万平方米，拟建成包括互联网大厦、科创中心、商务酒店和人才公寓在内的五栋大楼，设有互联网综合展示中心、电子商务运营中心、人工智能和大数据中心、软件硬件开发中心、游戏平台研发中心、互联网孵化基地、数字资产交易中心7个功能场馆，总投资5亿元。

（市地方志办）

“兴宁鸽”入选全国名特优新农产品名录

2020年5月，农业农村部农产品质量安全中心公布2020年第一批全国名特优新农产品名录，“兴宁鸽”被纳入该名录。

“全国名特优新农产品”指在特定区域内生产、具备一定生产规模和商品量、具有显著地域特征和独特营养品质特色、有稳定的供应量和消费市场、公众认知度和美誉度高，经农业农村部农产品质量安全中心登录公告和核发证书的农产品。兴宁市有肉鸽养殖企业28家，2020年出栏肉鸽4800多万只，全产业链产值约8亿元。该批次名录广东有62个产品入选，入选农产品数量居全国首列，涵盖茶叶、蔬果、水产、畜禽等多个行业，其中，梅州有5个农产品入选。

（市地方志办）

兴宁双季稻香米创下亩产新的世界纪录

2020年11月11日，在兴宁市丝苗米富香高效机械化生产技术示范片攻关测产现场，由华南农业大学等单位承担的“丝苗米富香提质增效技术集成研究推广项目”选育的“19香”丝苗香米实测年亩产1300.12千克，创下双季稻香米年平均亩产新的世界纪录。

项目在兴宁市辰兴种粮专业合作社种植基地示范田实施，采用华南农业大学水稻栽培研究专家唐湘如教授团队的“强源活库优米技术”，增强叶片的光合功能，延长叶片的光合作用时间，促进结实率和千粒重的提高，提高稻谷籽粒活性，促进淀粉合成积累，减少稻米的垩白粒率和垩白度，增加胶稠度，提升稻米的口感和质量。

（市地方志办）

第二届梅州互联网大会在兴宁召开

2020年11月15日至16日，2020第二届梅州互联网大会在兴宁会展中心召开。大会由广东省互联网信息办公室、广东省工业和信息化厅、广东省通信管理局指导，梅州市人民政府主办，中共兴宁市委、兴宁市人民政府、梅州市工业和信息化局承办，广东省互联网协会、兴宁市互联网协会协办。展示梅州互联网产业亮点及成果转化，发布梅州市、兴宁市互联网产业发展相关政策，举行项目签约和客商银行授信仪式。

十三届全国政协经济委员会副主任刘利华、中国电子学会理事长张峰、中国自动化学会副理事长陈俊龙，工信部信息通信经济专家委员会委员王春晖和古伟中、广东省通信管理局局长苏少林、省委网信办副主任翟雪梅、省工信厅二级巡视员神志雄，以及中国电信广东分公司、中国移动广东公司、中国联通广东省分公司、广东广电网络、中国铁塔广东省分公司、广州市天河科技园管委会、中国长城科技集团股份有限公司、小米集团等企业负责人和梅州市主要领导、国内外互联网企业代表参会。

（市地方志办）

大事记

责任编辑：曾永宏

1月

2日，梅州市委书记陈敏到兴宁市都旺燃气发展有限公司、梅龙高铁兴宁站选址现场等处，检查调研安全防范工作和交通重点项目规划建设情况。

3日，兴宁市委书记余其豹，市长洪国华率队到兴南幼儿园、毅德城新城学校建设现场、宁新安置区旁拟新建学校区域、市教师发展中心等处调研教育改扩建项目工作。

6日下午，黄陂、水口两镇发生森林火灾。

7日，广东省公安厅调研组到福兴派出所、交警兴南中队、指挥中心、合成作战中心调研督导公安大数据智能化建设工作。

8日，兴宁市委召开常委会会议，专题听取市人大常委会、市政府、市政协、市纪委监委、市法院、市检察院、市妇联党组（党委）2019年度工作情况汇报。

11日，中国共产党兴宁市第十三届委员会第十次全体会议在市会展中心召开。全会听取余其豹代表市委常委会所作的报告和洪国华关于经济工作的讲话，审议通过《中共兴宁市委贯彻落实〈中共广东省委贯彻落实《中共中央关于坚持和完善中国特色社会主义制度、推进国家治理体系和治理能力现代化若干重大问题的决定》的实施意见〉的行动方案》《兴宁市支持深圳建设中国特色社会主义先行示范区的行动方案》《兴宁市支持广州市推动“四个出新出彩”的若干措施》，以及《2019年党建工作情况报告》。

是日，兴宁市在市会展中心召开全市“不忘初心、牢记使命”主题教育总结会议。梅州市委第三指导组组长陈连豪出席会议并讲话。

12日，广东省退役军人事务厅厅长陈小山到兴宁市调研退役军人服务中心建设工作。

14日，2020中国（兴宁）花灯文化节暨广东省第八届花灯文化节、兴宁第二届花灯文化旅游节，在熙和湾·客天下花灯文化特色小镇开幕。

15日，兴宁市在市会展中心召开2019年度镇（街道）党（工）委书记抓基层党建述职评议会。会议听取各镇（街道）党（工）委书记和部分市直单位党组织书记抓基层党建工作述职，并进行评议和点评，对2020年全市基层党建工作进行安排部署。

是日，广东省文明办督导组到兴宁市督导创建省文明城市工作。

16日，兴宁市市长洪国华率队到梅州军分区开展春节慰问活动。

17日，梅州市委常委、常务副市长吴晓晖率队深入广州天河（兴宁）产业转移工业园、毅德城新城学校、亲水公园、兴宁互联网产业园等项目建设现场督导重点项目建设。

是日，兴宁市征兵工作会议在市会展中心召开。

18日，梅州市兴宁互联网产业园在兴宁正式动工。该项目选址兴宁南部新城中心区，产业园占地2.87公顷，总建筑面积约13万平方米。

是日，兴宁首家社会化、

标准化小型汽车（C1、C2）驾驶人考场正式投入运营，该考场承担科目二、科目三道路驾驶技能考试。

21日，兴宁市委召开常委会会议，传达学习习近平总书记在“不忘初心、牢记使命”主题教育总结大会上的重要讲话精神，以及习近平总书记关于新型冠状病毒感染的肺炎疫情的重要指示精神、李克强总理批示要求，研究全市贯彻落实意见。

22日，兴宁市组织党员干部和广大群众开展“美好家园齐清洁·美丽兴宁迎新春”志愿活动。

是日，兴宁市消防救援大队举行挂牌仪式。

23日，兴宁市召开新型冠状病毒感染的肺炎疫情防控工作会议，传达学习中央、省和梅州市有关会议精神，部署全市新型冠状病毒感染的肺炎疫情防控工作。

27日，兴宁市防控新型冠状病毒感染的肺炎疫情工作领导小组办公室发出《关于不参加大型宴请、聚餐、舞龙、赏灯、婚丧喜庆事宜等各类群众性聚集民俗活动的倡议书》。

29日，梅州市市长张爱军到兴宁市镇村基层，看望慰问奋战在抗疫一线的工作人员，就农村疫情防控工作落实情况进行督导检查。

是日，兴宁市委书记余其豹率队到合水、龙田、叶塘、宁新等镇（街道）检查指导新型冠状病毒感染的肺炎疫情防控工作。

30日，兴宁市召开全市新型冠状病毒肺炎疫情防控工作电视电话会议，传达学习习近平总书记关于做好疫情防控工作的重要指示精神、省委书记李希批示精神以及省政府电视电话会议精神，梅州市委书记陈敏讲话精神、梅州市专题会议精神和梅州市市长张爱军到兴宁检查疫情防控工作的要求，进一步研究部署兴宁防控工作。

是月，径南镇东升村入选为全国乡村治理示范村。

2月

2日，梅州市委书记陈敏率队到兴宁市宁江新城六期、兴田街道曾学莹、疫情防控指挥部等处检查督导新冠肺炎疫情防控工作，实地察看和详细了解兴宁市疫情防控工作机制运作、防控措施落实等情况，在市会展中心主持召开专题工作会，听取兴宁市疫情防控工作情况汇报。

3日，兴宁市人大常委会召开市十五届人大常委会第40次会议，贯彻落实中央、省、市关于统筹推进新冠肺炎疫情防控和经济社会发展工作的决策部署。会议决定推迟召开兴宁市第十五届人民代表大会第六次会议。

5日，梅州市副市长、市公安局局长宁惠军先后到兴宁市高速公路出口联合检疫检查点、村（居）委、看守所、居民小区等处检查督导疫情防控工作。

11日，兴宁市派出首批驰援湖北荆州抗疫人员，由市人民医院医护人员邹晓平、肖海钦、范亚婷、袁沈兰、林静组成。

12日，梅州市市长张爱军到兴宁市城北社区、济广高速叶塘出口、金雁电工、广东富农等处检查基层防疫工作和企业复工复产情况。

是日，梅州市委副书记王庆利到梅河高速兴宁西出口、碧桂园社区、永泰华庭社区、福兴五里村，检查兴宁市主要道路出入口、社区、村级疫情防控工作情况，看望慰问奋战在一线的党员干部。

13日，梅州市金绿现代农业发展有限公司向湖北捐赠价值近7万元的“陈小鸽”熟制品2000份。

14日，梅州市委常委、组织部部长杜敏琪到高速公路兴宁西出口联合检疫检查站、福兴街道黄畿村、兴田街道永泰华庭、宁新街道天誉花园、兴宁市疫情防控工作指挥部等城乡防控节点，详细了解基层党组织和党员在疫情防控一线的引领作用，以及防控措施落实、防控物资保障、联防联控、群防群治等情况。

15日，兴宁市14家农业企业向市红十字会捐赠23吨优质丝苗米。

16日，兴宁市委书记余其豹到金谷米业、益民粮油、顺民蔬菜基地等调研农业企业疫情防控和复工复产工作。

是日，丰顺县、梅江区、梅县区向兴宁市捐赠口罩、手套、消毒粉、医用酒精、消毒液等抗疫物资。

21日，兴宁市委书记余其豹、市长洪国华率队深入到新建市人民医院项目现场、广东跃速、亲水公园、锦绣大桥等处调研重点项目、重点企业复工复产工作。

是日，梅州市副市长温向芳率队到梅州金绿现代农业发展有限公司养鸽场、龙田镇供销社助农服务中心、大坪镇潭坑村、广东富农生物科技股份有限公司等处检查农村疫情防控和春耕备耕工作。

22日，梅州市委书记陈敏深入到兴宁市福利院、敬老院和复工企业等地检查民政服务机构和复工企业疫情防控工作。

26日，梅州市委常委、宣传部部长陈晓建率队到刁坊镇圩东村、联康城、宏远新村、市融媒体中心（兴宁市广播电视台）检查指导落实防疫和相关宣传引导工作。

28日，广东省民政厅调研组到兴宁市救助管理站、宁新街道敬老院、仁爱托老院等地，调研兴宁市民政服务机构疫情防控工作有关情况。

是月，兴宁珠江村镇银行推出疫情贷，对企业主动授信、足额授信。

是月，合水镇、大坪镇、永和镇被广东省爱国卫生运动委员会授予“广东省卫生镇”称号。

3月

2日，兴宁市支援湖北荆州医疗队队员林静、范亚婷火线入党，吸收为兴宁市人民医院党总支部预备党员。

5日，兴宁市委书记余其豹率队到兴宁市东莞石碣（兴宁）产业转移工业园整体城镇化项目建设现场等处督导重点项目建设工作。

10日，梅州市委书记陈敏到兴宁市镇村一线、农业基地调研基层党建、脱贫攻坚等工作。

是日，兴宁市召开专门会议，研究部署粤北华南教育历史研学基地活化利用和弘扬“左联”文化工作。

13日，广东省司法厅督导组到市司法局社区矫正中心、公共法律服务中心以及福兴司法所检查督导疫情防控、安置帮教和社区矫正工作。

19日，兴宁市政府召开党组（扩大）会议暨十五届第66次常务会议。

是日，兴宁市委宣传部与梅州日报社在兴宁市融媒体中心（兴宁市广播电视台）举行开展全媒宣传和融媒建设战略合作签约仪式。

20日，黄槐镇电网改造工程启动会在黄槐镇政府召开，标志着黄槐镇农电体制改革工作继2019年年底完成供电业务接管签约后，正式开展电网改造工程。

24日，广东省民族宗教研究院检查组到神光寺、慈光寺等处检查清明期间宗教活动场所疫情防控工作。

27日，兴宁市召开扫黑除恶工作领导小组会议，传达贯彻中央有关文件精神，听取2019年扫黑除恶工作情况报告，对2020年相关工作进行部署。

30日，中共兴宁市第十三届纪律检查委员会第五次全体会议在市会展中心召开。

4月

1日，兴宁市委书记余其豹率队到坭陂镇、新圩镇、径南镇调研疫情防控、基层党建、脱贫攻坚及清明期间安全防护等工作。

4日，市委、市政府在市会展中心召开座谈会，欢迎援鄂英雄肖海钦、邹晓平、范亚婷、袁沈兰、林静平安返回兴宁。

是日，兴宁市通过降半旗、鸣笛默哀、停止公共娱乐活动等形式，向抗击新冠肺炎疫情斗争牺牲烈士和逝世同胞表示深切哀悼。

9日，兴宁市召开城区重点项目征地拆迁工作推进会，要求奋战100天基本完成宁新、福兴、兴田、刁坊4个镇街的征地拆迁任务，为重点项目的落地和建设营造无障碍施工环境，助推兴宁市经济社会高质量发展。

是日，梅州市委书记陈敏到坭陂镇、宁中镇基层一线，与镇、村干部交流，详细了解脱贫攻坚工作开展情况，调研脱贫攻坚挂牌督战工作，并对两镇如期完成脱贫攻坚任务提出指导意见。

10日，广东省脱贫攻坚挂牌督导组到坭陂镇和广东神石生态农科股份有限公司等地督导脱贫攻坚工作。

是日，广州市天河区驻兴宁市精准扶贫工作组召开兴宁驻村第一书记工作培训会议，通过党课+实地参观等形式，总结交流“村村联动”产业发展经验。

是日，兴宁市委召开常委会（扩大）会议暨市疫情防控工作领导小组（指挥部）工作会议，传达学习中共中央总书记习近平关于实施乡村振兴战略的重要论述精神和关于安全生产的重要论述精神等，研究部署全市贯彻落实工作。

是日，兴宁市委召开全面依法治市委员会第二次会议，传达学习中央、省委、梅州市委有关会议和文件精神，研究部署全市依法治市工作。

13日，广东省考评组到兴宁市检查考核双拥模范城（县）创建工作，详细了解兴宁市退役军人服务机构建设以及军民共建情况。

14日，梅州市政协主席陈建青率队到兴宁市新城学校项目、碧桂园项目等建设现场调研重点项目等建设推进情况。

15日，兴宁市领导余其豹、洪国华到兴田二路、官汕路、兴将公路、旺兴水闸至南济桥段等处调研交通路网规划建设，听取城区交通公路谋划和建设等相关情况汇报。

16日，兴宁市人武部和兴宁市退役军人事务局到黄陂镇径口村，向在国际军事比赛中荣立二等功的现役军人曾国文家属送上喜报。

17日，兴宁市委召开常委会（扩大）会议暨市疫情防控工作领导小组（指挥部）工作会议，传达学习中共中央政治局常委会会议精神、习近平总书记对安全生产的重要指示精神等，听取全市2020年春季学期学生返校复学工作情况汇报，研究部署相关工作。

19日，龙田镇镇长在梅州市金绿现代农业发展有限公司的直播现场为兴宁鸽带货直播。直播活动获得11万次的浏览量，线上下单2000多件，销售额约20万元。

是日，兴宁市委宣传部与梅州日报社开展全媒宣传和融媒建设战略合作签约仪式，在兴宁市融媒体中心（兴宁市广播电视台）举行。

24日，兴宁市委召开常委会（扩大）会议暨市疫情防控工作领导小组（指挥部）工作会议，传达学习习近平总书记在中共中央政治局会议上的重要讲话精神等，研究部署全市常态化疫情防控和经济社会发展工作。

25日，梅州市市长张爱军调研兴宁市工业园区和企业。

28日，梅州市委常委、市纪委书记、市监委主任黄建固到兴宁市调研疫情防控和基层党风廉政建设。

29日，兴宁市举行“竣工一批、动工一批、签约一批”系列活动，投资总额17.07亿元。其中签约项目3个，总投资4.8亿，开工项目有4个，总投资9.22亿元，投产项目2个，总投资3.05亿元。

是日，兴宁市举行兴宁农产品赴天河区展销启动仪式。

5月

3日，兴宁市福兴消防救援站团支部被团中央评为“全国五四红旗团支部”。

5日，国铁集团督导组到兴宁南站、宁江特大桥跨漳龙铁路处、径纸隧道出口等地，就梅州至龙川高铁施工图设计进行踏勘并研究协调有关事宜。

7日，梅州市人大常委会调研组到熙和湾·客天下花灯文化特色小镇、叶塘镇安置区城市棚户区改造二期项目等建设现场调研重点项目建设情况。

8日，兴宁市召开“广东技工”“客家菜师傅”“南粤家政”三大工程工作推进会。

14日，兴宁市委召开理论学习中心组“防范化解重大风险”专题学习会，学习习近平总书记关于“两个大局”、防范化解重大风险的重要论述精神，对全市防范化解重大风险工作进行再部署、再推动、再落实。

17日，兴宁市市长洪国华在抖音“南橘”直播间、“南方+”为“兴宁鸽”带货直播，为兴宁农产品代言圈粉，帮助农户拓销路、促增收。直播活动线上销售额约51万元，促成“兴宁鸽”与多家餐饮企业的合作，合同金额308万元。

是日，广东省扶贫基金会调研组到刁坊、新陂、叶塘镇调研“厕所革命”、农村污水处理、脱贫攻坚以及乡村振兴等工作开展情况，向兴宁市捐赠750万元用于农村污水处理设施建设和自然村公共厕所建设。

19日，梅州市委书记陈敏到兴宁市睿山生态园、梅州市金绿现代农业发展有限公司等处调研脱贫攻坚工作。

20日，“兴宁鸽”入选2020年第一批全国名特优新农产品名录。

22日，共青团兴宁市第十六届委员会第三次全体（扩大）会议在市会展中心召开。

25日，梅州市首个应急消防科普教育基地在兴宁市消防救援大队挂牌投入使用。

26日，梅州市农村工作暨实施乡村振兴战略和决战决胜脱贫攻坚现场推进会现场考察第一组，到新陂、叶塘、龙田镇参观考察脱贫攻坚、农村人居环境整治、新农村和美丽乡村建设、古村落保护利用开发等工作。

28日，兴宁市召开兴宁市柚果产业发展专题工作推进会议，通报全市柚果产业发展情况。

是日，兴宁市召开扫黑除恶专项斗争领导小组会议，传达学习梅州市扫黑除恶专项斗争推进会暨领导小组第10次全体成员会议精神，通报2020年以来全市扫黑除恶专项斗争工作开展情况，研究部署第二、三季度工作。

29日，中海油华南销售公司到兴宁检查调研泰歌油库配套加油站项目建设。

是月，兴宁市桂丰源生态农业发展有限公司（所属水产养殖场）、思丰水产养殖发展有限公司被农业农村部列为国家级水产健康养殖示范场（第十四批）。

6月

2日，梅州市市长张爱军到合水、永和、龙田、刁坊镇，督导检查镇级污水处理厂建设、污染防治等工作。

2—3日，梅州市委书记陈敏到叶塘、龙田、永和镇调研脱贫攻坚、乡村振兴、基层党建等工作。

3日，投入200多万元建成的兴宁市人民医院临床基因扩增实验室（PCR实验室）通过省和梅州市的现场评估验收，揭牌投入使用，日均核酸检测能力为400—600人次，是广东省内首家政府主导的县级临床基因扩增实验室。

是日，兴宁市国有资产运营中心在市财政局挂牌成立。

5日，兴宁市人民医院、兴宁市第三人民医院分别举行医共体总院挂牌揭幕仪式，该医共体由全市20个镇（街）卫生院（社区卫生服务中心）为成员单位，形成由兴宁市人民医院、兴宁市第三人民医院为牵头医院，各成员单位共同参与的议事决策机构，实行行政、人员、财务、质量、药械、信息六个方面统一管理，形成以“市级医院为龙头、乡镇卫生院为枢纽、村卫生站为基础”的市镇村一体化管理新格局。

是日，广东省科技特派员、广东省白云学院专家一行到新圩镇大村村，为农业企业做调研、送技术、搞创新，线上线下为贫困村和农业企业提供技术服务，助力乡村振兴。

8日，兴宁市委召开常委会会议，专题传达学习习近平总书记在全国两会上的重要讲话和全国两会精神，听取全市污染防治、校园安全等工作情况汇报，研究贯彻落实意见。

是日，兴宁市委召开党的建设工作领导小组会议，传达学习上级有关文件、会议精神，研究审议《市委党的建设工作领导小组2020年度工作要点》。

10日，消费扶贫直通车（梅州）运营中心启动暨革命老区消费扶贫产业振兴示范园区揭牌活动在径南镇富荣农业科技发展有限公司举行。

11日，部分广东省人大代表组成的调研组到兴宁开展乡村生态环境整治专题调研，建议兴宁市继续推进乡村生态环境保护工作，突出抓好农村集中式饮水安全、农业面源污染防治、工业污染治理、环保基础设施建设等，改善乡村生态环境质量。

17日，兴宁市政府召开党组（扩大）会议暨第73次常务会议，传达学习习近平总书记在宁夏考察时的重要讲话精神，要求在常态化疫情防控前提下，抓好重点工作重点项目建设，扎实做好“六稳”工作，全面落实“六保”任务。

17—18日，政协第十四届兴宁市委员会第五次会议在市会展中心召开。

18—19日，兴宁市第十五届人大六次会议在市会展中心召开，会议听取并审议通过《兴宁市人民政府工作报告》《兴宁市2019年国民经济和社会发展计划执行情况与2020年计划草案的报告》等6个工作报告。

20日，广州市天河区党政代表团到兴宁开展对口帮扶工作。

是日，兴宁市委、市政府在兴宁市委常委楼3楼会议室举行2020年兴宁市“广东扶贫济困日”活动启动仪式。

28日，梅州市市长张爱军到龙田镇碧园村看望慰问老党员，调研农业产业发展和脱贫攻坚工作。

是日，刘光夏革命烈士纪念馆列入梅州首批市级党员教育基地。

7月

1日，广东省林业局挂牌督战脱贫攻坚工作组到罗岗、罗浮和叶塘镇实地调研贫困村集中供水工程和脱贫攻坚工作情况。

3日，兴宁市肉鸽协会成立，

梅州市金绿现代农业发展有限公司总经理陈伟波当选会长。

是日，梅州市政协调研组到兴宁市开展“加强基层公共卫生队伍和防控能力”等相关课题调研活动。

6日，兴宁市10个工业项目集中动工，项目涵盖标准厂房、高端装备制造、纺织制鞋、冷链物流、食品加工、医药器械、5G新基建、环保新材料等领域。

7日，兴宁市张雪莲、刘苑红获评广东省“优秀创业致富带头人”。

9日，兴宁市委召开理论学习中心组专题学习会，学习贯彻习近平总书记在全国两会上的重要讲话和全国两会精神。

是日，梅州市委常委、市纪委书记、市监委代主任蒋万军到兴宁市调研纪检监察工作。

14日，广东省调研组到兴宁市图书馆调研指导古籍文献保护工作。

16日，广东省农业农村厅组织浙江大学、华南师范大学、省农业科学院等单位专家教授，到兴宁市对华南农业大学等承担的“丝苗米富香提质增效技术集成研究推广”项目进行现场测产验收，实割三块田平均干谷亩产634.56千克，创造广东省丝苗香米产量最高纪录。

是日，兴宁市首家九年一贯制民办学校卓越中英文学校正式揭牌，该校由原兴宁三中改建而成。

是日，兴宁市召开建议提案交办会议，集中交办市十五届人大六次会议代表建议和市政协十四届五次会议提案127件。

21日，梅州军分区司令员到市人民医院征兵体检站检查指导征兵体检工作，并看望慰问医务人员和应征青年。

是日，广东省人大代表调研组到新陂、叶塘“两镇五村”乡村振兴连片示范区、新圩四季美种养项目实地察看，专题调研脱贫攻坚和乡村振兴工作。

22日，广东省副省长陈良贤到坭陂镇合湖村调研普铁沿线隐患整治情况。

是日，“兴宁市2019年中央扶持农机装备高质量发展项目交机仪式”“广东省农业信息与智能装备产业技术创新联盟智能农机装备示范基地挂牌仪式”在大坪镇举行。

24日，兴宁市教育局发布2020年高三学生素质发展报告。

27日，兴宁市委政协工作会议在市会展中心召开。

28日，梅州市人大常委会副主任、总工会主席蓝伟东到径南梅兴亭隧道进口看望慰问高铁施工人员。

是日，广东省妇儿工委调研组到兴宁市调研妇女儿童工作。

29日，兴宁市委召开常委会会议，审议通过2020年市级预算调整方案，研究部署全市防旱抗旱工作等。

是日，径南镇东升村举行“新时代文明实践所”“月形山美术写生创作基地”挂牌揭幕仪式。

30日，汕尾市政协考察组到兴宁学习考察医疗队伍能力建设情况。

31日，仲恺农业工程学院到兴宁市调研乡村振兴等工作，为梅州市金绿现代农业发展有限公司“广东省博士工作站”进行揭牌，该工作站为兴宁市首家省级博士工作站。

是日，兴宁市消防救援大队举行新时代文明实践站揭牌仪式暨新时代文明实践活动。

8月

4日，兴宁市举行创建国家卫生城市和省县级文明城市攻坚决战誓师大会。

是日，兴宁市在市会展中心召开全市中小学校长交流轮岗动员大会。

是日，兴宁首家居家养老服务中心挂牌成立。

5日，广东省农业科学院调研组到兴宁市力量农业发展有限公司调研茶叶和水稻产业，开展科技帮扶活动。

是日，广东省工信厅调研组到兴宁调研工业稳增长工作。

7日，兴宁市召开推进制造业高质量发展暨科技创新工作大会，对全市加快制造业转型升级、振兴实体经济作出总体安排。

12日，兴宁市政府召开党组（扩大）会议暨第77次常务会议。

13日，兴宁市召开加快推进市域社会治理现代化工作会议，部署全市加快推进市域社会治理现代化试点工作。

是日，兴宁市召开全市中医药暨创建“全国基层中医药工作先进单位”动员大会，部署全市创建“全国基层中医药工作先进单位”各项工作。

是日，惠州市惠城区人大考察团到神光山国家森林公园等处，参观考察乡村振兴和新农村建设情况。

是日，广东省民族宗教委调研组到兴宁市慈光寺调研。

14日，梅州市政协视察组到兴宁市珍珠红酒业和保仪生态科技有限公司，围绕“精致高效农业、特色农业产业发展”课题开展专题视察活动。

17日，兴宁市召开全市乡镇街道体制改革动员会，对全市乡镇街道体制改革作出部署。

18日，兴宁市招商和企业服务中心挂牌成立，为市政府直属正科级事业单位。

20日，兴宁市在会展中心举行革命烈士后裔助学金暨广东省雁洋公益基金会烈士后裔助学助困金发放仪式。

21日，“2020南国书香节梅州分会场暨第二届兴宁书展”开幕。

是日，兴宁市人民医院妇产科在中山大学附属第一医院专家教授的指导帮助下，成功摘除一名患者体内7千克的巨型肿瘤。

25日，广东省老促会调研组到新陂、叶塘“两镇五村”乡村振兴示范片区、水口镇刘光夏革命烈士纪念馆等处调研老区苏区振兴发展工作。

26日，梅州市首个国防教育训练基地在兴宁市伟泓教育基地挂牌。

是日，梅州市市长张爱军到新陂、叶塘镇调研。

27日，中国光华科技基金会调研组到兴宁调研“童心港湾”建设。

28日，兴宁市委召开常委会会议，听取兴宁市“十四五”规划编制工作情况汇报，研究部署全市相关工作。

是日，兴宁扶贫产品展销中心在广州市天河区车陂街车陂村天隆花园北座首层试业，试业日签订900多万元采购协议。

29日，兴宁市举行首届“农商银行杯”助商扶农网红大赛启动仪式。

31日，蕉岭县考察团到新陂、叶塘“两镇五村”乡村振兴示范片区考察乡村振兴工作，详细了解兴宁市在乡村振兴、万里碧道建设、古民居保护和利用等方面的经验做法。

是日，兴宁市在市高级技工学校举行电子商务进农村综合示范项目暨兴宁市电商网红创业孵化基地揭幕仪式。

是月，兴宁市被确定为广东省数字乡村发展示点县（市、区）。

9月

1日，五华县、大埔县党政考察团到新陂、叶塘“两镇五村”乡村振兴示范片区参观考察乡村振兴工作。

3日，兴宁市在市会展中心门口举行兴宁市国家级电子商务进农村综合示范项目“三级物流”配送体系建设启动仪式。

7日，兴宁市召开梅龙高铁兴宁南站建设工作推进会，集体研究优化兴宁南站和快速连接线设计方案。

是日，佛山市三水区政协调研组到新陂、叶塘“两镇五村”乡村振兴示范片区调研乡村振兴、文化传承等工作。

9日，兴宁市农村电子商务行业协会成立，由81家农业企业组成，广东梅一客农业科技有限责任公司总经理张雪莲当选首任会长。

10日，梅州市人大常委会调研组到兴宁市开展城区、圩镇生活污水集中处理情况工作调研。

是日，兴宁市在市会展中心召开教师节庆祝大会，表彰2020年兴宁市优秀教师奖、优秀教育工作者奖、优秀班主任奖和教学工作先进教师奖获得者。

11日，兴宁市宁新东风村老旧小区改造项目开工，标志着城区老旧小区改造工作启动。

14日至15日，南雄市人大常委会考察组到兴宁就“推进县乡人大工作和建设”“加强规范性文件备案审查”2个主题进行考察学习。

15日，全市禁毒工作暨整治突出毒品问题动员部署会议在市会展中心召开，总结部署全市禁毒工作。

16日，广东省扶贫办核查组到梅州市金绿现代农业发展有限公司和广东梅一客农业科技有限责任公司等地，对兴宁市申报消费扶贫创业创新基地企业进行实地核查。

是日，梅州市红色文化研究会兴宁办事处在广东富荣农业科技发展有限公司（粤东云山谷生态旅游景区）挂牌成立。

17日，梅州市委常委、常务副市长吴晓晖到兴宁市督导梅龙高铁兴宁段项目进度和重点项目建设。

18日，兴宁市召开乡村振兴工作领导小组会议。

19日，兴宁市首届“农商银行杯”助商扶农网红大赛结束。

21日，兴宁市新的社会阶

层人士联合会成立大会在市会展中心召开，张弦当选第一届理事会会长。

22日，兴宁市在新陂、叶塘“两镇五村”乡村振兴示范片区举行庆祝2020年农民丰收节活动。举行首届“农商银行杯”助商扶农网红大赛、十佳优质米、十佳“致富带头人和致富能手”等颁授，兴宁丝苗米宣传推广，文艺表演活动和“庆丰收·奔小康”迷你马拉松大赛等活动。

23日，兴宁市党政考察团到梅县区、梅江区、丰顺县学习参观考察。

是日，广东省足球场地检查组到兴宁市检查“十三五”足球场地建设工作。

24日，梅州市政协调研组到兴宁市督办调研《关于整合梅州红色资源促进原中央苏区红色旅游产业发展的建议》提案办理落实情况。

27日，兴宁市在市会展中心举办主题为“严守政治纪律，践行‘两个维护’”领导干部党章党规党纪教育培训班。

29日，兴宁市举行第七届“范剑冰奖”颁发活动，表彰和奖励在教育工作岗位上做出优异成绩的教师。

30日，兴宁市在合水革命烈士陵园举行烈士公祭活动。

是月，“兴宁丝苗米”“兴宁鸽”入选广东省第三届名特优新农产品名单。

10月

9日，中国共产党兴宁市第十三届委员会第十一次全体会议在市会展中心召开。

是日，兴宁市人民医院医生肖海钦、兴宁市疾控中心分别入选广东省委、省政府抗击新冠肺炎疫情先进个人和先进集体拟表彰名单。

10日，兴宁市委召开常委会会议，部署全市2021年村（社区）“两委”换届工作事宜。

是日，兴宁市委召开全面深化改革委员会第五次会议。

12日，广东省新冠肺炎防控指挥办第七督查组到兴宁市开展秋冬季新冠肺炎疫情防控工作专项督查。

是日，广东省委第十三巡视组巡视兴宁市工作动员会在市会展中心召开。

是日，兴宁市多部门与伟泓教育基地共建的12个教育场馆揭牌仪式在黄陂镇伟泓教育基地举行。

13日，兴宁市普法办、市人民法院联合开展领导干部旁听庭审学法用法主题活动，通过旁听庭审以案普法。

14日，广东省广电网络梅州分公司调研组到兴宁调研广电网络改革重组和融媒体中心建设工作。

15日，梅州市委书记陈敏深入到龙田镇碧园村、宁新街道城南社区开展党支部工作联系点。

是日，国家林草局驻广州专员办督导组到兴宁市督导森林资源保护管理工作。

是日，兴宁市人大常委会到龙田、石马镇等地督办重点建议办理工作。

是日，第128届广交会在云端开幕，兴宁市有家居装饰品、节日用品、家用纺织品等13家企业参加线上参展，设置3个展区33个展位。

20日，广东省委书记李希率队到新陂、叶塘“两镇五村”乡村振兴示范片区调研。

是日，广东省纪委调研组到兴宁调研督导纪委监委工作。

是日，兴宁市第六届“市长杯”足球赛在市明珠体育公园开赛。

22—23日，广东省人大常委会副主任王衍诗率定点联系工作组到兴宁市走访调研。

26日，兴宁市召开全市干部大会，传达学习贯彻习近平总书记出席深圳经济特区建立40周年庆祝大会和视察广东重要讲话、重要指示精神，及全省、梅州市干部大会精神和省委书记李希到梅州调研讲话精神，对全市学习宣传贯彻工作进行全面动员部署。

是日，广东省政协主席王荣到兴宁调研。

27日，梅州军分区司令员、军分区政委到兴宁调研国防教育训练基地建设情况。

是日，兴宁市政府召开工作会议，研究部署“十四五”规划和国土空间规划（2020—2035）编制工作。

30日，梅州市副市长、市公安局局长宁惠军到兴宁市督导集体经济薄弱村、派出所建设和重点工程建设工作。

是日，兴宁市妇女第十三次代表大会在市会展中心召开。

11月

1日，兴宁市在市会展中心举行第七次全国人口普查入户登记启动仪式。

2日，电影《生死坚守》作为国防军事电影盛典优秀影片，被列入2021年全民国防教育万映计划重点推介影片。

3日，兴宁市组织考察组到汕头市澄海区考察学习“粤菜师傅”工程。

是日，兴宁市市直单位党组织书记和党务工作者培训班在市会展中心开班。

4日，梅州市副市长张晨到兴宁市督查妇女儿童发展规划重难点指标推进情况、疫情防控隔离点管理和院感防控工作。

5日，全省财政专项扶贫资金绩效评价暨产业扶贫资金“回头看”业务培训班在兴宁市开班。

6日，平远县考察团到兴宁市考察乡村振兴、脱贫攻坚等工作。

是日，广东省摄影家协会“摄影大篷车下基层”（兴宁站）启动仪式在鸿源酒店会议厅举行。

8日，梅州市委书记陈敏、市长张爱军到兴宁市调研检查2020第二届梅州互联网大会筹备情况。

是日，位于新陂镇、叶塘镇“两镇五村”乡村振兴连片示范区内的玖崇湖凤颐温泉酒店开业。

11日，2020年广东香稻高产攻关测产暨兴宁丝苗香米高峰论坛在兴宁举行，兴宁丝苗香米年亩产量1300.12千克，创造全球优质水稻最高产新纪录。袁隆平为测产丰收题词祝贺。

是日，广州市天河区对口帮扶兴宁市第二届农特产品展销会在天河区天河南步行街开幕。展销会主题为“推进消费扶贫·助力脱贫攻坚”，兴宁市共有金绿农业、梅一客、四季美、绿粮农业、顺民农业、老社茶叶、宝峰茶叶等24家农业扶贫企业约100多种产品参展。

12日，梅县区考察团到新陂、叶塘“两镇五村”乡村振兴示范片区考察乡村振兴工作。

是日，兴宁市委理论学习中心组召开专题学习会。

13日，兴宁市政府召开党组（扩大）会议暨常务会议，传达学习贯彻中共十九届五中全会及全省贯彻落实大会精神等，研究部署安全隐患排查整改、秋冬季疫情防控等工作。

16日，2020第二届梅州互联网大会在兴宁市会展中心召开。

17日，兴宁市第六届“市长杯”足球赛结束，齐昌前卫队获得市直机关组冠军，新陂镇代表队获得镇（街）组冠军；第十小学和兴城灌新小学分别获校园小学组男、女冠军，齐昌中学和沐彬中学分别获校园初中组男、女冠军。

19日，全国劳动模范罗新辉、广东省劳动模范钟浩文、广东省先进集体广东富农生物科技股份有限公司代表余迪春，参加2020年全国、省劳动模范和先进工作者表彰大会。

23日，2020年第二届客家菜师傅技能大赛在市高级技工学校举行。34名参赛选手参赛，鸿都酒店黄兴浩、选记特色美食杨李君、坭陂再回楼美食园刘焕强获一等奖。

23—25日，兴宁市科级干部专题研讨班在市会展中心举行，会议深入学习贯彻习近平总书记出席深圳经济特区建立40周年庆祝大会和视察广东重要讲话、重要指示精神，以及中共十九届五中全会精神。

26日，兴宁市在市会展中心召开志愿者联合会换届大会暨第二届第一次会员大会，选举产生新一届理事会成员，刘学伟当选为第二届兴宁市志愿者联合会会长。

28—30日，兴宁市在2020中国农村电商供应链博览会中发布兴宁茶油、丝苗米、兴宁单枞茶、兴宁鸽等特色农产品四大公共品牌。

30日，兴宁市召开第十五届人大常委会第46次会议。会议听取和审议市政府关于2019年度的审计工作报告以及兴宁市野生动物保护工作情况报告，表决通过有关人事任免和辞职事项。

是月，兴宁市餐饮行业协会在全国团体标准信息平台发布《客家菜 兴宁古法盐焗鸡烹饪工艺规范》《客家菜 兴宁猪肚包鸡烹饪工艺规范》《客家菜 兴宁水晶扣肉烹饪工艺规范》《客家菜 兴宁红焖肉烹饪工艺规范》4项团体标准。

12月

1日，龙田镇（肉鸽）入选第十批全国“一村一品”示范村镇名单。

2日，广东省财政厅调研组到兴宁市调研新建市人民医院异地（整体）搬迁项目建设情况。

4日，在第七个国家宪法日，兴宁市司法局联合市人民法院、市人民检察院、市禁毒委等10多个市直单位在明珠文化广场举行“深入学习宣传习近平法治思想，大力弘扬宪法精神”主题宣传活动。

5日，兴宁市在明珠文化

广场举办兴宁市2020年“12·5”国际志愿者日活动。

7日，浙江省义乌市爱心公社“爱心书包”漂流活动为罗浮镇10所小学800多名贫困学子捐赠爱心物资。

是日，兴宁市召开疫情防控暨促进中医药传承创新发展工作会议，研究部署常态化疫情防控工作，推进全市中医药传承创新发展。

8日，径南镇黄坑村至马山村全长8.5千米的“四好农村路”建成通车。

9日，龙田镇被授予广东省文明村镇，中共兴宁市纪律检查委员会、兴宁市监察委员会和国家税务总局兴宁市税务局被授予广东省文明单位，获省委、省政府表彰。

10日至12日，兴宁市组团赴澳门参加旅澳兴宁联谊会十周年会庆暨第四届理监事就职典礼活动，并到珠海市考察兴宁商会和乡贤企业。

13日，兴宁市在市明珠文化广场举办首届“兴宁鸽”美食烹饪大赛。

14日，兴宁市党政代表团到天河区参观考察。

15日，梅州市调研组到永和镇电商服务站、宁中镇电商服务点和广东壹号调研指导电子商务进农村综合示范县建设工作情况。

16日，兴宁市人大组织视察组对锦绣大桥和宁江桥至合水旅游景区“一江两岸”河堤公路项目建设情况进行视察。

▲兴宁竹板歌 （市地方志办提供）

17日，兴宁市启动“拥军优属·爱行兴宁”拥军惠民活动。

18日，兴宁市在市会展中心举办学习贯彻中共十九届五中全会精神宣讲报告会。

是日，兴宁市在市第五人民医院举行防境外新冠肺炎疫情输入应急处置联合演练。

21日，广东省政协副主席林雄到兴宁市调研。

22日，兴宁竹板歌入选第五批国家级非物质文化遗产代表性项目名录推荐项目名单。

23日，兴宁市在市会展中心召开2020第二届梅州互联网大会总结会议，对筹备工作中做出突出贡献的先进单位和个人进行表彰。

25日，兴宁市在市高级技工学校举行大规模人群新冠病毒核酸筛查联合应急演练。

28日，国家重大革命历史题材电影《生死坚守》兴宁地区观影启动仪式在市会展中心举行。

29日，兴宁广弘农牧规模化生猪养殖项目开工奠基仪式在刁坊镇新坪塘村举行。

是日，广东省出版集团有限公司调研组到广东明珠养生山城、永和镇新寨村风衣谷农耕体验园调研。

31日，由兴宁市农业农村局、市科工商务局联合主办的农特产品展销会暨年货购物节在市明珠文化广场开幕。

（市地方志办）

兴宁概貌

责任编辑：李晨阳

基本情况

【建置沿革】 兴宁建县于东晋咸和六年（331年），由古龙川县分治而立。县境广跨古兴宁江（今五华河）、右别溪（今琴江）、左别溪（今宁江）流域，包括今兴宁、五华两县全境和龙川县东部、紫金县东北部地区。县名由兴宁江而得。县治所在地设在今五华县华城镇雷公墩。

南北朝齐永明元年（483年），分设兴宁、齐昌两县。齐昌县以今兴宁地为其辖境，县治设在古宁昌乡，即今城北1千米处的洪塘坪（又称枫林坪）。

梁天监二年（503年），齐昌县并入兴宁县，县治迁至今龙川县佗城（古龙川城）。

唐武德五年（622年），复置齐昌县。

唐贞观元年（627年），撤齐昌县，置宁昌驿，隶属于兴宁县。天授二年（691年），兴宁县治由佗城迁至今龙川县境天羊山麓丫下圩。

五代南汉乾亨元年（917年），又析兴宁县，并在原齐昌县境设齐昌府，府治设在洪塘坪，兴宁县为其属县。

宋开宝四年（971年），废齐昌府。宋天禧三年（1019年），兴宁县治由丫下圩迁回雷公墩，后再迁洪塘坪。宋熙宁四年（1071年），从兴宁划出西南部地区设长乐县（今五华县）。此后，兴宁县境相对稳定。

明洪武二年（1369年），兴宁县治由洪塘坪迁至今兴城地。

1958年11月，平远县并入兴宁。1961年1月，兴宁、平远分县。

1994年6月8日，兴宁撤县设市，为县级市，由梅州市代管。

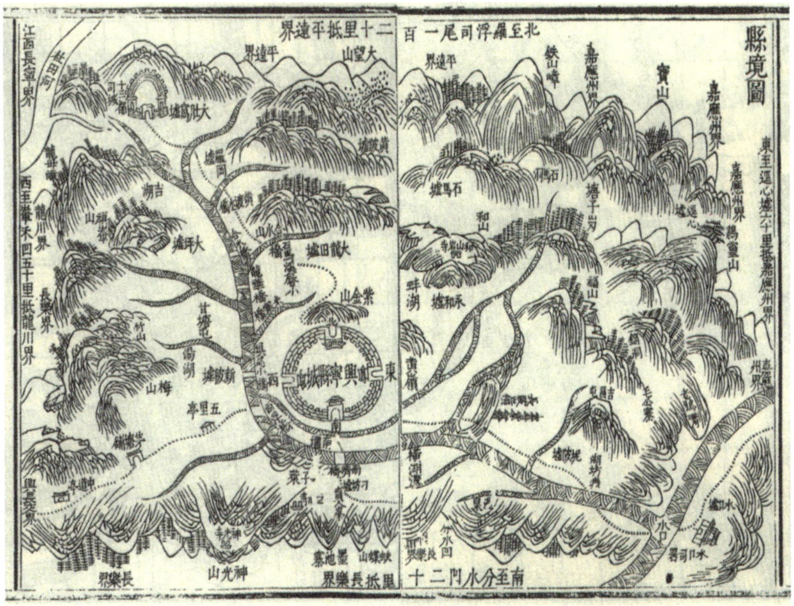

▲清代兴宁县境图 （摘自乾隆《兴宁县志》）

【位置·面积】 兴宁市位于广东省东北部，东江、韩江上游，东连梅县区，南邻丰顺，西接五华、龙川，北界平远、江西寻乌，总面积2104.85平方千米。

市委、市政府所在地兴城，

位于302平方千米的宁江盆地中部宁江河畔，是粤、赣、闽三省陆路交通枢纽，粤东北主要商品集散地，梅州市次中心城市，兴宁政治、经济、文化中心。城市建成区面积30.5平方千米。兴城距广州市377千米，至汕头185千米、深圳347千米、江西寻乌128千米、福建龙岩282千米、梅州市57千米。

【地形·地势】 兴宁市属东北山丘地带，受北东到南西走向的莲花山脉和罗浮山脉控制，高低差明显。最高峰阳天嶂海拔1017米，最低处水口圩海拔100米，高低差917米。地形总趋势是从北西至南东逐渐下降，而南部则由南向北递降。北起阳天嶂，南至铁牛牯峰（海拔998米），直线距离100千米，东西最宽处径心分水坳（海拔400米）至叶南�竹坳（海拔300米），直线距离36千米。四周山岭绵亘，中为断陷盆地，地形狭长，整个县境形似扁舟。地貌类型分为平原、阶地、台地、丘陵、山地5类。平原、阶地、台地（海拔200米以下）占38.1%，丘陵（海拔200—400米）占49.6%，山地（海拔400—1000米）占12.3%。

【气候】 兴宁市地处南亚热带与中亚热带过渡气候地带，属海洋性季风气候，春季冷暖多变，低温阴雨多；夏季高温、湿润、多雨；秋季前期受台风热雷雨影响为主，后半期受冷空气影响为主；冬季寒冷少雨，日照多，有冰霜。总的气候特点是：光热充足，雨量较丰，温暖湿润，灾害性天气较多，光、温、水地域差异明显。

2020年，兴宁市年平均气温为22.4℃，较常年偏高1.3℃，其中年极端最高气温为39.3℃，出现在7月14日，打破兴宁气象站建站以来最高气温纪录；年极端最低气温为0.4℃，出现在12月31日。春播期3月，气温正常偏高，雨量正常偏少；春播期低温阴雨天气不明显；夏季气温偏高，高温天气明显偏多，降水偏少；秋季无明显寒露风天气过程；1月30日、1月31日、12月31日出现霜冻天气。年降雨量1098.4毫米，比往年平均值偏少27.6%。前汛期“龙舟水”现象明显，5月降水偏多60.7%。台风对兴宁市影响较小，个数较常年明显偏少。是年，秋冬干燥少雨，出现中度及以上的气象干旱，森林火险气象等级高。年日照时数1842.4小时，比往年偏少3.5%。

【非物质文化遗产】 2020年，兴宁市有非物质文化遗产代表性项目41项，其中：省级“非遗”5项，市级“非遗”16项，县级“非遗”20项。主要有省级项目：杯花舞、竹板歌、兴宁罗家通书推算法、兴宁上灯习俗、兴宁大坪布骆包子豆腐制作技艺；梅州市级项目：兴宁版画、兴宁珍珠红酒酿造技艺、客家山歌、兴宁花灯等。

【人口·方言】 2020年，兴宁市户籍人口116.35万人，常住人口77.94万人。兴宁市居民的主要方言是客家话。

【民族·宗教】 2020年，兴宁市内民族主要为汉族，占总人口的99.9%以上。

全市有佛教、道教、天主教和基督教4大宗教，有宗教团体4个（市佛教协会、市道教协会、市天主教爱国会、市基督教协会），依法登记的宗教活动场所有80处，其中佛教33处、道教10处、天主教2处、基督教35处，已备案宗教教职人员77人，各宗教信徒3.5万人。

【行政区划】 2020年，兴宁市下辖17个镇、3个街道，有455个行政村、46个社区。

▲兴宁版画《登月》 （张霖 制作）

兴宁市行政区划表

表 1 单位：个

镇（街道）	数量	村	社区
水口	39	璜江 新坪 双成 森丰 坪畲 宋声 径下 下畲 茂兴 共寨 光夏 河口 松陂 教美 黎光 前锋 群兴 布头 博溪 先锋 井下 石下 官岭 东升 光华 洋槐 洋新 盐米 小丰 水洋 彭洞 英勤 达新 水东 益华 荷树 大坑 邹洞	水口
坭陂	32	红卫 新岭 上笃陂 东联 陂新 陂宁 东红 南方 笃陂 丙塘 东方 新民 大新 将军 新湖 东山 理中 文德 东兴 文东 宣明 柑子 角塘 王村 官陂 合湖 汤一 汤二 黄垌 湖柏 河心	坭陂
叶塘	42	麻岭 上径 下中 黄竹 鸭池 莲池 �竹 西山 陂下 长丰 双涵 汤湖 富祝 下径 上中 河西 田心 龙坪 下洋 大路下 彭陂 岳桥 上岳 甘塘 大众 同众 北塘 群星 新生 留桥 建新 黎明 乌池 龙塘 洋陂 石新 教礼 三口塘 胜青 苏京 三变	叶塘
径南	25	马山 胪声 新洲 李连 宝山 半径 圩下 宝兴 章峰 坪宫 官亭 黄坑 浊水 章印 柏塘 坪埔 陂蓬 太阳 珊田 白石 先锋 星耀 双梧 东升	径南
宁中	24	龙岗 和新 石岭 坪塘 和一 建民 新塘 凉新 土坑 邹陶 文一 大莹 陂丰 蔗塘 和山 古塘 星民 枫岭 竹一 丝光 丝新 鸭桥 鹅一	宁中
宁新	20	黄岭 大岭 文星 水楼 横湖 横新 洋里 寨仔 大路 阳光 大圳 高陂	佛岭 洋岭 城南 东风 宁新 商业城 茶都 曙光
黄陂	29	土墩 联丰 留陂 虎留 学士 振光 桥尾 五星 寺岗 黄石 春勤 樟坑 上翁 下翁 粒坑 三佳 龙溪 陶塘 后山 陶古 径口 径中 甘一 甘专 中心 浊水 大一 大二	黄陂
合水	20	中官 石陂 明星 霞洞 洋田 罗英 下官 上官 白泡 龙东 罗陂 溪唇 富和 五联 湖岭 双溪 乐群 麻坑	合水 龙北
大坪	38	金坑 友联 大东 长坑 坪联 坪光 潭坑 小碰 龙塘 双红 吴田 岭东 岭河 布骆 佛坳 屏汉 新春 白云 胜利 祠堂 坪中 秋水 鸽池 黄坑 兰塘 咨洞 大福 将军 上河岭 下河岭 上大塘 下大塘 陶坑 兰亭 兰塘寨 朱坑 上黄坑	大坪

续表 1

镇（街道）	数量	村	社区
罗岗	31	五五 白水 白群 柿子坪 蕉坑 蕉一 罗中 德丰 富强 福胜 徐坑 霞岚 红旗 红星 坳下 罗东 联兴 联东 官庄 高陂 源清 澄清 五福 溪联 溪庄 溪东 溪群 溪一 元潘 潘洞	罗岗
刁坊	23	罗坝 圩东 周兴 长征 贵峰 新建 新坪塘 黄沙 联新 长段 河塘岭 郑江 荷幕 横江岭 三潭 新兴 瑶岗 建兴 红光 新光 金银 刁潭	刁坊
新圩	20	民新 大村 茶星 步东 曹田 双头 官峰 寨塘 船添 新丰 新北 新里 鲤湖 崇上 石崖 莲塘 蓝布 蓝二 虎洞	新圩
罗浮	26	浮中 高坑 浮北 浮西 塘社 勤光 浮美 岩前 罗栋 小佑 蕉坑 象湖 瑶兴 中和 新南 上下畲 中坑 浮东 东星 澄联 徐田 练优 浮南 岭南 浮塘	罗浮
新陂	14	先声 茅塘 福庆 福民 福丰 茶塘 乐仙 三新 新元 家庄 华新 新金 上长岭	新陂
永和	25	大成 成鹊 沙坪 石陂 新中 永星 永生 华峰 华岭 廉峰 长安 蓝排 仁里 三枫 锦洞 长新 林场 湖尾 新寨 夜明 七层 板子 振兴 崇新	永和
石马	27	石岌 上庄 下庄 三社 虎石 小水 秀水 大觉 三联 马上 马下 马石 新石 郑塘 新田 刁田 新群 陶背 向前 洋门 礤下 米渡 李塘 蕉联 宫前 公陂	石马
福兴	14	大塘 新联 五里 高田 梅子 神光 锦华 黄巍 墨池 向阳	福兴 新城 兴南 锦绣
兴田	22	鹅三 鹅湖 米寨 管岭 一联 洋岗	河背 兴田 西郊 南郊 东街 城东 宁江 城北 宝华 金源 官汕 大新 泰宁 永泰 怡兴 明珠
黄槐	12	槐东 槐西 西埔一 禾村 双龙 双下 下宝龙 上宝龙 宝丰 新村 黄溪 西埔二	黄槐
龙田	16	凉伞 金星 曲塘 坪见 龙盘 鸳塘 环陂 鸡公桥 蓼塘 五一 丽溪 碧园 羊岭 高陂 水陂 石壁	龙田
说明：全市合计有455个行政村、46个社区			

经济社会发展概况

【国民经济】 2020年，兴宁市地区生产总值为179.17亿元，比上年增长0.4%。其中：第一产业增加值51.70亿元，增长1.6%；第二产业增加值26.87亿元，下降8.3%；第三产业增加值100.59亿元，增长3.7%。全年固定资产投资增长40.7%。其中：房地产完成投资增长27.8%；项目投资增长47.7%；工业投资增长45.8%。

实现农业总产值82.70亿元，增长1.8%；农林牧渔业增加值51.95亿元，增长2.2%。全市69家规模以上工业企业完成工业总产值51.15亿元，增长5.5%；完成规模以上工业增加值12.71亿元，下降3.7%。其中：工业园区增加值7.56亿元，下降3.8%。实现社会消费品零售总额101.33亿元，下降6.6%。全年居民消费价格指数102.1%。商品零售价格指数100.8%，分类别看：食品烟酒类上涨8.4%；医疗保健类上涨2.5%；教育文化和娱乐类上涨0.3%；衣着类下降0.2%；生活用品及服务类下降1.0%；交通和通信类下降2.7%；居住类下降3.6%。

实现贸易进出口总额5.66亿元，下降9.4%。其中：出口总额4.64亿元，下降14.6%。进口总额1.02亿元，增长24.5%。实际利用外资101万元，增长16.1%。全市累计实现一般公共财政预算收入10.34亿元，增长1.2%，增速在梅州排第五位。完成一般公共财政预算支出71.93亿元，增长4.4%。全市金融机构各项存款余额379.3亿元，比年初增长5.3%，其中城乡居民储蓄存款余额303.3亿元。金融机构各项贷款余额238.5亿元，比年初增长19.1%。存贷比为62.9%。

【农业】 种植业 2020年，兴宁市粮食种植面积4.3万公顷，比上年增长1.3%；全年粮食总产量28.57万吨，增长1.0%；其中稻谷总产量27.63万吨，增长1.2%；花生产量4559吨，增长1.7%；蔬菜产量77.82万吨，增长4.3%；茶叶产量2741吨，增长4.4%；水果产量17.26万吨，增长4.0%；沙田柚产量4.8万吨，增长5.2%。

畜牧业 2020年，兴宁市全年肉类总产5.02万吨，比上年下降6.3%。其中全年肉猪出栏39.45万头，下降10.7%；产出猪肉2.87万吨，下降12.8%；出栏家禽2018万羽，增长7.4%；禽肉产量2.01万吨，增长4.5%。

水产业 2020年，全年水产品产量1.74万吨，比上年下降0.6%。

【工业园区建设】 2020年，东莞石碣（兴宁）产业转移工业园完成征地8.45公顷，清理处置闲置土地和低效用地

▲兴宁新貌 （陈建军 摄）

3.37公顷，投入基础设施及配套工程建设资金7.44亿元。完成固定资产投资11.91亿元（其中工业固定资产投资9.43亿元），比上年增长145%；实现工业总产值28.36亿元，增长2.3%，全口径税收1.11亿元，比降19%；完成工业增加值7.56亿元，下降3.8%；实现规模以上工业产值27.9亿元，增长1.7%。

▲两镇五村—麻岭河（陈建军 摄）

【基础设施建设】 **公路交通建设** 2020年，兴宁市有省养公路总里程267.75千米，覆盖全市20个镇（街）。其中：国道3条，69.91千米；省道4条，193.64千米；乡道1条，4.20千米；二级以上公路162.51千米。境内铁路有广梅汕铁路；高速公路有梅河高速、兴畲高速、济广高速、兴汕高速；国道205线、206线和省道225线、226线贯穿全境。

是年，有客车215辆，其中县际以上客车96辆（含包车客运）、农村客运119辆（含镇通村），新能源公交车290辆，出租车6辆。全年完成客运量820万人次。有公交线路11条、公交车290辆。有货运营运车辆2247辆，危货运输车辆34辆，完成货运量2782万吨。

水利工程建设 2020年，兴宁市有大、中、小型水库143宗，其中：大（2）型水库1宗（合水水库）、中型水库3宗（和山岩、石壁、温公水库）、小（1）型水库39宗、小（2）型水库100宗；大小河流121条，山塘1044宗，水电站175宗，大中型水闸3宗，机电排灌工程44宗，重点中型灌区1宗（合水水库灌区），灌溉面积9113.33公顷；一般中型灌区4宗，灌溉面积4360公顷。

供电建设 2020年，兴宁市境内有35千伏及以上变电站19座，其中220千伏变电站2座、110千伏变电站9座、35千伏变电站8座。有效供电面积2104平方千米，用户44万户。是年，完成售电量12.86亿千瓦时，比上年增长11.6%。

【城乡建设】 **房地产业与建筑业** 2020年，兴宁市核准房地产开发企业暂定资质9宗，房地产开发企业暂定转四级资质9宗，工程勘察设计（丙级）资质1宗。办理商品房预售许可59宗，预售面积117万平方米，预售套数9767套。12月，全市房地产开发企业共完成投资27.3亿元，比上年增加27.8%；新建商品房销售面积63.34万平方米，增长80.5%；销售套数5241套，增长98.37%；销售金额46.4648亿元，增长88.57%。全市商品房平均成交价格为7335.56元/平方米，增长4.8%。其中商品住房成交均价7060.49元/平方米，增长1%，非住宅成交均价11119.54元/平方米，增长53%。

重点项目建设 2020年，亲水公园项目完成投资8169.5万元，拟建设亲水公园及市政道路配套设施，总占地面积17.3公顷，亲水公园项目总长度4.5千米，总建筑面积19.13万平方米；市政道路建设部分总长度5.5千米。其中，亲水公园一区项目建成交付使用，二区工程项目完成工程总量约45%。是年，兴宁市宁新东风村3号、4号、6号小区改造及周边市政设施升级改造工程，项目总投资8000万元，位于宁新东风片区，涉及宁新东风村3号住宅小区32栋、446户，4号住宅小区4栋、443户，6号住宅小区21栋、423户及电力开发小区9栋、118户，改造内容包括基础配套设施及周边市政道路，3号、4号、6号和电力开发小区内及周边范围内道路约8千米。项目于2020年9月开工建设，2020年完成年度投资计划5200万元。其中，3号小区完成形象进度80%；6号小区完成70%；4号小区和电力开发小区完成雨污分流。四个小区整体形象进度约完成65%。是年，图书档案馆完成工程建设50%。兴宁美术馆平整场地，待东排沟迁移完成后实施美术馆的主体工程。

村镇建设　2020年，新陂、叶塘“两镇五村”乡村振兴连片示范区项目投资2975.62万元，依托区域内麻岭河“一河两岸”全长约3.5千米的景观设计、磐安围、玖崇湖、叶南渔村、李洁之将军府、向阳生态园等古村落、古民居、红色文化和客家文化，打造乡村振兴连片示范区。至年底，项目建成。是年，危房改造任务10户，开工率100%，竣工10户，竣工率100%；全市竣工验收合格农户10户，拨款10户，按标准发放补助资金37.3万元，整体拨付率100%。

【旅游业】　2020年，兴宁市新增1家五星级农家乐、1家四星级农家乐和3家三星级农家乐；新建旅游厕所6座并录入全国旅游厕所系统和百度地图；“磐安围—十二肩岭古驿道—星耀古村—月形山乡村体验一日游”等4条线路被评为“梅州全域旅游十佳系列线路”；四星级农家乐联富农家美食店负责人刘联平入选2020年度全国乡村文化和旅游能人支持项目人员名单；熙和湾客乡文化旅游产业园、神光山国家森林公园顺利通过A级旅游景区专项复核，慈恩庐乡村艺术酒店完成三星级饭店复评工作；2020年接待游客211.35万人次，旅游总收入12.73亿元。

▲清刻磐安围房样图木板　（市地方志办提供）

链 接

2020年兴宁市新增星级农家乐

五星级 ★★★★★

联富美食农庄

四星级 ★★★★

兴宁市国锋农家乐餐饮服务部

三星级 ★★★

梅州市风衣谷生态文化产业有限公司

兴宁市再回楼美食园

兴宁市星韵食府

【民生实事】　2020年，兴宁市民生支出62.98亿元，占一般公共预算支出的87.55%。特定群体免费乘坐公交车等十件民生实事达成年度目标。完成锦绣学校一期等4个新改建项目、新增学位4460个，城区学校起始班级全部实现标准化班额；实施田家炳幼儿园等4个改迁建工程，市教师发展中心挂牌成立，各镇（街）均设立奖教助学基金，高考600分以上人数居梅州第二。新建市人民医院工程进度加快，完成20个卫生院（社区服务中心）规范化标准化建设和429个村卫生站升级改造，实现标准化公建民营卫生站全部配备村医，市中医院2个中医特色专科通过国家级验收。新增星级养老机构6家，社区、村级养老设施覆盖率分别为100%、68%。

【教育】　2020年，兴宁市有各级各类学校393所、2个校外教育基地（兴宁市少年宫和兴宁市伟泓中小学生综合实践活动教育基地）。其中，法人单位103个，包括高完中11所、中职学校1所、初中19所、九年一贯制学校11所（含1所民办）、城区直属小学8所、中心小学26所、直属幼儿园4所、镇（街）中心幼儿园20所、开放大学、特殊教育学校和少年宫各1所；有面上完全小学30所，教学点80　个，带公办性质面上幼儿园29所，民办幼儿园151所。有全日制学生15.49万人，其中普通高中学生1.54万人、中职学生3181人、初中学生3.13万人、小学生7.5万人、特殊教育学校学生154人、在园幼儿2.98万人。

至年底，全市拥有国家级示范性高中1所、国家级重点职业技术学校1所、广东省一级学校3所（含幼儿园）、广东省义务教育标准化学校257所、梅州市一级学校31所（含幼儿园）、兴宁市一级幼儿园21所、兴宁市规范化幼儿园139所。是年，全市学校占地面积421.32万平方米，校舍建筑面积159.09万平方米，拥有独立的科学馆或综合楼36座、实验室378个、多媒体电教室1545个、语言实验室47个、计算机室216个、电脑1.03万台（不含办公电脑），所有学校均建成校园网。

【文化】 2020年，兴宁市整理名人故居84处，制作完成兴宁市名人故居导览图、部分道路指示牌和游览线路。开展粤北华南教育历史研学基地活化利用及弘扬"左联"文化工作，制定《兴宁市开展粤北华南教育历史研学基地活化利用及弘扬"左联"文化工作实施方案》，整理兴宁籍"左联"成员14名，初步掌握全市粤北华南教育历史研学基地5处，并对其实施挂牌保护，制作移动展板放置于办学旧址处展出。兴宁竹板歌入选为国家级非物质文化遗产代表性项目名录，兴宁烙画、兴宁藤编技艺入选为第九批梅州市非物质文化遗产代表性项目，兴宁革命歌谣、铙钹花被评为兴宁市第十批非物质文化遗产代表性项目名录，确定第六批兴宁市级非物质文化遗产代表性项目代表性传承人13人。

【体育】 2020年，兴宁市举办"农民丰收节·迷你马拉松"活动、"全民健身日"活动启动仪式、"团聚七夕·美丽同行"2020年兴宁市青年健身运动会、第五届环兴十八镇骑行活动、兴宁市庆祝2020年老人节文体项目展示大会等23个活动，群众体育活动场次610次，参与活动人数11380人。是年，兴宁市选送的运动员罗熻入选国家青年女子足球队、罗曜乐入选省体校跆拳道队。兴宁市蹦床队（板上和网上）代表梅州市参加广东省青少年蹦床锦标赛获3金4银5铜，团体总分全省排名第三；兴宁市跆拳道队代表梅州市参加2020年广东省青少年跆拳道锦标赛获1金2银4铜的成绩，2名选手获得"二级运动员"技术等级称号。全年新建足球场地87块，累计291块。

（市地方志办）

精神文明建设

【抗疫期间精神文明教育工作】 2020年，兴宁市印发《凝聚文明力量、携手抗击疫情倡议书》和《关于加强疫情防控精神文明教育的通知》。宣传疫情防控期间兴宁援鄂人员、医务工作者先进事迹，并在少年宫、文化馆、博物馆设置专题展览。开展爱国卫生运动，在爱国卫生月期间共同开展"防疫有我，爱卫同行"统一行动。是年，市善小协会捐赠10万余元慰问梅州市援鄂医务人员。

【社会主义核心价值观建设】 2020年，兴宁市利用兴宁市文明网、市广播电视台等媒体平台，全年设专题专栏报道社会主义核心价值观。利用兴宁南部新城、工业园区等新空间新领地，城建围挡、主要干道等公共空间，LED电子屏、办事大厅指示屏，微信、微博、手机客户端等新媒体宣传。是年，兴宁市城乡基层单位将社会主义核心价值观24个字印制到日常工作生活用品上，把核心价值观嵌入百姓生活场景。

【公民思想道德建设】 2020年，兴宁市10个单位、22个村、4名个人获评2019—2020年度梅州市精神文明建设先进集体和先进工作者。是年，评选"兴宁好人"10人、"文明家庭"10户、"最美教师"20人；获评"广东好人"2人，"梅州好人"4人，第九届梅州市道德模范提名2人，梅州市"文明家庭"2户，黄镜芳被评为梅州市第二届"客都好乡贤"。

【群众性精神文明创建】 2020年，兴宁市组织举办"迎新春·送春联"下基层系列活动，在清明节期间发出"文明祭扫 同心战疫"倡议书，在"五四"青年节开展"绽放战疫青春 坚定制度自信"无偿献血志愿服务活动等。印发《兴宁市关于倡导文明健康绿色环保生活方式的行动方案》，以"文明健康 有你有我"为主题标识，设计围绕"绿色环保、健康生活、文明行为、良好心态、环境保洁、共筑新风"6个选题以及"文明餐桌"内容的公益广告覆盖到全市镇（街）、村居、中小学校和城区小区。印发《兴宁市公共交通行业文明服务拓展行动实施方案（2020—2022年）》等精神文明创建九大行动实施方案。是年，兴宁市举行志愿者联合会换届大会，选举产生第二届理事会班子，推动新时代文明实践活动志愿先行。开展“文明交通志愿服务”“青春绿色行动·共建美丽乡村”“神光山志愿服务活动”“美丽兴宁·美好家园”等志愿服务系列活动。成立新时代文明实践志愿服务总队和8个志愿分队，分别在理论政策宣讲、文化文艺服务、助学支教、医疗健康、科学普及、法律服务、卫生环保、扶贫帮困方面发挥作用。组织开展梅州市“优秀战疫志愿服务典型”推荐评选工作，全市4人、2个集体、1个项目获梅州表彰。

▲2020年12月5日，兴宁市举办国际志愿者日主题活动 （陈建军 摄）

【爱国主义教育】 2020年，兴宁市印发《关于在重要时间节点开展中国特色社会主义和中国梦学习宣传教育活动的通知》，围绕抗日战争重要纪念日等“我们的节日”，弘扬以爱国主义为核心的民族精神和以改革创新为核心的时代精神，组织开展专题讲座、参观走访、党团队活动、祭扫烈士墓等活动。投入600多万元修缮水口镇刘光夏革命烈士纪念馆、大坪镇罗屏汉故居等革命史迹，投入150万元打造合水烈士陵园纪念碑展馆。10月，以兴宁市革命英烈罗屏汉、张瑾瑜夫妇革命事迹为题材的电影《生死坚守》入选2021年全民国防教育万映计划重点推介影片。全市有梅州市级爱国主义教育基地4个，兴宁市级爱国主义教育基地7个。

▲2020年8月14日，“青春助力·垃圾分类”——2020年兴宁市生活垃圾分类“八个一”行动启动仪式在文化广场举行 （市文明办提供）

【“三级联创”】 2020年，兴宁市石马镇新群村保留全国文明村称号，龙田镇获评广东省文明镇，市税务局，市纪监委获评广东省文明单位，市检察院、叶塘社区成功保留广东省文明单位称号。全市各镇街、各村居创建梅州市级文明镇村达标率100%，实现全覆盖。

【新时代文明实践】 2020年，兴宁市印发《兴宁市新时代文明实践中心（站、所）建设工作方案》《扎实推进兴宁市时代文明实践中心（站、所）工作的通知》等文件，成立兴宁市开展新时代文明实践活动工作领导小组。是年，组建文明实践志愿服务队伍132支。至年底，兴宁市建成投入使用城内社区新时代文明实践站20个。建成新时代文明实践中心1个，文明实践所39个、文明实践站496个，建成梅州市级文化祠堂10个，实现“一镇一所、一村一站”全覆盖。开展各类文明实践活动719场次、理论宣讲

297 场次。

【未成年人思想道德建设】 2020 年，兴宁市调整市未成年人思想道德建设工作领导小组。6 月，在齐昌小学召开全市未成年人思想道德建设工作会议。全市文明校园创建参与率 100%、创建率为 100%；有广东省依法治校示范校 3 所，广东省安全文明校园 5 所，广东省书香校园 5 所，广东省“绿色学校”3 所，梅州市未成年人思想道德建设工作先进学校 4 所，梅州市文明校园 23 所，“三化”先进单位 27 所。开展“新时代好少年”推荐评选活动，评选出刘信彬等 15 名同学为 2020 年兴宁市“新时代好少年”，其中 7 名同学获评梅州市“新时代好少年”。乡村学校少年宫实现全覆盖。

（罗静 邓思源）

▲ 2020 年 6 月 5 日，“不留白色污染”示范村举行揭牌仪式（张瑞霞 摄）

生态文明建设

【生态建设效果】 2020 年，兴宁市环境质量保持稳定，大气质量良好。可吸入颗粒物年平均值 31 微克 / 立方米，细颗粒物年平均值 17 微克 / 立方米，一氧化碳年平均值 1.1 毫克 / 立方米，二氧化氮年平均值 12 微克 / 立方米，二氧化硫年平均值 6 微克 / 立方米，臭氧年平均值 115 微克 / 立方米。空气质量达标天数比例（优良天数比例）为 99.45%，其中，空气质量优的天数 273 天，良的天数 86 天，轻度污染的天数 2 天。城市饮用水源地合水水库水质达标率 100%，城市备用饮用水源地和山岩水库水质达标率 100%，省考断面水口水洋水质年平均水质达标，月达标率 66.7%；县级跨界断面梅江畲江官埔水质月达标率 33.3%。全年降水 pH 均值 6.25，酸雨频率 8.6%。区域环境噪声昼间平均等效声级 56.3 分贝，城市道路交通干线噪声平均值 68.2 分贝。

【生态环境质量】 2020 年，兴宁市辖区面积 2104.85 平方千米；有林地面积 1353 平方千米，其中有林地面积 1256 平方千米，生态公益林面积 688 平方千米，森林覆盖率 67.03%，林地绿化率 98.8%，活立木总蓄积量 699.2 万立方米；有草地面积 50 平方千米，草地覆盖率 2.4%；水域湿地面积 84.29 平方千米，水域湿地覆盖率 4.1%；耕地面积 319.81 平方千米，建筑用地面积 193.04 平方千米。主要污染物排放强度 9588.61 千克 / 平方千米；污染源排放达标率 100%；Ⅲ类或优于Ⅲ类水质达标率 100%。

2020 年，兴宁市完成森林碳汇工程建设 133.33 公顷，完成中央森林抚育 100 平方千米、省级森林碳汇林抚育 20 平方千米，建设绿美古树乡村 1 个。

【污染控制与环境建设】 2020 年，兴宁市污染物排放化学需氧量 10130 吨、氨氮 1321 吨、二氧化硫 4150 吨、氮氧化物 5769 吨。机动车环保定期检测车辆 29255 辆。危险废物处置量 19.85 吨，集中处置率 100%。全年全市工业废水排放总量 81.07 万吨。市区生活污水排放总量 2020.23 万吨，城市生活污水集中处理 1937 万吨，集中处理率 95.9%。生活垃圾产生量 14.7 万吨，无害化处理率 100%。

（肖志群）

政 治

责任编辑：李晨阳

中共兴宁市委员会

重要会议

【市委全会】2020年1月11日，中共兴宁市委召开十三届十次全会。全会坚持以习近平新时代中国特色社会主义思想为指导，全面贯彻中共十九大和十九届二中、三中、四中全会精神以及中央经济工作会议精神，按照省委十二届八次、九次全会和梅州市委七届八次全会部署要求，总结2019年工作，分析面临形势，部署2020年工作。

2020年10月9日，中共兴宁市委召开十三届十一次全会。全会坚持以习近平新时代中国特色社会主义思想为指导，全面贯彻落实习近平总书记关于促进区域协调发展、加快形成以国内大循环为主体、国内国际双循环相互促进的新发展格局的重要论述和对广东重要讲话、重要指示批示精神，贯彻落实省委十二届十次全会和梅州市委七届九次全会精神，总结全市生态发展区建设情况，分析面临的新形势新任务，对加快构建“一城一廊一带”发展格局、建设“工贸新城·智慧兴宁”，争当梅州生态发展主力军作出部署。

【市委常委会会议】 2020年，中共兴宁市委员会召开49次市常委会会议。（详见表2）

2020年兴宁市委常委会会议一览表

表2

时间	届次	主要议题
1月3日	十三届〔2020〕第1次常委会会议	研究确定县处级副职考察对象事项
1月8日	十三届〔2020〕第2次常委会会议	研究市委十三届十次全会有关文稿。 审议《第六届世界客商大会兴宁系列活动筹备工作方案》稿。审议与梅州日报社宣传战略合作方案稿。 审议市政府常务会议提交事宜：关于实施兴宁市兴城南新小学改造项目事宜；关于2020年兴宁市社会治安防控体系平安视频建设项目租费事宜；审议蜀星光覆铜箔层压板生产制造项目《投资协议书》稿；审议年产3000吨高值环保椰壳活性炭生产线项目《投资协议书》稿

续表 2

时间	届次	主要议题
1 月 11 日	十三届〔2020〕 第 3 次常委会会议	听取市委十三届十次全会关于分组会议讨论情况及对相关文件稿修改建议的汇总意见，审定拟提请全会表决的两个《中共兴宁市委贯彻落实〈中共广东省委贯彻落实《中共中央关于坚持和完善中国特色社会主义制度、推进国家治理体系和治理能力现代化若干重大问题的决定》的实施意见〉的行动方案》
1 月 21 日	十三届〔2020〕 第 4 次常委会会议	传达贯彻习近平总书记对新型冠状病毒感染的肺炎疫情作出的重要指示精神、李克强总理的批示精神；听取兴宁市对新型冠状病毒感染的肺炎疫情防控工作情况汇报。通报兴宁市 2019 年度脱贫攻坚工作完成情况，研究兴宁市 2020 年度脱贫攻坚重点工作。传达贯彻省深化乡镇街道体制改革，完善基层治理体系会议精神，部署兴宁市改革工作。 审议兴宁市十五届人大六次会议有关材料；审议市政协十四届五次会议《市政协常委会工作报告》稿；审议《兴宁市纪委十三届五次全会报告》稿。 审议市政府常务会议提交事宜：研究签订《广东兴宁柚果种植研究基地管理及技术服务合同》《柚果收购协议书》续期协议事宜；研究实施毅德城 110 千伏、35 千伏、10 千伏供电线路迁改工程事宜；研究实施兴宁市融媒体中心建设项目事宜；研究实施兴宁市城区环卫清扫保洁及定点收集分区作业项目（西区清扫保洁部分）事宜；研究提高兴宁市机关事业单位在职及离退休人员住房维修和物业管理补贴标准事宜；审议《兴宁市机关事业单位绩效考核方案、奖金发放办法、奖金分配方案》事宜
2 月 2 日	十三届〔2020〕 第 5 次常委会会议	传达中央、省和梅州市疫情防控会议精神。通报兴宁市疫情防控工作情况。部署下一阶段兴宁市疫情防控工作

续表 2

时间	届次	主要议题
2 月 7 日	十三届〔2020〕第 6 次常委会会议	传达贯彻习近平总书记关于疫情防控的重要讲话、省防控工作领导小组会议、陈敏到兴调研防控工作讲话精神。通报兴宁市疫情防控工作情况，部署下一阶段兴宁市疫情防控工作
2 月 12 日	十三届〔2020〕第 7 次常委会会议	通报兴宁市新冠肺炎疫情防控和复工复产工作情况；传达贯彻习近平总书记在北京调研指导新冠肺炎疫情防控工作时的重要讲话精神，省委常委会暨省新冠肺炎防控领导小组（指挥部）会议、省新冠肺炎防控领导小组（指挥部）全省视频会议精神，部署兴宁市新冠肺炎疫情防控和复工复产工作
2 月 19 日	十三届〔2020〕第 8 次常委会会议	听取兴宁市新冠肺炎疫情防控、重点项目复工复产、企业复工复产、春耕备耕工作情况报告，部署兴宁市相关工作。审议《兴宁市深化镇（街道）体制改革完善基层治理体系实施方案》稿。研究干部纪律处分事项
2 月 26 日	十三届〔2020〕第 9 次常委会会议	通报兴宁市新冠肺炎疫情防控工作情况，研究部署统筹推进兴宁市疫情防控和经济社会发展工作。审议《兴宁市应对新型冠状病毒肺炎疫情分区分级防控工作方案》稿。传达贯彻中央、省、梅州市政法工作会议精神，研究兴宁市贯彻落实意见
3 月 2 日	十三届〔2020〕第 10 次常委会会议	学习贯彻习近平总书记在中央政治局常委会会议上的重要讲话精神、省委常委会会议等省有关会议精神，及梅州市委常委会会议精神；研究部署统筹推进兴宁市疫情防控和经济社会发展工作。传达有关密码管理文件精神、梅州市委常委会会议决定事项通知

续表 2

时间	届次	主要议题
3月11日	十三届〔2020〕第11次常委会会议	听取兴宁市疫情防控、重点项目复工复产、企业复工复产、春季农业生产、脱贫攻坚工作情况汇报。听取兴宁市违法用地、违建别墅、水田垦造工作情况汇报。 审议市政府常务会议提交事宜：研究收回统筹安排兴宁市困难群众救助补助结转结余资金和城乡医疗救助结转结余资金事宜；研究实施兴宁市大坝里运动场升级改造事宜；研究拨付福岭水库灌区、和山岩水库灌区、石壁水库灌区、麻岭水库联合灌区加固改造工程配套资金事宜。 研究成立兴田街道永泰社区党委等4个社区党委事项。研究部分单位调整公务员编制数后重新核定职级职数事项。研究公务员职级职数余数统筹核定及市直单位和镇（街道）公务员职级职数核定事项。研究检察官交流至综合管理类公务员拟任职级事项。研究公务员拟晋升职级事项
3月12日	十三届〔2020〕第12次常委会会议	研究确定考察对象事项
3月18日	十三届〔2020〕第13次常委会会议	听取兴宁市新冠肺炎疫情防控工作情况汇报。研究部署兴宁市境外疫情输入防控工作。审议《中共兴宁市委常委会2020年工作要点》稿。 听取兴宁市决战决胜脱贫攻坚推进会、2020年兴宁市重点项目重点工作推进会筹备工作情况汇报。书面听取兴宁市污染防治攻坚战工作情况汇报。 通报2019年度党（工）委书记抓基层党建述职评议考核结果。关于中共兴宁市公路局党组改设为中共兴宁市公路事务中心党组的事项
3月19日	十三届〔2020〕第14次常委会会议	听取兴宁市违建别墅清查整治工作报告。审议市政府常务会议提交的有关事项

续表 2

时间	届次	主要议题
3 月 27 日	十三届〔2020〕 第 15 次常委会会议	学习贯彻 3 月 24 日省新冠肺炎防控领导小组（指挥部）会议、省委党的建设工作领导小组会议精神，研究部署兴宁市新冠肺炎疫情防控和经济社会发展工作。听取兴宁市新冠肺炎疫情防控工作情况报告。听取兴宁市复工复产工作情况报告。 审议市政府常务会议提交的议题：关于兴宁市机关事业单位绩效分类考核方案事宜；关于兴宁市 2020 年地方政府新增债券转贷资金安排事宜；关于确定兴宁市中心城区为城市防空区域事宜；关于实施国道 205 线兴宁市宁新至新陂段路面改造工程事宜；关于《2020 年兴宁市打击治理电信网络新型违法犯罪专项工作总体方案》稿
4 月 3 日	十三届〔2020〕 第 16 次常委会会议	听取兴宁市疫情防控工作情况汇报。听取兴宁市复工复产、春耕备耕工作情况汇报。传达贯彻省委主要领导在全省清明期间疫情防控和安全防护工作视频会议上的讲话精神。研究部署 2020 年全面依法治市工作。研究兴宁市人民政府与香港毅德集团投资有限公司、兴宁毅德商贸物流城有限公司签订补充协议事宜。审议《兴宁市公益三类事业单位改革及部分事业单位改革实施方案》稿。研究调整市技工学校机构编制事项。听取关于十三届兴宁市委第七轮巡察情况的汇报。听取梅州市县级交叉巡察第二组关于巡察兴宁市公安局党委情况的汇报
4 月 8 日	十三届〔2020〕 第 17 次常委会会议	研究纪委副书记人选事项
4 月 10 日	十三届〔2020〕 第 18 次常委会会议	学习贯彻习近平总书记关于安全生产的重要论述精神，传达学习中共中央办公厅、国务院办公厅《关于全面加强危险化学品安全生产工作的意见》精神，听取兴宁市危险化学品安全生产工作情况汇报。听取兴宁市疫情防控工作情况汇报。听取兴宁市复工复产、春耕工作情况汇报。研究部署 2020 年全面依法治市工作

续表 2

时间	届次	主要议题
		审议、研究市政府常务会议提交的议题：审议东莞石碣（兴宁）产业转移工业园工业大道北侧、新陂镇茅塘村国道205线东侧两宗国有建设用地使用权供应方案；审议《深圳市景新浩科技有限公司投资项目〈投资协议书〉（送审稿）》事宜；研究解决基层医疗卫生机构等公益一类事业单位在职在编人员经费事宜；研究解决兴宁市水务局下属（二类）水管事业单位职工社保及职业年金经费事宜
4月17日	十三届〔2020〕第19次常委会会议	传达贯彻全省打赢污染防治攻坚战工作推进会精神，听取兴宁市有关工作情况汇报。听取兴宁市2020年春季学期学生返校防疫准备工作情况汇报。听取兴宁市河长制工作情况汇报，部署下一阶段相关工作。审议《市委常委会“三重一大”事项清单（修订）》稿。听取兴宁市2019年度党费收缴使用情况，及2020年度党费使用计划情况汇报
4月22日	十三届〔2020〕第20次常委会会议	研究确定考察对象事项
4月24日	十三届〔2020〕第21次常委会会议	研究部署兴宁市常态化疫情防控和当前经济工作；听取兴宁市春季学生返校工作情况汇报；传达贯彻省委网信委第二次全体会议精神；审议《市委网信委工作规则》《市委网信办工作细则》《网络安全协调工作机制》《网络安全信息报告和通报工作制度》《兴宁市2020年网信工作要点》稿。 研究市政府常务会议提交议题：研究拨付“房地一体”农村宅基地和集体建设用地确权登记发证工作经费事宜；研究2020年度梅州市兴宁市叶塘镇群星村等13个垦造水田项目采用工程公开招标或邀请招标实施事宜

续表 2

时间	届次	主要议题
4 月 29 日	十三届〔2020〕 第 22 次常委会会议	听取兴宁市境外疫情输入防控工作情况汇报。听取兴宁市春季学生返校防疫工作情况汇报。听取兴宁市脱贫攻坚挂牌督战工作情况汇报。研究毅德城片区新建学校命名有关事宜。研究实施兴宁市宁江河碧道兴南大桥至兴宁大桥段工程事宜（市政府常务会议提交议题）。审议《市委常委会 2020 年一月一研判基层党建工作安排》稿。听取市委组织部关于推进城市基层党建的情况汇报，研究城市基层党建工作
5 月 14 日	十三届〔2020〕 第 23 次常委会会议	研究关于设立兴宁市融媒体中心事项。通报 2019 年度梅州市对兴宁市委抓基层党建工作述职评议考核结果。研究干部人事工作。听取各镇（街道）关于防范化解重大风险工作情况汇报，部署兴宁市防范化解重大风险工作。听取兴宁市脱贫攻坚工作情况汇报，部署下一阶段相关工作。审议《关于建立市政府向市人大常委会报告国有资产管理情况制度的实施意见》稿。 审议、研究市政府常务会议提交议题：审议《兴宁市推进国有企业退休人员社会化管理实施方案》稿；研究市本级 2020 年第二批次土地供应事项；研究启动南环大道 12-01-04、12-01-20 地块用地性质调整事项；研究兴宁市不计容地下车位（库）产权登记发证事项
5 月 18 日	十三届〔2020〕 第 24 次常委会会议	研究市政府常务会议提交议题：研究兴宁市 2020 年“四好农村路”建设攻坚任务项目采用建设总承包模式实施事宜；研究实施 2020 年度梅州市兴宁市刁坊镇荷幕村、横江岭村等 11 个垦造水田项目事宜。 听取市委组织部关于兴宁市 2019 年发展党员情况和 2020 年发展党员计划的报告

续表 2

时间	届次	主要议题
5 月 28 日	十三届〔2020〕第 25 次常委会会议	研究关于设立中国共产党兴宁市委教育工作委员会事项。研究关于市应急管理局党组改设党委事项。研究关于设立工业园管委会党组事项。研究干部人事工作。学习贯彻 5 月 18 日习近平总书记在第 73 届世界卫生大会视频会议开幕式上重要讲话精神，以及省委常委会会议等有关会议精神。研究关于市人大、政协两会召开事项。 研究市政府常务会议提交议题：研究兴宁市 2020 年第三批次国有建设用地使用权供应相关事项；研究兴宁市官汕二路北侧、宁江北路西侧“贤仁·翰林华府”“三旧”改造项目相关事项
6 月 8 日	十三届〔2020〕第 26 次常委会会议	传达贯彻《梅州市关于决战决胜污染防治攻坚战的命令》精神，听取兴宁市 2020 年前两季度污染防治攻坚战工作，研究部署第三季度污染防治攻坚战工作。听取兴宁市 2020 年第二季度安全生产工作情况汇报，研究部署第三季度安全生产工作。听取兴宁市校园安全工作情况汇报，研究部署兴宁市校园安全工作。审议市委党的建设工作领导小组 2020 年度工作要点。研究市政府常务会议提交议题：研究中共兴宁市委党校改造暨兴宁开放大学迁建工程建设规模内容调整事项；研究宁新安置区一期工程 BT（投资建设—移交）项目增加投资及结算相关事项
6 月 22 日	十三届〔2020〕第 27 次常委会会议	听取兴宁市新冠肺炎疫情防控工作情况汇报，研究部署当前疫情防控工作。听取兴宁市 2020 年上半年意识形态工作情况汇报，研究部署下半年意识形态工作。 研究、审议市政府常务会议提交的议题：研究关于撤销市委常委会会议纪要（十三届〔2018〕49 号）、市委常委会会议决定事项通知（〔2018〕117 号）有关决议事项；研究关于落实省委巡视组提出兴宁市第二人民医院“资产无偿托管”问题整改事项；审议关于《新建梅州至龙川铁路兴宁南站站房增加建设规模出资协议》稿；研究实施华南师范大学附属广梅园小学项目事项；研究兴宁市 2020 年 5 月地方政府新增专项债券转贷资金安排事项

续表 2

时间	届次	主要议题
7 月 13 日	十三届〔2020〕 第 28 次常委会会议	学习贯彻习近平总书记在中央政治局第二十一次集体学习时、在中央深改委第十四次会议上的重要讲话和对禁毒工作、防汛救灾工作等作出的重要指示，给复旦大学青年师生党员、中国石油大学毕业生的回信精神，6 月 29 日中共中央政治局会议精神。 听取兴宁市丝苗米省级现代农业产业园建设进度情况汇报，研究部署相关工作。 研究、审议市政府常务会议提交议题：研究实施 2020 年度梅州市兴宁市宁中镇邹陶村等 8 个垦造水田项目事项；研究实施 2020 兴宁市城镇老旧小区（宁新东风村 3 号、4 号和 6 号小区）改造及周边市政设施升级改造工程事项；审议《兴宁市推进土地流转及复耕复种工作方案（试行）》稿；研究政府采购神光山国家森林公园（郊野公园）公共管理服务事项
7 月 24 日	十三届〔2020〕 第 29 次常委会会议	研究法院院长人选事项
7 月 24 日	十三届〔2020〕 第 30 次常委会会议	听取兴宁市常态化疫情防控工作情况汇报，研究部署相关工作。传达学习国务院《信访条例》精神；通报兴宁市 2019 年信访工作“三无”县（市、区）创建情况；听取兴宁市上半年信访工作情况汇报。传达学习习近平总书记关于精神文明建设的重要论述精神，以及全省精神文明建设工作推进会、梅州市文明委第一次会议暨精神文明建设和创建全国文明城市工作推进会精神。听取兴宁市 2019 年精神文明工作情况汇报；通报兴宁市 2019 年创建省县级文明城市及未成年人思想道德建设工作年度测评结果。听取 2021 年村（社区）“两委”换届前期准备工作情况汇报，研究部署相关工作
7 月 29 日	十三届〔2020〕 第 31 次常委会会议	传达学习省人大常委会深入贯彻落实省委人大工作会议精神交流会精神，听取市人大常委会党组关于贯彻落实市委人大工作会议精神情况汇报。听取兴宁市防旱抗旱工作情况汇报，研究部署相关工作。听取兴宁市县级融媒体中心建设推进情况汇报，研究部署相关工作。审议 2020 年市本级预算调整方案（稿）

续表 2

时间	届次	主要议题
8月5日	十三届〔2020〕第32次常委会会议	研究确定市检察院检察长人选事项
8月14日	十三届〔2020〕第33次常委会会议	听取兴宁市常态化疫情防控工作情况汇报，研究部署兴宁市秋冬季疫情防控工作。听取兴宁市污染防治攻坚战工作进展情况汇报，研究部署相关工作。听取兴宁市万里碧道建设工作情况汇报。研究拨款支付国有“僵尸企业”出清处置费用事项。传达《梅州市委常委会会议决定事项通知》精神；听取兴宁市上半年打击治理电信网络诈骗工作情况汇报、城市生活垃圾分类工作情况汇报、开展危险化学品储存安全专项检查治理工作情况汇报
8月28日	十三届〔2020〕第34次常委会会议	听取兴宁市“十四五”规划编制工作情况汇报。听取兴宁市常态化疫情防控工作情况汇报，研究部署下一步工作。听取兴宁市未成年人思想道德建设工作情况汇报，研究部署相关工作。审议《兴宁市各镇（街道）“三定”规定》稿。审议《兴宁市推进市域社会治理现代化三（2020—2022年）行动方案》稿。研究公务员晋升职级事项。听取十三届兴宁市委第八轮巡察情况汇报
9月18日	十三届〔2020〕第35次常委会会议	听取兴宁市常态化疫情防控工作情况汇报，研究部署下一阶段工作。听取兴宁市推进“两美行动”工作和生活垃圾分类工作情况汇报。听取兴宁市农村乱占耕地建房问题摸排、土地卫片执法、垦造水田等自然资源重点工作情况汇报。听取第二届互联网大会筹备工作情况汇报。研究关于市人大开展政府年度民生实事项目人大代表票决制工作事项。 研究市政府常务会议提交的议题：审议《兴宁市促进招商引资工作的若干措施》稿；审议《市氮肥厂、市麻纺厂和市燃料公司三家企业合并重组方案》稿；研究兴宁市2020年8月地方政府新增债券转贷资金安排事项

续表 2

时间	届次	主要议题
9 月 25 日	十三届〔2020〕第 36 次常委会会议	学习贯彻省有关信访工作文件精神，听取兴宁市信访工作情况汇报，研究部署下一步工作。学习贯彻上级有关文件精神，听取兴宁市社会稳定形势分析研判情况汇报，研究部署下一步工作。 听取兴宁市扫黑除恶专项斗争“六清”行动工作情况汇报。研究市委十三届十一次全会方案、报告（稿）。学习贯彻习近平总书记关于安全生产重要指示批示精神；市党政班子结合分管工作谈学习体会；听取兴宁市第三季度安全生产和消防工作情况汇报，研究部署下一阶段工作。听取梅州市第六轮县级交叉巡察第五组巡察市委统战部、市文化广电旅游体育局党组情况汇报。研究干部纪律处分事项。研究递补市委委员和个别市党代表停止执行代表职务、终止代表资格事项
9 月 27 日	十三届〔2020〕第 37 次常委会会议	研究干部人事调整事项
10 月 9 日	十三届〔2020〕第 38 次常委会会议	审议《中国共产党兴宁市第十三届委员会第十一次全体会议决议（草案）》
10 月 10 日	十三届〔2020〕第 39 次常委会会议	听取兴宁市配合省委巡视工作情况汇报。听取兴宁市“问题楼盘”化解处置工作情况汇报，审议《兴宁市“问题楼盘”专项整治工作方案》稿。 传达贯彻省、梅州市村（社区）“两委”换届筹备工作会议精神，研究成立兴宁市 2021 年村（社区）“两委”换届工作领导小组事宜。研究兴宁市融媒体中心直接聘用人员事项
10 月 12 日	十三届〔2020〕第 40 次常委会会议	传达贯彻省委第十三巡视组巡视兴宁市工作动员会议精神
10 月 13 日	十三届〔2020〕第 41 次常委会会议	研究确定考察对象事项

续表 2

时间	届次	主要议题
10 月 26 日	十三届〔2020〕 第 42 次常委会会议	研究市政府常务会议提交的议题：审议《兴宁市加快互联网产业发展的若干措施》稿；审议《兴宁市征收土地地上附着物和青苗补偿标准》稿；审议《兴宁市应对秋冬季新冠肺炎疫情防控能力建设及应急物资储备工作方案》稿；研究收回统筹使用兴宁市城乡医疗救助结转结余资金事项；研究新设社区成立党委事项；研究市妇联换届主席、副主席候选人事项；研究法官助理、检察官助理和书记员职级职数核定事项；研究 2021 年村（社区）“两委”换届职数和提名参选“两委”干部年龄界定事宜
11 月 5 日	十三届〔2020〕 第 43 次常委会会议	传达贯彻王荣、张义珍、王衍诗到兴宁调研有关精神。学习贯彻中共中央办公厅有关文件精神。听取兴宁市“十四五”规划编制工作情况汇报。传达全国疫情防控工作电视电话会议精神，部署兴宁市秋冬季疫情防控工作。研究干部人事任免事项
11 月 17 日	十三届〔2020〕 第 44 次常委会会议	研究市政府常务会议提交的议题：审议《兴宁市 2020 年第五批次国有建设用地使用权供应方案》中的位于西沿江北路西侧、西沿江横街南侧，宗地测绘编号为 PM2020-21，供地面积为 4 公顷的国有建设用地使用权出让方案；研究确定兴宁市镇级土地出让收益分成事项。审议《兴宁市 2021 年村（社区）“两委”换届工作方案》稿；听取兴宁市村（社区）“两委”换届前期工作进展情况汇报，研究基层反映的问题；研究 2021 年村（社区）“两委”换届工作经费事项；研究计育专干提名“两委”干部人选条件事项
11 月 23 日	十三届〔2020〕 第 45 次常委会会议	研究梅州市抗击新冠肺炎疫情先进集体及先进个人推荐名单

续表 2

时间	届次	主要议题
12 月 3 日	十三届〔2020〕第 46 次常委会会议	听取兴宁市 1—10 月经济工作情况汇报，分析研究当前经济形势，部署下一步工作。传达贯彻省有关文件精神，听取兴宁市保密风险隐患大排查工作情况汇报，研究部署下一步工作。传达贯彻梅州市未达标国家综合档案馆建设专题督办会精神，听取兴宁市档案馆建设情况汇报，研究部署相关工作。听取兴宁市秋冬季常态化疫情防控工作情况汇报，研究部署下一步工作。听取兴宁市第四季度安全生产、消防工作情况汇报，研究部署下一步工作。听取兴宁市扶贫考核工作情况汇报，研究部署相关工作。传达贯彻省关于做好村（社区）“两委”换届工作的通知、全省村（社区）“两委”换届工作电视电话会议精神。听取开展党政主要负责人履行推进法治建设第一责任人职责及法治政府建设实地督察工作情况汇报
12 月 8 日	十三届〔2020〕第 47 次常委会会议	听取兴宁市反邪教工作情况汇报，研究部署下一步工作。听取兴宁市反恐怖主义工作情况汇报，研究部署下一步工作。 听取市政府常务会议提交的议题：听取河惠莞高速公路麻布岗互通出口至兴宁罗浮连接线公路工程（兴宁段）建设相关事项；听取关于支付南部新城首期一级开发范围内出让土地相关费用情况报告；听取关于拨付广东明珠集团城镇运营开发有限公司相关扶持资金情况报告
12 月 16 日	十三届〔2020〕第 48 次常委会会议	传达梅州扫黄打非工作会议精神，听取兴宁市扫黄打非工作情况汇报，研究部署下一步工作。审议《精神文明创建九大行动实施方案》稿、《兴宁市拟推荐 2019—2020 年度梅州精神文明建设先进集体和先进工作者名单》。审议《中共兴宁市委办公室 兴宁市人民政府办公室关于成立市生态环境保护委员会的通知》稿。 审议市政府常务会议提交的议题：听取统筹安排兴宁市 2020 年度收回财政存量资金情况报告；听取兴宁市房产服务中心等 12 个公益三类事业单位机构改革转制资金情况报告；传达梅州市委常委会会议决定事项通知精神。听取市直机关工委、市卫生健康局、市教育局党建工作情况报告。研究干部纪律处分事项

续表 2

时间	届次	主要议题
12 月 23 日	十三届〔2020〕第 49 次常委会会议	听取兴宁市新冠肺炎常态化疫情防控工作情况汇报，研究部署下一步工作。听取兴宁市医保、社保缴交工作情况汇报，研究部署下一步工作。研究发展壮大农村集体经济工作有关事项。市政府常务会议提交的议题

（黄均）

重要决策

【推动苏区振兴发展】 2020 年 3 月 4 日，兴宁市印发《中共兴宁市委贯彻落实〈中共广东省委贯彻落实《中共中央关于坚持和完善中国特色社会主义制度、推进国家治理体系和治理能力现代化若干重大问题的决定》的实施意见〉的行动方案》，方案提出 49 项工作措施。

【服务对接“双区”建设】 2020 年 3 月 4 日，兴宁市印发关于《兴宁市支持深圳建设中国特色社会主义先行示范区的行动方案》的通知。方案从 17 条细则提出目标和要求，鼓励兴宁市推动生态发展区、红色苏区与大湾区、先行示范区协同联动发展，举全市之力支持深圳建设中国特色社会主义先行示范区。

【加强基层应急管理体系建设】 2020 年 3 月 6 日，兴宁市印发《关于加强基层应急管理建设的实施方案》的通知。方案从指导思想、工作目标、建设标准、工作责任、工作要求五大方面提出 13 项工作措施，于 4 月底完成罗浮、坭陂、水口 3 个中心镇和叶塘工业重镇基层应急管理建设试点工作，6 月底完成其他 16 个镇（街道）基层应急管理建设工作，实现全市 20 个镇（街道）全覆盖。

【统筹推进疫情防控和经济发展工作】 2020 年 3 月 17 日，兴宁市印发《关于统筹推进新冠肺炎疫情防控和经济社会发展工作的实施意见》的通知，提出 25 条具体实施措施，要求全面贯彻落实习近平总书记的重要讲话精神，坚决贯彻落实党中央，省委、省政府和梅州市委、市政府的决策部署，严格落实分区分级防控措施，抓紧抓实抓细各项防控工作，统筹推进新冠肺炎疫情防控和经济社会发展。

【打击治理电信网络新型违法犯罪】 2020 年 3 月 31 日，兴宁市印发关于《2020 年兴宁市打击治理电信网络新型违法犯罪专项工作总体方案》的通知，方案明确工作目标、领导小组、成员单位职责、工作步骤、工作措施和要求。强调将打击治理电信网络新型违法犯罪工作纳入全市综治考核评价，推动公、检、法、司等部门协同配合，充分发挥好公安机关主力军作用，对现案严厉打击，快侦快破，把工作抓实抓细，充分发挥综治考评督导作用，提高镇（街道）工作成效，在全市范围内推动形成良好工作氛围，确保全面落实打击治理电信网络新型违法犯罪工作。

【深化基层体制改革】 2020 年 8 月，兴宁市印发关于《兴宁市深化乡镇街道体制改革完善基层治理体系实施方案》的通知，标志兴宁市推进深化乡镇街道体制改革工作。方案从合理下放管理职权、统筹优化党政机构、完善健全运行机制、运行保障体系等方面作指导。该次改革按照省、梅州确定的改革目标和任务要求，要求各级各部门充分认识深化乡镇体制改革、完善基层治理体系的重要意义，全面落实深化改革目标，于 8 月 15 日前基本完成工作目标任务。

【人才培养】 2020 年 10 月 14 日，兴宁市印发关于《兴宁市实施“广东技工”工程工作方案》的通知。方案明确重点任务，从推行终身职业技能培训制度、提高人才培养配置效率、实施创新评价激励机制、实施服务现代产业发展行动、实施技能菁英培育成长行动、大力培育工匠文化等方面提出18个行动措施。

【食品安全】 2020年10月15日，兴宁市印发《关于深化改革加强食品安全工作的实施方案》。方案从构建食品安全现代化治理体系、开展食品安全放心工程攻坚行动、加强组织保障等3个方面提出24项具体措施。

【推进中医药事业发展】2020年10月21日，中共兴宁市委、兴宁市人民政府印发关于《兴宁市促进中医药传承创新发展实施方案（2020—2022年）》的通知。方案围绕“三个推动”和“三个加强”工作目标，即加强中医药服务短板建设、中医药与长寿文化融合、中医药学科带头人培养引进，推动中医药全产业链发展、中医药传承创新、市中医医院建设。

（林巧赟）

重要活动

【2020中国（兴宁）花灯文化节】2020年1月14日，“2020中国（兴宁）花灯文化节暨广东省第八届花灯文化节·梅州兴宁第二届花灯文化旅游节”在熙和湾·客天下花灯文化特色小镇开幕。该届花灯文化旅游节，由省级升格为国家级，主题是“传承花灯文化、弘扬客家精神”，有来自全国各地27支队伍、300多盏（组、套）花灯参展。

【2020年农民丰收节】2020年9月22日，兴宁市在新陂、叶塘“两镇五村”乡村振兴示范片区举行庆祝2020年农民丰收节系列活动，其中有主题庆祝活动和十佳优质米评选、十佳脱贫致富带头人（致富能手）评选、“乡村振兴·丰收田园”主题摄影作品征集评选、“庆丰收·奔小康”迷你马拉松大赛、首届助商扶农网红大赛5项活动。梅州、兴宁市有关领导干部、农业企业代表、农民代表等500多人参加庆祝活动。

【天河区对口帮扶兴宁第二届农特产品展销会】2020年11月11日，广州市天河区对口帮扶兴宁市第二届农特产品展销会在天河区天河南步行街正式开幕。该届展销会主题为“推进消费扶贫·助力脱贫攻坚”，有24家兴宁农业扶贫企业100多种产品参展。现场销售额680万元，线上销售额253万元。

【2020第二届梅州互联网大会】2020年11月16日，2020第二届梅州互联网大会在兴宁市会展中心召开。大会以“创新引领 慧聚苏区”为主题，由省互联网信息办公室、省工业和信息化厅、省通信管理局指导，梅州市政府主办，兴宁市委、市政府、梅州市工业和信息化局承办，政府领导、院士专家、行业精英等1500多名嘉宾参加。大会出台发布《梅州市互联网产业发展规划（2021—2035年）》《兴宁市加快互联网产业发展的若干措施》等相关扶持政策，签约12个项目和举行梅州客商银行授信仪式。

【举办农特产品展销会暨年货购物节】2020年12月31日，兴宁市农特产品展销会暨年货购物节在明珠文化广场开幕，该次展会以“绿色农展、质量农展、品牌农展、效益农展”为主题，为期3天，采取线下展销与线上直播相结合的形式。活动现场设标准展位96个，参展企业约80家，展销兴宁市名特优新农副产品及扶贫产品1000多种。

（张健 钟新燕）

▲2020年11月6日，2020第二届梅州互联网大会在兴宁召开

（刘海阳 摄）

市委办公室工作

【概况】 2020年，市委办公室围绕中心、服务大局，发挥参谋辅政、统筹协调、督查落实、运转保障职能，推进10个领域71项重大改革事项和2项改革试点任务，协助抓好省委第十三巡视组巡视兴宁工作，完成重要文件、综合性文稿420多份，组织各类会议521场（次），发出稿件320多篇，督查26次。

【深化改革】 2020年，兴宁市组织召开2次全面深化改革工作会议，传达学习习近平总书记关于“十四五”规划编制工作重要指示精神、中共十九届五中全会精神以及中央、省委和梅州市委全面深化改革委员会等有关会议精神，制定《市委全面深化改革委员会2020年重点改革工作安排》，审议通过《兴宁市水口镇行政管理体制改革试点实施方案》等系列改革文件。推进重点领域和关键环节改革，推进10个领域71项重大改革事项和2项改革试点任务，推进营商环境、数字政府、乡村振兴、农村产权制度和土地制度改革等重大改革攻坚，推动镇（街道）体制改革，完成事业单位改革。

【以文辅政】 2020年，市委办公室为市领导撰写各类文稿材料190多篇，完成兴宁市委第十三届十次、十一次全会报告、《兴宁市近三年党的建设和经济社会发展总体情况》等重要文件、综合性文稿420多份。是年，撰写《关于2021年兴宁市村（社区）“两委”换届选举工作的调研报告》《推动兴宁肉鸽养殖产业高质量发展，促进“兴宁鸽”品牌发展壮大》《加快智慧城市建设，推进社会治理现代化》《积极拥抱“直播带货”等新经济新业态，推动“互联网+”最大变量发展成最大增量》《坚定绿色发展理念，构建生态产业体系，奋力推动新时代兴宁经济社会高质量发展》5篇调研报告。全力做好精准扶贫档案归档培训和试点工作。

【办文办会】 2020年，市委办公室对接上级领导到兴调研20余次，组织市委主要领导各项工作调研活动90余次。加强与市四套班子领导、市直单位及镇（街道）的日常服务和联络协调。印发兴发文件10件，兴委文件62件，兴市办文件22件，兴委办文件13件，兴市明电81件，兴办字7件，兴改委发文件4件、兴委办党委文件16件，实现全年文件审核、印发无差错；严格规范公文办理，保障公文流转高效运行，流转平件2914件、密件3625件、办理领导批示261件。全年接待领导、嘉宾182批4360人，组织各类会议521场（次），其中召开市委十三届十次、十一次全会以及49次市委常委会会议。

【督促检查】 2020年，市委督查室制定出台《督查工作细则》《督查工作日常管理规定》等制度。抓好市委十三届十次、十一次全会重点工作和重点项目建设的推进落实，全年督查26次，涉及重点工作51项、重点项目55项，发出《重点项目进度报表》12期、《督查通报》4期。开展创文创卫、城乡人居环境综合整治、乡村振兴、脱贫攻坚、中央、省环保督察、垦造水田等方面的专项督查。全年承办梅州兴宁市主要领导批示件23件，办结

▲兴宁市委办公室编纂的《兴宁政参》 （温丽芸 摄）

23件，办结率为100%。

【新闻信息】 2020年，市委办公室发出稿件320多篇，其中在省级报刊刊登62篇，《梅州日报》刊登180篇，《今日兴宁》刊登190篇。接待到兴采访的各级新闻媒体记者60多人次。发出疫情防控相关稿件55篇。全年上报省委办公厅信息综合室《兴宁信息》30期，印发《兴宁政参》4期，《兴宁动态》12期，未出现紧急重大信息倒流和迟报漏报现象。

【机要保密】 2020年，市保密部门配合省保密局在兴宁市开展保密风险隐患大排查抽查工作，抓好问题整改落实，进一步规范各项保密工作管理。市机要部门全面加强电子政务内网建设管理，推进安全可靠应用全面替代工作。健全完善密码通信维护管理制度，规范密码通信维护管理，严格履行值班工作职责，全年收发明密电报1386份、书记批示件113份，实现“无差错、无错情、无事故”的“三无”工作目标。

（张健 钟新燕）

组织工作

【概况】 2020年，市委组织部落实新时代党的建设总要求，完成党的基层组织建设三年行动计划，全覆盖建设镇（街道）党校和村（社区）党群服务中心，全年新设立党委、党组、党总支92个，新建、扩建村（社区）党员活动室160个。树立大抓基层导向，有序推进2021年村级换届工作，推动机关党员到社区开展“双报到”，软弱涣散村（社区）党组织全部整顿转化升级，“空壳村”全部摘帽。首个以“党建＋智库”为特色的县级人才驿站——兴宁市人才驿站揭牌运营。

【习近平新时代中国特色社会主义思想学习贯彻】 2020年，市委组织部组织学习习近平总书记系列重要讲话和重要指示批示精神、《习近平谈治国理政》第三卷，开展新一轮“大学习、深调研、真落实”工作，举办中共十九届五中全会精神、习近平总书记出席深圳经济特区建立40周年庆祝大会和视察广东重要讲话重要指示精神集中轮训。推动市、镇两级党校建设，创建2个镇街党校示范点。健全大学习大培训制度，构建起市、镇、村“三位一体”全方位教育培训体系，推动基层党员教育全覆盖，组织市级举办各类研讨班95期，组织镇街开展培训192期。把“不忘初心、牢记使命”作为加强党的建设的永恒课题和全体党员干部的终身课题，形成长效机制，是年，各级党组织书记带头上党课2200多场次。

【新冠肺炎疫情防控组织】 2020年，市委组织部组建81支“党员先锋队”“党员突击队”和“党员志愿服务队”，选派1300多名在职党员支援社区，形成群防群控的社区网络。在11个联合检疫检测站、市第五人民医院等地成立36个临时党支部，延伸基层党组织战斗堡垒触角。下拨党费139万元、发动全市党员捐款340多万元支持疫情防控。开展疫情防控专项考核，注重在疫情防控中考察识别党员干部，派出支援湖北荆州医疗队的5名成员全部在疫情防控一线发展为预备党员。

【党组织和党员基本情况】 2020年，全市有基层党组织1492个。其中，党委98个［乡镇党委17个、村（社区）党委30个、市直机关党委32个、学校党委13个、“两新”组织党委6个］，党总支50个［村（社区）17个］，党支部1344个［村（社区）536个］。全市有45个党组，6个党工委（市直机关党工委1个、市教育党工委1个、“两新”组织党工委1个、街道党工委3个），“两新”组织党组织111个（非公有制企业党组织90个、社会组织党组织21个）。全市党员有48171人，其中在职党员12720人、农村党员25638人、离退休党员9813人。妇女党员13465人，占28%。年龄结构方面，35岁以下9317人，占19%；36岁至60岁20869人，占43%；61岁以上17985人，占37.3%。学历结构方面，初中及以下学历11056人，占23%；高中及中专学历16651人，占34.4%；大专学历11877人，占24.7%；大学本科学历8467人，占17.6%；研究生学历120人，占0.2%。全年发展新党员390名，其中发展妇女党员180名，占新发展党员总数的46%；农村党员190名，占新发展党员总数的48.7%；35岁及以下党员303名，占新发展党员总数的78%。

【党的基层建设】 2020年，市委组织部制定《兴宁市加强党的基层组织建设三年行动计划2020年工作要点》，推进党组织规范化建设。新设立党委、党组、党总支92个。实行市镇领导干部挂钩指导党建工作制度、组织部干部联系指导镇街党建工作制度，定期督促指导基层开展党建工作。推行“大党委”制，在市、街道、社区分级建立党建联席会议制度。全年新建住宅小区、物业公司党支部32个，新成立5个“两新”党组织，市直各单位党组织和4249名党员到社区“双报到”，219支机关党员志愿服务队积极开展创文创卫、法律政策宣传、助老助残助弱等活动。优化基层党组织班子结构，选拔培养村（社区）党组织书记后备干部584名、“两委”后备干部1011名；围绕实现“三个一肩挑”，143名村（社区）党组织书记提前调整到位，组织村（社区）“两委”换届工作，通过换届工作，优化村（社区）“两委”班子结构。在企事业、“两新”组织中同步实施“头雁”工程，从优秀骨干、中层管理人员中选拔党组织书记32名。选派第一书记和党建指导员到省定贫困村驻村开展工作，实现58个省定贫困村、11201户贫困户27716贫困人口100%退出的目标。成立市委教育工委，统一管理全市中小学校、幼儿园、民办教育机构党组织5200多名党员；在3家市直属医院设立党委，实行医院党委领导下的院长负责制。拨出党费300多万元，新建扩建村（社区）党群服务中心58个。在各领域培育一批党建示范点，13个软弱涣散村（社区）党组织全部实现转化升级。

▲ 2020年11月10日，市委组织部领导到径南镇胪声村开展党支部联系工作 （市委组织部提供）

【干部选拔任用】 2020年，市委组织部任免科级干部190人，其中提拔或重用35周岁以下年轻干部14人，女干部10人，科级领导干部交流轮岗33人；任免市直单位党组（党委）成员33人，科级领导干部试用期满正式任职19人，任免股级干部3人。做好公务员职级晋升工作，至12月，全市市管干部晋升一级主任科员77人、三级主任科员76人。

【公务员招录和调动】 2020年，市委组织部招录公务员127人，其中市直机关（含公安机关）51名，乡镇66人，法院3人，检察院7人。2020年办理公务员调动154人，其

2020年公务员招录和调动情况统计表

表3 单位：人（人次）

公务员招录（人）					公务员调动（人次）			
总数	市直机关（含公安机关）	乡镇	法院	检察院	总数	本市内调动	调出本市（含遴选）	从其他地区调入
127	51	66	3	7	154	94	43	17

中该市内调动94人次，调出（含遴选）该市43人次，从其他地区调入17人。是年，办理原兴宁市环境保护局人员转隶至梅州市生态环境局兴宁分局14人。

【干部档案审核和考核】2020年，市委组织部审核干部档案 635卷，转入转出干部人事档案102卷、办理查借阅手续658次、接收归档材料13266份。完成2019年度全市科级干部及党群系统干部职工年度考核工作。全市1033名局级干部参加年度考核，其中评为优秀等次148人。

【公务员薪资福利管理】2020年2月，市委组织部组织测算在职及离退休人员提高住房维修和物业管理补贴标准及确定职级公务员职级住房维修和物业管理补贴标准，进行落实，机关单位在职和离退休人员住房维修和物业管理补贴标准月增资187.39万元；2020年6月，对全市职级公务员公务交通补贴标准进行贯彻落实，根据测算当前兴宁市公务员因职级套转、晋升，公务交通月增资29.34万元。制定全市机关事业单位绩效考核方案，发放2019年度全市机关事业单位绩效考核奖金1.32亿元、离退休老干部慰问金4550万元。完成公务员工资系统管理全市公务员（含参公管理）3059人、机关离休80人和事业离休16人等3155人每月工资福利及离退休费的发放。

【人才队伍建设】2020年，市委组织部落实梅州市人才新政20条，全年兴宁市企事业单位列入梅州市急需紧缺人才岗位目录101个，引进急需紧缺人才研究生学历高层次人才9人。对54个团队或个人发放人才项目奖励补贴资金177万元。是年，培育新型职业农民174人、客家菜师傅381人。

（杨韬）

宣传工作

【概况】2020年，市委宣传部承担起新形势下党的宣传思想工作“举旗帜、聚民心、育新人、兴文化、展形象”的使命任务，紧紧围绕打赢新冠肺炎疫情防控阻击战，在做好疫情防控工作的同时，结合疫情防控、“十三五”规划收官之年、全面建成小康社会等重点事件，守牢意识形态阵地安全，推动全市理论武装扎实推进，舆论宣传不断加强，文化事业蓬勃发展，文明程度继续提高，为兴宁高质量构建“一城一廊一带”发展格局，打造梅州副中心城市提供精神动力和舆论氛围。

【意识形态工作】2020年，市委宣传部印发《关于做好疫情防控期间意识形态工作的通知》，要求各镇（街道）、市意识形态联席会议成员单位坚定信心，坚决克服麻痹松懈思想，落实属地管理责任，加强对本单位本系统疫情防控期间意识形态分析研判，守牢疫情防控期间意识形态阵地安全。组织全市101个单位与市委主要领导签订2020年《兴宁市落实党委（党组织）意识形态工作责任制责任书》。协助梅州市县级第六轮交叉巡察组、市委第八轮巡察组巡察市文化广电旅游体育局等单位，并对县级第六轮、市委第七、八轮巡察发现涉及党委（党组）意识形态工作和理论学习中心组工作问题的23个单位进行整改督查。对20个镇（街道）及检察院等10个市直单位的意识形态工作落实情况进行督促检查考核。10月至12月，省委第十三巡视组对兴宁市开展为期2个月的第七轮巡视，意识形态工作责任制落实情况被列为专项巡视内容。市委宣传部对照清单，分类整理好41项专项工作材料和14项队伍建设方面的材料，提供给省委宣传部进行专项检查。

【“扫黄打非”工作】2020年，市委宣传部组织推进“扫黄打非”进基层规范化标准化工作，推进“扫黄打非”进学校，进宗教场所、出版物市场、印刷复制、交通枢纽、旅游景区、物流快递等基层单位，统一标准，实现全覆盖。多次联合市委统战部、市文化广电旅游体育局、市教育局、市市场监管局等单位深入宗教场所、学校图书室和校园周边，开展出版物市场检查，宣传相关法律法规。至年底，开展联合清查整治行动14次，出动力量100余人次，检查各类书店、印刷复制、影城、宗教场所等140余次，收缴非法出版物45600多本。

▲ 2020年6月4日，梅州市委宣传部到兴宁检查“扫黄打非”进基层工作情况（市委宣传部提供）

【媒体宣传与网络舆情】 2020年，兴宁市发挥当地主流媒体的阵地作用，报道兴宁各级各部门应对新冠肺炎疫情联防联控的措施成效，与援鄂和兴宁医护人员对话，讲述防疫抗疫一线事迹。聚焦脱贫攻坚、乡村振兴等民生民利工作。围绕城乡环境污染、邻里纠纷、出行受阻、居住环境受影响等与群众息息相关的民生问题和热点问题，进行暗访和报道。聚焦兴宁发展亮点和重点项目活动，用微视频宣传兴宁的生态、人文及乡村振兴和脱贫攻坚等方面的亮点。

是年，兴宁市时政新闻制作播出新闻1800多条，《城乡一线》播出新闻1537条，播出电视剧2000多集，客家文艺78部，制作播出公益广告、通知、标语等3000多条。其中上送梅州台综合播出700多条；上送广东省广播电视台播出20条，上送“学习强国”平台采用70多条。

是年，市委宣传部在市级网络宣传平台推送上级新闻媒体稿件约650余次，发动相关工作人员转发量2.2万余次，宣传一线人员抗击疫情先进典范，宣传科学预防知识，宣传报道推进疫情防控和经济社会发展的举措进展。

是年，联合市委网信办、市公安局、市“扫黄打非”办、市创文办开展网络安全宣传周活动，坚持面向社会公众开展网络安全知识普及。

【理论学习中心组】 2020年，市委宣传部制定印发《兴宁市局以上单位党委（党组织）理论学习中心组2020年理论学习计划暨学习型党组织建设工作计划》和《中共兴宁市委理论学习中心组2020年理论学习计划暨学习型党组织建设工作计划》。全年组织开展34期市委理论学习中心组专题学习会，其中围绕“深入学习贯彻习近平总书记关于做好新冠肺炎疫情防控工作重要讲话和重要指示批示精神”“防范化解重大风险”、全国两会精神、《习近平谈治国理政》第三卷、习近平总书记出席深圳经济特区成立40周年庆祝大会和视察广东重要讲话指示精神、中共十九届五中全会精神开展6次专题研讨。

【“学习强国”推广与供稿】 2020年，兴宁市范围内“学习强国”推广注册用户47830人，

▲ 2020年9月19日，兴宁市开展2020年网络安全宣传周系列活动（市委宣传部提供）

▲ 2020 年 12 月 18 日，兴宁市在会展中心举办学习贯彻党的十九届五中全会精神宣讲报告会 （市委宣传部提供）

实现在职党员全覆盖。是年，市委宣传部与市教育局联动，以“家校共建”方式，组建“学习强国”家长组织三级架构。4 月 1 日至 5 月 11 日，兴宁市“学习强国”新增注册 14511 人，使用总人数为 47327 人，居梅州各县（区）之首。是年，市委宣传部出台“学习强国”供稿激励措施，号召兴宁市各界踊跃供稿，至年底，广东省“学习强国”平台采用兴宁市上送稿件 150 条。

【新冠肺炎疫情防控专题宣传】 2020 年，市委宣传部广泛布置横幅标语，联防联控宣传到位。在公共区域及醒目位置设置立式喷绘宣传标语；联合全市临街商铺、学校等各类企业和单位，在 LED 显示屏上滚动播出防疫宣传标语、防疫宣传片等。至年底，布置户外广告牌 1465 块，大型电子显示屏 12 块，小区、门面、楼内及电梯间等电子显示屏 716 个，标语横幅 5101 条，滚动刊播防控疫情公益宣传片、宣传画、宣传标语 938.31 万次。是年，市委宣传部组织党员干部上阵，入户走访发放资料。利用村居（社区）干部、网格管理员、治安、党员干部、志愿者等队伍力量，走街串巷开展流动宣传，全面落实网格化排查措施。至年底，布置张贴防控疫情公益宣传画 20.57 万张，派发防控疫情宣传单 121.55 万张，进农村、社区等基层宣传宣讲 17.66 万人次。录制兴宁客家话版及村支书喊话版广播音频，统筹利用小喇叭、流动音响 5.9 万个，播放防控疫情广播音频 358.31 万次。是年，兴宁市推出线上图书馆、“新型冠状病毒防疫安全公益课”推送免费学习资源，科普疫情防控知识；组织运营商发送防疫防控提醒短信 2056 万条；开通微信“湖北来兴人员登记表”小程序、公布举报（湖北返兴人员）有奖电话、与村民签订拒绝瞒报的承诺书；动员文艺界记录党和政府带领广大干部群众众志成城抗击疫情的英雄壮举，创作美术作品、诗歌、舞蹈等系列作品。

【扫黑除恶宣传】 2020 年，市委宣传部联合市扫黑除恶办公室发出《关于持续做好扫黑除恶专项斗争宣传工作的通知》，要求各单位进一步提高思想认识、巩固和扩大社会宣传、运用各平台新闻报道、报送典型案例。组织开展扫黑除恶“六清”行动，及时查清、办结，并上报线索情况。完善和细化扫黑除恶专项斗争的宣传工作计划，用电子屏滚动屏、制作悬挂宣传横幅、设置宣传栏、张贴海报和宣传标语等，强化专项宣传，持续做好扫黑除恶专项斗争的宣传工作。

（叶子超）

统战工作

【概况】 2020 年，市委统战部强化理论武装、突出政治建设，主动站位全局、自觉融入中心，充分发挥统一战线的智力优势、政治优势、组织优势、资源优势，推动各领域统战工作提质增效，为兴宁市夺取疫情防控全面胜利和经济社会高质量发展凝聚最广泛的力量支持，展现应有作为，发挥应有作用。

【协商民主建设】 2020 年，市委统战部推动《中共中央关于加强中国特色社会主义参政党建设的意见》等 3 个文件的落实，加强兴宁市各民主党派的思想政治、组织、履职能力、制度和作风建设。协助民主党派成员中的人大代表、政协委

▲ 2020年9月17日，兴宁市2020年党外代表人士座谈会在市会展中心召开 （市委统战部提供）

员对招商引资、文化教育、城市卫生建设等开展一系列的调研活动。6月，由市委统战部带队，组织兴宁市民主党派到两镇三村，围绕“实施乡村振兴战略”开展联合调研活动。协助各民主党派做好政协提案和政协大会发言相关工作。是年，各民主党派提交政协提案39件，其中优秀提案11件。

【党外代表人士工作】 2020年6月，市委统战部召开兴宁市2020年党外代表人士座谈会，与会代表就扩大工业投资、抓好项目谋划、解决民生实事等方面提出意见和建议。12月，在江西瑞金新征途红色文化教育基地举办2020年党外干部及党外代表人士培训班，培训采取流动课堂、异地现场教学、体验式教学的方式，各民主党派、新的社会阶层代表人士、党外代表人士等33人参加培训。

【台港澳工作】 2020年，市委统战部对接兴宁籍港澳台同乡社团，指导做好会员关怀和疫情防控指引工作，掌握了解港澳台同乡社团会员乡亲及在兴宁港澳台同胞工作生活情况和健康情况，给予关心帮助。11月，接待澳门旅澳兴宁联谊会回乡参观访问团。12月，由市领导率有关部门人员组成访问团，应邀参加庆祝澳门回归二十一周年、旅澳兴宁联谊会成立十周年暨第四届理监事成员就职典礼。是年，兴宁市办理“因公往返香港、澳门特别行政区通行证”5批13人次，相比2019年减少9批21人次。

【侨务工作】 2020年，市委统战部成立兴宁市防控境外新冠肺炎疫情输入与支持华侨华人抗击疫情涉侨工作小组，联系市疫情防控指挥部办公室、市侨联等部门，了解海外侨胞回国返乡情况，控制境外疫情输入风险。是年，指导帮助兴宁市侨资企业了解各项惠企政策，开展“惠侨暖企”行动，走访多家侨资企业。做好困难归侨侨眷的帮扶工作，落实帮扶物资切实帮扶困难归侨侨眷。为1000名困难归侨侨眷、困难群众发放棉衣背心。是年，接待涉侨来信来访56人员宗（次）。

【非公有制经济（新的社会阶层人士）工作】 2020年，市委统战部通过实地走访、电话咨询、问卷调查、座谈交流等多种形式了解企业生产经营情况、面临的困难和问题，听取和收集企业家的意见建议，为企业纾困解难，有序推动复工复产。组织会员企业家参与疫情防控、乡村振兴、万企帮万村等活动。

▲ 2020年9月21日，兴宁市新的社会阶层人士联合会成立大会在市会展中心召开 （市委统战部提供）

9月，成立兴宁市新的社会阶层人士联合会。

（刁玲）

机构编制

【概况】 2020年，市委编办贯彻《中国共产党机构编制工作条例》和兴宁市委、市委编委工作部署，围绕推进治理体系和治理能力现代化，以坚持和加强党的全面领导为统领，以推进机构职能优化协同高效为着力点，以机构编制法定化建设为抓手，推动党政机构改革、事业单位改革、乡镇街道体制改革、机构编制管理各项工作落实。

【党政机构改革】 2020年，市委编办做好市发展改革局、市交通运输局“三定”规定拟定工作，分别于12月印发市发展改革局、市交通运输局“三定”规定。做好党政机构改革“三定”规定或机构编制调整文件报备工作。

【事业单位改革】 2020年，市委编办推进公益三类事业单位改革及部分事业单位改革。印发《兴宁市公益三类事业单位改革及部分事业单位改革实施方案》，将22个公益三类（经费自理）事业单位全部纳入改革范畴。其中2个单位调整为公益一类事业单位，4个单位整合或并入公益一类事业单位，并相应调整经费类型，1个单位调整为暂不分类事业单位，15个单位列入公益三类改制工作。立足部门职责，加强沟通协调，多次实地了解进展和召开专题会议部署督促。9月11日，召集市人力资源社会保障局、市财政局、市医保局等职能部门对各涉改部门提交的公益三类事业单位改革方案进行统一的会审，逐一梳理各涉改部门改革方案的问题。至年底，基本完成公益三类及从事生产经营活动事业单位改革。是年，撤销市水务局、市林业局、市司法局、市农业农村局、市住房城乡建设局、市科工商务局所属15个单位的事业单位建制，收回事业编制431名。整合优化各领域公益类事业单位。调整优化交通、自然资源、农业、水务等领域事业单位22个，其中整合16个、调整经费类型4个、撤销2个，收回事业编制47名。

▲ 2020年9月16日，市委编办调研组到兴宁市叶塘镇开展乡镇街道体制改革“回头看”调研工作 （罗佳媚 摄）

【乡镇街道体制改革】 2020年8月，市委编办根据《兴宁市深化乡镇街道体制改革完善基层治理体系实施方案》，印发乡镇（街道）“三定”规定，完成办公场所调整和机构挂牌、集中办公、印章启用等工作。是年，各镇（街道）设立综合治理委员会、公共服务委员会、综合行政执法委员会、应急管理委员会、规划建设委员会5个工作平台。乡镇统一设置10个综合性办事机构，街道统一设置9个综合性办事机构。统一规范设置6个事业单位。

12月21日，《兴宁市推进乡镇街道派驻机构属地管理工作方案》经梅州市委编办同意批准印发，兴宁市20个自然资源所和17个市场监督管理所全面下放乡镇街道实行属地管理。20个镇（街道）增加编制313名，人员转隶284人。

【机构编制监督检查】 2020年，市委编办开展超审批权限设置机构等问题自查自纠，发出整改通知4份，责令相关单位限期整改。开展机构编制问题整改工作，整改机构编制问题47个。

【机关群团、事业单位法人登记管理】 2020年，市委编办办理机关群团变更业务25个；新设立登记事业单位16个，变更登记99个，注销登记16个。审核公示事业单位法人年度报告284个，报送率、公开率均为100%；对永和中学、新圩镇卫生院、图书馆等25家单位的法人公示信息进行实地核查。完成事业单位登记管理政务服务的事项梳理。

【政务和公益机构域名注册管理】 2020年，市委编办清理调整中文域名80个，办理续费292个。

（邓喜玉）

老干部工作

【概况】 2020年，市委老干部局以推动新时期老干部工作高质量发展为目标，围绕全市中心工作，落实老干部各项政策，完善服务管理。建立离退休干部困难帮扶机制，全年帮扶特殊困难离退休干部88人，落实帮扶资金10.05万元；开展重大节日走访慰问，探望慰问老干部85人次。加强老干部思想政治建设，举办离退休干部党支部书记培训班；广泛宣传离退休干部先进集体和先进个人典型事迹，引导老干部发挥正能量，市公安局离退休党支部被评为全省离退休干部先进集体。至年底，全市有离休干部124人，离休干部中，年龄最大的97岁、年龄最小的85岁，平均年龄91岁；全市原五套班子老领导42人，其中离休干部2人。

▲ 2020年6月，市委老干局召开离退休干部困难帮扶工作领导小组协调会 （邱文慧 摄）

【老干部政治待遇落实】 2020年1月，兴宁市离休干部联谊会召开年会，市委老干部局负责人在年会上向老干部通报兴宁市经济社会发展情况和老干部工作情况。市委老干部局加强离退休干部政治理论学习，为老干部、离退休干部党支部订阅《老干部政治理论读本》《秋光》《老人报》《学习参考》等报刊1万多份。春节前夕，市委老干部局开展走访慰问老干部活动，对90周岁以上离休干部、生病住院和有特殊困难的老干部进行走访慰问，提高离休干部的满意度和幸福感。至年底，探望慰问老干部85人次。

【老干部生活待遇落实】 2020年，市离休干部医疗服务办公室简化住院审批手续，完善离休干部就医“绿色通道”。全年全市离休干部医疗费财政支出667万元。结合经常性走访、重大节日慰问等方式听取老同志意见、了解老同志身体及思想情况，推动工作人员挂钩联系老干部制度工作常态化、制度化。为离休干部提供亲情化和个性化服务。新冠肺炎疫情防控期间，电话普及疫情防控知识75人次，积极与医保局沟通，简化离休干部的住院手续。建立离退休干部困难帮扶机制，5月，兴宁市印发《兴宁市生活特殊困难离退休干部帮扶实施意见》，成立兴宁市离退休干部困难帮扶工作领导小组。由市财政每年安排预算资金50万元，帮扶身患大病、重病，医疗费个人自付费用较多和因家庭意外变故致使生活特殊困难的离退休干部。6月，召开离退休干部困难帮扶工作领导小组协调会。是年，帮扶特殊困难离退休干部88人，落实帮扶资金10.05万元。

【离退休干部场所建设强化】 2020年5月，市委老干部局投入资金30多万元，对五楼闲置场所进行修缮改造，作为兴宁市老干部大学办学场所。7月，离退休干部活动中心和企业离休干部管理服务中心整合为离退休干部事务中心，根据新的工作职责，健全和完善相关工作制度，投入资金10万元，对活动场所进行优化升级和添置新的活动设备设施。

【离退休干部余热发挥】 2020年8月，市委老干部局开展“我看脱贫攻坚新成就”专

▲ 2020 年 10 月，市委老干部局举办全市离退休干部党支部书记培训班

（丘济导 摄）

题调研，组织召开老同志座谈会，兴宁市离休干部代表、老干部大学学员代表、部分离退休干部党支部书记、离退休干部工作委员会成员及老干部局领导班子和相关股室负责人 40 人参加座谈会。10 月，举办全市离退休干部党支部书记培训班，组织全市部分离退休干部参观考察兴宁市“两镇五村”美丽乡村示范片区建设。

【关心下一代工作】 2020 年，市关工委开展青少年活动，收集“中国梦·家风美”征文活动作品 166 篇，送省参评获奖 3 篇。组织叶剑英基金助学金受助对象的调查摸底审核及发放工作，受资助学生 35 人，发放扶助金 7 万元。利用示范基地组织举办 4 场培训活动，参与人数 245 名。参与梅州市关工委举办的农村创业青年培训班、广东省“领头雁”农村青年创业致富带头人培训班。配合市禁毒办等部门做好青少年的禁毒宣传教育工作。

（邱文慧）

市直机关工委工作

【概况】 2020 年，市直机关工委坚持从严治党，全面加强市直单位党建工作。组织拍摄微党课视频 1 集，党建研究课题《“模范机关创建的基本做法与经验研究”课题调研报告》获广东省党的建设研究会优秀奖。

是年，市直机关工委辖机关、企事业单位党委 38 个、党总支 15 个、党支部 441 个。收缴向上级上缴的党费 320.6 万元。

【党的组织建设】 2020 年，市直机关工委坚持按《中国共产党章程》要求，加强基层党组织领导班子建设，做好市直机关党组织规范设置，督促检查基层党组织做好换届选举工作。是年，新设置机关党委 2 个。换届选举党总支、支部班子 33 个。

【党务培训和党员培育】 2020 年 11 月 3 日，市直机关工委在市会展中心举办“2020 年市直机关工委基层党组织书记和党务工作者培训班”，市直各单位的党务人员 100 多人参加培训。培训班邀请兴宁市委领导、市委组织部、市委宣传部和市委党校教师上专题辅导课，重点讲解习近平新时代特色中国社会主义思想、意识形态工作、党风党规党纪、创建模范机关等内容，工委领导

▲ 2020 年 11 月 3—5 日，市直工委举办市直单位基层党组织书记和党务工作者培训班

（刘绍宏 摄）

重点讲解发展党员和教育管理方面的业务知识。

【发展党员工作】 2020年，市直机关工委审批吸收预备党员85名，预备党员转正55名。举办党员发展对象培训班，培训各基层党组织党员发展对象151人。

【教育学习活动】 2020年6月，市直机关工委结合年度教育计划，组织市直单位8700多名党员和入党积极分子参加“党的十九届四中全会知识竞赛”，印发纸质试卷。8月，与市委党校、市广播电视台联合举办摄制《习近平谈治国理政》第三卷（坚持以人民为中心）——“新时代要始终坚守人民立场”微党课，片长35分钟，参加拍摄的工作人员为100多人次。11月，举办市直单位基层党组织书记和党务工作者培训班，市直各单位100多名党组织书记和党务工作者参加该次培训。

【机关武装部工作】 2020年，该工委机关武装部组织民兵预备役部队开展上级武装部组织的军事技能和体能训练。是年，协助市武装部加强轻舟五大队兴宁分队建设，组织冲锋舟实战演练。

（刘绍宏）

党校工作

【概况】 2020年，市委党校全面学习贯彻落实中共十九大精神、习近平总书记出席深圳经济特区建立40周年庆祝大会和视察广东重要讲话重要指示精神、中共十九届五中全会精神，坚持以习近平新时代中国特色社会主义思想为指导，以提高培训质量为核心，贯彻《干部教育培训工作条例》《中国共产党党校（行政学院）工作条例》《中共中央关于加强和改进新形势下党校工作的意见》和《中共广东省委关于加强和改进新形势下党校工作的实施意见》，抓好大规模培训干部工作，结合兴宁市干部教育培训工作实际，进一步推进干部培训的科学化、制度化、规范化建设，构建多渠道、重实效、灵活多样的干部教育培训体系。

【宣讲活动】 2020年，市委党校开展习近平新时代中国特色社会主义思想、习近平总书记出席深圳经济特区建立40周年庆祝大会和视察广东重要讲话重要指示精神、民法典、2020年全国两会精神、习近平总书记关于脱贫攻坚的重要论述、《习近平谈治国理政》第三卷、财政支农政策、村级财务管理、中共十九届五中全会精神等宣讲活动49场次，培训干部群众4183人次。

【教学创新】 2020年，市委党校搭建干部教育培训“网上党校”，开设网络专题课教学，进行“互联网+培训”的网络培训。是年，分批选送6名教学骨干参加广东省委、梅州市委党校举办的5期不同类型的培训班。

【理论研究】 2020年，市委党校承担的广东省级课题“兴宁市非物质文化遗产保护、传承与发展研究”于6月结项，并被评为良好等级。是年，承担梅州市党建研究会课题“基层党组织在疫情防控中发挥作用的经验研究”，承担中共梅州市委党校校级课题“构建文明城市创建工作长效机制”。

【全市科级干部专题研讨班】 2020年11月，市委党校在市会展中心举办全市科级干部学习习近平总书记出席深圳经济特区建立40周年庆祝大会和视察广东重要讲话重要指示精神暨学习贯彻中共十九届五中全会精神专题研讨班，市委、市

▲ 2020年11月23—25日，市委党校举办全市科级干部专题研讨班

（罗吉如 摄）

▲ 2020 年 12 月 2—4 日，市委党校举办全市村（社区）党组织书记专题培训班 （罗吉如 摄）

人大常委会、市政府、市政协领导，市法院、市检察院党组主要负责人，市纪委监委副书记（副主任），各镇（街道）、市委各部委、市直各单位科级领导干部，广东省、梅州市驻兴宁单位主要负责人 700 多人参加培训，培训班主要组织学习中共十九届五中全会精神、习近平总书记出席深圳经济特区建立 40 周年庆祝大会和视察广东重要讲话、重要指示精神。

【公务员初任培训班】 2020 年 7 月，因受疫情影响，市委党校在线上举办公务员初任培训班，2019 年、2020 年新录用的公务员 150 多人参加培训。该培训班主要组织学习习近平新时代中国特色社会主义思想、中共十九届四中全会精神等内容。

【全市村（社区）党组织书记专题培训班】 2020 年 12 月，市委党校在市会展中心举办全市村（社区）党组织书记专题培训班，全市村（社区）党组织书记 500 多人参加培训。该培训班主要组织学习中共十九届五中全会精神、习近平总书记出席深圳经济特区建立 40 周年庆祝大会和视察广东重要讲话、重要指示精神及基础党务知识。

【全市公务员专题培训班（3 期）】 2020 年 12 月，市委党校在市会展中心举办全市公务员专题培训班。该次培训班分 3 期，2300 多人参加。培训班主要组织学习《习近平谈治国理政》第三卷、中共十九届五中全会精神、习近平总书记出席深圳经济特区建立 40 周年庆祝大会和视察广东重要讲话、重要指示精神。

（陈徇珠）

兴宁市人民代表大会

重要会议

【人民代表大会】 2020 年 6 月 18—19 日，兴宁市第十五届人民代表大会第六次会议在市会展中心举行。会议听取和审议《政府工作报告》《兴宁市人大常委会工作报告》《兴宁市人民法院工作报告》《兴宁市人民检察院工作报告》；审查批准《兴宁市 2019 年国民经济和社会发展计划执行情况与 2020 年计划报告》《兴宁市 2019 年财政预算执行情况和 2020 年预算报告》；表

▲ 2020 年 6 月 18—19 日，兴宁市第十五届人民代表大会第六次会议在市会展中心召开 （市人大办提供）

决通过《兴宁市第十五届人民代表大会第六次选举办法》，选举刘瑞灵为兴宁市第十五届人大常委会副主任。

【市人大常委会会议】 2020年，市人大常委会召开9次常委会会议。（详见表4）

（薛薇）

2020 年兴宁市人大常委会会议一览表

表 4

时间	届次	主要议题
1 月 9 日	十五届第 39 次	决定兴宁市第十五届人民代表大会第六次会议于 2 月 11 日在市会展中心召开；作出关于列席和邀请列席兴宁市第十五届人民代表大会第六次会议人员的决定；听取和审议市公安局、民政局、住房城乡建设局、水务局、文化广电旅游体育局、市场监管局六个政府组成部门的工作情况报告，根据《兴宁市人大常委会关于对市人民政府组成部门工作评议办法》对六个政府组成部门 2019 年工作进行满意度测评；听取和审议市政府提请的有关人事任免事项，表决通过有关人事任免和辞职事项；组织新任职人员举行宪法宣誓仪式
2 月 3 日	十五届第 40 次	作出关于推迟召开兴宁市第十五届人民代表大会第六次会议的决定
4 月 21 日	十五届第 41 次	听取市政府关于兴宁市村卫生站公建标准化建设项目专项资金绩效评价的问题整改情况报告；听取和审议市检察院关于未成年人检察工作报告、市技工学校建设情况报告；审议通过有关人事任免和辞职事项；组织新任职人员举行宪法宣誓仪式
6 月 2 日	十五届第 42 次	决定兴宁市第十五届人民代表大会第六次会议于 6 月 18 日在市会展中心召开；作出关于列席和邀请列席兴宁市第十五届人民代表大会第六次会议人员的决定；审议兴宁市第十五届人民代表大会第六次会议主席团成员和秘书长建议名单、议案审查委员会成员建议名单；听取和审议市政府《关于 2019 年国民经济和社会发展计划执行情况和 2020 年计划草案的报告》《兴宁市 2019 年预算执行情况和 2020 年预算草案的报告》；听取关于政府工作报告撰写情况的说明；审议通过兴宁市人大常委会工作报告（稿）、关于部分兴宁市第十五届人大代表的代表资格审查报告；表决通过有关人事任免和辞职事项；组织新任职人员举行宪法宣誓仪式
7 月 16 日	十五届第 43 次	审议通过有关兴宁市人大代表辞职事项

续表 4

时间	届次	主要议题
7 月 29 日	十五届第 44 次	听取和审议市政府关于 2020 年上半年国民经济和社会发展计划执行情况报告、关于 2020 年上半年预算执行情况报告、关于 2019 年国有资产管理情况报告、关于 2019 年政府债务情况报告；听取和审议市政府提请的关于 2020 年地方政府新增债券转贷资金安排的议案、关于 2020 年 5 月地方政府新增专项债券转贷资金安排的议案、关于 2020 年市本级预算调整方案的议案，作出同意以上议案的决议；听取和审议市人大常委会执法检查组关于开展《中华人民共和国水污染防治法》执法检查情况的报告。同意接受陈声欢因工作变动辞去兴宁市人民法院院长职务的请求；任命周展明为兴宁市人民法院副院长、审判委员会委员、审判员，作出由其代理兴宁市人民法院院长职务的决定；组织新任职人员举行宪法宣誓仪式
9 月 23 日	十五届第 45 次	听取和审议市政府关于兴宁市 2019 年财政决算草案报告和关于 2020 年 8 月地方政府新增债券转贷资金安排的议案，分别作出同意该报告和议案的决议；听取和审议市教育局关于化解城区义务教育学校大班额工作情况的报告、市人大常委会执法检查组关于检查《中华人民共和国村民委员会组织法》实施情况的报告；审议并表决通过《兴宁市人大常委会关于开展政府年度民生实事项目人大代表票决制工作的决定》。听取和审议市政府、市人大常委会主任会议提请的有关人事任免事项，表决通过有关人事任免和辞职事项；组织新任职人员举行宪法宣誓仪式
11 月 30 日	十五届第 46 次	听取和审议市政府关于 2019 年度市级预算执行和其他财政收支的审计工作报告；听取和审议兴宁市脱贫攻坚工作报告、兴宁市野生动物保护工作情况报告；听取和审议市人大常委会主任会议、市法院提请的有关人事任免和辞职事项，表决通过有关人事任免和辞职事项；同意接受李培军因工作变动辞去兴宁市人民检察院检察长职务的请求；任命彭宙为兴宁市人民检察院副检察长、检察委员会委员、检察员，作出由其代理兴宁市人民检察院检察长职务的决定；组织新任职人员举行宪法宣誓仪式
12 月 30 日	十五届第 47 次	听取和审议市政府关于 2020 年十件民生实事实施情况报告、兴宁市规范性文件备案审查工作情况报告；听取和审议市十五届人大六次会议代表建议办理情况报告和 2020 年度生态环境保护工作情况报告；听取和审议市政府《关于提请审议 2020 年市本级第二次预算调整方案的议案》，作出批准该议案的决议；听取和审议市人大常委会主任会议、市法院提请的有关人事任免和辞职事项，表决通过有关人事任免和辞职事项

主要工作

【概况】 2020年，市人大常委会坚持以习近平新时代中国特色社会主义思想为指导，围绕中心、服务大局，依法履职，全年召开常委会党组会议24次、常委会会议9次；紧扣经济、民生、生态、法治等重点工作，依法开展精准监督，促进“一府一委两院”依法行政、依法监察、公正司法。全年听取和审议各类工作报告22项，开展执法检查2项、专题视察7次。

▲ 2020年8月12日，市人大常委会组织对宁江河水质保护专题询问审议意见落实情况进行“回头看”视察 （市人大办提供）

【决议决定】 2020年，市人大常委会依法作出《关于召开市十五届人大六次会议的决定》《关于列席和邀请列席市十五届人大六次会议人员的决定》《关于推迟召开兴宁市第十五届人民代表大会第六次会议的决定》《关于批准2020年地方政府新增债券转贷资金安排的决议》《关于批准2020年5月地方政府新增专项债券转贷资金安排的决议》《关于批准2020年市本级预算调整方案的决议》《关于批准2020年8月地方政府新增债券转贷资金安排的决议》《兴宁市人大常委会关于开展政府年度民生实事项目人大代表票决制工作的决定》《关于彭宙代理兴宁市人民检察院检察长职务的决定》《关于同意2020年市本级第二次预算调整方案的决议》等11项决议决定。

【人事任免】 2020年，市人大常委会严把人事任免程序关、任职资格关和材料送审关，确保组织意图顺利实现。坚持对拟任命干部进行任前法律知识考试，全面实施任前见面发言制度和宪法宣誓制度。全年任免国家机关工作人员43人次（其中任职21人次、免职22人次），接受辞职14人次，撤职1人次。

【监督工作】 2020年，市人大常委会听取和审议市政府关于计划执行、预算执行、财政决算、审计工作、审计查出问题等情况报告，依法加强对国有资产管理、政府性债务等方面的监督，组织开展对合水水库灌区改造工程项目专项资金绩效监督。是年，市人大常委会专题视察市自来水供水主管网改造、锦绣大桥和宁江桥至合水“一江两岸”河堤公路建设等重点民生项目，听取和审议市政府关于代表建议办理、政府年度十件民生实事实施、市技工学校建设、化解城区义

▲ 2020年7月8日，市人大常委会组织《中华人民共和国民法典》专题讲座 （市人大办提供）

务教育学校大班额、全市脱贫攻坚等工作报告。是年，市人大常委会对合水水库水质保护专题询问审议意见落实情况开展“回头看”视察，持续跟踪监督，推动政府解决存在问题；对宁江河水质保护专题询问审议意见落实情况开展“回头看”视察，开展创建卫生城市工作专题视察、水污染防治法执法检查，听取和审议兴宁市2020年生态环境保护工作情况等报告。是年，市人大常委会听取和审议未成年人检察工作、规范性文件备案审查等情况报告，全年依法备案审查规范性文件7件。扎实开展宪法宣传，举办《中华人民共和国民法典》专题讲座，检查村民委员会组织法等实施情况，专题视察禁毒工作、调研公益诉讼工作。全年组织宪法宣誓6场12人次。10月，对市科工商务局、市医保局、市政务服务数据管理局等6个政府部门开展工作评议。

【代表工作】 2020年，市人大常委会交办市十五届人大六次会议代表建议32件，其中“改善石马至兴城交通状况、济广高速公路叶塘出口道路建设、升级改造兴城排洪排涝系统、解决兴田社区卫生服务中心预防接种门诊安全隐患”等被列为重点建议，明确承办责任，由常委会领导牵头督办，全程跟踪落实，所有建议均依时办理答复完毕，代表对办理工作的满意率或基本满意率为100%。全年邀请代表列席市人大常委会会议42人次，组织代表培训20场次、代表主题活动194场次、代表述职评议139人次，收集意见建议419条，推动解决实际问题307个。全年通过联络站接待选民1997人次。

【指导镇级人大工作】 2020年，市人大常委会组织召开深入贯彻落实省委和市委人大工作会议精神交流会，落实常委会领导、各工委办挂钩联系镇街制度。指导径南、龙田、大坪等镇级人大在梅州率先实施民生实事代表票决制试点工作。是年，争取市委支持，规范镇街人大负责人分管工作，加强代表联络站建设，统一规范制度，全市建成20个镇街代表中心联络站、92个村（社区）代表联络站。

（薛薇）

▲ 2020年10月15日，市人大组织督办2020年度代表重点建议“关于改善石马至兴城交通状况的建议” （市人大办提供）

兴宁市人民政府

重要会议

【市政府常务会议】 2020年，市政府召开24次常务会议。（详见表5）

【专题会议】 2020年3月27日，兴宁市召开决战决胜污染防治攻坚战推进会，传达上级工作要求，对全市污染防治攻坚战工作情况作总结部署。

4月28日，召开兴宁市“创文创卫”暨“美丽兴宁·美好家园”行动推进会，总结部署全市“创卫”“创文”及“两美”行动工作。

6月12日，召开全市民政工作会议，传达中央、省、市相关会议精神，总结2019年民政工作，分析当前面临的形势，研究部署2020年民政工作。

9月3日，召开全市安全生产和消防工作暨第三季度防范较大以上生产安全事故工作会议，对2020年以来全市安全生产形势、建筑施工安全形势、消防安全形势作通报，部署下一步工作。

12月3日，召开乡镇街道体制改革下放政务服务事项工作推进会，全面推进落实乡镇街道体制改革相关工作。

2020 年兴宁市政府常务会议一览表

表 5

时间	届次	主要议题
1 月 13 日	十五届第 61 次	研究实施毅德城 110 千伏、35 千伏、10 千伏供电线路迁改工程；研究实施兴宁市城区环卫清扫保洁及定点收集分区作业项目（西区清扫保洁部分）；研究拨给与梅州日报社战略合作经费事宜；研究实施兴宁市融媒体中心建设事宜
1 月 17 日	十五届第 62 次	审议《兴宁市机关事业单位绩效考核方案（试行）（送审稿）》《兴宁市机关事业单位绩效考核奖金及离退休人员慰问金发放办法（试行）（送审稿）》《2019 年度兴宁市机关事业单位绩效考核奖金分配方案（送审稿）》；研究提高兴宁市机关事业单位在职及离退休人员住房维修和物业管理补贴标准事宜
2 月 1 日	十五届第 63 次	研究拨付兴宁市防控新型冠状病毒感染肺炎疫情经费事宜；审议《兴宁市打击治理电信网络新型违法犯罪专项行动总体方案》；研究拨给兴宁市“101”工程勘察等前期费用事宜
2 月 20 日	十五届第 64 次	传达学习贯彻上级相关会议精神，通报兴宁市新冠肺炎疫情防控工作情况，研究拨给新冠肺炎疫情防控工作经费事宜；部署当前重点项目复工建设、企业复工复产、春耕备耕等工作
2 月 28 日	十五届第 65 次	研究解决建设兴宁市应急管理局应急指挥中心平台系统经费事宜；研究实施兴宁市大坝里运动场升级改造项目事宜；审议《兴宁市畜禽养殖禁养区划分修订方案（试行）（送审稿）》；研究收回和统筹安排兴宁市困难群众救助补助结转结余资金和城乡医疗救助结转结余资金事宜

续表 5

时间	届次	主要议题
3 月 19 日	十五届第 66 次	研究实施国道 205 线兴宁市宁新至新陂段路面改造工程事宜；研究提高兴宁市农村生活垃圾收运处理补助标准事宜；研究确定兴宁市中心城区为城市防空区域事宜；研究实施兴南幼儿园扩建项目事宜；审议《兴宁市机关事业单位绩效分类考核方案（送审稿）》
4 月 2 日	十五届第 67 次	研究实施大坪镇上大塘河生态清洁型小流域综合治理工程事宜；研究解决基层医疗卫生机构等公益一类事业单位在职在编人员经费事宜；审议《兴宁市 2020 年第一批次国有建设用地使用权供应方案》；审议深圳市景新浩科技有限公司投资项目《投资协议书（送审稿）》
4 月 23 日	十五届第 68 次	研究解决兴宁市离退休干部困难帮扶资金事宜；研究实施 2020 年度梅州市兴宁市叶塘镇群星村等 13 个垦造水田项目事宜；研究兴宁市南部新城宁新街道横湖村花树下刁屋房屋征收决定公告和征收补偿安置方案事宜；研究拨付“房地一体”农村宅基地和集体建设用地确权登记发证工作经费事宜；研究实施兴宁市宁江河碧道兴南大桥至兴宁大桥段工程事宜
4 月 30 日	十五届第 69 次	审议《兴宁市推进国有企业退休人员社会化管理实施方案》《兴宁市 2020 年第二批次国有建设用地使用权供应方案》；研究兴宁市不计容地下车位（库）产权登记发证事宜；审议广东供销天兴冷链物流中心项目《投资协议书（送审稿）》
5 月 15 日	十五届第 70 次	研究实施兴宁市田家炳学校附属幼儿园改造项目事宜；研究兴宁市 2020 年“四好农村路”建设攻坚任务项目采用建设总承包模式实施事宜；审议《兴宁市创建国家级电子商务进农村综合示范县（市）工作方案（送审稿）》；研究实施文峰一路综合肉菜市场建设项目等事宜

续表 5

时间	届次	主要议题
5 月 21 日	十五届第 71 次	审议《兴宁市 2020 年第三批次国有建设用地使用权供应方案》；研究实施兴宁市规划建设综合监测项目事宜；研究解决农村生活污水治理现状调查费用事宜；审议《兴宁市紧密型县域医疗卫生共同体建设实施方案（送审稿）》；研究拨付足球场地建设补助资金事宜
6 月 4 日	十五届第 72 次	研究发放兴宁市实施公务员职务与职级并行制度后公务交通补贴事宜；审议《牢固树立过“紧日子”思想、坚持厉行节约确保财政平稳运行工作方案（送审稿）》；研究中共兴宁市委党校改造暨兴宁开放大学迁建工程项目建设规模内容调整事宜；研究宁新安置区一期工程 BT（投资建设—移交）项目投资及结算事宜
6 月 16 日	十五届第 73 次	研究实施华南师范大学附属广梅园小学项目事宜；审议《新建梅州至龙川铁路兴宁南站房增加建设规模出资协议》；研究 2020 年 5 月地方政府新增专项债券转贷资金安排事宜；研究撤销《市政府常务会议决定事项通知书》（兴市府办会函〔2018〕218 号）文件事宜
7 月 10 日	十五届第 74 次	研究建设城市消防远程监控系统事宜；研究实施兴宁市大坪十二肩岭古驿道 2020 年活化推广项目事宜；研究实施 2020 年度梅州市兴宁市水口镇高标准农田建设项目事宜；审议《兴宁市推进土地流转及复耕复种工作方案（试行）（送审稿）》；研究实施 2020 年兴宁市城镇老旧小区（宁新东风村 3 号、4 号和 6 号小区）改造及周边市政设施升级改造工程事宜
7 月 28 日	十五届第 75 次	研究实施神光山涵洞地下管线驳接工程事宜；研究 2020 年市本级预算调整方案事宜；审议《梅龙高铁（兴宁段）建设项目土地房屋征收补偿安置方案（送审稿）》；研究实施兴宁市实验学校配电增容与教学楼供电线路安装工程事宜；研究解决兴宁市公安局执法办案中心建设资金事宜

续表 5

时间	届次	主要议题
8 月 6 日	十五届第 76 次	专题研究神光山融丰一号项目违建问题采取“一事一议”方式处置事宜，形成相关决议
8 月 12 日	十五届第 77 次	研究拨付市国有“僵尸企业”出清处置费用事宜；研究拨付兴宁市机关事业单位退休人员职业年金财政贴息资金；审议《兴宁市水土保持规划（2020—2030 年）（送审稿）》；研究实施兴宁市 2020 年 28 个“一村一品、一镇一业”项目；研究实施兴宁市数字化城市管理信息系统建设项目事宜
8 月 28 日	十五届第 78 次	审议《兴宁市 2020 年第四批次国有建设用地使用权供应方案》；研究拨付垦造水田项目建设资金事宜；研究挂牌出让兴宁市新陂镇乐仙矿区建筑用花岗岩矿采矿权事宜；研究实施兴宁市人民医院血液透析中心升级建设事宜
9 月 14 日	十五届第 79 次	审议《兴宁市促进招商引资工作的若干措施（送审稿）》；研究兴宁市 2020 年 8 月地方政府新增债券转贷资金安排事宜；研究组织开展兴宁市城乡一体化水资源配置——石壁水库增效扩容改造工程前期相关工作事宜
10 月 22 日	十五届第 80 次	研究实施体育公园荷花池改造工程（两个花池）事宜；研究实施兴宁市宋声中学学生食堂宿舍楼建设项目事宜；审议《兴宁市加快互联网产业发展的若干措施（送审稿）》《兴宁市征收土地地上附着物和青苗补偿标准（送审稿）》；研究收回统筹使用兴宁市城乡医疗救助结转结余资金等事宜

续表 5

时间	届次	主要议题
11 月 13 日	十五届第 81 次	审议《兴宁市 2020 年第五批次国有建设用地使用权供应方案》；研究确定兴宁市镇级土地出让收益分成事宜；研究解决兴宁市国家森林城市建设相关技术服务费用事宜；研究延续东莞石碣（兴宁）产业转移工业园定制式员工接送专线班车政府补贴政策事宜
11 月 24 日	十五届第 82 次	研究支付南部新城首期一级开发范围内出让土地相关费用事宜；研究拨付广东明珠集团城镇运营开发有限公司相关扶持资金事宜；审议《兴宁市非道路移动机械大气污染防治工作实施方案（送审稿）》《兴宁市人民政府关于划定禁止使用高排放非道路移动机械区域的通告（送审稿）》
12 月 8 日	十五届第 83 次	研究解决兴宁市房产服务中心等十二个公益三类事业单位机构改革转制资金事宜；审议《兴宁市城镇非居民用水超定额超计划累进加价制度（送审稿）》；研究统筹安排兴宁市 2020 年度收回财政存量资金事宜；研究兴宁市城市投资发展有限公司出资入股中海油泰歌（梅州）销售有限公司事宜
12 月 22 日	十五届第 84 次	审议《2020 年市本级第二次预算调整方案》；研究有偿收回兴宁市鸿隆房地产实业有限公司国有建设用地使用权事宜；审议《兴宁市 2020 年第六批次国有建设用地使用权供应方案》《兴宁市乡镇街道体制改革第一批下放政务服务事项目录（送审稿）》

市政府办公室工作

【概况】 2020年，市政府办公室坚持和加强党的领导，主动服务大局，围绕贯彻落实中央、省、梅州和兴宁市委、市政府的决策部署，抓好综合协调、办文办会、政务调研、政务公开、督查督办和后勤保障等工作，发挥运转中枢和参谋助手的作用。协调抓好实体经济发展、城市提质扩容、乡村振兴、城乡环境整治、“创文创卫”“三大攻坚战”等工作，做好上级领导到兴调研、外商到兴考察等重大工作和第二届农产品展销会、第二届花灯文化节、第二届梅州互联网大会等重大活动的组织服务保障工作，各项活动有序、顺利开展。2020年，市政府办公室承办市政府党组会议14次、市政府常务会议25次。印发正式文件497件，处理各类公文6047件，参与撰写各类材料320多篇。

▲ 2020年8月27日，兴宁市政府领导督导创文创卫工作（市府办提供）

【政务调研】 2020年，市政府办公室按照市委、市政府的决策部署，开展“大学习、深调研、真落实”，围绕事关全局、领导关注、群众关切的问题，聚焦民生实事、乡村振兴、文旅产业等重要工作，组织人员深入基层、企业和农村，倾听基层干部群众的意见建议，深入分析问题，收集、整理有价值的信息供领导参考。全年撰写《学习“狮头鹅”产业发展经验 做大做强“兴宁鸽”产业》等调研材料20多篇。

▲ 2020年10月14日，市政府办公室召开干部职工会议

（市府办提供）

【办文办会】 2020年，市政府办公室制发各类文件、函件191件，处理明传电报、来文来函等公文4919件。组织召开各类会议390场次，其中市政府常务会议25次、政府学法会议4期，印发市政府常务会议、工作会议纪要115期。

【政务督办】 2020年，市政府办公室采取专项督办与定期督办、明察与暗访、横向督办与纵向督办相结合等方式，全年处理督办事项103件，发出督办通报11期，市政府常务会议决定事项通知书284份；兴宁市2020年市政府十件民生实事30项具体任务和市政府工作报告确定的重点工作5项68件具体任务等列为督办工作重点，每月汇总通报。全年办理人大代表建议32件，政协委员提案95件，办复率100%，满意率、基本满意率100%。

【政务公开和政务信息】 2020年，市政府网站发布政务信息1.73万条，处理网民给省长、市长留言8件，受理群众网络问政来信1204件，回复率均达100%；是年，市政府办公室通过政府网站、“兴宁发布”新媒体发布《关于回应公众关切航班CZ6418密切接触者的情况说明》等信息，回应公众关注热点或重大舆情。完成全市26个领域的基层政务公开事项标准目录编制，涉及事项1559项。是年，兴宁市在2019年度梅州市政府网站与政务新媒体考评中获优秀，位列梅州各县（区）第一。

【外事工作】 2020年，市政府办公室完善因公出国审批制度和工作流程，履行统筹协调和审核把关职责，做好疫情防控常态化下的对外工作，至年底，兴宁市无因公出国人员和团组。是年，接待欧洲国家驻华使节团。

【金融打私】 2020年，市政府办公室开展“国门利剑2020”“海啸2020”（成品油）等联合专项行动，查处一起涉案金额154.5万元的非法经营成品油案。

（谢至慧）

信访工作

【概况】 2020年，市信访局受理群众来信517件，比上年增长26.7%；受理群众来访309批987人次，下降28.8%和23.3%；受理上级系统交办件749件，增长34.7%，均按程序办结。全年未发生群体性事件和因信访问题引发的负面炒作。11月，经中共兴宁市委编制委员会研究批复，调查办案股更名为督查股。

【信访条例宣传】 2020年，市信访局印制1万多份信访宣传资料，分发至各镇（街道）、市直有关部门，在市信访局接待场所放置国务院《信访条例》《广东省信访条例》，发放给来访群众；借助LED显示屏滚动播放信访条例内容。是年，依托兴宁电视台、融媒体中心等宣传媒体，借助邮政广告传媒，在全市28个视频点、5个电子阅报栏宣传国务院《信访条例》《广东省信访条例》和各级关于信访工作制度改革信息。

【信访业务培训】 2020年，市信访局召集各镇（街道）、市直有关部门信访业务员参加省、梅州组织的广东省一体化信访信息系统和广东省网上信访投诉平台培训等相关业务培训，组织业务骨干不定期分组到各镇街、各市直有关单位进行信访业务督导。

【领导接访下访】 2020年，市信访局在疫情防控期间关闭人民来访接待室，利用网上信访平台，向社会公布在疫情防控期间群众可通过来电、来信及网上信访方式提出信访诉求，至4月底，受理解决涉疫情信访诉求10宗。5月，疫情防控常态化，市信访局恢复市党政领导接访工作。市、镇（街道）两级党政领导干部认真执行领导干部接访下访工作制度，坚持每月15日、28日一位市党政领导到市信访局接待来访群众。市党政领导坚持每月至少一天到所挂点镇（街道）、挂点联系单位约访或下访。全年市党政领导接待来访群众203批458人次。

【矛盾排查化解】 2020年，市信访局结合经常性排查、专项排查与重点时期排查，不定期地对特定领域、特定区域存在的信访矛盾开展专项排查。针对潜在涉房地产、劳资纠纷、环保领域、野生动物人工养殖等信访突出问题，每月定期召开信访分析研判会，对群众来信、来访、网上信访反映的问题，分析研判，探索解决途径，

▲ 市信访局借助LED显示屏播放来访须知等内容　（市信访局提供）

提出切实有效的化解方式方法，推动信访事项及时就地解决；坚持对镇（街道）、市直单位每半月排查一次，村（社区）每周排查一次的信访矛盾纠纷排查制度，要求各责任单位对排查出来的矛盾纠纷按照“属地管理、分级负责，谁主管、谁负责”的原则，落实领导包案。是年，按照上级关于开展重复件专项治理的工作要求，制定《2020年兴宁市市领导同志接访下访群众和包案处理信访问题工作方案》。对中央、省、梅州市交办案件、全市梳理排查出的重点信访案件逐案落实包案领导、责任单位和责任人；对国家交办的重复治理案件落实市领导包案和责任单位，按“三到位一处理”的要求推动重复治理案件治理工作。

【依法分类处理信访诉求】2020年，市信访局推进依法分类处理信访诉求工作，组织市直各职能部门修订完善通过法定途径分类处理信访投诉请求清单，建立依法分类处理信访诉求配套机制。建立初信初访快速处理工作责任制。协调公职律师等人员参与到接访工作中，健全完善群众来访与人民调解、行政调解、司法调解的对接联动机制，搭建多元调解平台。对涉法涉诉信访问题，信访部门引导其通过司法途径解决处理。按照“谁主管、谁负责”和“属地管理，分级负责”的原则，强化主管部门和属地的信访工作责任，推行首接首办责任制，实行接访、处理、督办“一条龙”。

（江仕腾）

政务服务数据管理

【概况】2020年，市政务服务数据管理局推进政务外网和政务云改造、“数字政府”改革建设、惠民信息平台升级改造等重点工作。是年，全市“粤省事”使用用户59.46万人，占梅州实名用户数21.80%，占本市户籍人数50.26%；开通“粤政易”账号1.09万个，排在梅州各县（市、区）第二；乡镇街道体制改革下放政务服务事项296项；完成对501个村（社区）的惠民信息平台宣传推广，宣传到户13.48万户。市公共服务中心受理业务13.82万件，办结业务13.81万件，办结率99.88%。

【政务外网和政务云建设】2020年，市政务服务数据管理局组织开展摸底调查，利用已建线路资源，对市镇村电子政务外网进行完善扩容，通过网络割接、线路合并等方式，按需整合到梅州市统一电子政务外网体系，实现市镇村政务外网全覆盖推动分散隔离的非涉密业务专网，完成升级改造572条。建设政务云，梳理筛选非涉密政务信息系统申报梅州统一迁移上云。兴宁市惠民信息平台、兴宁市政府党群子站集群系统、兴宁市双公示系统3个本级自建非涉密政务信息系统上云运行，兴宁市政风行风短信满意度评议系统申请迁移上云。

【电子政务建设】2020年，市政务服务数据管理局制作完成150个电子印章，部分单位启用电子印章，至年底，广东政务服务网兴宁分区进驻单位全面上线电子印章。共享应用电子证照，至年底，兴宁市有58个事项配置营业执照调用功能，调用电子营业执照等电子证照17061次；优化政务服务“四免”，涉及8个市直单位、56项政务服务事项。

【“数字政府”平台建设】2020年，市政务服务数据管理局在新冠肺炎疫情防控期间，推广“粤康码”扫码登记功能和网格员程序。至年底，全市“粤省事”使用用户为59.46万人，占梅州实名用户数比例21.80%，占本市户籍人数50.26%。通过宣传进园区、进企业等方式，引导企业注册使用“粤商通”平台，为企业提供“一站式”“免证办”“营商通”政务服务，至年底，全市“粤商通”市场主体注册用户数量2.5万户。推广使用“粤政易”，利用“粤政易”开展日常工作沟通、非涉密文件交换和办理等业务，至年底，全市开通“粤政易”账号1.09万个。

【政务事项改革工作】2020年，市政务服务数据管理局集中479项综合类业务到一个窗口通办。升级广东政务服务网兴宁分厅及统一申办受理平台，实现融合对接，提高“一网通办”服务能力。行政许可和服务事项承诺办结天数提速62.64%，事项申请材料精简37.47%，政务服务事项网上可办率72.17%，已上线服务事项“零跑动”超过80%，“最多跑一次”事项100%。是年，全面梳理分析政务服务事项实施清单，推动一

▲ 2020 年 8 月 21 日，兴宁市召开政府网站与政务新媒体工作推进会暨业务培训会 （市政务服务数据管理局提供）

批事项下沉镇街，进驻事项 652 项，“就近办”事项 1402 项，纳入实施政务服务事项 1714 项。推进乡镇街道体制改革下放政务服务事项工作，把与群众密切相关、办理频率高的事项优先下放到乡镇，下放事项 296 项。推进工程建设项目审批制度改革，设立工程建设项目综合服务窗口，启用工程建设项目审批管理系统，制定“一窗受理”工作规程，建立完善“前台综合受理、后台分类审批、综合窗口出件”机制，实现统一受理、并联审批、实时流转和审批全过程跟踪督办，提供一站式服务，至年底，系统进驻 67 项政务服务事项，涉及 13 个市直单位，完成接件 239 件。做好企业开办“无费市”创建，通过政府买单的方式，让利于企，为企业免费提供营业执照、发票邮寄、免费复印材料和刻制印章等服务，全年为 1180 家开办企业提供免费刻章服务，为企业节省 17.7 万元。

【惠民信息平台建设】 2020 年，市政务服务数据管理局完成惠民信息平台升级改造，构建基层治理信息公开系统和基层公开信息监察系统，建设惠民资金补贴“一卡通”监管平台，实现村级财务、村务、党务，农村资金、资源、资产的公示公开，对公开时限、内容有效性和完整性等进行监测和预警；通过线上与线下联动的方式，宣传惠民信息平台，全年完成 501 个村（社区）的宣传推广，宣传到户 13.48 万户。

【政府网站建设】 2020 年，市政务服务数据管理局将本地服务器的政府网站内容数据迁移至集约化云服务器。印发《兴宁市人民政府门户网站栏目维护责任分工表》，明确栏目更新维护责任，统一规范、严格把关各级各部门发布内容。部署云防护系统，加强政务外网网络安全风险排查，开展重大节庆和敏感时间节点网络安全专项检查和安全漏洞监测等，提高政府网站安全突发事件的应急处置能力。

【监督平台与效能建设】 2020 年，市政务服务数据管理局在市、镇、村各级公共服务中心和办事大厅推广政务服务“好差评”，实现线下窗口、线上平台全覆盖。全年收到“好差评”评价 1.13 万条，群众满意率为 99.98%；是年，实行“市热线平台—县级平台—市直、镇（街道）级承办单位”工单转派方式，全年受理热线工单 5753 件，按时办结率 100%，回访群众满意率 99.89%。印发惠民信息平台绩效考核办法和效

▲ 2020 年 7 月 31 日，兴宁市召开惠民信息平台升级改造规范化建设工作会议 （市政务服务数据管理局提供）

能监察工作办法，制定绩效考核评分标准，实行每月一通报、年终一考核，将惠民信息平台绩效考核结果与市机关事业单位绩效考核挂钩。对20个镇（街道）的村级村务、党务、财务、“三资”等公开信息的更新、14个市直单位的63项惠民事项实施在线监察，转办督办行政效能投诉12件。至年底，兴宁市认领监管事项数量543项，实施清单数量639项，监管事项覆盖率97.24%，居梅州各县（市、区）第一。

（邓奕婷 杨颖明）

▲2020年8月14日，中山梅州商会到兴宁考察 （钟伟康 摄）

招商和企业服务

【概况】 2020年8月，市招商和企业服务中心挂牌成立。是年，兴宁市新签约18个合同项目，计划投资总额103.97亿元。

【招商引资】 2020年，市领导带队外出开展招商引资活动14次，拜访商协会13个，考察企业40多家，引进项目10个。会同市科工商务局、园区管委会起草制定《兴宁市促进招商引资工作的若干措施》《兴宁市加快互联网产业发展的若干措施》。是年，与驻广州、深圳专业招商队共同对接考察100余家企业，拜访各区域商会、协会30余家，收集各类招商信息100多条，以装备制造产业、电子信息、食品药品等为重点，建立招商信息库，兴宁乡贤企业库、重点行业企业库，适时更新、扩充信息库，定期联系、拜访目标投资者，有针对性地进行招商。是年，在第二届梅州互联网大会中举办以“创新引领 慧聚苏区”为主题的大会。主会场有12个项目现场签约，客商银行授信20亿元。

▲2020年8月20日，市招商和企业服务中心在深圳蓝之韵文化有限公司参观考察 （钟伟康 摄）

【企业服务】 2020年，市招商和企业服务中心为签约项目提供“母亲式”服务，从证照办理、规划报建等全程陪同办理。为重点项目提供“五个一”服务（即一个项目、一个领导、一个专班、一个方案、一抓到底），协调解决企业遇到的问题。是年，组织38场协调推进会，为20多家企业解决建设、生产和经营过程中的难题。协助兴宁立讯精密、丰谷音响两家企业申领2019年度专项性扶持资金320.11万元。

【产业共建】 2020年，市招商和企业服务中心沟通协调广州天河区的对口帮扶，完善帮扶政策，建立区域协调发展机制，按照产业发展差异性和互补性原则，建立联合招商合作框架。是年，新引进天兴冷链、互联网产业园等产业共建项目8个，计划投资金额30.56亿元。

（李尚华 罗媛媛）

2020 年全市招商引资项目基本情况统计表

表 6 单位：万元

项目名称	投资方名称	项目概况	计划投资额
二类医疗器械、理疗产品生产项目	深圳市景新浩科技有限公司	从事二类医疗器械、理疗产品生产，项目主要生产电子血压计、红外测温仪、胎心仪、血氧仪、血糖仪、中低频脉冲理疗仪、空气波按摩仪等医疗器械。项目拟用地 1.88 公顷，预计年产值 5 亿元，年税收约 900 万元。项目先租赁园区内企业（精维进）厂房进行生产	20000
广东供销天兴冷链物流中心项目	广东新供销天业冷链集团有限公司	从事冷库建设和管理输出、冷冻冷藏服务、冷藏食品农产品经销和物流配送服务、培训服务和技术支持。项目拟用地 3.33 公顷，计划分两期完成，其中一期建设低温冷库及办公楼，拟用地 1.67 公顷；二期建设 2 座仓库，拟用地 1.67 公顷。预计年产值约 1.16 亿元，年税收 165 万元	12000
LED 路灯、太阳能路灯等户外照明产品生产线项目	梅州市裕友照明有限公司	从事生产 LED 路灯、太阳能路灯等户外照明产品。项目拟用地约 1.67 公顷，预计年产值 1.2 亿元，年税收 600 万元	16000
景泰蓝（珐琅）瓷砖项目	深圳市蓝之韵文化发展有限公司	从事生产珐琅瓷砖。意向购买工业园的标准化厂房约 6000 平方米，预计年产值 2 亿元	16000
各种鸽类深加工项目	梅州市金绿现代农业发展有限公司	打造 20 万对种鸽养殖基地，拟建设 100 栋标准化鸽舍，1 座肉鸽产业研究中心，1 个农业创业孵化基地，1 个肉鸽文化科普基地。主要生产种鸽、乳鸽、老鸽、鸽蛋等初级农产品及红烧乳鸽、盐焗乳鸽、酱香乳鸽、香辣乳鸽等深加工产品。项目拟用地 26.67 公顷	18000

续表 6

项目名称	投资方名称	项目概况	计划投资额
互联网产业项目	李丹平	投资建设、运营兴宁市互联网产业园，引进和培育互联网企业，引导互联网企业创新应用和服务、创建行业品牌等，推进企业孵化器、众创空间建设，促进本市互联网产业集聚发展	70000
房地产开发项目	黄伟光	从事房地产开发	99917
工艺品研发、生产和销售项目	谢梓华	从事工艺品研发、生产和销售。预计年产值 15000 万元，年税收 800 万元	20000
微电机的研发、生产和销售项目	杜文锋	从事电子马达的研发、生产和销售。预计年产值 10000 万元，年税收 610 万元	20000
丝苗米产业深加工和仓储物流配送基地项目	肖洒	从事丝苗米产业深加工和仓储物流配送。预计年产值 10000 万元，年税收 100 万元	20000
年出栏 30 万头生猪养殖项目	广东广弘控股股份有限公司	建设规模化生猪养殖基地	10000
碧桂园星作项目	碧桂园集团（佛山）	从事房地产开发	100000
碧桂园凤悦台项目	碧桂园集团（佛山）	从事房地产开发	150000
豆制品研发、生产和销售项目	张雪莲（梅州）	采取“农户 + 基地 + 公司”的模式种植大豆，建设大豆制品加工厂，从事大豆制品的研发、生产、销售。预计年产值 5000 万元，预计年税收额 100 万元	2800

续表 6

项目名称	投资方名称	项目概况	计划投资额
敏捷奥园珑玥府项目	奥园集团 敏捷集团	从事房地产开发	212300
奥园敏捷悦江府项目	奥园集团 （广州）	从事房地产开发	100000
奥园敏捷锦绣银湾项目	奥园集团 敏捷集团	从事房地产开发	102690
农业观光旅游项目	刘宛红 （惠州）	水口基地从事农业观光旅游项目开发，农业生态园区的运营与管理服务，中药材的种植、初加工、收购、销售；生物肥料、饲料的销售；文一基地从事客家娘酒、白酒生产销售，甜菜心种植、初加工、收购、销售；大村基地从事食用菌、无花果的种植、加工、销售，鸡禽、水产的养殖、深加工、销售；石马基地从事鸡禽的养殖、深加工、销售	50000

（市招商和企业服务中心）

政协兴宁市委员会

重要会议

【市政协全会】 2020年6月17—18日，政协第十四届兴宁市委员会第五次会议在市会展中心举行。会议应到委员335人，实到会283人。市政协主席罗利娜作政协常委会工作报告，副主席曾庆雄作提案工作情况报告。全体委员列席兴宁市第十五届人民代表大会第五次会议，听取《政府工作报告》及其他报告。大会对市政协十四届三次、四次会议优秀提案、提案办理先进单位、先进工作者和2019年度先进委员工作室进行表彰。

【市政协常委会会议】 2020年，政协广东省兴宁市委员会召开4次常委会会议。

市政协十四届第16次常委会会议1月7日召开 会议听取和审议兴宁市《政府工作报告（征求意见稿）》，听取市政府关于十四届政协四次会议提案办理情况报告，审议兴宁市政协常委会工作报告(草案)和提案工作情况报告（草案）；审议通过辞退和增补十四届政协委员名单，审议通过市十四届政协五次会议正、副秘书长建议名单和十四届政协五次会议邀请出席、列席人员名单，协商决定政协常委会工作报告、提案工作情况报告的报告人。

市政协十四届第17次常委会会议6月17日召开 会议听取各工作组组长汇报各工作组对政协常委会工作报告、提案工作情况报告和市政协十四届五次会议决议（草案）的讨论情况，审议通过市政协十四届五次会议决议(草案)，同意提交全体会议表决通过。

市政协十四届第18次常委会会议9月4日召开 会议学习习近平总书记在企业家座谈会、党外人士座谈会上的重要讲话精神，以及梅州市委、兴宁市委政协工作会议精神。会议书面通报兴宁市2020年上半年经济运行情况。会议听取《关于兴宁市招商引资和企业发展情况（征求意见稿）》。与会人员围绕招商引资、园区建设、实体经济发展等方面进行协商议政发言。

市政协十四届第19次常委会会议11月30日召开　邀请梅州市委宣讲团成员、梅州市委宣传部文化体制改革和发展科黄立基科长作中共十九届五中全会精神专题辅导讲座。

（罗远文）

▲2020年4月2日，兴宁市政协开展脱贫攻坚视察调研　（市政协办提供）

主要工作

【概况】　2020年，市政协在市委的领导下，团结广大委员，围绕加快构建“一城一廊一带”发展格局，建设“工贸新城·智慧兴宁”目标要求，突出团结民主两大主题，认真履行三大职能。全年召开全体委员会议1次、常务委员会会议4次，主席会议及党组（扩大）会议20次；开展专题调研视察15次，提交报告9篇；征集提案101件，立案95件，办复95件；委员提交大会发言15份，反映社情民意信息82条。

【调研视察】　2020年，市政协开展“决战决胜脱贫攻坚”“推进对接融入粤港澳大湾区建设”“加强招商引资和推动企业发展”“凝聚港澳台同胞和海外侨胞力量”“加强基层公共卫生队伍和防控能力建设”等重点课题专题调研，形成5篇调研报告，提出有针对性的32条意见建议。组织委员对“全市重点项目建设”“十件民生实事办理情况”“实施乡村振兴战略情况”“提案办理情况”等专题进行现场视察，邀请市政府领导、相关部门负责人与政协委员协商，形成4篇视察报告，提出有针对性和可操作性意见建议20多条。

▲2020年11月27日，兴宁市政协领导率队视察兴宁市“十件民生实事”落实情况　（市政协办提供）

【提案办理】　2020年，市政协在政协第十四届兴宁市委员会第五次会议后组织政协委员提出提案101件，审查立案95件，立案率94.1%。在立案的提案中，经济类7件，占7.4%；市政交通类56件，占58.9%；“三农”类15件，占15.8%；科教文卫体类11件，占11.6%；政法类4件，占4.2%；人事福利类2件，占2.1%。按照提案办理的有关规定，以上提案分别落实到28个单位负责办理。至10月底，95件提案全部办复完毕，提案办理回复率100%。从办理结果看，所提问题已解决的（A类）22件，占23.1%；列入计划解决的（B类）62件，占65.3%；留作参考的（C类）11件，占11.6%；提案办理委员满意率和基本满意率100%。

【政治协商和民主监督】　2020年，市政协围绕“一府

▲ 2020 年 4 月 14 日，梅州市政协领导到兴宁市调研委员工作室建设情况（市政协办提供）

两院”工作报告及有关报告进行广泛协商，围绕全市经济运行情况、招商引资和企业发展等议题进行专题协商。组织政协委员对市第二自来水厂扩建、棚户区改造三期项目、熙和湾·客天下花灯文体特色小镇、一江两岸河堤公路、静脉产业园、“客家菜师傅”“南粤家政”“广东技工”工程等项目开展专项视察和督查督办活动，提出意见建议。

【社情民意】 2020 年，市政协报送 82 条社情民意信息。明珠体育公园荷花池没有护栏、宁江公园公共卫生间不足、市自来水水管老化等社情民意得到解决。

【服务中心工作】 2020 年，市政协主席会议成员在统筹推进常态化疫情防控和经济社会发展、重点项目推进、南部新城扩容提质、工业园区建设、统一战线、重大活动、招商引资等工作中协商解决相关问题。

【委员工作室】 2020 年，市政协各委员工作室组织委员分别就建设 5G 智慧产业园、加强生态环境保护、推进医共体建设等 14 个专题，进行调查研究。全年提交集体提案 18 件。

【联谊交流】 2020 年，市政协接待梅州市政协到兴宁调研和指导工作。接待汕尾市、三水区、丰顺县政协考察团。是年，市政协邀请民主党派、工商联参与政协视察、提案督办，就共同关心的课题开展联合调研，反映和帮助解决各民主党派在参加政协工作中遇到的困难和问题。

【公益慈善】 2020 年，市政协组织政协委员投身脱贫攻坚战，支持教育基金建设，开展扶贫济困、爱心慰问、捐资助学、送医赠药等各类公益慈善活动。据不完全统计，全年委员们为社会公益事业捐资捐物 980 多万元。

（罗远文）

纪检监察

重要会议

【市纪委全会】 2020 年 3 月 30 日，中国共产党兴宁市第十三届纪律检查委员会第五次全体会议在市会展中心召开。市委副书记、市长洪国华传达中纪委十九届四次全会、省纪委十二届五次全会、梅州市纪委七届六次全会精神，市委常委、

▲ 2020 年 3 月 30 日，中共兴宁市纪委十三届五次全体会议召开（市纪委监委提供）

市纪委书记、市监委主任冯振代表市纪委常委会作《工作报告》，梅州市委常委、兴宁市委书记余其豹出席会议并讲话。

【纪律教育会议】 2020年9月27日，兴宁市领导干部党章党规党纪教育培训班在市会展中心召开，兴宁市委常委、市纪委书记、市监委主任冯振主持会议。与会人员观看省纪委监委拍摄的警示教育片《朽木浮沉》和梅州市纪委监委拍摄的警示教育片《林矗的毁灭》，市委副书记、市长洪国华传达省、梅州市领导干部党章党规党纪教育培训班精神，梅州市委常委、兴宁市委书记余其豹出席会议并作专题辅导。

（曾环定 罗双辉）

▲ 2020年9月27日，兴宁市领导干部党章党规党纪教育培训班召开

（市纪委监委提供）

主要工作

【概况】 2020年，市纪委监委在梅州市纪委监委和兴宁市委的正确领导下，坚持以习近平新时代中国特色社会主义思想为指导，增强“四个意识”、坚定“四个自信”、做到“两个维护”，贯彻落实中央纪委国家监委、省纪委监委、梅州市纪委监委以及兴宁市委各项部署要求，坚持疫情防控和纪检监察工作“两手抓、两手硬”，严格履职精准执纪，突出重点提升质效，推动纪检监察工作高质量发展。

【践行“两个维护”】 2020年，市纪委监委把深入学习贯彻习近平新时代中国特色社会主义思想作为首要政治任务，市纪委常委会带头开展政治理论学习48次。巩固深化肃清李嘉、万庆良恶劣影响成果，持续净化政治生态，立案审查违反政治纪律案件2件2人。严肃村级换届纪律，处置涉村级换届信访举报31件，立案1件1人，提醒约谈30多人次。围绕上级重大决策部署，问责15人次，约谈6人次，通报批评1次。聚焦“双统筹”稳慎有效开展监督执纪，开展督查103批460人次，不打招呼直插现场督查500多个疫情防控点，发现和及时纠正、督促整改问题250个；受理“涉疫”信访举报35件，立案14人，党纪政务处分8人。

【反腐倡廉】 2020年，市纪委监委受理信访举报673件，立案319件，给予党纪政务处分311人，挽回经济损失461万元。重点协助梅州市纪委监委查办市住房城乡建设局原局长刘某长期充当黑恶势力“保护伞”案；查处市水务局原局长何某某滥用职权和受贿案、市公安局经侦原大队长刘某某索贿、对抗组织审查调查和坭陂镇原党委委员黄某贪污、对抗组织审查调查等一批案件。

【日常监督工作】 2020年，市纪委监委组织8名党组织“一把手”向纪委全会述责述廉，对综合评议分数靠后的进行谈话提醒；由市领导分别对所分管的20名“一把手”进行提醒谈话或警诫谈话；对19名新任市管“一把手”发送廉政提醒函。探索把领导干部履行“一岗双责”与出具党风廉政意见结合起来，全年回复党风廉政意见7601人次。全年开展函询34人次，督促各级党组织开展谈话提醒2642人次（其中“红脸出汗”218人次），委托党委（党组）“一把手”谈话处置问题线索19件。全年派驻日常监督发现问题115个，纠正89个，提出建议154条。

【“三不”一体推进】 2020年，市纪委监委开展以案促改，针对监督检查、审查调查中发现的突出问题，全年发出纪检监察建议22份；加大违纪违法问题通报曝光力度，全年通报各类案件45件；以市水务局原局长何某某等典型大案要案为题材，拍摄制作警示教育片。举办好纪律教育学习月活动，督促全市各级党组织领导班子强化纪律教育，组织领导干部到升级改造的党风廉政教育基地、家风家训主题公园参观，到人民法院庭审现场旁听，零距离接受警示教育，教育引导党员干部深刻汲取经验教训，筑牢思想防线，加快一体推进“不敢腐、不能腐、不想腐”体制机制建设。

▲ 2020年8月7日，市纪委监委组织参观兴宁市家风家训教育基地（市纪委监委提供）

【四个专项整治】 2020年，市纪委监委对挂牌督导的4个未退出省定贫困村及75户未脱贫户进行全覆盖调研督导，约谈提醒18个镇（街道）的党政“一把手”，压实脱贫攻坚主体责任；强化对扶贫领域问题线索的督办直查，受理扶贫领域违纪违法问题线索18条，立案8件。全年立案查处涉黑涉恶腐败和“保护伞”案件11件，给予党纪政务处分11人。推动职能部门优化升级惠民信息平台，新增村级党务、村务、财务和“三资”等公开项目，公开各种惠民政策51项，全年发布惠民项目信息150.89万条。

【纠“四风”树新风】 2020年，市纪委监委坚持常态化开展明察暗访，围绕“公车私用、公款吃喝、公款送礼、节日值班纪律、环境卫生整治、餐饮浪费”“低级红、高级黑”等问题组织暗访活动90批次，发现和纠正窗口服务、工作纪律等问题20个，责任追究17人。加强对中央八项规定及其实施细则精神执行情况的监督检查，全年查处违反中央八项规定精神问题12宗12人。通报曝光“私车公养、收受红包礼金、违规发放津补贴”等违反中央八项规定精神典型案例6宗7人，督促相关单位完善管理制度。

【巡察“全覆盖”推进】 2020年，市纪委监委（市委巡察机构）完成兴宁市委第八轮巡察，推进第九轮巡察；协调梅州市委第七轮巡察兴宁市人民法院，第六轮县级交叉巡察市委统战部、市文化广电旅游体育局的相关工作。在省委第十三巡视组指导下，加强巡视巡察上下联动，组织开展对9个党组织进行巡察“回头看”，完成第二轮村级交叉巡察，推进常规巡察覆盖率91.6%，对村巡察覆盖率为100%。市

▲ 2020年5月7日，市纪检监察系统召开警示教育学习会（市纪委监委提供）

委主要负责人部署、参加巡察整改推进会，对整改不落实、不到位的单位进行问责，全年通报批评2人，约谈12人。至年底，巡察发现7001个问题，挖掘450条线索，推动立案315件315人，党纪政务处分300人，其中科级干部12人；按时整改问题4285个，整改完成率98.57%。

【规范化法治化水平提升】 2020年，市纪委监委加强制度建设、强化流程管控，严格规范监督检查、审查调查和留置等工作程序，规范诫勉、函询、检举控告移送办理、涉案款物管理和廉政意见回复等工作流程，完善相关制度10多项；规范线索管理、信息查询，建立线索处置专题会议制度，集体研判问题线索12件；对33件久立未结案件开展专项清理，结案33件。加强与公检法部门在捕诉衔接、指定管辖、款物移交等方面的协作配合，全年向检察机关移送审查起诉6人，受理公安机关移送问题线索57件、检察机关移送问题线索15件、法院移送问题线索15件。

（曾环定　罗双辉）

民主党派·工商联

民革兴宁市委员会

▲2020年11月17日，民革兴宁市委参加民革广东省委会孙中山研究学会第七届理事会第三次全体会议（市民革提供）

【概况】 2020年，市民革有基层支部4个，成员77人。其中，具有中高级职称的有70人，占90.9%；大专以上文化程度71人，占92.2%；成员中有兴宁市人大常委会副主任、副局长、市人大社工委副主任、镇人大副主席各1人；梅州市人大代表和政协委员、兴宁市特邀监察员各1人，兴宁市人大代表2人，其中常委2人，兴宁市政协委员13人，其中常委3人。

【参政议政】 2020年，市民革在两会期间提交政协提案13件，提交大会发言材料1篇，黄敏委员代表祖统组和民革作大会发言，发言题目是《推进兴宁体育产业发展的思考与建议》。其中，龚秀红委员撰写的提案《关于加快推进省道S339线兴宁市岗背至大坪圩镇段公路改建工程的建议》《建议尽快建设宁江桥至合水旅游景区公路》《关于全面整治东排沟的建议》和陈小雄委员撰写的提案《关于进一步优化兴宁市民营经济发展环境的提案》及罗湘源委员撰写的提案《关于尽快打通兴城东风段片区与北环大道交接连路的建议》被市政协评为优秀提案。6月30日，参加市委统战部组织各民主党派领导到两镇三村开展围绕“实施乡村振兴战略”的联合调研活动。9月17日上午，参加中共兴宁市委组织召开的党外代表人士座谈会，提出意见建议，助推兴宁苏区振兴发展。4月2日、9月25日，参加市政协组织的对兴宁市脱贫攻坚战情况调研活动和对“关于加速推进兴宁市第二自来水厂扩建工程”重点提案进行专题协商活动。

【市委委员会议召开】 2020年3月23日，市民革在兴宁政协民主大楼民革办公室召开七届十九次市委委员会议，传达贯彻上级统战工作会议精神，讨论2020年兴宁民革调研课题的相关事项，表彰在抗击新冠肺炎疫情做出贡献的党员。9月20日，召开七届二十次市委委员会议，传达学习省、市党外人士座谈会精神和省民革有关文件精神。12月8日，召开七届二十一次市委委员会议，研究部署基层支部换届工作。

【社会服务】 2020年，市民革召开全体党员为抗击疫情开展献爱心捐款活动，募捐8500元。5月31日，二支部黄敏、罗湘源、吴宇戈等党员以齐昌社工志愿者的身份到兴宁市刁坊镇圩东村参加“快乐阅读·书香为伴”为主题的关爱留守儿童“六一”活动。

（龚秀红）

民盟兴宁市委员会

【概况】 2020年，市民盟有基层支部8个，盟员200人，其中具有中高级职称的172人，约占91%；大专以上文化程度182人，约占94%。担任市县人大代表、政协委员的有24人。

【参政议政】 2020年，市民盟在两会期间撰写政协提案13条、集体提案6条，提交大会发言材料《整合全域红色资源，加快苏区振兴发展》1篇。1人4件提案获得表彰。民盟市委会提出的《关于尽快打通兴城东风段片区与北环大道交接线路的建议》；《关于尽快在南部新城宁新片区新建九年一贯制学校的建议》；《关于全面整治东排沟的建议》，副主委罗高提出的《关于尽快打通兴城东风段片区与北环大道交接线路的建议》被政协十四届五次会议评为优秀提案。盟员曾映辉被评为政协第十四届三、四次会议提案办理先进工作者。是年，完成《关注新高考改革，提升高中教育质量》调研报告，为2021年兴宁政协大会发言材料。是年，民盟兴宁市委参加的各种协商会、座谈会、调研视察及督查等活动20多场次。6月30日，参加中共兴宁市委统战部组织兴宁市民主党派到“两镇三村”，围绕“实施乡村振兴战略”开展联合调研活动。9月17日，参加中共兴宁市委召开的党外代表人士座谈会。11月27日，参加市政协组织的对市政府2020年承诺的“十件民生实事”实施情况的专项视察活动。12月1日，副主委罗高参加市政协组织对2020年全市十件重点提案办理情况的视察活动。

▲2020年1月4日，民盟兴宁市委召开委员（扩大）会议（市民盟提供）

【组织建设】 2020年，市民盟召开主委会议8次、委员（扩大）会议1次。发展何裕京等7名新盟员，坚持新入盟员会前见面制度。做好后备干部队伍的推荐工作，是年，向市委推荐2次，向统战部推荐7次。

【社会服务】 2020年，市民盟为抗疫捐款1.65万元。11月21日，组织盟内医卫专家到革命老区罗浮镇开展送医送药惠民生义诊活动。免费诊病，赠送药品及仪器1万多元。

（农楚凤）

民建兴宁市委员会

【概况】 2020年，市民建设主委1人、副主委2人、委员9人。有4个基层支部，1个企业家工作委员会。会员115人，其中，大专及以上文化程度75人，占65%；中高级职称45人，占39%；担任广东省人大代表1人，担任梅州市人大代表1人，担任梅州市政协委员1人，担任兴宁市人大代表4人、兴宁市政协委员17人。

【调研活动】 2020年，市民建开展“乡村振兴”“基层公共卫生人才队伍建设”“农村土地流转、工业园区建设”等专题调研。

【参政议政】 2020年，市民建在两会期间提交提案10条，政协大会发言1篇，人大建议3条。李宗杰、罗俏芳、李岸

▲2020年5月18日，民建兴宁市委举行“企业家工作委员会”“会员之家”揭牌仪式

（市民建提供）

辉分别获政协优秀提案奖。有3篇调研报告被民建梅州市委采用，其中1篇被选为梅州政协大会书面发言。

【社会服务】 2020年，市民建为疫情防控捐款27.3万元，物资一批，省人大代表、会员杨亚文捐款20多万元。

（刘展清）

市工商业联合会

【概况】 2020年，市工商联有企业会员（含个体户）394个，涵盖商业、制造业，以及金融、文化、科技、服务等产业。团体会员有行业协会5个：兴宁市工艺协会、兴宁市房地产行业协会、兴宁市装饰行业协会、兴宁市印刷行业协会、兴宁市女企业家协会。乡镇基层商会4个：兴宁市宁中商会、兴宁市罗岗商会、兴宁市新圩商会、兴宁市水口商会（含2020年成立镇级基层商会1个），异地商会1个。2020年发展企业会员（含个体户）22个。是年，创建广东省“五好”县级工商联。

【参政议政】 2020年，市工商联提交议案、提案50份，重点提案5人次4件，针对企业在用地、用工、融资等面临的困难问题或发展瓶颈，为市委、市政府实施“暖企”行动决策提供参考。

【工商业调研】 2020年，市工商联配合上级调研工作，做好民政部、全国工商联《关于加强乡镇、街道商会登记管理工作问卷调研》《2020年万家民营企业评营商环境调查》；广东省工商联《关于开展创新型、成长型民营中小企业发掘培育工作问卷调研》《广东省民营经济领域标准化工作调查问卷》；广东省工商业联合会、广东省市场监督管理局关于联合《开展我省民营经济领域标准化工作调研》；梅州工商联《开展“走访谈心开新局·暖企行动”调研活动》《统筹推进疫情防控和经济社会发展调研活动》；兴宁市政协、兴宁市工商联《关于推动产业发展助力乡村振兴的调研报告》等10多个专题调研。联合市委政研室开展“推动民营企业高质量发展”专项调研活动。

【评比表彰】 2020年，市工商联获广东省2020年度民营企业调查点工作示范单位；耀方新能源科技有限公司连续21年获得广东省守信用重合同单位；梅州市卓越建设工程有限公司获得“广东扶贫济困红棉杯”铜杯和梅州市文明单位；广东

▲2020年10月，市工商联成功创建广东省“五好”县级工商联

（市工商联提供）

明珠集团股份有限公司、梅州市金绿现代农业发展有限公司、向阳（广东）生态农业发展股份有限公司、广东梅一客农业科技有限责任公司、广东纵横融通控股集团有限公司获评2020年度梅州市乡村振兴“万企帮万村”示范企业；向阳（广东）生态农业发展股份有限公司、广东鸿源集团有限公司、广东明珠集团股份有限公司获评2020年度广东省抗击新冠肺炎疫情突出贡献民营企业。

▲2020年8月5日，市工商联到罗岗商会考察　（市工商联提供）

【公益事业】 2020年，市工商联发动民营企业扶贫资源精准有效地配置到村和户，加快脱贫进程，乡村振兴、扶贫捐款、敬老助学等各项公益捐款有：卓越建筑200多万元、纵横融通50多万元、方圆房地产50多万元、永华百货20多万元；至年底，“万企帮万村”帮扶企业123家，帮扶村庄150个，帮扶项目捐赠类120个，帮扶资金总数3277.19万元，惠及1.29万人。其中广东明珠向大成村民委员会捐赠产业帮扶资金1660万元，用于产业扶贫公司发展当地产业、支持村民就业创业和保障子女教育等事业，全额用作大成村民委员会增加和实缴产业扶贫公司的注册资本。

【社会服务】 2020年，市工商联指导协助成立兴宁市水口镇镇级商会；引导宁中、罗岗、新圩、水口的4个镇级基层商会，印刷行业协会、工艺行业协会、房地产行业协会、装饰行业协会、江西兴宁分会、女企业家协会、爱心助贫协会等商协会参与捐资捐物与各类公益活动。组织企业开展“疫情无情人有情”捐款捐物活动、“万企帮万村企村对接帮扶项目签约”活动、铭记历史不忘来路“‘八一’走访慰问抗战老兵”活动、企业现场交流座谈活动等。与司法局联合举办《中华人民共和国民法典》进企业、《中华人民共和国宪法》进企业宣讲、与检察院联合开展“服务‘六稳’‘六保’护航民企发展”座谈会；举办非公党组织的党务、与市人力资源社会保障局联合招聘活动、稳岗就业、人才技能培训等活动。是年，市工商联组织协调开展学习培训会议16场次、印发邮寄学习资料800份，群发宣传短信60多条次、张贴标语横幅20多条。

（陈莉）

群众团体

市总工会

【概况】 2020年，市总工会在常态化疫情防控中推进复工复产，拨出专项资金55.6万元致力于防疫抗疫援企稳岗。上门探访慰问5位援鄂医务人员家属和在兴宁一线医护人员，发放慰问金2.5万元。为17家小微企业返还工会经费31.8万元。持续推进“互联网+智慧工会”服务平台建设，“粤工惠”APP的投入推广取得成效。完成社会化工会工作者招聘工作。至年底，兴宁市有基层工会386个、工会会员4.2万人，其中农民工会员1.8万人。

【工会组建和规范化建设】 2020年，市总工会新组建工会组织27家，其中非公有制企业建会7家，党政、事业单位建会20家，新入会员2535人，其中农民工入会2186人。对任期届满的13个单位及时发出换届改选通知书，并协调指导基层做好换届改选工作，其中25人以上非公有制企业工会换届有5家，党政机关、事业单位8家，全面完成换届选举工作的工会13家，补选工会委员、主席12家，调整基层工会领导成

▲2020 年 6 月 9 日，市总工会到龙北中心小学慰问留守、困难儿童（市总工会提供）

员 18 人，办理工会法人证书 69 家。投资 10 万元选定自来水公司、福兴街道非公有制企业工会联合会两家企业建设职工之家。12 月，兴宁市中医院内二科工会小组获评全国模范职工小家。

【帮扶慰问】 2020 年，市总工会筹集资金 172.4 万元，配合市五套领导班子成员率队慰问救济困难企业 133 家，受益职工 10194 人，登门慰问特困职工（含异地务工人员）375 人，慰问孤寡、病残和离退休职工 370 人（次）。组织工会志愿服务队 81 人（次）到市客运站开展为期 9 天的暖流行动，帮助 700 多名异地务工人员春节期间顺利返乡。为 14 名重大病职工发放帮扶金 4.2 万元，为兴宁市 3000 名困难职工赠送住院医疗综合互助险 3000 份，“三八”妇女节前慰问特困女职工 40 人。“六一”儿童节期间慰问困难留守儿童 21 人。开展“金秋助学”活动，筹集资金 12 万元，解决 24 名困难职工和困难异地务工人员子女的上学问题。全年新办、续办职工医疗甲险种 1404 人次，女职工安康险 909 人次，在职职工住院医疗综合保障险 16005 人次、住院津贴补助 1697 人次，理赔 113 人次，理赔金额 30.3 万元。

【职工权益维护】 2020 年，市总工会聘请 5 名律师担任 10 家企业常年法律顾问，实行每月 15 日职工法律咨询日制度。建立兴宁市工会处理职工群体性事件协调处置小组，协助调解劳动争议案件 6 件，追讨欠薪 130 多万元。接待职工来信、来访、来电 65 次，回复处理 65 件，收到网络舆情 4 件，处理 4 件，处理率 100%。

【服务职工】 2020 年，市总工会在市工业园区等单位开展 2020 年春节“送万福、进万家”书法公益活动，同时购置春联 1000 套发放到企业员工手中。与市相关单位联合开展“送岗位”活动，为失业人员、退役军人提供普工、文员、教练等 1500 多个就业岗位，吸引 500 余名未就业人员进场参与。为兴宁市 800 名环卫工（新川万公司、东江环境科技有限公司）和一线职工（立讯电子公司）开展免费送体检活动。是年，建设职工服务“暖心站”，投入约 6 万元；在市龙北中心小学等地建成 3 间“爱心妈妈小屋”；建成环卫工爱心驿站 1 个。开展夏季“送清凉”等活

▲2020 年 7 月 31 日，市总工会在全市开展“夏送清凉”慰问活动（市总工会提供）

动，向企业赠送凉茶9.6万元，惠及户外一线职工约6000人。开展城市困难职工解困脱困工作，发放帮扶资金61.1万元。至11月，建档立卡全国级困难职工54户中，实现脱困35户，解困19户。对生活困难劳动模范、先进工作者进行救助，慰问各级困难劳动模范29人次，发放慰问金27.8万元。于2020年“中国农民丰收节”期间走访5名异地务工人员劳模，发放慰问金3900元。是年，市总工会出资为36名省级劳模、6名全国劳动模范、先进工作者进行健康检查。推进职工素质提升工程，全市职工参加各类技能培训350人次。投入44万元，支持兴宁市产业转移园工会联合会、兴宁市自来水总公司工会、福兴街道私营企业工会联合会、兴宁市第二小学工会、兴宁市宋声中学工会5家基层工会“职工之家”建设，其中非公有制企业建成“职工之家”2家。为6家非公有制企业赠送价值3万元书刊1600册。

【职工文体活动】 2020年12月21日，市总工会在市税务局、体育馆举办2021年“迎新春”职工羽毛球比赛。比赛以“中国梦·劳动美”——智慧兴宁、有你有我，文明健康、与我同行为主题，来自全市基层工会的66个羽毛球代表队350多名运动员参加比赛。

【劳模评选】 2020年，兴宁市润丰农业专业合作社罗新辉获评“全国劳动模范”称号，广东电网梅州兴宁供电局有限责任公司罗岗供电所副所长钟浩文获评“广东省劳动模范”称号，广东富农生物科技股份有限公司获评“广东省先进集体”称号。肖海钦等5人获评“梅州市劳动模范”、谢伟东获评“梅州市先进工作者”称号。兴宁华润燃气公司、梅州市丰谷音响有限公司、广东鑫飞钢艺有限公司技术研发中心、兴宁市人民医院感染性疾病科获评“梅州市先进集体”称号。推荐罗浮中学美术教师刘胜荣参加首届梅州市工艺美术大赛，被梅州市政府授予“工艺美术大师”称号。

▲2020年12月21日，市总工会在体育馆举办“中国梦·劳动美”2021年“迎新春”职工羽毛球比赛 （市总工会提供）

【劳动竞赛】 2020年，市总工会组织市供电局、华威化工等18家企业参加全国和省“安康杯”竞赛组委办发起的系列竞赛活动。组织职工群众参加“全国职工安全健康意识与应急技能知识普及竞赛活动”，征订下发2800份参赛试卷。至年底，全市有2项技术革新，发明创造1项，获得专利1项，总结推广先进操作法1项。

【企业民主管理】 2020年，兴宁市已贯标认证单位9家全部完成复检，新贯标认证单位1家为梅州商都大酒店有限公司。至11月，建会企业签订集体合同38份（其中新签订3份），区域集体合同签订20份。至年底，兴宁市确定新培育集体协商重点企业2家，分别是广东鑫飞钢艺科技有限公司和熙和集团有限公司。10月23日，在福兴街道办事处锦绣社区二楼会议室召开兴宁市工会集体协商工作培训会，100多名来自乡镇（街道）、非公有制企业工会干部参会。

（陈红苑）

共青团兴宁市委员会

【概况】 2020年，团市委牵头建立兴宁市中长期青年发展规划实施工作联席会议制度，为45名贫困大学生筹集助学金27万元，建立5个团中央“童心港湾”服务点，推动12个“两新”组织成立团支部，推荐2家青年集体获评2018—2019年度梅州市青年文明号，指导全市74所中小学全面完成学

▲ 2020 年 6 月 13 日，团市委在合水镇合水社区举行“关爱留守儿童 群团护航成长”兴宁市“童心港湾”项目启动仪式（团市委提供）

校少工委建立工作，组建青年战疫突击队 27 支近 400 名青年志愿投身疫情防控工作，制作的《青力而为》战疫短片在中宣部“学习强国”平台播出。是年，团市委被评为 2019—2020 年度梅州市文明单位。

【共青团组织建设】 2020 年，团市委联合市教育局印发《关于进一步推进广东共青团“命脉工程”学校共青团工作的通知》，全年响应业务申请 1098 笔，完善团组织联系方式 1354 个，转出毕业班团员 5719 人。推动兴宁市 12 个“两新”组织成立团支部。推荐 2 家青年集体，获评 2018—2019 年度梅州市青年文明号。指导全市 74 所中小学完成学校少工委建立工作。组织 10 批 11 人次参加团省委培训，对新任职的镇街团委专职副书记统一开展“智慧团建”和“i 志愿”系统业务培训。是年，全市下发 2200 个团员发展编号使用率 100%。

【青少年思想道德建设】 2020 年，团市委在全市青少年中开展“青春心向党，建功新时代”“铭记光辉历史，传承红色基因”等主题团日活动，引导广大青少年坚定理想信念爱党爱国，践行社会主义核心价值观。组织开展“少年强，中国强”少先队主题活动课，激励引导少先队员学习抗疫精神，爱党爱国，全市 7 万余名少先队员参与。5 月 22 日，团市委召开共青团兴宁市第十六届委员会第三次全体（扩大）会议，深入学习贯彻习近平总书记关于青年工作的重要思想以及对广东重要讲话和重要指示批示精神。组织全市少先队员观看全国少代会主题直播、2020 年《开学第一课》和“从小学先锋，长大做先锋”少先队建队日主题网络直播。开展向上向善好青年、优秀共青团员、优秀少先队员、最美志愿者、优秀创业青年等推荐评选活动，通过团市委官网和“青春兴宁”公众号平台，推出“青春战疫系列”报道 5 篇。是年，全市共青团组织战线获评 1 项国字号荣誉、4 项省级荣誉。在兴宁市共青团、少先队先进集体和优秀个人评选中，全市有 402 名个人和 68 个集体获得表彰。

【青年志愿服务】 2020 年，团市委组织青年志愿者助力兴宁市各类大型赛事。在 2020 年第二届梅州互联网大会（MIC2020）上，团市委联合市高级技工学校组织招募青年志愿者参与，贡献 3000 多个志愿时长，服务逾 7000 人次。承接团省委“希望乡村教师计划”支教志愿服务项目，2020 年争取 31 名高等院校本科生到兴宁市 13 所学校开展支教志愿服务。

【青少年创业就业】 2020 年，

▲ 2020 年 5 月 22 日，共青团兴宁市第十六届委员会第三次全体（扩大）会议在会展中心召开（团市委提供）

▲2020年8月12日，兴宁市在会展中心举行2020年返乡大学生社会实践团临时团支部成立暨青春助力创文行动启动仪式　（团市委提供）

团市委牵头成立兴宁市返乡大学生临时团支部并召开会议，传达学习习近平总书记给中国石油大学（北京）克拉玛依校区毕业生的回信精神，为广大返乡大学生提供锻炼自身综合能力和了解家乡环境的平台，动员号召高校人才返乡就业支持家乡发展。组织23名农村优秀青年人才参加新农人新媒体新工具新技术、农村电商和新媒体运营等主题培训。

【公益组织建设】 2020年，团市委联合市农业农村局、市扶贫工作局、市教育局、市人力资源社会保障局、市卫生健康局、市残联6个单位印发《关于实施新时代兴宁乡村青少年健康成长“两帮两促”行动的通知》，围绕相对贫困青少年的学业帮助、就业帮助、体质健康促进、心理健康促进四个方面促进青少年健康成长；联合市城市管理和综合执法局、市住房城乡建设局、市教育局、市妇联、市少工委、市志联6个单位印发《关于印发〈“拾分美丽”兴宁青少年助力垃圾分类志愿服务行动实施方案〉的通知》，引导全市青少年助力垃圾分类工作。召开兴宁市星级志愿者表彰暨创文志愿服务工作推进会，对星级志愿者进行表彰与颁发认证证书。指导、协助兴宁市志愿者联合会召开换届大会暨第二届第一次会员大会，选举产生新一届兴宁市志愿者联合会成员，完善兴宁市志愿服务工作机制。至年底，兴宁市注册志愿者人数为3.68万人，注册志愿服务组织及团体328个，开展志愿活动数4751个，贡献服务时长为68.38万小时。

（曾骏夫）

市妇女联合会

【概况】 2020年，市妇联以引领、联系、服务妇女为根本任务，开展“巾帼心向党”“巾帼建新功”“巾帼暖人心”行动，全年开展“巾帼大宣讲”活动20场次，参与人数1800人次；发放妇女小额贴息贷款130万元，帮助13名创业妇女发展生产；开展“好家庭好家教好家风巡讲”“书香飘万家”等各类讲座、亲子阅读活动60余场；受理妇女来信来电来访300宗，服务400多人次；以“四援助”“爱心父母大联盟”等工作品牌为重点，争取各级资金20多万元，帮扶困难妇女儿童255人次。10月，在市会展中心召开兴宁市妇女第十三

▲2020年10月30日，兴宁市妇女第十三次代表大会在市会展中心召开
（市妇联提供）

次代表大会。

【妇女创业就业服务】 2020年，市妇联在全市各镇街举办“农村电商人才暨妇女创业技能培训班”，培训3430多名妇女群众。推荐2家企业17个产品上架“58优品”平台。建立2个“助农销售工作群”，助力本地区60多个农户解决特色农产品滞销问题。申报2家企业成为梅州市重点培育提升创业创新巾帼企业。

【妇儿权益维护】 2020年，市妇联常态化开展妇女维权普法宣传，举办“法治新征程，巾帼在行动”“三八维权周”及“守护花蕾”——女童关爱服务等主题宣传活动、教育讲座、民生座谈会35场次，服务近1万人次。发挥广东省妇女维权与信息服务站（兴宁站）、“12338”妇女服务热线作用，有效预防和化解婚姻家庭矛盾纠纷。推动《兴宁市妇女儿童发展规划（2011—2020年）》的顺利实施，组织完成年度监测评估、分性别统计工作，召开重难点指标推进会，分别迎接省、梅州市妇儿工委的专项督查调研。

【文明家庭创建】 2020年，市妇联创建省级家庭文明建设示范点1个，梅州市家风家教实践基地1个，获评梅州市级“最美家庭”2户、“优秀书香家庭”1户，梅州市“自强不息好少年”“孝老敬亲好媳妇”各3人，评选表彰10名兴宁市“三八红旗手”、10个兴宁市“三八红旗集体”，运用主流媒体和网络新媒体传播渠道，宣传“三八红旗手（集体）”的先进事迹，扩大典型示范带动作用。

▲ 2020年10月15日，兴宁市农村电商人才培训暨妇女创业技能培训活动在永和镇举行 （市妇联提供）

【“美丽家园”建设】 2020年，市妇联推进“美丽家园”建设，以项目化的形式开展“美丽家园”建设活动，在全市建设20个兴宁市级项目点；创建1个梅州市“美丽家园”示范村，带动广大妇女干部群众助力乡村振兴发展。

【扶贫助困关爱行动】 2020年，市妇联与相关部门开展妇女“两癌”免费检查活动，惠及全市1.47万名城乡贫困妇女。落实“两癌”妇女“博爱基金”行动、“农村贫困母亲关爱工程”项目，为9名患病妇女争取8万多元资助。为74个儿童家庭购买“童奔康”守护成长险，发放80只“母亲邮包”，发放儿童口罩1370个。

（杨凌）

市科学技术协会

【概况】 2020年1月，市科协开始独立办公。是年，市科协围绕“四服务一加强”工作定位，推进科协系统改革、青少年科普、民生科普、信息化科普等重点工作，推动兴宁科协事业发展。申报“梅州市科普示范基地”2个，“梅州市科普示范社区”1个，获得2020年广东省全国科普日优秀活动荣誉证书。兴宁市科协组织有市科协1个，镇（街道）科协20个。

【科协系统改革】 2020年9月，兴宁市20个镇（街道）全部成立镇级科协组织，“三长”（医院院长、学校校长、农技站站长）吸纳到镇级科协领导机构兼职挂职。

【多元化科普活动】 2020年，市科协在全市中小学校组织开展5场青少年大型科普活动，参加人数5600多人。组织全市师生参加第35届梅州市青少年科技创新大赛暨梅州市第5届中小学创客创作大赛，兴宁市中小学获梅州市级一等奖5项、二等奖9项、三等奖13项。

▲2020年9月22日，市科协举办兴宁市2020年“决胜全面小康，践行科技为民”全国科普日宣传活动（市科协提供）

是年，市科协组织开展3场卫生科技文化“三下乡”活动。发放宣传资料3200余份、科普挂图30多张，发放消毒水、“除四害”药物等1300多份，接受群众咨询360多人次，入户宣传15户，接受健康问诊100多人。参加“全国防灾减灾日”“科技活动周”“全国科普日”“国家宪法日”等活动，开展科技咨询服务、张贴（悬挂）标语、赠送科普图书、科普法律法规宣传。组织科技工作者、科普志愿者深入市主要镇、村及中小学开展科普宣传。加强科普信息化建设，实施“互联网+科普”行动，推动科普中国落地建设，打通科普精准推送“最后一公里服务平台”。申报建设乡村科普e站和校园e站，推广“科普中国”客户端下载，扩大群众覆盖率和使用率。至年底，兴宁市的广东客家黄公司、熙和湾产业园和龙田中学被确定为科普e站建设单位。

【科普服务】2020年，市科协申报梅州市金绿现代农业发展有限公司和润丰农业专业合作社为“梅州市科普示范基地”，兴宁市大坪镇社区居民委员会为“梅州市科普示范社区”。申报成立广东省计算机学会（兴宁）科技服务站。

（胡珊）

市归国华侨联合会

【概况】2020年，市侨联坚持“以侨为本，为侨服务”的宗旨，有序推进侨联各项工作。按照“外防输入”的原则，做好侨界疫情防控工作。

【联情联谊】2020年，市侨联与海外侨胞主要以电话、微信等方式进行沟通联系，掌握海外侨胞所思所想。加强侨情研究，把握侨情变化。

【侨界民生】2020年，市侨联开展以困难归侨侨眷为主体的关爱帮扶活动及按时推进困难归侨生活救助工作。全年走访慰问困难归侨侨眷45人，发放慰问金及物品2.03万元。帮扶低保困难归侨9人次，困难归侨临时救助51人次，发放救助金19.1万元。

【维护侨益】2020年，市侨联接到归侨、侨眷等信访来件6件，针对提出信访的问题会同相关部门协助处理。全部信访来件均按时答复，过后做好跟踪回访工作。

【参政议政】2020年，市侨联以联谊交流、召开座谈会等形

▲2020年12月22日，市侨联领导慰问叶塘镇教礼村困难归侨、侨眷（市侨联提供）

式，与侨界人大代表和政协委员畅通联络渠道，协助侨界人大代表和政协委员收集建言献策素材，做好侨界提案议案办理、答复情况的跟踪推进工作。两会期间，发动侨界人大代表、政协委员撰写提案、议案，参与政治协商。

（王佳）

市文学艺术界联合会

【概况】 2020年，市文联履行“团结引导、联络协调、服务管理、自律维权”职能，围绕举旗帜、聚民心、育新人、兴文化、展形象的使命任务，全面开展“深入生活、扎根人民”活动，弘扬社会主义核心价值观，传承和弘扬客家优秀传统文化。市文联实行团体会员制，至年底，属下有作家协会、美术家协会、书法家协会、摄影家协会、音乐家协会、戏剧家协会、舞蹈家协会、民间文艺家协会、山歌协会、收藏协会和兴宁风采社、宁江诗社、清桢版画会、楹联学会10个协会和4个社团。全年文艺惠民活动开展10多场次，文艺交流活动8场，抗疫主题作品创作300余篇（幅）。至年底，市文联所属文艺家协会会员有1279人，其中国家级会员41人、省级会员94人、梅州市地级会员265人。

【文艺创作成果】 2020年，兴宁市文艺创作获省级以上（含发表、展览、演出等）荣誉作品65幅（篇）。书法家协会4人作品获“第九届广东省新人新作书法展”优秀作品奖，2人作品获“大沥杯广东省第六届中青年书法”入展，3人作品获“脱贫攻坚看广东书法作品”优秀奖，谢利兰获“全国楷书书法作品”入展；美术家协会袁炽彬入选“2020内蒙古‘一带一路’版画作品展览”，3人作品入选“美好生活——广东省美术作品展”，其中袁炽彬优秀奖，4人作品入选“第十四届广东省艺术节优秀美术作品展”，其中兴宁画院专职画家吴浩镐获银奖，2人作品入选“纪念黎雄才先生110周年诞辰——广东省中国画作品展”，1人作品入选“广东省写意油画（小幅）作品展”，3人作品入选“广东省首届漫画展”；作家协会1人作品发表于《南方日报·海风》，1人作品获广东省“走向我们的小康生活”征文比赛三等奖，1人作品在《羊城晚报》文艺副刊“大美中国”专栏发表，1人作品在《南方日报》AⅢ版《梅江视窗》发表；音乐家协会3人作品入选广东省文联抗疫主题文艺作品库，《客家酒歌》刊登《岭南音乐》2020年第四期词曲选登专栏；民间文艺家协会9人作品入选“广东省第八届花灯节”，其中吴国华获金奖，李曰文获银奖，阿董、吴小梅、袁秀炎获铜奖；摄影家协会李明丽作品获广东省“摄影大篷车”下基层摄影比赛优秀作品，2人12幅作品入选中国·张家界首届世界遗产摄影大赛，2人4幅作品获广东省摄影家协会好作品优秀奖；宁江诗社戴建新作品获第三届深圳诗词杯大赛优秀奖，3人作品在《当代诗词》发表，1人作品在《诗词月刊》发表，1人作品在《中华诗词》发表，曾嘉安作品《诗书画印文脉岭南》广东省青少年诗书画大赛诗词组一等奖。

【文艺惠民活动】 2020年，市文联在春节前组织20位书法家在兴宁市明珠文化广场、水口光夏村、部分镇（街道）、村、社区、企业等，举办“我们的中国梦”——文化进万家书法家挥春送福活动，送“福”千余个、春联千余幅。

▲2020年1月5日，“我们的中国梦”——文化进万家书法家走进光夏村挥春送福

（刘导然 摄）

▲2020年9月12日，省作家协会到兴宁开展“红色文学轻骑兵”文学惠民活动　（刘导然　摄）

疫情防控期间，全市文艺工作者创作300余篇（幅）文艺作品。2月，摄协对兴宁市乡村振兴工作成效进行拍摄，为兴宁市提供1500多张照片。5月5日，书协助力高考，在兴宁市一中讲授《卷面书写备考课》。6月11日，作协开展“文化进校园活动”，为学校赠送《神光初露》30本和《文峰》20本，让文学走进校园。7—9月，美协、作协、摄协、书协相继在径南镇东升村——月形山乡村旅游区成立写生基地，助力美丽乡村建设。9月8日，市文联联合市教育局在市实验学校开展“戏剧进校园活动——戏剧知识讲座”。9月12日，广东省作家协会在兴宁开展“红色文学轻骑兵”文学惠民活动。9月14日，书协走进文联庄，开展“深入生活、扎根人民”走基层活动。10月17日，美协开展神光揽胜——重阳登高写生暨祝枝山书画院参观活动。10月22日，市文联联合市文化广电旅游体育局、市民政局、市文化馆、市音协等开展温暖宁江·关爱老人·最美夕阳红——兴宁市2020年爱心公益文艺演出系列活动。11月4日，书协开展文艺惠民“山水情·苏区行——走进罗浮”公益活动。12月12日，美协开展新时代文明实践系列活动——“美丽新农村”合水铁山生态保护区“力量农业生态茶园旅游区”采风写生活动。

【文艺培训交流】　2020年6月7日，兴宁市美术家协会举办徐家珏国画写生创作交流会，五华、兴宁等美术爱好者近50人参加讲座。9月28日，兴宁市美术家协会举办版画传承发展座谈会，有关单位领导、在外书画名家、兴宁版画家前辈、代表等30多人参加。10月29日，兴宁市作家协会在兴宁市第一中学为激浪文学社开设一堂关于“文学与人生”的主题讲座。10月29日—11月2日，兴宁市美术家协会前往山西武乡县开展“来自陈铁耕、黄山定家乡的版画——兴宁版画太行行精品展”交流活动，兴宁市版画艺术家现场演示版画的制作过程，与武乡县的美术爱好者进行互动交流。

【文艺展演活动】　2020年，市文联组织所属文艺家协会开展文艺展演活动20余场。1月12日，举行“名峰杯”“美丽兴宁”主题征文比赛颁奖仪式，该次征文比赛收到上百篇投稿。1月20日，在兴宁市文化馆举办情怀依旧——“560”兴宁美术作品展暨研讨座谈会；3月2日，由市委

▲2020年9月8日，市文联举办戏剧进校园活动　（刘导然　摄）

▲ 2020 年 8 月 16 日，市文联在明珠文化广场举办市书法家协会作品展

（刘导然 摄）

宣传部策划，市文化广电旅游体育局、市广播电视台、市文联监制，由市文化馆、市音乐协、市流行音乐协会出品的《白衣战士赞》发布。8 月 16 日，在明珠文化广场举办兴宁市书法家协会作品展；是年，市文联所属文艺家协会在网上开展 10 余场文艺创作展演活动。

（刘导然）

市残疾人联合会

【概况】 2020 年，市残联核发残疾人证 2046 本。至年底，全市有持证残疾人 28314 人，持证率 41.63%；为 7358 人残疾人提供各项精准康复服务，康复服务率 110.78%；辅具适配 2235 人，辅助器具服务率 95.59%；免费抢救性康复训练全年在训残疾儿童 91 人（其中智力 41 人、听力 15 人、肢体 35 人）；全市有 82 家单位按比例安排残疾人就业 203 人，有 282 家单位征收残疾人就业保障金 469 万元；全年发放困难残疾人生活补贴 12.74 万人次，金额 2230.29 万元；发放重度残疾人护理补贴 19.07 万人次，发放金额 4482.37 万元；“两项补贴”共发放 6712.66 万元。

【民生实事项目实施】 2020 年，市残联落实困难残疾人生活补贴和重度残疾人护理补贴标准的提标扩面工作，从每人每月 165 元、220 元提高到 175 元、235 元。是年，完成贫困重度残疾人家庭无障碍改造 455 户。推进无障碍改造工作，全年完成改造任务 455 户。

【残疾人康复服务】 2020 年，兴宁市出台《兴宁市残疾儿童康复救助实施办法》。是年，精准康复服务率完成 80% 以上，精准康复年度有需求的残疾人 6642 人，精准康复服务 7358 人，康复服务率 110.78%，辅具适配年度有需求的残疾人 2338 人，辅具适配 2235 人，辅助器具服务率 95.59%。是年，全市建成投入使用社区康园中心 25 个。至年底，有会员 537 人，工作人员 157 人，其中肢体残疾 109 人、智力残疾 182 人、精神残疾 246 人，为会员和工作人员 674 人购买意外伤害综合保险，会员每人保费 100 元 / 年，工作人员每人保费 80 元 / 年，保费 6.63 万元。对兴宁市 221 名符合条件的成年（18 周岁以上）精神残疾人门诊药物治疗及住院治疗按一次性每人补助 450 元的标准发放 9.95 万元；为有康复需求救助的 222 名智力残疾和精神残疾女童提供家庭医生签约康复救助服务。疫情防控期间，通过微信视频、录制

▲ 2020 年 9 月 22 日，市残联到新陂乐仙康园中心调研　（市残联提供）

▲2020年10月16日，市政府领导到市残联开展调研工作 （市残联提供）

教学视频等形式对在训的83名残疾儿童开展线上指导康复训练，健康管理指导、按照线上康复服务的要求，做到“三有一反馈”；做好残疾人康复中心开园工作，6月28日正式开园，恢复线下康复服务；选派8人到省、梅州学习各项康复专业知识。适配无线调频设备给3名残疾儿童，提升康复训练效果；是年，3个康复机构各举办2期家长培训班，主要给家长介绍康复的有关知识和具体的训练方法，普及康复理论和家庭康复技能。全年在训残疾儿童91人，其中智力41人、听力15人、肢体35人，为在训的91名残疾儿童购买意外伤害综合保险。是年，做好残疾人辅助器具服务工作，儿童矫形器适配16例；为9名符合条件的对象配备助听器；发放儿童轮椅、成人轮椅等辅具1836件。

【残疾人基本民生保障】2020年，兴宁市持有第二代残疾人证2.83万人，持证率41.57%；2020年1月至12月21日完成核发残疾人证2046本。是年，困难残疾人生活补贴提高至2100元/年·人，重度护理补贴提高至2820元/年·人，全年发放困难残疾人生活补贴12.74万人次，金额2230.29万元；发放重度残疾人护理补贴19.07万人次，发放金额4482.37万元。是年，通过政府购买服务方式聘请第三方专业机构对全市2.8万多名持证残疾人进行残疾人数据信息更新调查；委托第三方阳光社工对兴宁市29名文盲完成扫盲工作，扫盲培训费用2.9万元。为重度残疾人、精神和智力残疾人缴纳城乡居民养老保险费，为1.05万名符合条件的三类残疾人办理缴费手续，缴费金额约130万元；至年底，为兴宁市持证重度残疾人缴交城乡居民医疗保险1.4万人，每人280元。是年，全市有82家单位按比例安排残疾人就业203人，有282家单位缴交残疾人就业保障金469万元。完成专项福彩金项目受助学前贫困残疾儿童18人，按每人1000元标准发放1.8万元；发放残疾人机动轮椅车补助437人，按每人260元标准发放11.36万元。对符合政策实现自主创业的6名残疾人发放肉鸽养殖等创业项目资金补助6.45万元。全年残疾自主创业发放资金6.9万元。在9月和10月举办残疾人技能培训班，参加农村实用技术培训171人；客家风味菜制作，职业技能培训53人，培训资金4.24万元；安排国家级电子商务进农村综合示范项目农村电商人才到各镇（街道）培训，参加培训人员430人。对全市符合条件的5家盲人按摩机构按每家7000元的标准发放专项资金3.5万元。推荐1名适龄适学的残疾人至广东培英职业技术学校就读。为3名符合条件的残疾大学生申请南粤扶残助学金。对建档立卡未脱贫残疾人32户37人，重新进行排查核实，经核查37人符合“两项补贴”发放条件，至年底，37人全部享受。在全国助残日期间对全市未脱贫的建档立卡贫困残疾人32户37人开展慰问活动，为每人送上慰问金300元。

【残疾人信访维权】 2020年，市残联接待来电来访群众13人次，没有发生一宗集体上访、重复上访、越级上访等残疾人涉法问题。是年，残疾人事业法规政策被纳入市“七五”普法规划；落实单位“一把手”为第一责任人的岗位责任制。

（张子东）

法治

责任编辑：李晨阳

政法委及综治

【概况】 2020年，市委政法委以打造更高水平“平安兴宁”为目标，坚持主动服从服务全市中心工作，在防控疫情风险、服务经济发展上聚焦发力，在加快推进社会治理现代化建设上创新务实，建设平安兴宁、法治兴宁和过硬政法队伍，提升政法各项工作效能，实现维护社会大局稳定、促进社会公平正义、保障人民安居乐业的预期目标。

【新冠肺炎疫情防控】 2020年，市委政法委在疫情防控期间调动全市各级政法综治维稳力量，落实疫情防控常态化措施。是年，开展疫情排查管控工作，依托镇（街道）综治中心和综治网格，以“村干部+基层民警+医务人员”方式，组建以“三人工作小组”为核心的村（社区）疫情防控中坚力量，主动融合综治网格化管理，推动疫情防控工作重心下移、关口前移，各项疫情防控措施全面落实到位。依法从严打防涉疫违法犯罪行为，严厉打击涉疫情违法犯罪案件。

【稳定维护】 2020年，市委政法委完成疫情防控期间、全国全省两会、中共十九届五中全会和深圳经济特区建立40周年庆典等重要节点维稳安保任务。深入排查化解各类风险隐患，突出以防范化解“邻避”项目、问题楼盘等涉稳风险为重点，加强对涉征地拆迁、经济领域涉众型利益受损人员等不安定因素动态排查掌握，做好调处、化解、稳控等工作。推进公共安全隐患排查治理，重视反恐责任落实和预案演练，持续滚动排查治安、交通、消防、生产安全隐患，防范各类自然灾害事故。推进社会治安重点整治，发挥政法机关作用，打击整治涉枪涉爆、电信网络诈骗、涉黄赌、盗抢骗等违法犯罪活动，针对2020年电信诈骗“输出式”“输入式”违法犯罪双冒头的问题，建立健全党政主导，“一把手”负总责，

▲2020年2月12日，市委政法委到村（社区）督导检查疫情防控工作

（市委政法委提供）

▲ 2020 年 8 月 17 日，中国人民公安大学治安学院领导到兴宁开展“基层社会治理现代化建设”调研活动（市委政法委提供）

相关职能部门联动，村（居）委全覆盖的反诈联动工作机制，从领导机制、宣传防范、重点人员排查监管、打击治理等方面同步推进，形成“党政主导，全民反诈，打击有力”的电信网络诈骗违法犯罪综合治理新格局。

【社会治理】 2020 年，市委政法委坚持自觉服从服务梅州市创建全国第一期市域社会治理现代化合格试点城市建设，突出以强基提能、主动衔接为主线，谋划推动全市基层社会治理现代化建设。是年，全市 2696 个视频监控资源连接到镇综治中心，村级“雪亮工程”实现 100% 覆盖。强化项目创建，组织各镇（街道）、市直成员单位结合各自实际，谋划推进创新项目，如兴田、宁新、福兴 3 个街道以点带面利用“智慧门禁 +BOT”模式打造“智慧网格”系统；检察机关探索建立公开听证制度；司法机关推进公共法律服务平台“智慧司法”云建设和罗浮镇大力推进模拟法庭上课堂等社会治理创新项目。优化网格设置，根据地理区位状态、人口分布、工作难易程度等情况初步完成对全市 1461 个网格重新划分，为“综治中心 + 网格化 + 信息化”建设提供数据支撑。盘活治理资源，结合兴宁市经济欠发达地区实际，科学整合基层社会治理资源，以政府购买服务方式为主，支持社会组织参与社会治理，如宁新、福兴、刁坊等 10 多个镇（街道）以政府购买服务的方式，与兴宁市博爱社工合作深化禁毒宣传和社区矫正工作，推动兴宁市禁毒工作取得新的进步和成效；引导企业履行社会责任，助推基层社会治理现代化，如宁中、宁新、叶塘等镇（街道）通过支持中国电信兴宁分公司向群众推广应用“天翼看家”、支持中国移动兴宁分公司和景赛公司向城区居民小区推广应用智能门禁系统等。是年 8 月，中国人民公安大学到兴宁开展“基层社会治理现代化建设”调研活动。

【扫黑除恶】 2020 年，兴宁市打掉黑社会性质组织团伙 1 个、恶势力犯罪集团 2 个、涉恶团伙 21 个，侦破九类涉恶案件 53 件，刑拘 214 人，投案自首 12 人，查封、冻结、扣押涉案资产 2244.1 万元；全年立案查处涉黑恶腐败和“保护伞”、履职不力案件 11 件 11 人。是年，通过“六对接六查找”措施，排查确定 27 个软弱涣散村（社区）党组织，实行市镇两级党委书记挂点，选派 27 名第一书记和 27 个驻村组，逐村制定整

▲ 2020 年 11 月 17—19 日，兴宁市召开推进市域社会治理现代化工作分片交流座谈会（市委政法委提供）

▲2020年12月31日，兴宁市组织参观梅州市扫黑除恶专项斗争成果展
（市委政法委提供）

顿方案和台账。至年底，27个软弱涣散村（社区）党组织全部实现转化升级。

【政法队伍建设】 2020年，市委政法委坚持把深入学习贯彻习近平新时代中国特色社会主义思想、习近平总书记出席深圳经济特区建立40周年庆祝大会和视察广东重要讲话重要指示精神、中共十九届五中全会精神等作为首要政治任务，引导广大政法干警通过集体研讨、自主学习、在线学习等方式开展理论学习，不断树牢“四个意识”、坚定“四个自信”、坚决做到“两个维护”。把握政法工作专业特点，建立以理想信念教育和党性教育为前提、岗位职责要求为基础、专业能力提升为导向的教育培训机制，聚焦执法司法、安保维稳、社会治理、法治建设等实际工作中的短板弱项，有针对地开展教育培训。深化以忠诚、为民、担当、公正、廉洁为重要内容的政法干警核心价值观教育，强化政法干警执法司法讲程序、循程序、守纪律的依法履职意识，细化政法干警执法司法行为规范，切实把“讲政治、强党性、严纪律、守规矩”融入政法队伍日常执法司法工作之中。

（刘伟林　马秋玲）

法治政府建设

【依法治市】 2020年，兴宁市召开依法治市委员会会议2次，会议审议通过《2020年兴宁市依法治市工作要点》《2020年兴宁市依法行政工作要点》。

是年，开展党政主要负责人履行推进法治建设第一责任人职责情况列入年终述职内容试点工作；把政府部门依法行政和镇街依法治市工作纳入绩效考核管理机制，对政府部门30个单位和20个镇（街道）进行综合评分，完成绩效考核工作任务；贯彻落实《法治政府建设与责任落实督察工作规定》，组织协调2019年度广东省法治政府内部督察、法治广东考评和整改工作；完成梅州市督察组对兴宁市党政主要负责人履行推进法治建设第一责任人职责的督查工作及法治政府建设实地督察工作，对福兴街道、市发展改革局等12个镇（街道）、单位开展实地督察。

是年，破获涉疫情案件181件，其中涉疫情诈骗案21件19人，查处拒不执行紧急状态下决定、命令案93件57人，依法查处野生动物违法犯罪案件15件，依法审判理涉疫情刑事案件5件6人，依法妥善化解合同履行、房屋租赁、劳动争议等涉疫情防控、复工

▲2020年12月4日，兴宁市法治督察座谈会在市会展中心召开（陈婷　摄）

复产矛盾纠纷，审慎适用强制措施，慎用人身强制措施案件187件。出台服务保障民营经济发展的相关文件，持续深化营商环境综合改革行动，推进六个方面28项改革措施，推进开办企业、施工许可、获得信贷等12个专项行动。推行“一网通办”“一窗受理、并行办理”模式。实施“双随机、一公开”监管，制订完善“一单两库一细则”，开展跨部门联合“双随机”抽查3432户次，抽查事项覆盖率为43.4%，抽查企业超9.7%。推进“互联网+监管”，事项实施清单完成率为100%，监管数据汇聚完成率为93.72%，在梅州各县(市、区)排名第一。建立兴宁市首个商标品牌培育指导站，指导企业参加粤港澳大湾区知识产权交易博览会。制定《兴宁市人民法院关于保障和服务民营经济健康发展的工作意见》，出台《兴宁市法院关于保障和服务民营经济发展工作细则和措施》，依法妥善处理因疫情引发的涉企案件纠纷。全年依法审结金融案件1511件，合同纠纷案件2052件，房地产纠纷案件103件。

是年，审查市政府规范性文件6件、政府部门规范性文件6件，审查各镇及市直部门报送的政策性文件或其他文件材料109件，审查市政府重大行政决策事项10件。办理省、市等上级法律、法规、规章、规范性文件征求意见稿82件。向梅州市人大及兴宁市人大报送备案规范性文件6件，本级备案6件。清理现行有效的市人民政府（含市政府办公室）制定、发布的230件文件，审查各类法律事务276件，涉及重大行政决策事项法律论证、政府投资项目法律事务、政府合同协议法律事务及其他提请市政府常务会议讨论文件等。

是年，严格落实行政执法“三项制度”，全市49个执法主体在广东省执法队伍管理系统中开设账户，备案率为100%，公示的行政检查1546个，行政处罚1542个，行政强制2个，行政许可2558个。开通和激活“广东省执法队伍管理系统”，办证总数1196张（其中市直单位992张，镇街204张）。加强行政执法与刑事司法有机衔接，由司法局和检察院联合印发《关于加强行政检察与行政执法监督衔接工作的规定（试行）》。

是年，全面推进政务公开，受理群众网络问政来信1123件，办理网民给省长、市长留言8件，回复率均为100%；完成26个领域的基层政务公开事项标准目录编制，涉及事项1559项。在2019年度梅州市政府网站与政务新媒体考评中获优秀，位列梅州各县（区）第一。受理依申请公开政府信息23件，均进行书面答复和网上录入信息“双轨”答复告知，答复率、录入及时率均为到100%；没有因信息公开引起的行政复议案件。

（陈秋兰 温琳）

【司法体制改革】 2020年，兴宁市完善政法机构职能体系，按照中央和省的要求，完善法检机关内设机构，健全行业公安机关管理体制，推进刑罚执行一体化建设，完善法学会领导管理体制。深化司法责任制综合配套改革，深化审判委员会、检察委员会改革，健全法官、检察官员额管理制度，解决法院、检察院系统司法辅助人员配备问题。坚持构建多层次的诉讼制度体系，深化以审判为中心的刑事诉讼制度改革，推行认罪认罚从宽制度，完善速裁程序运行机制，巩固“基本解决执行难”成果。推进政法公共服务体系建设，完善一站式化解纠纷机制、一站式诉讼服务中心、一体化公共法律服务网络，推进公安政务服务标准化建设，加强法治宣传教育，提升政法公共服务群众的质效和公信力。健全司法权运行监督制约体系，全面推行行政执法公示制度、执法全过程记录制度、重大执法决定法制审核等制度，完善行政执法程序规范，严格执行领导干部干预司法活动、司法机关内部人员过问案件的记录、通报和问责制度，完善涉法涉诉信访制度，规范涉法涉诉信访案件办理，推进政法公共服务体系建设。

（刘伟林 马秋玲）

公安

【概况】 2020年，市公安局以提高群众安全感和公安工作满意度为目标，推进维护政治安全、扫黑除恶、“飓风2020”、智慧新警务等重点工作，夯实公安基层基础建设，提升公安机关社会治理能力和水平，全力以赴战疫情、防风险、保安全、护稳定，维护兴宁市社会大局持续稳定。公安工作考核总体成绩和“飓风2020”“梅安2020”专项行动均在梅州各县市区中排名第二；全年立各类刑事案件1474件，破获刑事案件1216件，打掉犯罪团伙50个，刑事拘留犯罪嫌疑人544人，提请逮捕381人，移送起诉530人，追回逃犯105人；受理查处治安案件2302起996人。

▲2020年9月22日，市公安局对2020年中国农民丰收节活动开展安全保卫
（市公安局提供）

【维护政治稳定】 2020年，市公安局完成两会、中共十九届五中全会、深圳经济特区建立40周年、第二届梅州互联网大会、农民丰收节、“1001”安保等重大安保维稳工作。是年，推进涉疫大数据信息核查及各项防控措施的落实。

【违法犯罪惩治】 2020年，市公安局破获刑事案件1216件，命案保持全破，追回潜逃27年命案逃犯2人、17年命案逃犯1人、14年命案逃犯1人；打掉涉黑恶犯罪团伙19个（其中黑社会性质组织团伙1个、恶势力犯罪集团2个），破获九类涉恶案件53件，抓获九类涉恶犯罪嫌疑人211人，查封、冻结、扣押涉案资金金额2244.1万元；打掉电信网络诈骗团伙7个，抓获违法犯罪嫌疑人122人，破获电信网络诈骗226件，追回群众损失50多万元。是年，电诈综合打击治理工作入选梅州市公安机关十大创新亮点项目。

【社会治安防控】 2020年，市公安局以警力跟着警情走为原则，融合巡警、铁骑队、应急大队、派出所警力资源，加大社会面巡逻管控力度，压缩违法犯罪空间。落实“1、3、5分钟”快反快处机制，提升社会面治安整体防控水平。开展校园周边清查整治，维护学生校园安全秩序。规范行业场所管理，落实枪爆物品管理，强化出租屋和流动人口管理，落实相关登记备案、治安检查等措施。全年行政处罚违规行业11家，关停按摩场所56家，停业整改按摩场所7家，停业整顿、取缔娱乐场所2家。

▲2020年5月18日，市公安局在全市集中清查统一行动严打违法犯罪
（市公安局提供）

【执法办案规范】 2020年，市公安局推进“法治公安行动计划”，以提升办案场所硬件设施、民警执法素养、案件办理质量和执法监督水平为目标，开展智能执法办案中心升级改造和派出所案管中心建设，狠抓案件审核把关和全省“飓风”专项打击整治案件核查工作，被省厅抽卷检查案卷，均圆满通过考核检查。5月，被广东省公安厅评为2019年度全省执法质量考评优秀县级公安机关，连续两年获评全省优秀；开展执法培训和排查化解涉法信访

案件，较好地完成执法规范化的各项工作。

【基层基础建设】 2020年，市公安局新建永和、新圩派出所办公楼，协调各职能部门推进“十四五”基础建设规划，落实警务技能训练基地、龙田派出所的建设用地。完成“一级派出所”审核评定，宁新派出所新申报为一级派出所。推进“枫桥式公安派出所”创建工作，提升公安基层社会治理能力。推进全息感知网建设，完成高清视频探头结构化，新建带视频结构化高清探头、高清视频卡口、黑光人脸识别高清探头。完成碧桂园智感安防小区、毅德城新城智慧警务室改造、智慧内保单位齐昌中学和人民医院一键式紧急报警安装和使用等项目建设。

【道路交通管理】 2020年，市公安局开展“减量控大2020”“百日整治”等专项行动，发挥“两站两员”作用。改造升级16座智能交通系统，新建13座智能交通信号灯、3个诱导屏、5处路段自动违停抓拍系统等，接入智能交通系统指挥平台。查扣涉牌涉证汽车103辆、涉牌涉证摩托车1.09万辆，行政拘留无证人员23人，查处醉驾45起、酒后驾驶1416起、疲劳驾驶130起、面包车超员1178起、摩托车违法1.36万起、驾乘两轮摩托车未戴安全头盔5497起、违停9926起，查处“百吨王”超载货车11辆、超载货车639辆、非法改装车辆166辆。

【便民服务建设】 2020年，市公安局打造集“智能导服、智慧受理、自助服务、自助签注”四位一体的智慧出入境办证大厅；推进车管业务“放管服”，群众申领摩托车驾驶证6项便民措施工作，实现“群众自主报考”“允许自备考试用车”“优化考试内容和方法”“优化考试程序”；新建大坪、水口两个全科目摩托车考场；挂牌成立兴宁洋里汽车驾驶证考场，在交警办证大厅新建申领驾驶证自助体检机；是年，在全市范围内全面启动临时居民身份证异地申领服务。

▲2020年7月28日，群众送锦旗感谢民警帮助走失老人回家

（市公安局提供）

【爱警暖警举措】 2020年，市公安局做好慰问优抚工作，慰问家庭困难、因公受伤等在职民警辅警84人次，慰问因病住院、直系亲属病故的在职及离退休民警72人次；为139名在职民警、离退休干部、职工发放医疗救助金额53.26万元，为患重病民警申领救助金23人次48.5万元，为1名因公牺牲民警、1名在职病故民警、2名因公伤残民警申报特别抚恤金41万元。表彰先进集体9个，个人嘉奖194人，表扬集体3个，表扬民警、辅警15人；向上级申报并获省级以上表彰先进个人4人；市级表彰先进集体1个、个人19人。

（何旭东）

检察

【概况】 2020年，市检察院紧紧围绕市委中心工作，全面履行法律监督职责，为统筹推进疫情防控和经济社会发展积极作为。全年办理各类案件830件，其中审查逮捕案件318件，审查起诉案件353件，刑事、民事、行政申诉案件35件，公益诉讼案件51件，诉讼活动违法监督案件73件。是年，市检察院继续保留“广东省文明单位”荣誉称号，获评梅州市创建全国文明城市平安建设工作先进单位，3个集体和20名干警获梅州市级以上表彰奖励。

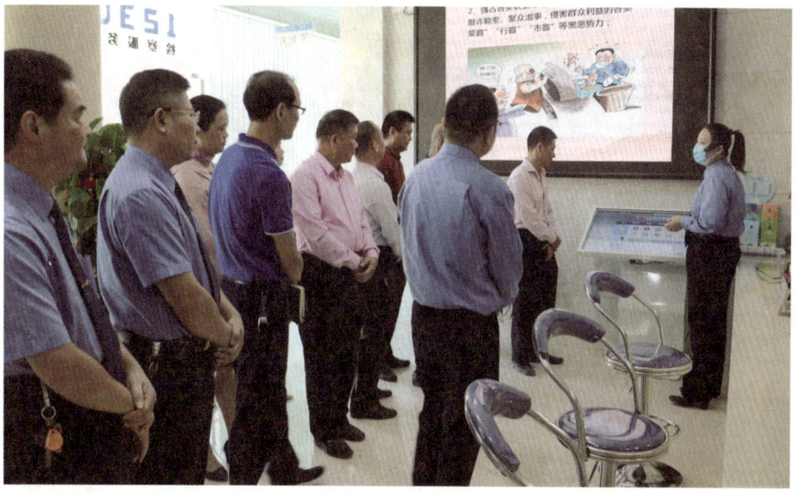

▲2020年10月26日，市检察院举行“服务‘六稳’‘六保’护航民企发展”检察开放日活动

（市检察院提供）

【服务中心工作】 2020年，市检察院服务保障疫情防控大局，从快批准逮捕口罩诈骗、寻衅滋事等妨害疫情防控犯罪8人、提起公诉7人。落实“六清”行动，打好扫黑除恶收官战，案件清结100%。至年底，批准逮捕涉黑恶犯罪8人，提起公诉10人，纠正漏捕2人，纠正遗漏罪行2人，依法办理丘某泉等8人涉恶势力犯罪集团案。对侦查机关以涉黑恶移送审查起诉的，依法不予认定11人。保持“深挖根治”“长效常治”主攻方向，向纪检监察、公安机关等移送涉黑恶及保护伞线索3条，针对相关行业、领域监管漏洞发出督促改进检察建议11份。起诉“套路贷”、以非法手段催收民间贷款犯罪3人。起诉扶贫领域职务犯罪3人，追回违规发放的扶贫专项资金3.9万元，对因案致贫返贫的12名当事人发放司法救助金22万元。起诉破坏环境资源保护犯罪6人，办理生态环境和资源保护领域公益诉讼案件39件，督促恢复耕地2.74公顷。为企业复工复产提供法律服务，举办“服务‘六稳’‘六保’护航民企发展”检察开放日活动，起诉影响企业发展犯罪7人，利用检察建议方式为劳动者追回欠薪67万余元。依法起诉涉案金额为200余万元的黄某龙、欧某煌假冒注册商标案。建立“12309”民营企业法律服务“绿色通道”，对涉民企案件慎捕慎诉，依法对3件社会危害性不大、认罪认罚的涉企轻罪案件作出不起诉决定。制定实施服务保障村（社区）“两委”换届工作意见，安排专人做好村（社区）“两委”候选人联合审查工作，审查4544人，查出不符合规定4人。依托一镇一检察官开展法治宣传，收集社情民意，化解矛盾纠纷。

【社会稳定维护】 2020年，市检察院办理群众来信来访250件，检察长接访、带案下访30件。对接群众司法需求，与市司法局建立律师参与化解和代理涉法涉诉信访案件工作机制。制定实施《公开听证实施细则》，将社会影响较大、争议较大、有法治宣传价值的案件作为适用公开听证重点，举行公开听证会18场。投入“平安之乡”建设，批准逮捕各类刑事犯罪382人，提起公诉513人。发挥刑事检察职能保安全护稳定，依法严惩故意杀人、强奸、绑架等严重暴力犯罪和抢劫、抢夺、盗窃等多发性侵财犯罪，批准逮捕76人，提起公诉79人。严厉打击电信网络诈骗、侵害公民个人信息犯罪，批准逮捕26人，提起公诉24人。

▲2020年12月3日，市检察院举行拟不起诉案件公开听证会

（市检察院提供）

▲ 2020 年 10 月 16 日，市检察院举行消防安全公益诉讼工作圆桌会议

（市检察院提供）

【刑事检察】 2020 年，市检察院监督公安机关立案 4 件、撤案 5 件，纠正漏捕 20 人、漏诉 12 人，书面纠正侦查活动违法情形 11 件，提出刑事抗诉 3 件。落实少捕慎诉慎押，不捕 85 人，不诉 51 人，建议变更强制措施 13 人获采纳。适用认罪认罚从宽制度 481 人，适用率 85.28%。建议行政执法机关向公安机关移送涉嫌犯罪案件 2 件 7 人。纠正超期羁押 43 人，书面监督纠正监外执行、刑事执行、监管活动违法违规情形 8 件。受理监察机关移送职务犯罪 7 人，依法批准逮捕 5 人、提起公诉 4 人。

【民事行政检察】 2020 年，市检察院受理审查民事检察监督案件 21 件，提出检察建议 8 件，对 12 件依法不支持监督申请案。以“行政非诉执行监督”为重点，深入开展“行政争议实质性化解”专项活动，办理行政检察案件 5 件，提出检察建议 4 件。办理的吴某红申请执行监督案分别被高检院作为典型案例和广东省院作为优秀检察建议推广，在全省民事检察工作会议上作民事执行监督工作经验交流发言。

【公益诉讼检察】 2020 年，市检察院办理公益诉讼案件 51 件，发出诉前检察建议 46 份，办理刑事附带民事公益诉讼案件 4 件。开展“公益诉讼守护美好生活”专项监督活动，针对消毒餐具卫生、网络餐饮安全、农村人居环境问题，提出诉前检察建议 12 件。针对多处住宅小区存在堵塞、占用消防通道现象，联合市消防救援大队开展消防安全公益诉讼工作，以圆桌会议与相关单位达成强化监督管理、建立健全联合执法机制共识，发出诉前检察建议 3 件，推动解决消防安全隐患 40 处。

【未成年人检察】 2020 年，市检察院批准逮捕涉罪未成年人 37 人、提起公诉 32 人，不捕 9 人、不诉 8 人，精准帮教 8 名涉罪未成年人。对 13 所中小学整改落实情况开展“回头看”督导检查。对侵害未成年人犯罪“零容忍”，提前介入涉未成年人性侵案件 14 件，监督立案 1 件，批准逮捕 38 人、提起公诉 43 人。建立侵害未成年人权益案件强制报告制度，建成检警医合作“一站式”询问救助中心，让 11 名未成年被害人避免“二次伤害”。与团市委、市妇联等加强对留守儿童、困境儿童的关爱帮扶。加强法治宣传教育，自创音频普法栏目“‘未’来说”，推出法治副校长“云课堂”。是年，“护苗行动”项目获评梅州市“平安之乡”实践创新优秀项目称号。

【检察体制改革】 2020 年，市检察院内设机构重塑性改革落地，内设机构按照“5+3”模式有序运行，刑事、民事、行政、公益诉讼“四大检察”全面协调充分发展的总体布局初步形成。深化司法责任制落实，检察长列席同级法院审委会会议成为常态，领导干部带头办理各类案件 247 件。狠抓内部办案监督制约，细化《检察官联席会议暂行办法》，完善《拟不起诉案件标准》等规定，综合运用办案流程监控、案件质量评查、业务数据分析研判等方式，变“软约束”为“硬制约”。设立“案一件比”质量评价指标体系，狠抓检察官业绩考评管理，制定考评细则，明确考评标准，深化结果运用，扩大司法改革效应。

（郑晓燕）

法 院

【概况】 2020 年，市法院坚持以习近平新时代中国特色社会主义思想为指导，围绕“司法为民公正司法”工作主线，狠抓执法办案主业，全面加强队伍建设，全年受理各类案件

6600件，办结6464件，结案率97.94%，比上年增长1.61%，名列全市法院第一。

▲2020年7月29日，市法院邀请人大代表旁听一起涉恶案件庭审

（市法院提供）

【刑事审判】 2020年，市法院审结刑事案件325件，判处罪犯524人，判处五年以上有期徒刑的28人，重刑率5.34%。审结涉恶案件4件15人，判处5年有期徒刑以上刑罚1人，判处财产刑124.6万元。是年，依法严惩口罩诈骗、非法狩猎等涉疫犯罪案件9件10人。严惩危害社会治安和人民群众生命财产安全犯罪，审结故意伤害、“两抢一盗”、寻衅滋事、危险驾驶等犯罪案件136件。依法从严惩治黄赌毒犯罪，妥善审结江某等16人传播淫秽物品牟利、何某等20人开设赌场、钟某等4人贩卖毒品等黄赌毒案件60件。审结袁某云等14人团伙诈骗等非法经营、电信诈骗案件19件。审结性侵妇女儿童犯罪案件13件。审结涉环境资源犯罪案件7件。对119名轻微刑事罪犯适用非监禁刑。

【民事审判】 2020年，市法院审结民商事案件3334件，诉讼标的金额8.03亿元。审结婚姻家庭案件786件。审结交通事故、医疗责任等侵权纠纷案件249件。审结劳动争议案件17件，为18名农民工依法讨薪42.35万元。出台服务保障民营经济健康发展的工作意见，审结涉企纠纷案件359件。受理破产案件11件，召开债权人会议9次，审结2件。审结买卖、运输、加工承揽等合同纠纷案件272件。审结建筑工程、房屋租售、物业服务等纠纷案件221件。审结借款、保险、信用卡等金融纠纷案件1511件。审结相邻、农业承包合同等涉农涉地纠纷案件56件。审结买卖合同、房屋租赁等涉疫民商事案件7件。调解、撤诉结案1465件，调撤率43.94%。

▲2020年12月24日，市法院强制执结一起侵权纠纷案件 （市法院提供）

【行政审判】 2020年，市法院支持行政机关依法行政，保障南部新城、北环大道等重点项目顺利推进，审结行政诉讼案件261件、行政非诉执行案件549件。诉讼案件和解撤诉65件，促成梅州华生林业公司与五华河东镇政府和解，解决80多公顷林地的补偿问题。推进行政机关负责人出庭应诉工作，对行政机关负责人出庭应诉做到“一案一通知”，行政机关负责人出庭应诉案件109件，出庭率44.49%，比上年增长185.93%。联合兴宁市普法领导小组组织76名市直单位、镇街领导干部旁听行政案件庭审。

【执行工作】 2020年，市法院执结执行案件1995件，执

▲2020年12月30日，市法院集中发放司法救助金 （市法院提供）

结率97.6%。开展“南粤执行风暴2020”“百日攻坚”等专项行动，执结一批20年、30年无法解决的执行积案。执结追索劳动报酬、交通损害赔偿、赡养费等涉民生案件98件，执行到位金额182.37万元。优化执行案款支付流程，加快执行案款发放速度，维护当事人的合法权益。采取“活封”“活扣”等灵活保全措施案件87件。全年网拍228次，成交额3682.02万元，成交率84%，溢价率25.71%。纳入失信被执行人名单691人，限制高消费1362人次，限制出境1人，拘留6人。通过电视台、镇村公告栏、电子阅报栏、广告机、微信公众号等多渠道曝光失信被执行人，敦促失信被执行人自觉履行法定义务。

【司法为民】 2020年，市法院强化诉前司法保障，加强民法典宣传等普法活动。依法为经济困难的当事人减、缓、免交诉讼费。推进城乡居民人身损害赔偿标准统一试点，统一按照城镇居民标准计算残疾赔偿金、死亡赔偿金、被扶养人生活费，平等保护生命权、健康权。发放司法救助金75万元，帮助涉诉困难群众摆脱困境。是年，组织116名干警深入乡镇、街道、社区协助开展疫情宣传、排查活动。建立疫情防控常态化诉讼服务工作机制，做到窗口服务不间断。推进一站式诉讼服务中心和一站式多元解纷机制建设，为群众提供诉讼指引、诉讼辅助、纠纷解决等一站式诉讼服务，推行网上缴费、网上立案、跨域立案等便民利民服务。运用智慧法院建设成果，依托远程庭审系统进行网上审判、智慧执行，化解矛盾纠纷，网上立案489件，线上开庭审理案件75件，实施网络查控4165件次。

【司法改革】 2020年，市法院落实司法责任制，完善院庭长办理案件工作规定，发挥院庭长示范引领作用，院庭长主审案件4117件，占62.38%。完善绩效考核办法，全面、客观、科学评价三类人员工作绩效。推进以审判为中心的刑事诉讼制度改革，认罪认罚从宽适用率83.21%，一审服判息诉率90.15%，刑事案件律师辩护全覆盖率100%。实施刑事案件繁简分流，完善刑事案件速裁程序，适用简易程序审理案件161件，适用速裁程序审理案件3件。推进民事诉讼程序繁简分流改革，适用小额诉讼程序审理案件318件，适用简易程序审理案件2567件。

【司法公开】 2020年，市法院扩大司法民主，人民陪审员参审案件1045件，普通程序

▲2020年10月16日，市法院到华侨中学开展模拟法庭活动 （市法院提供）

▲ 2020 年 12 月 4 日，市法院开展“12 • 4”国家宪法日宪法宣传活动

（市法院提供）

案件陪审率 98.03%。保障公民司法知情权，完善审判流程、裁判文书、执行信息、庭审直播等司法公开平台建设。主动接受人大监督、政协民主监督，走访代表委员 110 人次，邀请代表委员视察工作、观摩庭审、见证执行、监督信访等 5 次 46 人。依法接受检察机关法律监督，办理检察建议，邀请检察长列席审委会。接受社会各界和新闻媒体监督，畅通民意沟通渠道。落实“谁执法谁普法”责任制，充分发挥司法裁判的引导、规范作用，在各级媒体发表普法稿件 122 篇，在微信等新媒体平台推送文章 214 篇，开展国际禁毒日、宪法宣传日、送法下乡、模拟法庭进校园等法治宣教活动 9 次，受益群众 4000 多人。

（江育娇）

司法行政

【概况】 2020 年，市司法局围绕中心，服务大局，履职尽责，营造良好的法治环境，提供优质高效的法律服务。是年，福兴街道人民调解委员会被司法部评为“全国模范人民调解委员会”，黄陂镇司法所所长何定如被司法部评为“大排查、早调解、护稳定、迎国庆”专项活动表现突出个人；以 97 分连续 2 年获评全省普法依法治理工作网上量化评估县（市、区）并列第一名；市司法局“智慧村居法律公共平台”获评 2019—2020 年全省国家机关“谁执法谁普法”优秀普法项目；合水镇龙东村、新圩镇石崖村被评为广东省“民主法治示范村”；兴宁市通过梅州市“七五”普法检查验收考核，在 2020 年“谁执法谁普法”履职评议中获评优秀等次。

【普法宣传】 2020 年，市司法局印发 2020 年兴宁市普法工作要点，组织举办 2020 年度履职报告评议活动；抓好重点对象学法用法，将领导干部、公职人员和青少年作为普法重点，健全完善党委（党组）中心组学法、法治教育培训、日常学法年度考试、依法决策等制度，开展“法律进校园”活动，推动中小学开设宪法相关课程；10 月 13 日，市普法办联合市人民法院在人民法院组织开展领导干部旁听庭审学法主题活动，80 余名领导干部旁听庭审。利用报纸、电视、网站、微信公众号、神光山法治文化主题园、青少年法治文化教育基地、千米法治文化街、文化广场 100 平方米 LED 屏、邮政局广告传媒视频机等载体，构建全媒体法治宣传矩阵。开展民主法治村（社区）创建活动，至年底，建成全国民主法治示范村 1 个（龙田镇凉伞村），

▲ 2020 年 10 月，市司法局、市人民法院联合华侨中学广东省青少年法治教育实践基地开展“法治宣传教育实践”活动

（邓伟国 摄）

▲ 2020年10月13日，市普法办联合市人民法院在人民法院第一审判庭组织开展领导干部旁听庭审学法主题活动（邓伟国 摄）

建成省级民主法治村（社区）495个。组建民法典宣讲团，制作民法典宣传片、宣传手册、宣传挂图、宣传横幅、宣传台历，利用微信、微博、广播、电视、LED屏、横幅等传播渠道，在全市范围内深入开展“民法典八进”活动。在“3·8”国际妇女节、“3·15”消费者权益日、“4·15”国家安全日、“12·4”国家宪法日等时间节点，联合相关职能部门深入乡村、社区、机关、企业、校园，开展法治宣传主题活动。全年推送以案释法53条、法律法规条文、普法微信新闻稿件312条，印发各类宣传资料80.5万份，LED滚动播放80多万次，全市对社会宣传325场次，开展法治讲座153场次、受教育56万人次。

【法律服务】 2020年，市司法局构建公共法律服务网络，实现公共法律服务全覆盖。在兴宁市公共法律服务中心的基础上，建成镇级公共法律服务工作站20个（其中省示范性乡镇公共法律服务工作站7个）、村级公共法律服务工作室62个（其中省示范性村公共法律服务工作室61个），初步构建覆盖市、镇（街道）、村三级的公共法律服务网络。建立顾问律师、法律服务志愿者、人民调解员轮流进驻值班的工作制度。畅通“12348”和“3330148”法律服务热线平台，以网络、电话为载体接受群众法律咨询。选配村（社区、管区）法律顾问，组织全市495个村（社区、管区）与98名律师签订法律顾问合同。是年，全市村（社区、管区）法律顾问登记台账7250条，其中法律咨询4685次，出具法律意见68件，调解纠纷69件，法治宣传1715场次，法律援助18件，其他服务695件。是年，针对公共法律服务网络建设过程中发现的本地律师资源缺乏、农村留守人员多为老人儿童、外地驻村律师因语言不通沟通困难等问题，市司法局启动公共法律服务平台“智慧司法云”建设项目，通过网络将全市505个公共法律服务工作室与20个工作站、1个工作中心进行对接，安排本地律师到公共法律服务中心值班，依托远程视频功能为基层纠纷调解提供专业指导和服务。至年底，完成100个“智慧司法云”点的连接测试工作。

【法律援助】 2020年，市司法局实行法律援助受理登记制度，规范法律援助申请人经济困难条件的审查，使法律援助覆盖低收入群体；向异地务工

▲ 2020年11月3日，市司法局组织兴宁市青年干部参加“我与民法典有个约”演讲比赛（吴宇戈 摄）

人员、下岗失业人员、妇女、未成年人、老年人、残疾人等群体提供相关法律信息和维权指南，引导群众依法表达合理诉求。建立法律援助参与申诉案件代理制度，逐步将不服司法机关生效刑事、民事和行政裁判、决定，聘不起律师的申诉人纳入法律援助范围。实施刑事案件律师辩护全覆盖及律师值班制度，在人民法院、人民检察院及看守所建立多个法律援助工作站，保障犯罪嫌疑人、被告的刑事辩护权利。拓展法律援助服务网络，充分发挥镇（街道）、村（社区）和工会、共青团、妇联、老龄委、残联等法律援助工作站的职能作用，方便群众及时就近获得法律咨询；在镇（街道）、农村集市等地点设置法律援助便民服务联系点，解决法律援助“门难找”的问题。是年，全市受理法律援助案件264件，包括：刑事案件237件，其中因刑事案件律师辩护全覆盖受理案件226件；民事案件27件，其中机动车交通事故责任纠纷案件9件，“三费”（赡养费、扶养费、抚养费）案件4件，追讨薪资案件4件，离婚案件6件，继承纠纷案件1件，人身损害案件3件。组织律师参与刑事案件认罪认罚从宽案件379件。接待来电来访985人次，解答法律咨询789人次。

【人民调解】 2020年，市司法局加强与信访、公安、法院等部门的沟通协作，做好公调对接、诉调对接、检调对接、访调对接等工作。每季度一次、镇（街道）每月一次、村（社区）每周一次开展矛盾纠纷排查工作。在疫情防控期间，全市人民调解组织和人民调解员放弃节假日休息，调解劳动争议、商铺租赁、复工复产等矛盾纠纷。至年底，全市有人民调解委员会586个、人民调解员2560名，其中，市级人民调解委员会1个，镇（街道）人民调解委员会20个，村（社区）人民调解委员会501个，个人调解工作室3个，中小学校等事业单位调解委员会49个，婚姻家庭纠纷、劳动人事争议、医疗纠纷、道路交通事故纠纷等行业性调解委员会8个，合水农场管区人民调解委员会4个。是年，全市开展矛盾纠纷排查1120次，预防纠纷651件；调解矛盾纠纷3906件，调解成功3904件，调解成功率99.9%，没有矛盾激化情况。

【社区矫正】 2020年，市司法局开展《中华人民共和国社区矫正法》的学习宣传和研讨活动，实行社区矫正管理股工作人员分三个片区包干联系司法所制度，做好矫前调查评估和衔接，执行报告、会见、外出、居住地变更、保外就医等管理规定。用好“省社区矫正系统”、手机定位、人脸识别、视频点验等科技手段，对社区服刑人员实行有效监管。加强与法院、监狱、看守所、司法所的工作衔接，采取“报到回执制”“现场交接制”等衔接方法，努力实现“无缝对接”，杜绝脱管漏管现象。建立与公、检、法等有关部门的协调联动机制，形成监管合力，实现刑罚执行一体化。是年，利用派驻警察开展个别教育，逐人制定矫正方案。在社区矫正对象中普遍开展心理健康教育。在疫情防控期间实行人性化管理，采取电子定位、电话报告、视频通话等手段，及时全面掌握社区矫正对象的身体状况和活动情况，通过“广东省司法厅社区矫正系统”APP组织线上学习。运用司法行政远程会见系统，充分发挥亲情帮教作用，全年接收办理服刑（强戒）人员家属会见申请447例。对刑释人员实行一人一档管理，指派帮教人员定期对刑释人员进行家

▲2020年3月13日，广东省司法厅到市司法局检查督导疫情防控、安置帮教和社区矫正工作 （温琳 摄）

▲ 2020 年 11 月 27 日，市普法领导小组召开第三届“谁执法谁普法”履职报告评议会 （温琳 摄）

访，组建帮扶慰问团，帮助在押服刑人员的未成年子女解决学习、生活等困难。

【安置帮教】 2020 年，市司法局联合社会力量新设立 5 个社区矫正安置帮教基地，实现刑释解矫人员“出来有人接，接回有人管、就业有人扶，困难有人助”的工作目标。全年接受刑满释放人员 423 人，帮教 423 人，安置率、帮教率均为 100%。

【规范性文件审查】 2020 年，市司法局审查各类文件 131 件，其中，审查市政府规范性文件 6 件、政府部门规范性文件 6 件，审查各镇及市直部门报送的政策性文件或其他文件材料 109 件，审查市政府重大行政决策事项 10 件。办理省、市等上级法律、法规、规章、规范性文件征求意见稿 82 件。向梅州市人大及兴宁市人大报送备案规范性文件 6 件，本级备案 6 件。

【行政复议和行政诉讼】 2020 年，市司法局探索“复议 + 调解”新模式，在查明事实、分清是非的基础上，将调解贯穿于行政复议案件全过程。在市公共法律服务中心设置行政复议受理窗口，在全市 20 个镇街司法所设立行政复议咨询受理点，让群众在“家门口”或“最多跑一次”就能申请行政复议。严把复议案件的“事实关、法律关和程序关”，提高复议案件质量，减少复议后进入诉讼程序的案件。是年，经过复议进入诉讼程序的案件仅占审结案件总数的 23.5%，按期答辩率 100%、出庭率 100%、复议后应诉案件胜诉率 100%。

【行政执法案卷评查】 2020 年，市司法局针对全市执法单位的行政执法事前信息公开、事后结果和抽取案卷情况开展督察活动。在抽查阶段，评查小组对 26 个有行政执法案卷的执法单位进行抽查，对公安局、自然资源局、交通运输局、卫生健康局、应急管理局、市场监督局等执法案卷比较多的单位进行现场抽查。该次抽查案卷数 115 份卷宗，其中行政检查 31 份、行政处罚 36 份、行政许可 46 份、行政强制 2 份。案卷评查工作领导小组严格按照《广东省行政执法案卷评查标准》，采取一卷一表的方式，对各行政执法单位抽查的案卷进行评查，作出评分和评查意见。抽查情况是：77 份优秀案卷，19 份良好案卷，15 份合格案卷，4 份不合格案卷，合格率为 96.5%。

（凌文通　温琳）

劳动人事争议仲裁

【概况】 2020 年，市劳动人事争议调解仲裁院加强劳动人事争议处理效能建设，完善制度、提升调解能力，加强调解仲裁规范化、标准化、专业化和信息化，依法公正处理争议、化解风险，发挥调解基础性作用和仲裁准司法制度优势，维护劳动人事关系和谐与社会稳定。

【劳动人事仲裁管理】 2020 年，市劳动人事争议调解仲裁院完善各镇、街调解组织建设，完善微信小程序办案流程。完善自身监督，加强劳动人事争议仲裁效能建设，提高劳动人事争议处理效率，做到法定时效内结案率达 100%。全年受理劳动人事争议案件 71 件，其中工伤待遇赔偿 6 件，解除劳动关系经济补偿 48 件，确认劳动关系 4 件，拖欠工资 13 件，涉及金额标的 900 多万元，在法定时效内结案 100%。不予受理 3 件。接待来信、来电、来访单位与群众 280 多人次。受新冠肺炎疫情影响，2020 年全市劳动争议案件争议数与同期上升，在兴宁的企业生产受影响较大，餐饮业等服务业违法解除劳动合同争议案件涌现。

（刘福旺）

军 事

责任编辑：李晨阳

人民武装

【概况】 2020年，市人武部党委贯彻落实军委国防动员部、省军区和军分区党委及兴宁市委、市政府的决策部署，着眼“有效履行新形势下强军目标，着力抓班子带队伍，聚力抓实训强战备，努力抓融合尽职责，大力抓规范正秩序”的思路，振奋精神、勇于担当、开拓创新，扎实开展以国防动员为中心的各项工作，圆满完成上级赋予的各项任务，单位全面建设形势呈现稳步发展的良好势头。

【战备建设】 2020年，市人武部把备战打仗作为党委班子的主责主业，树立聚焦打仗导向。多次召开党委扩大会议和首长办公会，专题开展聚焦打仗问题研究和专项任务部署；结合形势任务需要和通过现地勘察、集体研究等方式，牢固树立聚焦打仗的鲜明导向。贯彻落实《战备工作条例》，持续抓好战备教育、战备值班、应急抢险等日常战备工作落实，完成值班室会议系统的升级改造引接“三防”指挥网、公安交通网、政务网等，全面完善指挥信息系统，确保战备工作有效落实。结合形势任务，紧盯实战化训练，合理制定计划，开展民兵分队专攻精炼，完成多期年度民兵训练任务。同时组织各镇（街道）民兵应急排进行防汛、防暴和维稳等科目训练，参加梅州轻舟分队训练比武取得全市第三名。

【正规化建设】 2020年，市人武部学习新修订的《军队基层建设纲要》，开展“双争活动”，同时对照纲要和有关规范，结合兴宁市基层武装部和民兵营建设实际，以刁坊镇武装部和永和镇新寨村民兵营为试点，规范基层武装部和民兵营建设标准。对照省军区下发的《不同类型单位正规化建设规范》《不同类型单位日常工作规范》，狠抓“四个秩序”落实。结合实际拟制《正规化管理实施细则》，制定会议、学习、训练制度，明确人员、营院、车辆等方面具体管理办法，理顺工作程序，明确职责分工，助力正规化管理和安全稳定工作再上新台阶。

【国防工作】 2020年，市人武部推进“十三五”规划落实。针对形势任务变化，调整完善兴宁市国防动员委员会和人民武装委员会，先后召开国动委专项任务部署会和阶段总结讲评会，国防动员专业队伍建设推进会。开展民兵组织整顿。推进民兵调整改革，调整民兵调整改革领导小组，先后召开多次专题任务部署会，组织业务培训。按照应急基干民兵向乡镇、街道编组、专业和新质力量基干民兵向企事业单位编组的总体思路，完成基干民兵和普通民兵的民兵整组任务，结合潜力调查数据，充分挖掘民兵潜力，确保民兵整组工作落实落细。完成兵员征集任务。通过进村入户宣传、悬挂横幅标语、张贴海报、发放宣传单、协调电视台广播、微信公众号宣传等方式大力开展征兵宣传工作，开展1次征兵宣传现场会和5场征兵宣传暨国防教育进校园活动。利用电脑派号审批定兵，杜绝人情关系，实现“廉洁征兵、阳光征兵”。全年兴宁市兵役登记率100%。是年，兴宁市的征兵工作被梅州市评为征兵工作先进单位。

【党管武装】 2020年，兴宁市落实《关于加强和改进新形势下党管武装工作的意见》，把武装工作作为重点工作，加大党管武装工作力度，解决官兵的实际问题。对落实党管武装双向兼职、述职报告、现场办公等11项制度和6个方面的任务进行规范，市委书记、市长等主要领导经常听取武装工作情况汇报、作出决策部署，人武部两位主官分别参加市委常委会、市政府常务会。按照《广东省专武干部资格认证实施办法》和梅州市有关文件精神，出台《兴宁市专武干部资格认证实施办法》，组织专武干部资格认证考核，对能力素质较低、不能胜任本职或超过任职最高年龄的进行重新选拔任用，是年，提拔1名武装干事任武装部部长，2名武装部部长转岗交流使用，5名武装部部长晋升岗位或调级调档。落实《兴宁市军人随军家属就业安置实施办法》《军人子女教育优待实施细则》《征兵工作责任制实施细则》等多个地方性政策文件，对转业干部安置、随军家属就业、兵役征集、军人子女入学入托等方面给予优惠照顾和政策帮扶。12月，兴宁市党管武装工作被梅州市国动委评为第三名。

【双拥工作】 2020年，兴宁市连续8年获“省双拥范市”称号。是年，支援地方疫情防控，兴宁场站部队为兴田街道、罗浮镇捐赠防疫物资3万余元，出动200名官兵无偿献血4万毫升。通过开展党建引领脱贫，持续推进精准脱贫攻坚措施落地，协调地方党委政府和民营企业助力脱贫攻坚，实现罗浮镇浮西村贫困人口38户104人全部脱贫，脱贫率100%，协调爱心企业为罗浮镇1520名贫困学生发放爱心书包、学习文具等。

（杨宝明）

武警

【概况】 2020年，武警兴宁中队在上级党委和兴宁市委、市政府的领导和关心支持下，围绕践行强军目标要求，狠抓执勤教育训练管理，连续11年被武警广东省总队评为“基层建设标兵中队”。是年，中队被评为“四铁”先进单位，1名战士被支队表彰为“四有”优秀警官，2名战士立个人三等功，中队立集体三等功。

【执勤训练】 2020年，武警兴宁中队以习近平主席训词为指导，打牢官兵“训练有为、训练有位、训练有功”的思想意识。以“法规”为根本衡量尺度，突出战斗力标准，坚持军事训练计划、会议、档案、考核等制度，遵循由简到繁、由易到难的训练规律，加强军事动作训练，紧盯短板弱项，指定干部专人负责进行强化训练。二季度在分批次参加支队组织的实弹射击中，成绩优秀。疫情防控期间，严格对照疫情防控期间军事训练指示按纲施训，科学组训，遵循客观规律，单兵专业训练突出擒敌术、单兵战术等科目，狠抓基础体能、器械体操、爬绳等硬科目；分队训练重点抓好应急班的建设和训练。突出中队长、排长、班长三级指挥员，着重加强现场指挥、协同指挥和应变指挥能力训练，尤其是在汛期期间，中队严格对

▲武警兴宁中队进行基础体能训练 （武警兴宁中队提供）

照训练要求结合周边汛情及地理位置进行专项演练，在上级拉动抽点中多次得到表扬；注重军事职业教育和学历升级工作。中队坚持每周灵活开展三个课时军职教育，引导官兵加强军事、科技、管理等军人职业共性知识的学习。

【新冠肺炎疫情防控】 2020年1月27日，武警兴宁中队落实上级疫情防控精神，开始实施全封闭式管理，在队人员暂停请休假、在外人员暂缓归队。2020年5月1日，根据上级指示精神，中队解除全封闭式管理。

【书法进军营】 2020年1月10日，武警兴宁中队邀请兴宁市书法家协会5位老师走进军营，为官兵送春联，题写格言警句。

【学习专修室建成】 2020年6月，武警兴宁中队根据上级指示，依托地方装修公司，建成学习专修室投入使用，整体设计由机关政治工作处指导中队完成，具体布设由中队官兵自主完成。学习专修室设有学习桌椅、教学一体机、书柜及摆件，有书籍1000余册，包含政治、军事、文学、经济、历史多方面，学习专修室全天候开放。

【健身馆建成】 2020年6月，武警兴宁中队协调兴宁市退役军人事务局投入5万元，为中队购置一批健身器材，布设原有室内训练馆开辟健身场所建成健身馆，为官兵提供现代化的训练场地。

【“八一”军地篮球交流赛】 2020年8月1日，中队与兴宁市合水镇人民政府开展篮球友谊赛。赛中，充分展现出军人的良好素质和积极向上的精神风貌。比赛持续近一小时，后中队取得比赛的胜利。

【心理宣泄室建成】 2020年，武警兴宁中队依托地方装修公司，建成心理宣泄室投入使用，整体设计由机关政治工作处指导中队完成，具体布设由中队官兵自主完成。心理宣泄室设有按摩椅、布艺沙发、壁挂摆件、桌游台、击打软包墙面，休息时间开放。

（郑广斌）

人民防空

【概况】 2020年，市人防办完成抢险抢修、通信保障等人防专业队伍的集合训练、民用资源预征（租）等工作。每季度对人防通风设备、防护设备的安全及运转等进行全面检查；每季度对防空警报设备设施进行维护保养1次。至年底，全市有总控中心1台，电视、广播分控中心各1台，固定警报器28台。

【人防工程安全管理】 2020年，兴宁市指导人防工程管理单位做好结建式人防工程土建、排水排涝、环境卫生等日常维护管理工作。实行网格化指导管理，落实安全管理制度，建立检查制度，坚持日常检查与重点抽查相结合，每季度对人防通风设备、防护设备的安全及运转等进行全面检查1次以上。

【人防队伍建设】 2020年，兴宁市完成抢险抢修、医疗救护、消防专业、通信保障、交通运输、治安等7个人防专业队伍的编制及集合训练、民用资源预征（租）等工作，做到定人、定岗、定装备。

【人防宣传教育】 2020年，兴宁市开展安全生产月咨询活动和防空警报试鸣活动，通过现场咨询会，发放人防法律、法规和政策手册进行人防宣传教育，发放宣传手册，受教育群众30万人次以上。

（廖秀莲）

退役军人事务

【概况】 2020年，市退役军人事务局以开展“基层基础基本建设年”“思想政治工作年”“矛盾问题攻坚化解年”活动为抓手，做好优抚政策落实、退役士兵接待安置、社保接续、就业创业、光荣牌悬挂、双拥共建、烈士纪念设施管理维护等工作，开展星级示范创建活动，有14个退役军人服务中心（站）评定为五星级，加大退役军人教育培训力度，开展常态化联系走访慰问活动，化解矛盾问题，推动退役军人事务领域治理能力现代化。

【双拥工作】 2020年，市退役军人事务局落实“拥军优属、拥政爱民”政策，做好拥军支前保障工作。是年，兴宁市获省“双拥模范市”称号。

【优抚工作】 2020年，市退役军人事务局落实优抚政策、足额落实重点优抚对象补助及义务兵优待金。全年按时足额发放抚恤补助，落实“五优”经费。投入300多万元走访慰问重点优抚对象、残疾军人和“三属”人员，解决重点优抚对象生活困难、住房维修、医疗救助等问题。组织开展清明节网上祭扫英烈和“9·30”公祭烈士活动。为2019年获得个人二等功、个人三等功的现役军人上门送立功喜报。申请10例应急救助资金，获批省应急救助资金31.28万元。依托退役军人服务中心（站）设立法律援助站（窗口、联络点），值班律师定期为退役军人提供法律援助。投入60多万元改造光荣院消防设施。对全市80个烈士纪念设施实施维护；投入350万元修缮合水革命烈士陵园。

▲2020年11月14日，市退役军人事务局在市高级技工学校举行“客家风味菜”技能创业培训班开班仪式 （市退役军人事务局提供）

【退伍安置】 2020年，市退役军人事务局发放2020年度退役士兵医疗、生活、建房补助。组织退役士兵参加“客家风味菜”技能创业短期培训并发放培训补贴。联合市就业服务中心举办退役军人专场招聘会，现场达成就业意向86人；在兴宁市高级技工学校建立退役军人就业创业孵化基地，申报省级就业创业园地；与广东轻工职业技术学院合作办班，在兴宁市高级技工学校开展全日制职业技术培训，首期招生40人。受理社保接续申请，完成社保接续缴费办结。

【军休工作】 2020年，市退役军人事务局走访慰问军休对象，发放慰问金及医疗补助。

【军转干部管理】 2020年，市退役军人事务局按政策做好部分困难企业军转干部生活困难补助核发、调增工作，其中退休的按上年度月补助额提高5%，为1名在岗困难企业军转干部提高月生活补贴300元。每月对22名患有严重疾病人员发放特殊生活困难补助。做好部分困难企业及自主择业军转干部节日慰问及体检补助发放工作。做好军转干部信息采集、审核、维护工作，做好困难企业军转干部及自主择业军转干部的年审、政策宣传、权益维护及其他日常工作。

（林伟彬）

经济

责任编辑：黄志红

经济管理

宏观经济管理

【概况】 2020年，市发展改革局储备原中央苏区振兴发展重大项目181个，国家重大项目库项目150个；争取中央预算内投资和专项债券资金14.11亿元；完成36个正式重点项目投资47.57亿元，完成率104.04%，位居梅州市各县区之首。2019年粮食安全考核优秀等次。2019年度兴宁市节能考核为全梅州唯一考核评定结果为“完成”等级的市（县、区）。

【规划编制】 2020年，市发展改革局总结分析2019年国民经济和社会发展计划执行情况，组织编制2020年计划草案报告；推进“十四五”规划编制，做好编制前期工作的组织协调，起草《兴宁市国民经济和社会发展第十四个五年规划和2035年远景目标纲要（草案）》。是年，兴宁市地区生产总值实际完成176亿元，名义年均增长0.8%。

【项目储备管理】 2020年，市发展改革局储备原中央苏区振兴发展重大项目181个，总投资1334亿元，其中推动实施项目71个；国家重大项目库储备和在建项目150个，储备、在建项目分别为48个、102个，总投资423.4亿元。谋划2021年省和梅州市重点项目52项，总投资444.93亿元；其中正式项目38项，2021年度计划投资46.36亿元。谋划梅州市“十四五”时期重大工程项目42个，计划总投资654.5亿元（其中省级规划项目22个，计划总投资571.6亿元）；兴宁市“十四五”规划重大项目310个，总投资1348.5亿元。

【重点项目建设】 2020年，广东省和梅州市重点项目43个，总投资532.59亿元。其中，正式项目36个（含省重点项目5个），投资477.07亿元，年度

▲ 2020年梅州市和省重点项目：兴宁市产业转移工业园整体城镇化项目

（市发展改革局提供）

投资计划45.72亿元；预备项目7个，总投资55.52亿元；全年36个正式重点项目完成投资47.57亿元，占年度投资计划的104.04%，比上年增长13.37%，位居梅州市各县区之首。是年，全市22个重大工程项目总投资234.41亿元，年度投资计划28.82亿元，全年完成投资30.29亿元，占年度投资计划的105.11%。

【项目资金争取】 2020年，市发展改革局精准对接国家和省资金投向，推动政策落地，争取中央预算内投资和债券等资金项目18个，下达资金14.11亿元。其中，中央资金项目8个，下达资金1.24亿元；专项债项目4个，下达资金9亿元；一般债项目1个，下达资金1亿元；特别国债项目5个，下达资金2.87亿元。申报中央预算内投资储备项目32个，立项32个，总投资60.68亿元。

【项目投资管理】 2020年，市发展改革局审批、核准和登记备案建设项目215个，其中基础设施项目66个、工业产业项目108个、民生保障项目7个、其他项目34个，总投资271.16亿元；核准招标项目27宗，其中公开招标27宗；规范政府投资管理，强化概算审查严防超投资建设，推动制订政府投资2021年度计划。

【价格收费管理】 2020年，市发展改革局完善社会救助、保障标准与物价上涨挂钩联动机制，全市发放困难群众价格临时补贴2813.62万元，受益人数36.09万人次。新冠肺炎疫情防控期间，落实疫情防控期间各项价费减免政策，出台阶段性降低用电成本、阶段性降低用水价格、阶段性降低用非居民用气销售价格政策，减轻企业用气、用电、用水负担968.47万元，惠及企业和用户29.9万户次。降低企业用能成本，支持企业复工复产。做好非洲猪瘟、新冠肺炎疫情防控应急价格监测工作，上报粮、油等8大类80多个商品价格，巡查74人次，推送市场价格动态分析26篇。开展价格成本监审14家。开展价格认定工作，鉴定评估案件424件，涉案总金额2337万元。调整住宅物业服务收费政府指导价标准，推动实行城镇非居民用水超定额超计划累进加价制度。

【粮食安全管理】 2020年，市发展改革局推进粮食生产发展、扶持粮食生产、加强仓储监督管理、维护粮食市场秩序、确保粮食质量安全、提升粮食监管能力六方面工作，保障全市粮食安全，2019年粮食安全考核获优秀等次。推动人才兴粮，收储公司钟运泉获评国家粮食和物资储备系统劳动模范。完成年度9248.41吨县级储备粮轮换工作，做好政策性粮食出库监管。开展春秋季粮油安全普查，全年检查仓库28座，储粮25165吨（其中商品粮165吨），食油60吨。完成“粮库智能化升级改造项目”前期工作。开展《粮食流通管理条例》《广东省粮食安全保障条例》宣传活动。加强粮食生产和流通环节的监督管理，由局领导班子成员带队成立4个督导组，督导检查夏粮收购。开展“双随机、一公开”检查，监管粮食企业2家4次。做好疫情防控粮油物资应急保障工作，制订储备粮应急预案，开展粮食企业库存情况调查和粮油市场监测；推进新增10天成品粮储备工作，加快“好粮油项目”建设进度，2个项目完成验收。做好疫情防控救灾物资后勤保障，发放帐篷等应急物资3649件，调入2620件。

▲2020年7月30日，兴宁市粮食收储公司钟运泉（左一）获得国家粮食和物资储备系统劳动模范称号

（市发展改革局提供）

【能源安全管理】 2020年，市发展改革局组织完成黄陂镇温公水库，黄槐镇飞鹅头、班基坪农电体制改革工作。推动落实节能政策措施，抓好2019年度节能考核，兴宁市为全梅州唯一考核评定结果为“完成”等级的市（县、区），全年完成10家以上用能单位的节能监察任务，全市299家公共机构完成2019年度能源资源消费统计报告。抓好能源安全生产，强化加油站安全生产检查，全年检查加油站63家，发现并整改一般隐患35处。全市94家加油站完成2019年度的年检工作。组织开展成品油市场综合整治执法行动4次，检查10个汽修厂和5个停车场；行政立案6起、查处成品油0.1吨，刑事立案2起，案值41.08万元、抓获14人，刑事拘留14人，逮捕6人；捣毁非法加油点3个，抓获团伙1个，查处成品油86吨。

【优化营商环境】 2020年，市发展改革局制订出台《兴宁市深化营商环境综合改革行动方案》《兴宁市优化营商环境专项行动工作方案》等方案；牵头推进6个方面28项改革任务的深化营商环境综合改革行动，以廉政建设为着力点，重点推进12个专项行动，审批（办事）时间大幅缩短，平均减幅49.7%，流程明显压减，平均减幅40%。

【社会信用体系建设】 2020年，兴宁市城市信用监测排名实现“提档进位”，在385个县级市信用监测排名中，由2019年12月的240位上升到159位。是年，市发展改革局投入12万元升级兴宁市信用信息双公示平台，实现向国家、省和梅州定期推送，与省行政执法平台对接共享；信用信息“双公示”行政许可1.57万条，行政处罚1400条；推动落实信用承诺制，全市制订政务信用承诺书单位30家，制订业务信用承诺书8家。

（陈彬）

2020年兴宁市省市重点建设项目情况表

表7

项目名称	建设起止年限	总投资（万元）	2020年投资计划（万元）	1—12月完成投资（万元）	占比（%）
合计：43项		5325913	457233	475690	104.04
正式项目（36项）		4770732	457233	475690	104.04
兴宁市泰歌成品油仓储、分销油库及配套设施建设项目	2017—2021	40000	8000	9600	120.00
兴宁市阳星200兆瓦农光互补光伏发电综合利用项目	2019—2021	90000	20000	20236	101.18
▲兴宁市明珠养生山城项目	2013—2022	380000	15000	8276	55.17
兴宁市宋声农业生态旅游	2019—2026	300000	5000	5050	101.00
兴宁市拓展盈辉再生资源循环利用产业园	2016—2020	24000	5000	5120	102.40
兴宁市纺织面料运动鞋加工生产项目	2020—2022	110000	26000	9385	36.10
兴宁市熙和湾客乡文化旅游产业园	2012—2021	380000	20000	20000	100.00

续表 7

项目名称	建设起止年限	总投资（万元）	2020 年投资计划（万元）	1—12 月完成投资（万元）	占比（%）
兴宁市玖崇湖温泉度假小镇	2018—2025	600000	33000	33000	100.00
兴宁市大天然生态农业休闲旅游区	2016—2026	70000	5000	5038	100.76
兴宁市和山休闲农业旅游产业园	2019—2023	100000	5000	5000	100.00
兴宁市富荣云山谷生态农业综合旅游景区项目	2018—2026	138000	2550	4800	188.24
兴宁市水口镇前锋红色文化旅游基地	2019—2022	32000	5000	5019	100.38
兴宁市亲水公园项目	2019—2020	18450	8450	8450	100.00
兴宁市环境综合治理与修复项目	2017—2020	169402	56722	56722	100.00
▲兴宁市熙和湾客天下花灯文化特色小镇	2018—2027	800000	35000	35000	100.00
兴宁市南部新城棚户区改造三期（宁新安置区 C 区）建设项目	2018—2022	351607	10500	14345	136.62
兴宁市南部新城棚户区改造三期（福兴安置区三期）建设项目	2018—2022	212282	5000	13964	279.28
兴宁市城镇老旧小区（宁新东风村 3 号、4 号和 6 号小区）改造及周边市政设施升级改造工程	2020—2021	8000	4800	5200	108.33
兴宁毅德城 110 千伏、35 千伏、10 千伏供电线路迁改工程	2020—2021	7940	5200	7940	152.69
兴宁市产业转移工业园整体城镇化项目	2019—2021	120672	25000	32000	128.00
▲东莞石碣（兴宁）产业转移工业园	2011—2021	287200	8000	8300	103.75
兴宁市数控机床投资项目	2019—2022	26000	5000	5006	100.12
兴宁市产业转移工业园叶塘安置区城市棚户区改造二期项目	2018—2021	50070	8000	8100	101.25
河惠莞高速公路麻布岗互通出口至兴宁市罗浮连接线公路工程（兴宁段）	2019—2020	16299	8299	8299	100.00
兴宁市乡村振兴发展旅游公路（兴宁市宁江桥至合水旅游景区一江两岸河堤公路建设工程）	2019—2021	52498	15000	20000	133.33

续表 7

项目名称	建设起止年限	总投资（万元）	2020 年投资计划（万元）	1—12 月完成投资（万元）	占比（%）
兴宁市省道 239 线锦绣大桥及引道工程	2019—2021	5721	5000	5200	104.00
兴宁市“四好农村路”公路建设工程	2020—2021	20000	16000	20000	125.00
省道 225 线兴宁市火车站至水口段改建工程	2017—2020	55235	2196	1700	77.41
国道 205 线兴宁市宁新至新陂段路面改造工程	2020—2021	5962	5000	5700	114.00
▲兴宁市静脉产业园项目	2019—2021	72830	15000	17000	113.33
▲兴宁市人民医院异地（整体）搬迁新建项目	2018—2021	155000	30000	32923	109.74
兴宁市金绿种鸽养殖基地建设项目	2019—2025	12000	5000	5050	101.00
兴宁市新城学校建设项目	2019—2020	16308	11416	9500	83.22
华南师范大学附属广梅园小学	2020—2021	14800	3000	3000	100.00
兴宁市第二自来水厂扩建工程	2020—2022	23894	15600	17206	110.29
兴宁市第二自来水取水点迁建工程	2020—2021	4562	4500	4561	101.36
预备项目（7 项）		555181			
省道 226 线兴宁市罗浮（省界）至新陂段改建工程	2020—2023	131519			
广东省梅兴华丰产业集聚带兴宁市水口工业园（首期）	2020—2030	308800			
梅州市卫生职业技术学校建设项目	2021—2022	11015			
兴宁市文峰学校建设项目	2021—2022	20000			
叶塘工业园学校建设项目	2021—2022	12847			
兴宁市慢性病防治院整体搬迁项目	2021—2023	25000			
兴宁市镇（街道）社区卫生服务中心整体搬迁项目	2021—2023	46000			

说明：1. 前面带“▲”号为省重点项目；

2. 省重点项目 5 个，1—12 月完成投资 10.15 亿元，占年度投资计划的 101.5%

审计

【概况】 2020年，市审计局完成审计项目20个（其中：政策跟踪审计项目1个，财政审计项目6个，领导干部经济责任审计项目9个，固定资产投资审计项目4个）。查出主要问题金额8.15亿元，其中违规金额1550万元，管理不规范金额8亿元；审计作出处理应上缴财政资金1497万元，应归还原渠道资金52万元，应调账处理金额1546万元。审计促进整改落实有关问题资金1625万元，其中上缴财政资金241万元，归还原渠道资金46万元，调账处理金额1336万元。出具审计报告、整改函、审计结果报告42篇，提出审计建议54条，均被审计单位采纳。

【同级财政预算执行审计】 2020年，市审计局以“四本预算”全口径审计监督为基础，对本级政府50个市直一级预算单位进行2019年度本级财政预算执行、决算草案和其他财政收支情况审计。重点抽查5个单位的2019年度部门预算执行和其他财政收支情况、2个单位的财政财务收支情况，从财政预算安排的合理性、财政资金分配的公正性、财政资金使用的公益性、财政转移支付的科学性等方面提出审计整改建议。11月，受市政府委托，向市人大常委会作《兴宁市人民政府关于2019年度市级预算执行和其他财政收支的审计工作报告》。在兴宁市政府网站重点领域信息公开专栏和本局门户网站审计结果公告栏公开《兴宁市人民政府关于2019年度市级预算执行和其他财政收支的审计工作报告》，增强审计工作透明度和公信力。

【重大政策措施落实情况跟踪审计】 2020年，市审计局对兴宁市稳投资政策措施落实情况、“粤菜师傅”工程建设落实情况进行跟踪审计。针对审计发现的问题，提出加强政策督促落实、政策性资金管理的审计建议，督促相关部门做好整改工作。

▲2020年12月23日，梅州市审计局领导到兴宁市开展审计工作调研
（市审计局提供）

【领导干部履行经济责任情况审计】 2020年，市审计局开展乡镇党政领导同步审计，受市委组织部的委托，对市委老干部局、市统计局等9个单位的12名领导干部进行经济责任审计。

【固定资产投资审计】 2020年，市审计局加强对政府投资的重大公共基础设施工程的审计监督，促进提高公共投资绩效，对4个单位的工程竣工决算进行审计，并对审计中发现的问题提出意见，督促项目单位进行整改。

【“三大攻坚战”和自然资源资产审计】 2020年，市审计局做好领导干部自然资源资产离任审计、精准扶贫审计、乡村振兴审计相关工作，将自然资源资产事项列入3个经济责任审计项目的审计范围，将精准扶贫、乡村振兴事项列入2个经济责任审计项目的审计范围。通过审计，促进有关“三大攻坚战”和自然资源资产方面的政策措施和决策部署的贯彻落实，规范自然资源资产和“三大攻坚战”有关专项资金的管理，提升资源、资产、资金的使用效益，推进有关重点工作。

【新冠肺炎疫情防控审计】 2020年，市审计局开展新冠肺炎疫情防控审计工作，重点关注财政专项资金、捐赠款物、重点保障企业贴息贷款的分配管理使用情况，特别是重点地

▲2020 年 9 月 28 日，市审计局派员参加大埔县高陂镇党政领导干部任期履行经济责任和自然资源资产离任（任中）审计　　（市审计局提供）

区资金和物资的分配管理使用情况，保证有关资金物资全部及时用于新冠肺炎疫情防控。

【惠企利民民生专项审计】 2020 年，市审计局开展新增财政资金直达市县基层直接惠企利民情况专项审计，通过对新增财政资金分配、拨付下达、管理使用及发挥绩效情况的全程跟踪审计，促进资金及时拨付、精准使用、安全高效，促进资金直达市县基层、直接惠企利民，主要用于保就业、保基本民生、保市场主体，支持减税降费、减租降息、扩大消费和投资等。

【其他审计工作】 2020 年，市审计局抽调 6 人次参加上级审计机关组织的潮州市税务审计、梅州市保障性安居工程审计、大埔县高陂镇党政领导干部履行经济责任和自然资源资产离任（任中）审计。与市财政局和市卫生健康局抽调人员联合组成财务调查组，对兴田街道社区卫生服务中心等 20 个基层医疗卫生机构和市慢性病防治院、市皮肤病防治院 2 个市直医疗卫生单位 2019 年度财务收支及债权、债务情况进行调查；与各镇（街道）、市财政局、市卫生健康局、市农业农村局抽调人员联合组成审计组，对全市 20 个镇（街道）的 501 个村（社区）党组织、自治组织 2017 年 1 月至 2020 年 9 月的财务收支进行审计。在审计过程中，重点关注中央八项规定的贯彻落实，推动廉洁政府建设；抽调 1 名审计人员参加市委巡察工作。

（曾浩文）

市场监督管理

【概况】 2020 年，市市场监管局统筹做好常态化疫情防控和市场监管各项工作，全市未出现食品、药品、特种设备、产品质量安全事故；2020 年市市场监管局先后获评梅州市文明单位、梅州互联网大会筹备工作先进单位、梅州市抗击新冠肺炎疫情先进集体；在 2020 年梅州市对县（市、区）食品安全考核中，被评为优秀等次，在2020年度梅州市对县（市、区）质量工作考核中，被评为A级。

【营商环境优化】 2020 年，市市场监管局推行企业名称自主申报，压缩商事登记环节，审批流程实行“一审一核制”，为企业免费提供营业执照邮寄、材料复印服务，为新开办企业免费提供印章刻章服务，受惠企业 1096 户，受惠金额 16.44 万元。是年，兴宁市新设立各类商事主体 6956 户，办理个体升级企业 30 户；新办食品生产许可 4 户、食品流通经营许可 1601 户、餐饮经营许可 1275 户、药品经营许可 15 户；办结特种设备登记 380 件 733 台（套），新设立 402 台（套）；全市商事主体 61855 户。

【企业监督管理】 2020 年，市市场监管局开展 2019 年度市场主体年报公示工作，2019 年度企业年报率 96.22%，农民专业合作社年报率 92.75%，个体工商户年报率 92.28%；落实失信联合惩戒制度，将 76 户企业列入严重违法失信企业名录；做好政府部门涉企信息归集公示工作。是年，市市场监管局对不按规定公示年度报告的 241 户企业，54 户农民专业合作社列入经营异常名录；移出企业 41 户，农民专业合作社 8 户，个体户恢复正常记载 95 户，公示行政处罚信息 468 条；推进“双随机、一公开”监管，组织召开 2 次“双随机、一公开”

▲2020年7月28日，市市场监督管理局召开执法监督工作推进会（张广明 摄）

监管工作联席会议，完成本部门双随机抽查28批次，跨部门联合抽查6次，抽查市场主体1957户，其中跨部门联合抽查市场主体43户，抽查事项覆盖率达100%，抽查检查结果全部在国家企业信用信息公示系统和梅州市商事主体综合信息平台向社会公示。

【市场监管执法】 2020年，市市场监管局加大对反不正当竞争、垄断协议和滥用市场支配地位行为的执法工作力度，检查企业1947户次，发出责令改正通知书25份，立案查处2件不正当竞争行为案件，16件价格违法行为案件。是年，市市场监管局突出食品、药品、保健食品等重点领域广告的监管，加大虚假宣传的查处力度，立案查处违法广告41件；开展红盾网剑和网络乱象防范治理工作，打击网络商标侵权、违规炒信、恶性竞争等违法行为，查处网络市场违法案件38件；开展农村市场、电商平台、食品安全、认证领域专项治理，检查生产经营企业7244家次，立案办结“三品一械”案件240件。

是年，市市场监管局立案查处各类违法案件548件（其中食品案件214件，药品案件51件，化妆品案件22件，医疗器械案件2件，知识产权案件29件，质量案件45件，登记案件21件，广告案件41件，特设案件13件，标准案件30件，计量案件31件，其他案件49件）；移送公安机关处理案件3件，移交公安机关违法线索4条。

【重点领域监管】

食品安全监管 2020年，市市场监管局对辖区内的食品生产加工小作坊进行全面摸底排查，建立“一照三证”档案，依托食品安全协管员等群众队伍，形成县、镇、村三级食品安全监管网络，实现食品小作坊登记“全覆盖、无死角”。按照分级分类管理办法对全市56家生产企业，92家小作坊开展食品安全监督检查，是年，市市场监管局检查食品生产加工单位320多家次，立案查处10宗（其中取缔6家无证生产黑作坊）。开展食品销售风险分级管理，推进食品销售风险分级管理工作，至12月底，食品销售者风险分级动态管理率84.5%。结合校园及其周边食品安全专项整治等行动，查处无照无证、销售“三无”食品和过期食品等违法经营行为，全年发动3次集中整治，检查校园及其周边小食杂店938家次、小餐饮424家次，检查学校239家，检查校外午托机构13家，发出整改17家，完成整改17家，立案查处1宗。落实餐饮服务食品安全量化分级管理，全市有餐饮服务单位4667家，量化分级评定4667家，量化分级比率100%；做好梅州互联网大会等大型会议、美食节、农村宴席、大规模的群众聚餐等20多场次的食品安全保障工作，实行全程驻点保障，完成全市235间学校食堂“互联网+明厨亮灶”建设，实现用科技化、智慧化、信息化支撑校园食品安全智慧监管。

药械化安全监管 2020年，市市场监管局强化行政许可、日常监管、GSP跟踪检查和从业人员继续教育及科普宣传等工作措施，督促企业推进质量控制规范化建设，帮助企业提升生产经营质量管理，开展药品安全、执业药师“挂证”行为等各类专项整治，打击无证经营、超范围经营、挂靠走票、货账票证款不一致、不按药品特性储存和运输、数据造假等违法行为。2020年，市市场监管局检查药品零售企业5342家次，批发企业61家次，药品使用单位181家次，生产企业7家次；完成药品抽检75批次。

特种设备安全监管 2020年，市市场监管局加强特种设备安

▲2020年8月7日，兴宁市食品安全委员会办公室组织市市场监督管理局等单位在明珠文化广场开展全国食品安全宣传周宣传活动

（市广播电视台提供）

全监管工作，检查生产（安装、维修）、使用单位、经营、检测机构及人员361家次，发出特种设备安全监察指令书40份，发现重大安全隐患15个，一般安全隐患198个，立案查处10件特种设备违法案件。推进气瓶安全监管改革，至12月底，兴宁市在用气瓶21.66万只，其中在用液化石油气瓶20.33万只，录入云数据库气瓶20.6万只，登记率95.12%；气瓶涂敷数量20.02万只，涂敷率92.41%。

产品质量安全监管 2020年，市市场监管局开展计量器具的强制检定与校准工作，检定集贸市场23家1284台（件），完成全市22家基层医疗卫生单位928台（件）在用强检计量器具的强制检定工作。对兴宁市74家加油站127批次汽油以及6家企业生产的油漆、服装、尿布、毛巾、空气能热水器、体育运动器材、瓦楞纸箱等11批次产品进行抽查，对上级部门移送的6个流通领域抽查不合格产品进行立案查处，行政约谈1家产品标签不合格的企业负责人；指导帮扶6家企业开展非医用口罩生产，组织召开口罩生产研讨会，就口罩生产的执行标准、标签标识、生产工艺和产品抽检进行讨论；开展3次消费品质量安全“进社区、进校园、进乡镇”消费者教育活动。

食品抽检 2020年，市市场监管局按完成食品抽检3906批次，不合格121批次，合格率96.9%，完成率100.5%，所有食品监督抽检结果均按要求公示在国抽系统公示板块和市政府网站等。完成对全市农贸市场食用农产品快检任务数26144批次（省快检任务数25200批次），合格率是98.90%；蔬菜胶体金免疫层析法检测数完成占比51%、重点品种和重点项目检测数完成占比58.83%。对不合格产品按要求进行处理，做到抽检结果公示率和不合格产品处理率达到“两个100%”。

【知识产权保护】 2020年，市市场监管局指导兴宁茶叶协会做好“兴宁单丛（枞）茶”地理标志保护产品和“兴宁单丛茶”地理标志证明商标申报工作，是年，兴宁市专利申请量1102件，授权量824件，比上年增长133.13%，居全梅州市各县区首位。指导梅州金绿现代农业发展有限公司（陈小鸽）

▲2020年9月16日，市市场监督管理局及企业代表参加商标品牌培育指导站挂牌仪式

（李晓丹 摄）

和广东跃速体育用品公司2家企业获得知识产权管理体系贯标认证，指导广东红旗体育用品有限公司申报广东省知识产权示范企业；利用“4•26”世界知识产权日活动进行知识产权知识科普宣传。

【消费者权益维护】 2020年，市市场监管局开展《“凝聚你我力量 让消费更温暖——诚信承诺 放心消费”社会公益活动》，向市个私协会、市装饰协会、市餐饮协会等13个行业协会发出1万份活动倡议，发展消费双承诺企业25家，承诺消费企业145家，打造两条放心消费街道。是年，市市场监管局受理各类消费投诉1798件，比上年增长92.09%，为消费者挽回经济损失158.08万元，增长13.99%。

【新冠肺炎疫情防控】2020年，市市场监管局成立防控工作领导小组和成立农贸市场疫情防控工作专班，围绕“环境、人员、产品”三大重点，压实属地、部门、单位、个人“四方”责任，履职尽责、做深做细做实各项防控工作，强化集贸市场监管、餐饮单位监管、药品和医疗器械监管、市场价格秩序监管，全系统出动执法人员2.3万人次，检查各类市场主体5.3万家次，督促指导全市368家零售药店落实购买发热咳嗽药品实名登记报告制度以及做好测温和场所消毒等工作，推送购买发热咳嗽药品人员信息8386条。先后成立各类企业复产复工指导帮扶小组，指导复工复产企业按照“四个到位、八个一”要求，做到疫情防控与复工复产工作“两不误”；发挥股权出质、动产抵押融资渠道作用，实行全程指导服务，帮助企业融资，缓解资金困难，全年有185户经营者申请复工贷，申请贷款资金2070万元；为企业复工复产提供便捷的技术服务，为10家医疗机构、学校免费检测红外测温仪216台，4家企业免费检测、校准压力容器、血压计等105台（件）。

（张广明 王铖）

统计工作

【概况】 2020年，市统计局完成兴宁市第七次全国人口普查工作，完成兴宁市2020年度GDP核算工作，编印《兴宁市统计年鉴2020》，通过对“四上”企业进行统计执法检查和“双随机、一公开”等工作，进一步提高有关人员的统计法律意识和统计数据质量。

【GDP核算工作】 2020年，市统计局密切关注全市相关经济数据变化情况，通过召开专业人员季度经济预计专题会和走访企业等形式，开展经济形势调研、分析和研判，及时掌握指标情况，及时发现基础数据中存在的差距和问题。根据梅州市统计局对GDP季度、年度核算报表的工作要求，加强与梅州市统计局相关专业科室的配合，做好与市财政局、科工商务局、工业园区等相关部门的沟通协调工作，提升上报数据的质量，夯实各专业、各部门核算基础数据，真实反映全市经济总量，为市委、市政府正确决策提供重要参考和资料。是年，市统计局完成全市2019年GDP年报及2020年季度GDP核算工作。

【统计服务】 2020年，市统计局在兴宁统计政务信息网，开设“公告”“办事指南”“下载专区”等栏目为企业统计证申请、变更、年检和个人统计证办理、继续教育提供办事指南和表格下载等服务，全年发布信息80条，其中工作动态57条、统计数据19条、通知公告2条，预决算公开及“三公”2条。强化月度、季度、年度统计主要数据指标、统计公报、普查和政务公开信息的发布，落实固定资产投资联系制度，加强对重点项目的实地督查指导；重点加强对规模以上企业的能耗数据的审核评估，使企业的能源消耗和产值数据相匹配。编订《兴宁市统计年鉴2020》，总结概括2020年兴宁市全年的经济运行情况；编制《兴宁统计月报》小册子12期456份，重点对地区生产总值、规模以上工业增加值、固定资产投资、社会消费品零售总额等全市综合经济指标的总量和增速的变动趋势，深入分析研究，撰写统计分析材料，为市委、市政府领导研判经济运行情况提供数据支撑。

【统计执法检查】 2020年，市统计局加大统计执法检查力度，加强统计法治宣传教育，深入开展统计普法工作，利用基层统计人员报表和专业统计会议、第七次全国人口普查及乡镇统计培训会，宣传《中华人民共和国统计法》和相关统计法规，发放宣传资料。抓好各级领导干部、企业法人和基层统计人员的统计法制宣传教育，引导统计调查对象依法、真实、准确、完整、及时地提供上报统计资料。全年向乡镇（街道）、“四上”企业等单位发放《统计法和实施条例》小册子近800册，并开展2020年《中华人民共和国统计法》和全国统计法律法规知识竞赛。从2020年5月开始，市统计局组织由法规、工业、农业、服务业专业人员组成的执法检查工作组对兴宁市部分镇、“四上”企业开展统计数据质量检查及统计执法检查工作，抽查2个乡（镇）、13家“四上”企业，对基层统计工作、统计数据质量存在问题的企业，提出整改意见，进一步促进企业相关人员统计法律意识和统计数据质量的提高。加强新型监管机制建设，实现全市市场监管领域“双随机、一公开”监管全覆盖、常态化。

【第七次全国人口普查】 2020年，市统计局完成第七次全国人口普查的机构组建、经费落实、方案制订、宣传动员、物资筹备、选聘及培训普查指导员和普查员、划分普查区和绘制普查区、普查小区及建筑物电子地图、人口行政资料整理、摸底表、短表和长表入户登记、数据核查等工作。普查工作期间，市统计局通过在各镇（街）联合举办的36场镇村两级两员业务培训，培训8000多人次。市政府派出5个人口普查督导组对全市20个镇（街）进行现场督导，并要求网格化挂钩联系的市直各单位按现职人数1/4以上的人员，以志愿者身份参加兴田、宁新、福兴3个街道的人口普查工作，支持上述3个任务繁重的街道的人口普查工作。12月，兴宁市第七次全国人口普查长表登记工作结束，代表兴宁市第七次全国人口普查工作顺利结束，转入后期数据整理开发阶段。

（叶幸林）

▲2020年10月19日，兴宁市宁新街道人口普查员进行入户登记（市统计局提供）

统计调查

【概况】 2020年，国家统计局兴宁调查队先后针对春耕备耕、生猪产能恢复、扫黑除恶专项斗争、新冠疫情防控、战疫脱贫、经济运行情况、复工复产、居民收支、农民工就业、互联网+农产品带货、城市困难职工解困脱困工作成效评估、村集体经济造血功能、民办幼儿园收费情况、居民国庆节假日消费、基本公共服务均等化、农户耕地流转情况专题，以参与国家统计局广东调查总队调研、自主开展调研等形式，开展近20次社会统计调查，撰写《兴宁调查》专刊19期，完成农业调查、农村调查、住户调查住户监测、劳动力调查、消费价格调查和各专项调查工作任务。

【调查业务管理】 2020年，国家统计局兴宁调查队优质高效开展统计调查工作，对兴宁市经济社会发展情况进行统计调查、统计分析，为兴宁市党委、政府提供统计资料和统计咨询意见，实行统计监督；加强业务培训，提高调查能力，强化基础建设，完善队内管理机制，不断提高统计调查数据质量；夯实住户调查、主要畜禽监测调查、农作物播种面积和产量调查、居民消费价格调查等各项专业数据来源基础，增强数据代表性；规范工作流程，加强统计法治和统计执法检查；聚焦社会关注热点，加强专题调研分析，提高精准服务水平。

【调查服务】 2020年，国家统计局兴宁调查队编辑完成《兴宁调查》刊物、政务信息等统计

▲2020年7月22日，兴宁调查队在市总工会开展城市困难职工解困脱困工作情况调研座谈会（肖钦旺 摄）

调查产品，与兴宁市统计局共同编辑完成统计产品（2020年统计年鉴、统计公报），完成兴宁市地方志办公室《兴宁年鉴》组稿工作，对外发布统计数据资料、工作动态；不定期依托《今日兴宁》、兴宁电视台等新闻媒体，对外宣传和发布统计数据信息，如城乡居民人均可支配收入和居民消费价格指标等数据。国家统计局兴宁调查队先后为兴宁市实施乡村振兴战略工作、兴宁市“十四五”规划纲要及前期课题研究调研工作部门以及兴宁市退役军人事务局、卫生和健康局等单位提供城乡居民人均可支配收入数据和居民消费价格指数查询及相关服务，并结合兴宁市委、市政府经济发展要求，为政府和社会提供信息咨询服务。

【统计调查法治建设】 2020年，国家统计局兴宁调查队制订《兴宁调查队统计调查业务全过程数据质量管理工作规范》《兴宁调查队各专业统计调查数据质量责任追溯办法（试行）》《国家统计局兴宁调查队各专业全周期数据质量核查办法（试行）》等专业工作制度；调整完善以队长为组长的统计法治工作领导小组，实行县镇村三级联动，共同开展统计法治工作；完善《领导干部违规干预统计工作记录台账》建设，规范执法操作流程，规范开展“双随机”统计执法检查；配合国家统计局广东调查总队、国家统计局梅州调查队检查，并自主开展统计执法检查；以辅调员业务培训会议、各专业季（年）报会等为契机，开展辅调员普法培训，提高辅调员业务素养和工作水平。国家统计局兴宁调查队支持干部参考统计执法证考试，新增1人通过该考试并依法取得国家统计局颁发的统计执法证。至年底，国家统计局兴宁调查队持有统计执法证的人员有3人。

【统计调查服务与宣传】 2020年，国家统计局兴宁调查队把统计普法宣传与业务工作结合起来，在非洲猪瘟对生猪产业影响等专题调研、主要畜禽监测调查、住户调查等工作中，通过上门发放统计法治宣传资料、现场进行统计法律知识讲解等形式，全面、准确告知广大统计调查对象应有的统计权利及应尽的统计义务，提高其对统计调查工作的配合度。国家统计局兴宁调查队抓住9月20日中国统计开放日、12

▲2020年12月4日，兴宁调查队在明珠文化广场开展统计法律法规宣传（肖钦旺 摄）

月8日《中华人民共和国统计法》颁布纪念日等重要时点，宣传统计法律法规，介绍各项统计调查业务和先进调查手段，引导社会公众参与统计普法宣传和统计调查工作，增强依法统计依法调查意识。9月22日，到坭陂镇坭陂社区举办主题为“大国点名，没你不行”的“第十一届统计开放日”活动；12月4日，联合市司法局等十余家机关单位在兴宁市明珠文化广场举行以“深入学习宣传习近平法治思想 大力弘扬宪法精神”为主题的国家宪法日宣传活动，并以《中华人民共和国宪法》和《中华人民共和国统计法》《全国经济普查条例》为主要内容进行形式多样的统计法治宣传教育活动，现场派发《宪法》《统计法律规章汇编》《致统计调查参与对象的一封信》《数说民生 账量小康》光盘等统计部门法律法规宣传单页及小册子300余份、统计调查宣传环保袋150多个。

（周进军 肖钦旺）

自然资源管理

【概况】 2020年，兴宁市出让土地28宗，成交金额14.15亿元；完成435个村的村庄规划编制工作；完成垦造水田市级验收项目33个、面积247.79公顷；登记发放不动产权证书证明22272本，实现一般登记3个工作日内、抵押登记1个工作日内办结目标；完成核减中小型地质灾害隐患点7个。是年，全市有违法用地676宗，面积103.52公顷，其中违法占耕面积38.36公顷；通过整改，核减违法占用耕地面积33.96公顷。

▲2020年9月18日，兴宁市召开农村乱占耕地建房问题摸排工作推进会

（市自然资源局提供）

【项目用地保障】 2020年，兴宁市获批用地46.53公顷，其中城区扩容提质8.47公顷、工业产业用地32.27公顷、文旅用地5.2公顷、社会福利民生用地0.6公顷。全年供应土地28宗、面积75.7公顷，其中出让土地25宗、面积53.62公顷，成交出让金总额14.15亿元。是年，组织报批主要用于梅州综合保税区、松鹏铁路货运场（无水港）和梅龙高铁重点项目的用地115.73公顷。

【国土空间规划编制】 2020年，兴宁市推进国土空间规划编制工作，制定印发《县镇两级国土空间总体规划（2020—2035年）编制工作方案》，完成对辖区内实际现状、发展状况、规划方向、用地需求、重点区域、重大项目等摸查调研。结合兴宁市重大建设项目的落地需求，调整生态保护红线。控制集中建设区规模，形成初步城镇开发边界预案。开展专项规划编制、国土空间开发保护现状评估、耕地和基本农田保护、存量用地再开发、城市更新等专题研究，以深入推进和完善国土空间规划的编制。

【水田垦造】 2020年，兴宁市垦造水田工作任务346.2公顷，是年立项61个，完成市级验收项目33个、面积247.79公顷，占任务数的71.6%。承接转划兴宁市垦造水田计划任务59.47公顷，在“十二五”高标准农田已建项目区范围内试点实施；全年全市立项项目6个，建设规模188.29公顷，预计新增水田面积176.87公顷。

【拆旧复垦】 2020年，兴宁市拆旧复垦土地累计立项面积193.43公顷，验收面积149.06公顷，累计完成指标交易107.8公顷，交易价款9.99亿元．其中2020年交易拆旧复垦土地指标面积63.92公顷、交易价款4.78亿元；仍有17.05公顷指标在指标交易平台中挂网待售。

【“三旧”改造】 2020年，兴

宁市结合兴宁“旧城镇、旧厂房、旧村庄”状况及旧城区改造实际，加快审批已具备条件的“三旧”项目的方案、规划等。梅州市下达兴宁市新增实施改造任务12.67公顷，至年末完成12.79公顷；下达兴宁市需完成改造任务8公顷，至年末完成8.03公顷。

【地质灾害防治】 2020年，兴宁市编制《兴宁市地质灾害防治规划（2020—2025年）》，完成征求意见、邀请听证、专家评审等工作。省级下拨兴宁地质灾害防治专项资金498万元，市自然资源局全部转拨支付完毕，完成勘察设计项目3个、避险搬迁项目2个。市自然资源局编制地质灾害隐患点工程治理项目可行性研究报告24个，完成核减中小型地质灾害隐患点7个。

【矿产资源开发保护】 2020年，兴宁市对全市25个非煤矿山企业的开采利用进行依法监管和规范，推进7家矿企扩大矿区范围开采，对安全和环保要求不合标的2家低效矿区实施核减关闭工作。聘请“一五二勘探队”对全市的在产矿山实施季度监管。对罗浮、罗岗等镇已关闭矿山、非法偷采稀土矿点加强巡查和监管。加大矿山地质环境综合治理工作力度，全年投入复绿资金400多万元开展矿山复绿工作，完成复绿面积6公顷。大坪镇潭谷坑萤矿、罗岗镇桂发石灰石场、径南镇白牙山石场3处矿山创建为绿色矿山。

【土地执法监督】 2020年第一、二季度卫片图斑，省国土部门据卫星遥感监测土地图片认定兴宁市违法用地图斑66个，涉及违法用地面积22.15公顷，其中耕地9.76公顷。市自然资源局通过补办手续、重点整治等手段，消除违法用地图斑39个，涉及耕地7公顷，整治后违法占用耕地占比降低为26.77%。2020年第三季度，兴宁市有卫片图斑248个，监测面积170.63公顷，其中耕地面积32.92公顷，基本农田20.43公顷，合法套合面积50.44公顷。落实上报省厅第三季度违法占用耕地面积18.22公顷，通过完善临时用地、设施农业用地等整治措施后，至年末违法占耕面积减少至2.55公顷。

▲2020年9月27日，市自然资源局对黄槐镇关闭煤矿进行督查

（市自然资源局提供）

【不动产登记】 2020年，市自然资源局优化行政审批和不动产登记流程，实现一般登记3个工作日内、抵押登记1个工作日内办结的目标，在梅州市县一级中率先实现不动产登记自助智能“秒批”。全年登记发放不动产权证书证明22272本（其中证书9489本、登记证明12783本），发证量仅次于梅州市本级。制定《兴宁市“房地一体”农村不动产登记发证工作实施方案》并组

链 接：

不动产登记自助智能“秒批”是以部门间数据高度集成共享为基础，登记部门制定业务规则、监管技术，通过登记平台实现窗口收件、自动化审核、登簿，并在登簿后自动生成电子证书、证明，实现即时办结，可提供相关方（银行、申请人、其他职能部门）下载打印。机器代替人工，提高自动化精准程度。

“房地一体”农村不动产登记发证是指以“总登记”方式对符合登记发证条件的宅基地使用权及其地上房屋所有权、集体建设用地使用权及其地上建筑物、构筑物所有权进行统一确权登记并颁发不动产权证书。

织实施，预计全市调查宗地数22.47万宗；在全市20个镇448个村开展权籍调查工作，提交内业成果20个，有6个村完成权籍调查信息公示，至年底，完成16.12万宗房屋调查，完成率72.47%。

【区片综合地价制定】 2020年，兴宁市对照国家和广东省区片综合地价制定相关要求，考虑与现行征地补偿标准、当地经济社会发展水平及相邻地区补偿标准的衔接，将兴宁区域范围划分为3个片区，制定综合地价为85.5万元/公顷、79.5万元/公顷、74.25万元/公顷，土地补偿费和安置补助费分配比例为40∶60，全市统一林地调节系数定为0.30，征收未利用地调节系数为0.40，征收建设用地按照征收农用地区片综合地价执行。

【耕地开发保护】 2020年，兴宁市推进耕地保护制度，严守耕地保护红线，采取有效措施扎实开展耕地保护各项工作。是年，全市耕地保有量3.58万公顷、基本农田保护区面积2.72万公顷，均超过梅州市下达的3.11万公顷和2.69万公顷的指标任务。

【测绘质量管理】 2020年，市自然资源局落实测绘质量管理制度、档案管理制度、保密管理等相关制度，制定测绘安全生产管理制度和作业规程；与梅州市工程建设项目联合测绘共享平台对接，实现一次委托、联合测绘、成果共享；制定兴宁市自然资源局测绘成果保密管理制度，对有关数据实施严格的安全与保密管理，防止各类数据非法变更、泄露、丢失与破坏。

（王健彬）

财政·税收

财政

【概况】 2020年，市财政局强化收入组织，深挖增收潜力，调整优化支出结构，增强财政保障能力；紧扣积极财政政策落实落地，强产业育财源，推进重点项目建设；加强民生支出保障，兜牢兜实基本民生底线；做好新冠肺炎疫情防控经费保障工作，推动企业复工复产；支持推进乡村振兴战略，加快农业农村现代化；支持打赢“三大攻坚战”，不断深化财政改革，强化财政监督管理。是年，兴宁市完成一般公共预算收入10.34亿元，实现全年财政收入正增长，全市财政运行总体平稳。

【公共财政收支】 2020年，兴宁市完成一般公共预算收入10.34亿元，比上年增长1.19%。其中：税收收入完成6.03亿元，减幅5.09%，占一般公共预算收入的58.35%；非税收入完成4.31亿元，增长11.53%，占一般公共预算收入的41.65%。全市一般公共预算总收入78.5亿元，增长4.55%。

是年，全年一般公共预算支出71.93亿元，对比上年68.92亿元增支3.01亿元，增长4.36%；上解上级支出1.84亿元；债务还本支出2.78亿元。年终滚存结余1.2亿元，其中结转下年支出1.2亿元。

【政府性基金收支】 2020年，兴宁市政府性基金预算收入16.43亿元，其中：国有土地使用权出让金收入15.10亿元，城市基础设施配套费收入9218万元，污水处理费收入3312万元，彩票公益金收入790万元；上级补助收入3.92亿元；新增政府专项债券收入9亿元；抗疫特别国债收入3.30亿元。政府性基金预算总收入29.35亿元。全市政府性基金预算支出29.32亿元，其中：社会保障和就业支出4755万元，城乡社区事务支出17.53亿元，农林水支出113万元，文化体育与传媒支出4万元，其他支出7.21亿元，债务还本付息支出7745万元，债务发行费用支出98万元；抗疫特别国债安排支出3.3亿元。年终滚存结余7万元，其中结转下年支出7万元。

【社会保险基金收支】 2020年，兴宁市社会保险基金预算收入5.55亿元，实际收入6.08亿元，完成预算的109.59%；预算支出6.15亿元，实际支出6.19亿元，完成预算的100.69%；当年结余-1060万元，年末滚存结余9150万元。

【财政管理】 2020年，市财政局清理盘活存量资金，全年收回部门存量资金5.46亿元，收回资金统筹用于急需资金的重点建设项目及民生项目。印发《兴宁市人民政府办公室关

▲2020年9月7日，兴宁市召开地方政府专项债券资金发行工作培训会议（市财政局提供）

于印发牢固树立过“紧日子”思想、坚持厉行节约，确保财政平稳运行工作方案的通知》，加大预算执行过程中的非重点、非刚性支出压减力度，以腾出更多资金用于其他重点保障领域。加强政府性债务和隐性债务风险管控，严防到期债务本息偿付风险，发行再融资债券2.28亿元偿还以前债券当年到期本金。全面实施预算绩效管理，委托第三方机构对10个项目支出资金2.19亿元使用情况实施绩效评价，规范项目资金管理。完善政府采购管理机制，全市完成政府采购规模5.25亿元，节约金额664.98万元，资金节约率1.25%。加强财政投资评审工作，完善评审机制，充分借助社会中介机构力量参与市重点建设财政投资资金项目的结算审核。规范村级财务管理，印制《村级财务现金支出凭单》，规范票据使用，跟进第三方代理记账试点工作，并举办2020年全市村级财务管理暨财政支农政策培训班，提高村级财务管理水平。

【地方政府债务管理】 2020年，兴宁市地方政府债务限额59.94亿元，比上年新增10亿元。其中：一般债务限额30.5亿元，专项债务限额29.44亿元。是年，兴宁市地方政府债务余额预计执行数56.71亿元，控制在债务限额以内。

【政府资产管理】 2020年，市财政局编制《兴宁市2019年度国有资产管理情况综合报告》，开展行政事业性国有资产、自然资源国有资产、企业国有资产和金融类企业国有资产向市人大常委会报告工作。摸底国有资产并纳入日常动态监管，出台《兴宁市国有资产出租、出借管理暂行办法》，规范国有资产出租出借的管理。推进国有资产管理改革，协助“僵尸企业”出清，全市16家国有“僵尸企业”全部完成出清，严防国有资产流失，促进国有资产保值增值。加快推进国有企业退休人员社会化管理工作，印发《国有企业退休人员社会化管理实施方案》，全面完成县属国有企业退休人员社会化管理移交工作。

【财政监督】 2020年，市财政局在财务检查中推行“双随机、一公开”制度，随机抽取合水镇、永和镇、水口镇、市市场监督管理局、市交通运输局等20个部门，对2019年至2020年的“三公”经费使用情况、违规发放津贴补贴、公款私存、私设“小金库”情况、新冠肺炎疫情防控期间的资金使用等相关情况进行专项检查，严肃财经纪律。强化财政供养人员工资监管，在全市范围内统一组织开展财政供养人员吃空饷问题专项治理工作，纠正财政供养人员占编制、不上班、吃空饷等妨碍社会公平正义的不正之风和突出问题。

【经济建设】 2020年，市财政局落实减税降费政策及相关税收优惠政策，做好疫情防控期间受影响企业优惠政策落实工作，印发《兴宁市关于疫情防控期间减免承租国有资产类经营用房部分租金的通知》，涉及减免对象1114户，累计减免租金0.03亿元。筹集资金做好清理拖欠中小微企业账款工作，促进中小微企业发展。坚持适度举债原则，全年发行新增债券10亿元，其中：一般债券1亿元，专项债券9亿元，债券资金主要用于支持兴宁市宁江桥至合水旅游景区一江两岸扩容提质工程、兴宁市人民医院异地（整体）搬迁新建项目、兴宁产业转移工业园整体城镇化建设项目（标准厂房）工程、兴宁市第二自来水厂扩建工程和兴宁市南部新城棚户区改造三期项目（宁新安置区C区）建设项目一期工程等重点项目。

【民生保障】 2020年，兴宁市在教育、科学技术、文化旅游体育与传媒、社会保障和就业、卫生健康、节能环保、交通运输、城乡社区事务、商业服务等、自然资源海洋气象等、农林水、住房保障、粮油物资储备13类民生支出62.98亿元，占一般公共预算支出的87.55%，比上年增长4.65%。其中，十件民生实事支出1.18亿元，低保资金支出1.36亿元，五保资金支出5139万元，医疗救助资金支出4928.42万元，城乡居民医疗保险资金支出4.80亿元，残疾人生活津贴和重度残疾人护理补贴支出6712.66万元，孤儿供养资金支出1003.67万元；教育公用经费、国家免学费补助资金、国家助学金、高考备考经费及高考考试经费支出1.92亿元；新冠肺炎疫情防控资金支出1.07亿元。

【乡村振兴】 2020年，兴宁市支持脱贫攻坚工作决战决胜，加快扶贫资金支出进度，支持产业扶贫、教育脱贫和低保兜底扶贫工作，并加强扶贫资金使用监督检查，开展财政扶贫资金动态监控工作，扶贫资金高效规范安全使用。扶持发展农业特色产业，带动农业产业转型升级，全年农田水利建设支出1.24亿元，农业生产发展支出9130.23万元，支持农业农村优先发展。支持解决大气、水、土壤污染和污水管网建设等农村环境治理问题，拨付改善农村环境资金3.19亿元，农村“厕所革命”项目建设资金3310万元，改善农村生态环境质量，推进乡村振兴战略。

【改革创新】 2020年，市财政局深化预算编制执行监督管理、项目库建设、预算绩效管理、国库管理制度等改革，推进预算单位财务核算集中监管改革，提升财政治理效能。加快推进“数字财政”建设，按照省财政厅统一部署，做好业务规范落地、系统验证测试等前期工作，保障“数字财政”建设顺利推进。深化涉农资金统筹整合改革，健全常态化涉农资金监管机制，2020年在涉农预备项目中遴选52个项目报省财政厅备案，备案涉农资金5.32亿元，上解省级涉农资金（梅州市级统筹部分）2215.48万元。

（丘渊媛）

▲2020年6月28日，市财政局举行涉农资金统筹整合领导小组办公室会议暨2021年度涉农项目入库储备培训 （市财政局提供）

税务

【概况】 2020年，市税务局全年组织税费收入34.4亿元，比上年下降8.4%。其中：税收收入16.4亿元，下降6.5%；社会保险费收入15.78亿元，下降4.5%；其他费金收入2.22亿元，下降36.4%；全年办理出口产品退（免）税4090万元，减退3320万元，下降44.8%。

【减税降费】 2020年，市税务局落实支持疫情防控和助力复工复产的税费优惠政策，帮助广大纳税人、缴费人准确掌握和适用相关政策。是年，全市新增减税降费3.2亿元，其中减免社保费1.67亿元；超过1.9万户纳税人享受小规模纳税人增值税征收率下调优惠，减免税额1413万元。

【征管改革】 2020年，市税务局补强征管薄弱环节，提升征管质效，实现网上电子办税率95%以上，“非接触式办税”推广效应不断扩大；落实新办

▲2020年3月19日，市税务局深入企业开展复工复产调研工作

（市税务局提供）

企业首次领票1小时办结工作，为1728户企业办理“套餐式”服务，大幅压缩新设企业开办时间；为35户出口企业办理“无纸化”出口退税，审批应退税额3678万元，平均办结时限2天；为20户企业办理延期缴纳税款，延缴税款2.7亿元。

【依法治税】 2020年，市税务局成立和调整依法行政工作领导小组及办公室，制定依法行政工作领导小组会议制度和议事规则，研究解决工作中遇到的实际问题；开展税务系统内部控制监督平台建设，推行法律顾问制度，发挥专业法律顾问在法治税务建设中的重要作用。

【优化纳税服务】 2020年，市税务局通过办税事项再梳理、流程标准再明确、承诺时限再压缩、服务方式再优化等系列举措，推广“非接触式办税（费）”，最大限度方便纳税人。是年，辖区内参与评价户数5956户，评定A级纳税人户数为183户，比上年增长71%。深入企业调研走访百余户次，包括走访疫情防控重点保障物资生产企业20多户、房地产企业40余户、重点税源和有代表性的制造业企业60余户，了解其复工复产过程中遇到的困难，搜集整理行业共性问题和企业个性诉求，回应纳税人的涉税需求。

【税法宣传辅导】 2020年，市税务局结合便民办税春风行动和税收宣传月主题活动，开展各类税收宣传活动，如减税费优服务、助复产促发展、助力脱贫攻坚等宣传。全年通过电话、微信等多种“非接触式”渠道开展政策辅导8000多次；通过所属医疗机构财务部门协助宣讲个人税费政策2000多人；在线解答涉税问题300余条；印发和派发宣传小册5000余份；在各类新媒体、网站、“学习强国”等渠道宣传116篇次。

（罗金辉）

2020年兴宁市税务纳税额前十名企业一览表

表8　　单位：万元

纳税人名称	2020年纳税额
广东兴宁农村商业银行股份有限公司	9654
广东明珠集团置地有限公司	8506
兴宁鸿隆物流城有限公司	6090
广东省兴宁市第二建筑工程有限公司	6002
兴宁市毅兴房地产开发有限公司	5628
广东烟草梅州市有限公司兴宁市分公司	4311
兴宁市鸿隆房地产实业有限公司	4252
兴宁敏骏房地产开发有限公司	3811
广东明珠集团股份有限公司	3521
广东明珠集团城镇运营开发有限公司	3164

金融

银行业

【概况】 2020年，兴宁市有银行9家，银行业营业网点96个，证券公司2家，保险分支机构20家，小额贷款公司3家，典当行4家，全市银行从业者931人。是年，全市人民币各项存款余额379.4亿元，比上年增长5.3%；全市人民币各项贷款余额238.5亿元，增长19.1%，存贷比62.9%，增长7.3个百分点，在6个县（市）中排名第一。

【货币政策】 2020年，中国人民银行兴宁市支行运用1.5万亿再贷款再贴现政策精准直达作用，支持复工复产和中小微企业发展。疫情防控期间，发放专用额度再贷款1.23亿元，惠及68户小微企业主和个体工商户。落实好两项直达实体经济的货币政策工具，缓解小微企业资金压力，发放符合政策要求的普惠小微企业信用贷款2353万元，惠及61户小微企业和个体工商户。实施延期还本付息的普惠小微延期本金1.29亿元，惠及129户小微企业主和个体工商户。对中小银行定向下调存款准备金率1个百分点，央行超额存款准备金利率从0.72%下调至0.35%，增加中小银行的资金实力，引导其以更优惠的利率向中小微企业发放贷款，扩大涉农等受疫情影响严重行业的信贷投放，增强对实体经济恢复和发展的支持力度。

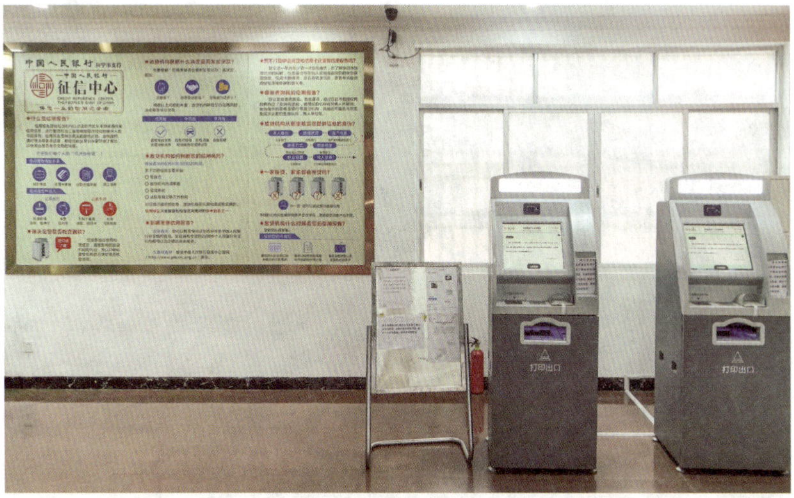

▲梅州市征信中心兴宁市分中心的征信大厅 （人行兴宁支行提供）

【金融稳定】 2020年，中国人民银行兴宁市支行防控金融风险，加强对辖内金融机构的流动性监测，发挥存款保险的“保障”作用，保护存款人利益、维护金融稳定和促进银行业良性竞争。对地方法人金融机构开展资产质量核查、再贷款核查等核查工作6次；组织、指导、监督各银行机构做好存款保险标识启用工作的对内培训和对外宣传引导，开展存款保险标识巡查和发行新版人民币巡查等50余次，实现银行金融机构全覆盖。

【金融改革】 2020年，中国人民银行兴宁市支行推进贷款市场化报价利率（LPR）改革，做好新发放贷款LPR应用推广工作，要求法人银行机构梳理贷款合同文本，规范新发放贷款合同中有关利率表述；推进存量浮动利率贷款定价基准转换工作，要求各银行机构主动加强对企业居民的解释、宣传、沟通工作，保障借款人合同权利和消费者权益。

【征信服务】 2020年，中国人民银行兴宁市支行扩大对重点行业的信贷投放，满足中小微企业低成本的融资需求，引导各金融机构积极运用应收账款融资、“粤信融”平台，督促地方法人银行在粤信融平台引导企业注册数1482户，融资金额1.11亿元；在中征应收账款平台融资12笔，融资金额718万元。参与地方信用建设，推动地方政务信息公开工作，并依法依规探索为地方信用建设提供征信服务，发挥征信在信用联合奖惩中的重要作用。全年提供个人信息查询2.23万笔，企业信息查询455笔。

【金融知识宣传】 2020年，中国人民银行兴宁市支行联合金融机构在“3•15”消费者权益日“6•14”信用关爱日、金融知识宣传月、平安金融宣传月等节日，强化金融知识和法规教育，以媒体、美篇、微信等方式，将党的金融政策、政府的声音、金融知识及有关法规

▲ 2020 年 5 月 14 日，人行兴宁支行联合珠江村镇银行、中共罗岗镇委员会在罗岗镇开展金融知识宣传（人行兴宁支行提供）

传递给广大金融消费者。开展金融知识宣传活动 35 场，派发宣传单 1.5 万份，受众 2 万余人次。

（刘丹丹）

【中国工商银行股份有限公司兴宁支行】 2020 年，中国工商银行股份有限公司兴宁支行辖属支行营业室、兴宁高华支行、兴宁曙光支行、兴宁兴南大道支行 4 个营业网点，另设北门、宁江新城、机场 3 个离行式自动柜员机。

2020 年，中国工商银行股份有限公司兴宁支行人民币各项存款余额 30.66 亿元，比年初新增 2.55 亿元；各项贷款总额 27.36 亿元，比年初新增 10.41 亿元，存贷比 89.23%；实现经营收入 1.43 亿元，拨备前利润 8896 万元。

2020 年，中国工商银行股份有限公司兴宁支行开展“春润行动”，为当地企业复工复产提供金融支持，2 月 16 日，中国工商银行股份有限公司兴宁支行发放首笔 500 万元“抗疫贷”，该笔贷款从开户到放款仅用 3 天时间，以高效的金融服务能力，解决客户采购抗疫物资的资金需求。围绕重点工作开展分层次营销走访，为产业转移和招商引资企业提供高效、便捷的金融服务。支持地方经济建设，对大型基础建设企业及当地企业发放项目贷款。

2020 年，中国工商银行股份有限公司兴宁支行加快普惠金融业务发展，宣传普惠个贷业务，以小微企业贷款和个人经营类贷款为主要发展对象，通过个人经营类贷款增长推动个人普惠金融业务发展，利用个人经营类贷款利率优惠优势加大营销，发展经营类房抵贷和助业贷款。至年末，中国工商银行股份有限公司兴宁支行普惠贷款余额 1.09 亿元，比年初新增 1859 万元，普惠资金全部投放于地方实体经济行业。

2020 年，中国工商银行股份有限公司兴宁支行加强与客户的沟通联系，对于受疫情影响，部分贷款客户出现逾期情况，组织管户客户经理采取电话或亲自上门方式了解客户还款情况，专门设置延期还本付息金融服务，保障企业周转资金充足，按时按质复工复产。针对部分收入大幅下降的按揭贷款客户群体，特事特办，设置 3 个月至半年的宽限期，减轻按揭压力。至 2020 年年末，中国工商银行股份有限公司兴宁支行为全辖唯一一个“零不良”的支行。

2020 年，中国工商银行股份有限公司兴宁支行做好风险管控工作，有效控制各项业务的流动风险、市场风险、信用风险和操作风险，实现全年零案件、零重大责任事故的“双零”目标。

（周永辉）

【中国银行股份有限公司梅州兴宁支行】 2020 年，中国银行股份有限公司梅州兴宁支行强化经营管理，加大信贷投放力度，全年新投放防疫贷 1 亿元，为兴宁民营企业提供复工复产资金扶持。至年底，中国银行股份有限公司梅州兴宁支行人民币各项存款余额 34.17 亿元，其中，储蓄存款 25.72 亿元，比上年增长 2.14 亿元；对公存款 8.45 亿元，增长 1.91 亿元。人民币各项贷款余额 20.39 亿元，新投放 12.24 亿元（其中防疫贷 1 亿元）；国际结算业务量为 3720 万美元。全年完成跨境人民币结算 578 万元。全年实现营业收入 9179 万元。

2020 年，中国银行股份有限公司梅州兴宁支行加强内控案防，提高执行力，突出把控风险重点和敏感点，夯实基层机构基础管理工作，提升运营内控案防能力建设。加强人员管理，主动防范风险，发挥基层内控的关键控制作用规范员工“8 小时”以外的日常管理，看好自己的门，管好自己的人。

（罗远文）

【中国建设银行股份有限公司兴宁支行】 2020 年，中国建设银行股份有限公司兴宁支行辖属支行营业室、兴华支行、曙光支行、鸿源支行 4 个营业网点，另设宁江新城离行式自动柜员机、商都酒店离行式自动柜员机。至年底，中国建设银行股份有限公司兴宁支行一般性存款余额 35.24 亿元，比年初新增 5.5 亿元，新增市场占比 47.7%；各项贷款余额 27.65 亿元（含表外 6.35 亿元），比年初新增 6.7 亿元，新增市场占比 23.1%；存贷比 78.5%。

2020 年新冠肺炎疫情防控期间，中国建设银行股份有限公司兴宁支行投身“春晖行动”，做好存量客户续贷投放，主动联系疫情防控重点行业客户涵盖制造业、批发零售业、医疗物资经营等企业，寻求融资方案为客户解决复工复产资金困境，助力受疫情影响的企业复工复产。

2020 年，中国建设银行股份有限公司兴宁支行践行普惠金融战略，为全社会所有阶层和群众提供全方位金融服务创新银行融资方式，推行免抵押信用贷、云税贷、税易贷结算云贷、善融贷等融资模式，采取全线上流程办理，助力地方实体企业、支持中小企业的发展；践行住房租赁战略，推进租赁业务平台上线房源、在线签约、APP 注册，落实推动住房租赁业务发展；践行金融科技战略，营销推广智慧社区、慧兜圈、悦生活，小蜜蜂等电子平台，把金融服务渗透至校园、乡村，社区等各个领域，为各类客群提供支付、缴费等多方位便利；利用“劳动者港湾”品牌优势，服务社会各类人士，向社会传递爱和温暖，履行企业社会责任。

2020 年，中国建设银行股份有限公司兴宁支行投身“乡村振兴发展战略”，参与乡村振兴建设造价咨询业务；为县域乡村振兴发展提供创新金融产品，逐步推进落地县域振兴贷、惠农贷、惠卡云贷等金融产品；与新成立的兴宁市农村电子商务行业协会签订《金融服务合作协议》，通过信息交流互动、账户结算、融资、平台共享等方面开展合作，助力农村电子商务发展。

2020 年，中国建设银行股份有限公司兴宁支行推进“合规平安年”工作贯彻落实监管部门案防工作意见，加强反洗钱工作，打击治理电信网络新型违法犯罪，做好业务风险排查、员工行为排查工作，加强案防宣传教育，强化案防范工作，实现全年安全运营无事故。

（蒋晓峰）

【中国农业银行股份有限公司兴宁市支行】 2020 年，中国农业银行股份有限公司兴宁市支行下设支行营业部、宁中支行、东岳宫支行、兴福支行、兴田支行、教育路支行、兴南支行、碧桂园支行、坭陂支行 9 个营业网点；龙田镇 1 个金融服务点，行政服务中心 1 个自助银行；在各乡镇布设“惠农通”助农取款服务点 327 个，基本上覆盖全市大部分行政村。至年末，中国农业银行股份有限公司兴宁市支行各项存款余额 42.38 亿元；各项贷款余额 33.02 亿元，比年初新增 3.81 亿元；存贷比 77.9%，比年初增长 10.4 个百分点。

2020 年，中国农业银行股份有限公司兴宁市支行开展复工复产复学调研活动，为重点招商引资项目、中小企业、医院、药商、学校等提供金融服务支持；对疫情影响的行业和在“战疫”中起关键作用的医药行业，加强沟通，开启绿色通道，完成企业结算、信贷调查审查审批等业务，并在特殊时期做好线上场景服务，让市民足不出户享受便利金融服务；做好决战决胜脱贫攻坚金融服务工作，全年发放建档立卡扶贫小额贷款 44 户、金额 203 万元，余额 1207 万元；推进网点转型，优化网点人员结构，提升服务质量；参与挂点网格社区、挂钩扶贫村进行疫情防控 50 多人次，创文创卫 120 多人次。

（何东）

【中国农业发展银行兴宁市支行】 2020 年，中国农业发展银行兴宁市支行发放储备粮贷款 2661.97 万元，收回储备粮贷款 2638.84 万元，保障兴宁市县级储备粮轮换资金及时足额供应，完成 2020 年度县级储备粮 9248.41 吨的轮换任务。通过与政府、财政和粮食部门协调，加强粮食风险基金管理，落实储备粮轮换价差，督促粮食风险基金拨补及时、规范，全年到位粮食风险基金 1740 万元，到位率 100%。加强与企业负责人沟通联系，全年营销地方债券资金 2.67 亿元、其

▲叶塘安置区二期贷款项目工程　（农发行兴宁支行提供）

他财政专项资金6329.86万元。加强收贷收息管理工作，协助企业做好本息筹集工作，2020年根据各项借款合同约定，应收回贷款资金1.01亿元（其中：粮食类2638.84万元、项目类5988万元、基金1500万元），实际收回7.05亿元（正常收回1.01亿元、提前收回6.03亿元）。应收回贷款利息1.01亿元、基金利息187万元，利息1.03亿元全额收回。本息8.08亿元，收回率100%。开展网银业务，至2020年末，开立网银客户24户，网银业务电子替代率96.47%。

至年底，中国农业发展银行兴宁市支行各项贷款余额16.15亿元，日均贷款余额20亿元；各项存款余额2.35亿元，日均存款余额8.24亿元，收回贷款利息1.03亿元（包括基金利息187万元），实现利润4824.74万元。

（刘庆东）

【广发银行股份有限公司梅州兴宁支行】 2020年，广发银行股份有限公司梅州兴宁支行有营业网点1家、自助银行2家。是年，兴宁支行被广发银行梅州分行授予“优秀支行”称号。

2020年，广发银行股份有限公司梅州兴宁支行加大对本地实体经济、小微企业信贷支持力度，全年投放贷款3亿多元支持当地小微企业、民营企业发展；全年实现银保监口径小微贷款、人行口径小微贷款、涉农贷款、精准扶贫贷款、零售小微贷款5项指标完成率均在100%以上。

2020年，广发银行股份有限公司梅州兴宁支行加大对疫情影响严重行业企业的金融支持力度，以最优惠的利率向餐饮、酒店、医药、零售等行业客户投放贷款近1亿元，保障企业正常经营；对行内所有企业客户实行交易结算手续费免费一年的优惠政策；推广“免还续贷”业务，解决小微企业筹集过桥资金还款的压力，减轻企业负担。

至年末，广发银行股份有限公司梅州兴宁支行总存款余额突破10亿元，贷款规模突破8亿元，单位客户数超1300多户，个人客户数5万多户，净利润超2000万元。

（李静斯）

【广东兴宁农村商业银行股份有限公司】 2020年末，广东兴宁农村商业银行股份有限公司有营业网点43个，注册资本6.41亿元，资产规模162.4亿元，各项存款余额133.51亿元、市场份额35.20%，各项贷款余额82.65亿元、市场份额38.22%，存贷款市场份额持续居全市金融机构首位。

2020年，广东兴宁农村商业银行股份有限公司紧扣乡村振兴战略，持续加大对涉农、小微实体领域的金融支持，推动县域产业转型升级。至年末，普惠小微企业贷款余额13亿元，涉农贷款余额70亿元，连年完成小微企业“两增两控”和涉农贷款持续增长的目标。推广“抗疫贷”“战疫贷”“兴商贷”“尊师贷”“拥军贷”“妇女创业贷”“生猪贷”等信贷产品，重点支持疫情防控和复工复产，对受困企业做到不抽贷、不断贷、不压贷、不停贷，全年投放贷款43亿元。是年，广东兴宁农村商业银行股份有限公司发放扶贫小额信贷1521户、2016.6万元。

是年，广东兴宁农村商业银行股份有限公司完善支付体系，宣传推广手机银行、网上银行等电子银行业务，建立助农取款服务点404个、移动支付便民点455个，布放CRS机74台、超级柜台45台、POS机1638台，推进农村金融服

▲2020年11月4日，兴宁农商银行进村为群众办社保缴费　（张建锋 摄）

务全覆盖。常态化为特殊群体（老弱病残等人员）送贴心服务上门，打通普惠金融“最后一公里”。独家冠名2020年首届助商扶农网红大赛，承办网络春晚兴宁海选专场，开展志愿服务、“无偿献血”、关爱留守儿童、慰问孤寡老人、送金融知识下乡进校等活动。在2020年疫情防控期间，全行捐款7.13万元用于支持疫情防控，并组织干部员工参加网格化疫情防控377人次。

（张建锋）

保险业

【概况】 2020年，兴宁市有保险公司20家，从业人员1050人。其中，有保险公司法人机构2家，分别为中国人寿保险股份有限公司兴宁市支公司和中国人民财产保险股份有限公司兴宁支公司。2020年，兴宁市保险公司全险种总保费收入5.58亿元，其中，中国人寿保险股份有限公司兴宁市支公司保费收入1.68亿元，中国人民财产保险股份有限公司兴宁支公司保费收入1.04亿元。2020年，全市保险公司理赔支出1.25亿元，比上年增长19.05%。

（刘丹丹）

【中国人寿保险股份有限公司兴宁市支公司】 2020年，中国人寿保险股份有限公司兴宁市支公司下设有29个镇级营销服务部，约有900名业务员，分布兴宁的每个圩镇。是年，中国人寿保险股份有限公司兴宁市支公司开办的业务有疾病保险、医疗保险、意外伤害保险、教育保险、年金保险、基金险等300多个险种，全年总保费1.68亿元；给付退保金1050.36万元，死亡给付607.78万元，医疗给付534.14万元，满期给付2529.02万元，年金给付610.76万元，赔款支出314.32万元，伤残给付1.75万元。

是年，中国人寿保险股份有限公司兴宁市支公司配合市民政局，推进“银龄安康行动”，在各个圩镇的保险营销服务部设有政保服务专员，并深入村居派发凭证、收集赔案资料，与老人面对面地讲解保险保障，让更多老年人享受到政府关爱。全市承保60岁以上老人18.7万人，投保覆盖率100%。

（钟钦宏）

【中国人民财产保险股份有限公司兴宁支公司】 2020年，中国人民财产保险股份有限公司兴宁支公司下设有石马营销服务部、坭陂营销服务部、交安营销服务部、洋里网点、商业城网点。公司全年全险种保费收入1.04亿元，比上年增长19.23%；赔付成本4241万元，综合赔付率47%，全年实现利润1720万元。

是年，中国人民财产保险股份有限公司兴宁支公司为梅州基本医保参保人“量身定制”专属商业医疗保险产品“保尚保”；拓展农民工工资支付履约保证保险，并在全市范围内进行推广，减轻市委、市政府及相关企业对农民工工资履约支付工作负担；承保兴宁市二级以上5家医院医责险、新统保烟花爆竹安责险；续保兴宁市食品安全责任险、兴宁市教育局校园方责任险、自然灾害公众责任险、宁江水泥财产险、安全生产责任险等。2020年，中国人民财产保险股份有限公司兴宁支公司商非业务规模1620.4万元，增长8.8%；农险方面保费规模4161.4万元，增长64.6%。

是年，兴宁市早晚造水稻

受台风、病虫害影响，全市报损水稻面积 660 多公顷，中国人民财产保险股份有限公司兴宁支公司迅速开展政策性水稻保险业务理赔工作，组织人员到受灾现场进行查勘、核损及跟踪收集资料，赔付金额 1500 多万元。

（罗嘉玲）

▲新陂、叶塘“两镇五村”乡村振兴连片示范区一河两岸

（王思 摄）

城乡建设

住房和城乡建设

【概况】 2020 年，市住房城乡建设局建成新陂、叶塘“两镇五村”乡村振兴连片示范区、亲水公园一区和完成城市黑臭水体整治项目；办理商品房预售许可 59 宗，预售面积 117 万平方米，预售套数 9767 套；加强建设工程质量管理，全年新受监工程 72 项（其中私人建筑 4 项），面积 235 万平方米；妥善做好住房保障工作，全年为 163 户城市低保住房困难户发放租赁补贴 9.52 万元，超额完成上级下达发放租赁补贴 40 户的目标任务。

【村镇建设】

危房改造项目 2020 年，兴宁市危房改造任务 10 户，开工率 100%；竣工 10 户，竣工率 100%；全市竣工验收合格农户 10 户，拨款 10 户，按标准发放补助资金 37.3 万元，整体拨付率 100%。

新陂、叶塘“两镇五村”乡村振兴连片示范区项目 项目投资 2975.62 万元，依托区域内麻岭河“一河两岸”全长约 3.5 千米的景观设计、磐安围、玖崇湖、叶南渔村、李洁之将军府、向阳生态园等古村落、古民居、红色文化和客家文化，整合资源，串珠成链，打造集红色文化教育、客家文化传承、人才与技能培训、生态休闲旅游、体育运动健身等功能于一体的乡村振兴连片示范区。至年底，该项目建成使用。

兴宁市环境综合治理与修复（PPP）项目 项目总投资 16.94 亿元，采用 PPP 模式，建设内容包括：东排沟和洋岗村黑臭水体整治，城区管网建设，新建镇级污水处理厂 9 座、村级污水处理站 771 座，新铺设镇级配套污水管网 15 个、村级污水管网 776 个。至年底，累计投入 9 亿元，基本完成城市黑臭水体整治项目；建成镇级污水处理厂 9 座，均通水试运行或正常运行，累计铺设镇级管网（含 7 个独立配套管网）110.31 千米；开工建设村级污水处理站 67 座，站点基本完工 60 座，配套管网完工 47 座，累计铺设 62.44 千米。

【重点项目建设】

兴宁市亲水公园项目 起止范围为兴南大桥至东环大桥，拟建设亲水公园及市政道路配套设施，总占地面积 17.3 公顷，亲水公园项目总长度 4.5 千米，总建筑面积 19.13 万平方米；市政道路建设部分总长度 5.5 千米。2020 年，亲水公园项目完成投资 8169.5 万元，其中，亲水公园一区项目建成交付使用，二区工程项目完成工程总量约 45%。

兴宁市宁新东风村 3 号、4 号、6 号小区改造及周边市政设施升级改造工程 项目总投资 8000 万元，位于宁新东风片区，涉及宁新东风村 3 号住宅小区 32 栋、446 户，4 号住宅小区 4 栋、443 户，6 号住宅小区 21 栋、423 户及电力开发小区 9 栋、118 户，改造内容包括基础配套设施及周边市政道路，3 号、4 号、6 号和电力开发小区内及周边范围内道路 8 千米，铺设路面

▲兴宁市亲水公园　　（许宇思　杨梓旋　摄）

沥青，人行道、污水、雨水管道改造，围墙翻修，区域内供排水、供电、通信设施升级改造、小区绿化、小区内配套基础设施建设、建筑物楼梯间、天面防水翻新、防盗网及大门、建筑物外墙装饰等工程项目。项目于2020年9月开工建设，2020年完成年度投资计划5200万元。其中，3号小区完成形象进度80%；6号小区完成70%；4号小区和电力开发小区完成雨污分流。4个小区整体形象进度约完成65%。

“四馆一场”项目　项目由兴宁图书档案馆、兴宁美术馆、体育馆、兴宁青少年文体活动馆和兴宁市民广场组成。计划总投资约7.2亿元，采用土地一级开发的PPP融资模式，整个广场用地面积约23.6万平方米。2020年，图书档案馆完成工程建设50%；兴宁美术馆完成场地平整。

【审批制度改革】　2020年，兴宁市进一步统筹协调兴宁市的工程建设项目审批制度改革工作，成立兴宁市工程建设项目审批制度改革专项工作组。4月，启用工程建设项目审批管理系统，截至12月31日，兴宁市工程建设项目审批管理系统，进驻单位13个，进驻政务服务事项67项，正式受理办件数239个；在公共服务中心二楼23—30号窗口建立工程建设项目联合审批窗口，实现工程建设项目审批全流程（包括从项目立项至竣工验收和公共设施接入服务）涉及的行政审批、技术审查、市政公用服务以及备案等事项“一个窗口”“一站式”服务和管理。

【依法治建】　2020年，市住房城乡建设局依法加强行政执法，处理行政处罚案件11件，罚没款22.48万元。办理政协提案6件。通过主动追缴、向法院确认主动执行和签订分期付款的方式，全年追缴回欠款295.11万元，其中追回罚款欠款267.56万元、报建费欠款23.94万元、其他欠款3.61万元。完善广东省执法队伍管理系统，组织13名执法人员参加综合法律法规知识考试并在执法证系统申领执法证；组织43名执法人员（已领执法证）开展专业法律知识培训。加强执法普法工作，制作2020年普法工作责任清单，在建筑工地、小区入口，张贴宣传海报300多张，发放宣传资料1万多份，悬挂标语100多条；利用“安全生产月”“宪法宣传周”等重要节点开展“法律进企业、进小区、进工地”活动，发放宣传资料200多份，张贴宣传中共十九届五中全会精神的海报40张。

【建筑业管理】　2020年，兴宁市房屋市政工程公开招标告知性备案项目20个，招标控制价9.02亿元，最终中标价8.81亿元，节约资金0.21亿元。核发建筑工程施工许可76宗，施工面积240万平方米。加大开展“禁实”（禁止使用实心黏土砖）和推广应用新型墙体材料专项检查的力度，在建工地新型墙体材料使用率100%；加强装配式建筑项目设计、施工图审查、施工许可和施工质量监督管理，引导开发单位按要求分阶段、分步骤统筹推进装配式建筑。加强建设工程质量管理工作。全年新受监工程72项（其中私人建筑4项），面积235万平方米；竣工备案工程33项，面积56.06万平方米；质监部门出具整改通知书202份，暂停施工整改通知书51份，对5人次施工、监理单位及其相关人员进行动态扣分，对5家项目管理混乱施工单位及相关责任主体和其相关人员进行警示谈话。

【房地产业管理】　2020年，市住房城乡建设局整顿兴宁市房地产市场秩序，针对群众投诉较多的未取得预售许可证就发布销售广告，乱收意向金，不按合同兑现办证承诺等行为，逐步加大对企业的执法检查和监管力度。核准房地产开发企业暂定资质9宗，房地产开发企业暂定转四级资质9宗，工程勘察设计（丙级）资质1宗。办理商品房预售许可59宗，预售面积117万平方米，预售套数9767套。至年底，全市房地产开发企业完成投资27.3亿元，比上年增长27.8%；新建商品房销售面积63.34万平方米，增长80.5%；销售套数5241套，增长98.37%；销售金额46.46亿元，增长88.57%。全市商品房平均成交价格为7335.56元/平方米，增长4.47%。其中商品住房成交均价7060.49元/平方米，增长1.02%，非住宅成交均价11119.54元/平方米，增长52.99%。

【房屋征收】 2020年，兴宁市新开展征收项目1宗，征收房屋79户，面积约5.06万平方米。全年发出房屋征收补偿决定书5户，强制执行决定书3户，申请法院执行6户，依法拆除房屋1座。是年，市住房城乡建设局主要开展亲水公园一、二区，宁江桥至合水旅游景区一江两岸堤路建设（兴田范围），市二小运动场，兴田街道XT5、XT6地块，叶塘工业园，新建人民医院收尾项目，以及协助做好梅龙高铁兴宁段等征收拆迁项目。至年底，完成以上项目（除梅龙高铁建设项目外）登记丈量房屋376户，签订房屋征收补偿安置协议255份（户），拆除房屋358座（户）。

【棚户区改造】 至2020年底，福兴安置区二期标段三（共8栋）交付使用。宁新安置区C区一期工程完成约总工程量52%，投入资金1.43亿元，完成年度投资计划136.62%。福兴安置区三期项目（一级开发）完成总工程量49%，投入资金1.4亿元，完成年度投资计划279.28%。永和安置区工程完成总工程量95%。投入资金1200万元，完成年度投资计划93.2%。

【住房保障】 2020年，市住房城乡建设局妥善做好住房保障工作，为163户城市低保住房困难户发放租赁补贴，累计9.52万元，超额完成上级下达发放租赁补贴40户的目标任务。

【“问题楼盘”专项治理】 2020年，市住房城乡建设局牵头会同相关职能部门制订《兴宁市“问题楼盘”专项治理工作方案》，对19个问题楼盘的成因进行认真剖析，采取“一楼一策”的办法，每个楼盘指定1名相关市领导或相关职能部门主要领导挂点，安排2—3名工作人员组织工作专班，帮助企业化解矛盾，解决问题，完善手续，由易到难逐步解决历史造成的问题楼盘。至年底，碧水湾B区一期、宁江西堤改造三期拆迁安置房工程进入竣工验收阶段。

（邹紫明）

村庄建设

【概况】 2020年，兴宁市全域推进农村人居环境整治建设生态宜居美丽乡村建设工作，459个行政村、2429个自然村全部达到干净整洁村以上标准。省定贫困村创建社会主义新农村示范村工作有序推进，农村基础设施短板不断完善，示范带动作用初步显现。

【乡村公共服务提升】 2020年，兴宁市推进“四好农村路”三年攻坚行动，成功创建省级“四好农村路”示范县；完成1349.9千米生命安全防护工程建设，“畅返不畅”整治工程265千米，通200人以上自然村基本完成村道路面硬化，镇通行政村公路达到安全通客车条件。完成宁江河碧道（亲水公园段）、麻岭河碧道建设；统筹推进镇村集中供水设施及配套管网建设，58个省定相对贫困村353个自然村实现集中供水；实施村卫生站规范化建设，455个行政村规范化卫生站建成使用；新一轮农村电网改造升级工程有序推进；推动信息基础设施建设，20户以上自然村实现光纤全覆盖；推进农村“厕所革命”，建成农村公共卫生厕所1379座，全市农村无害化卫生户厕建设实现基本普及，普及率100%。开展垃圾分类治理，建立健全生活垃圾收集、转运、处理长效机制，农村生活垃圾无害化处理率100%。

【农村人居环境整治】 2020年，兴宁市开展“美丽兴宁·美好家园”城乡环境大提升行动，2429个自然村成立村民理事会，全域推进农村人居环境整治，完成“三清三拆三整治”和行政村环境基础整治任务，全部村庄达到干净整洁村标准；省定贫困村创建社会主义新农村示范村和全域推进人居环境整治建设生态宜居美丽乡村项目建设有序推进，径南镇东升村获评“中国美丽休闲乡村”；实施两批次“千村示范、万村整治”美丽村屋、美丽村道项目149个，撬动社会资金5337.3万元；建设省级卫生镇4个、卫生村350个。

（陈芳芳 肖璇璇）

城市综合管理

【概况】 2020年，市城市管理和综合执法局健全城市管理长效机制，推进城市精细化管理，完善市政基础设施。兴宁城区公共绿地面积67.51万平方米（比上年增加14.7万平方米）；路灯供电线路255千米，各种LED路灯约8000盏，LED墙体亮化景观灯饰2.9万盏，路灯总功率850千瓦时，变压器16台，时控器181台，道路照明路灯亮灯率达到96%以上、设施完好率达到98%以上，LED墙体景观亮化亮灯率及完好率均达到98%以上；城区街道清扫保洁面积362.34万平方米、公厕26座（含2座移动公厕）、合格规范的垃圾中转站9座、生活垃圾无害化Ⅱ级填埋场1座。全年日均清运城区生活垃圾近170吨（压缩后）、日均无害化处理全市生活垃圾近500吨，城区生活垃圾实现全收集、全封闭压缩转运、全无害化处理。

【市容秩序管理】 2020年，市城市管理和综合执法局加强对21条示范街的管理，带动提升市容环境全面提升。加大对城区建筑垃圾、泥头车抛撒滴漏污染路面的管控，于10月在坭陂镇官陂村唐杷祗设置建筑余泥渣土临时受纳场，初步解决城区建筑余泥渣随意乱丢倒的问题。全年发放宣传资料6.2万份，纠正乱摆卖6000多人次，取缔占道经营摊点500多个，清理活动广告招牌600多块，横幅400多条，太阳伞、四方亭100多把，清理肉桌等占道堆放物品一批，查处运输车辆污染城市道路行为17宗，罚款4.29万元；移交交警、交通部门处理7宗；路面查获后转运到受纳场消纳6宗、93立方米。

【规划建设管理】 2020年，市城市管理和综合执法局全面摸清辖区内的违法建筑的底数和存量，分门别类，一户一档，建立台账，做到底子清、情况明。建立巡查管控违法建设网格化管理工作机制，集中清拆，做到“拆除一处、震慑一片、教育一方”。整罚结合，消化存量，加强公共空地、私人建房围挡的设置管理，要求建设户对围挡进行美化，设置公益广告。全年约谈违法建设户52户，拆除或局部拆除新增及存量违法建设166宗次，面积2.1万平方米，断水断电47批次，暂扣铁斗车、电焊机等施工工具一批；并依法处罚存量违法建设20宗，处罚金额192.73万元（其中缴纳103.94万元、未缴纳88.79万元）；催收往年行政罚款180.84万元。

【环境卫生管理】 2020年，市城市管理和综合执法局投入34万元用于完善西区垃圾收集设施（其中果皮箱171个、垃圾桶975个）；投入26万元，实施宁江西堤垃圾转运站清洗场地改造工程，解决城区东区部分垃圾桶的清洗和存放场地问题；投入8万元，对城区公园路中转站进行改造，解决城区西区项目作业车辆清洗及职工休息场地等问题；投入1.79

▲2020年7月13日，市城综局清理违规占道的共享单车 （李可乐 摄）

万元购置3部电动摩托车，保障环卫监察工作的正常开展；投入3万元，对沿江东路和沿江西路2座移动公厕进行升级改造，同时在火车站广场新增1座二类公厕；从1月起，增加城区公厕管理费用76.47万元/年，按照定人定点不间断管理的要求，提升城区公厕保洁服务水平；从严落实“两大扫、一保洁、一收集”清扫作业制度，城区主街道全天16小时的巡回保洁作业覆盖。每天巡回清洗板车、果皮箱、垃圾桶等环卫设施，城区生活垃圾做到全收集、全封闭压缩式转运垃圾，防止运输途中的“二次污染”；落实大气污染防控措施，每天出动抑尘车或洒水车对城区主干道保持6次以上的冲洗降尘作业，二级以下道路保持每晚组织1次冲洗降尘作业；黄泥坑垃圾场进场垃圾实现当日压实、及时消杀，分区填埋、分层覆盖，全年处理全市生活垃圾18万吨，无害化处理率100%。12月，投入15万元用于改善垃圾处理场进场道路照明设施及电线、网线安装工程，并对进场道路两边存在安全隐患的树木、竹林等杂乱生长的植物进行全面清除，垃圾场各项工作安全有序进行。

2020年8月22日，黄泥坑垃圾填埋场应急抢险及环境提升工程投入使用，消除挡坝安全隐患和环境风险，缓解垃圾场无库容的问题。4月起，实施兴宁市城区环卫清扫保洁及定点收集分区作业项目（西区清扫保洁部分），实现城区主次干道、背街小巷、城中村、城乡接合部清扫保洁的全覆盖。推进兴宁市静脉产业园项目，一期工程于2020年7月10日动工建设。

是年，市城市管理和综合执法局推动城区生活垃圾分类工作，投入工作经费200多万元，用于宣传发动、完善设施、示范片区建设等；截至10月底，城区83家单位（除医院、学校、派出所等单位由其上级主管部门负责推行外）全面完成公共机构生活垃圾分类全覆盖工作，设置10处公共场所生活垃圾分类收集点，开展生活垃圾分类示范片区（福兴街道新城社区）、试点小区（宁江新城三期、宁江新城五期）建设工作，至年底，生活垃圾分类示范片区新城社区范围内所有住宅小区纳入试点小区。

【城市绿化管理】 2020年，市城市管理和综合执法局结合“创文”“创卫”和“两美”三年行动计划工作要求，做好春季补种补植，投入100万元，在城区公共场所及各街道绿化带补种苗木25万袋、在公共场所补植草皮1.5万平方米、在城区内各街道及绿化带内补种新苗木近150株。春节、“五一”、中秋、国庆期间，投入75万元，实施城区主要公共场所及绿化节点种植摆放节日莳花工程；投入62万多元，组织实施体育公园迁种长势不佳树木及种植乡贤认捐大树绿化提升工程；投入80万元，组织实施城区渠化岛及部分绿化节点绿化提升工程；投入198万元，组织实施人民大道、兴南大道和兴宁大道绿化提升改造工程。做好新增绿化地段的移交接管，接管养护兴宁大道、兴宁东西出口匝道、锦绣大道（宁江新城段）等路段绿化14.7万平方米、行道树8000多株。加强城区绿化管理，加快打造绿色宜居生态园林城市的步伐，加强绿化带花木肥水管理、加强病虫害防治工作、狠抓路树日常养护管理、规范公共场所考核，强化公共绿地日常养护管理工作。

【城市亮化管理】 2020年，市城市管理和综合执法局加强路灯设施设备日常巡查和规范24小时路灯故障来电报修业务，对市民来电来访和发现未正常亮灯的情况进行登记，及时安排维修。全年及时维修故障路灯900多盏、线路故障200多处、更换改造老旧残存在安全隐患的路灯设施设备一批，保障路灯设施设备正常有序运转，路灯亮灯率达96%以上，设施完好率达98%以上。实施永泰路、官汕路、兴南大道北段残旧路灯杆、灯臂更换改造；实施宁江新城、体育广场、文化广场3个路段加装路灯线路四组；实施城区官汕路902车站门口、兴叶路木材站、东门步行街3台老旧残路灯控制箱改造；及时修复城区22处墙体（及兴旺大桥）景观亮化故障的设施设备，设施设备完好率和亮灯率达到98%以上。

【市政工程管理】 2020年，市城市管理和综合执法局投入1200多万元完成下水道清淤7000立方米，更换雨污井盖150个，沥青路面维护21.9万平方米，路面、人行道维修约2000平方米、交通护栏更换400米（交通事故处理的除外）。

投入1300多万元组织实施兴宁市10千伏永城线、城南线等中压线路迁改，火车站广场公厕新建、东城路（东城市场段）道路改造、纺织二路道路改造、检察院侧雨污沟改造、东灌沟侧等零星路灯、兴将路侧（华泰雅苑）市政道路改造、明珠体育公园健身场地、明星公园和潮州会馆侧2块5人制足球场、33号区市政道路和42号区新建市政道路等工程。加强公厕建设，全年新建改造城市公厕6座，全面完成兴宁市城市公厕三年（2018—2020年）项目建设目标。推进老旧污水管道改造工作，全年完成城镇老旧污水管渠改造27.07千米，完成2018—2020年三年建设任务104.63%。

【安全生产监督管理】2020年，市城市管理和综合执法局开展市政桥梁安全检查，及时修复损坏的市政基础设施；加强城区垃圾处理中转站和黄泥坑垃圾填埋场安全生产监督管理工作，加强环卫设施设备的维修和保养；做好户外广告安全检查、路树安全隐患排查和城区路灯设施管理维护等工作；加强燃气行业重大节日和日常监管工作，督促企业做好安全培训和应急演练工作，与6家燃气经营企业签订《2020年燃气企业安全生产责任书》，对全市燃气安全开展专项检查工作，检查供应站点50个，检查发现安全隐患36宗，发放整改通知书10份，整改完成率100%。

【信访维稳工作】2020年，市城市管理和综合执法局认真办理群众来信来访反映的问题、政府批转的信访案件、人大代表的议案、政协委员的提案，对要求合理但短期内难以办到的，主动做好解释工作，对城市建设管理中出现的市民之间、相邻之间的矛盾，尽量做好协调处理工作。受理群众来信来访及信访平台投诉案件103件，受理梅州热线电话“12345”及云政务投诉案件987件，受理信访案件1090件，接待群众来电来访1000多人次。

【新冠肺炎疫情防控】2020年，市城市管理和综合执法局加强宣传、环境卫生清扫保洁、公共场所人员聚集活动管控、消毒消杀、废弃口罩收集处理、防疫巡查督查；全面加强农贸市场管理、积极做好城区疫情防控网格化工作、组织落实复工复产复学疫情防控和健康管理措施。出动执法人员126人次和执法车辆35部，累计发放宣传资料8000多份，设置横幅90多条，公共场所设置通告栏52块、张贴宣传海报80多张、疏散疏离聚集人群1700多次，整治乱摆卖3500多人次；园林所每日对各公共场所（含公厕）设施设备进行消毒杀菌，累计出动近2000人次、600多台病媒防制专业器械、使用药物（二氯异氰脲酸钠、84消毒液）1800多千克，消毒杀菌面积累计720万多平方米；环卫所及城区环卫市场化企业累计投入87万元，用于购置口罩、消毒水、防护服、体温计等环卫工作防疫物资及消毒消杀、废弃口罩收集处理等工作。

（廖欢妮）

房产服务

【概况】2020年，市房产服务中心代表市政府管理公有房产、地公产等面积21万平方米，覆盖兴宁全市，主要分布于兴田、龙田、坭陂等镇（街），公有住房租赁户2300多户，主要解决中低收入群体的住房困难。

【公房管理】2020年，市房产服务中心对全市危旧公房进行普查，重点普查城圩镇危旧公房84宗（城区51宗、圩镇33宗），并对34宗进行中修，对31栋危旧公房加强日常安全检查，做好停租、退租、围蔽等排除隐患工作。加强安全宣传教育，加强危旧公房用火、用电、用气管网线路的检查，发放防火、防汛安全通知2600多份。疫情防控期间，减免非住宅公房租金64.8万元，惠及412户租户。

【直管公房稽查】2020年，市房产服务中心加大侵害公房查处力度，查处大新街44号住宅公房擅自开门影响公房安全问题，江夏文化促进会擅自拆除租赁公房墙壁问题，中山东路32号、34号因私房拆除改建影响公私共墙的公房安全问题，兴宁市荣华房地产开发公司河背街部分地段联改返还问题。

【房地产测绘】2020年9月，市房产服务中心新增地籍测绘资质，扩大测绘业务范围。10月，重新规范兴宁市房地产测绘成果报告，在互查的基础上，跟开发单位和住建规划核实测量队数据进行再次核查。全年完成房屋测绘面积150万平方米，二手房交易测绘转图2114份。

【白蚁防治】 2020年，市房产服务中心与宁江新城八期等签订白蚁防治合同，合同防治面积8万平方米。全年完成白蚁防治17.5万平方米，回访灭治1.34万平方米。

（罗汉平）

供水

【概况】 2020年，市自来水总公司承担兴宁城区和附城11个镇街居民的生活、生产用水的责任，全年企业供水设计能力10万吨/日，用水户12多万户，服务人口40多万人。

【供水管理】 2020年，市自来水总公司每月定期巡查、维护和保养各加压泵站的各机电设施设备；加强管网管理，完成兴宁市供水管网漏损计量建设和改造工程的可研报告，抓好测漏、维修工作，全年查测出漏点1160处，受理报漏5631次、维修大小漏点6000多处；加大供水市场巡查力度，全年查处私自拆表、无表用水、私接消防栓等违章用水及损坏管网行为并给予处罚58单，全年处理违章用水追回费用3.58万元。

【供水管网建设】 2020年，市自来水总公司全面建设完成东城路3#、5#、6#、9#区供水管网改造工程，解决该区域1.2万人口的用水问题；兴宁市21#、24#、25#供水管网改造工程于12月3日签订施工合同，12月15日施工。做好梅州市重点建设项目兴宁市第二自来水厂产能扩建工程项目建设的监管工作，扩建一条5万立方米/日的制水生产线、黄竹坜泵站供水机泵设备及配电设施升级改造、铺设约15千米输水复线，项目总投资2.39亿元。该工程于4月27日开工建设，5月始进入全面施工。至年底，项目建设资金投入1.68亿元，完成投资70.28%，工程形象建设完成72.31%。

【供水便民服务】 2020年，市自来水总公司受理投诉826次，信访业务302件，满意率98%以上；筹集资金716.09万元用于老旧管网改造，惠及1.4万人。

（彭瑜　李小珍）

▲2020年10月29日，广东省水协领导到兴宁市第二自来水厂调研

（市自来水总公司提供）

供电

【概况】 2020年，兴宁市境内有35千伏及以上变电站19座，其中220千伏变电站2座、110千伏变电站9座、35千伏变电站8座。有效供电面积2104平方千米，用户约44万户。兴宁供电局完成售电量12.86亿千瓦时，比上年增长11.66%。

【安全生产】 2020年，兴宁供电局在107项大型联合施工中，刚性执行作业现场安全纪律管理“六条铁律”和“三个一”风险管理机制；深化安全风险管理体系建设，“线上+线下”督查3629次、隐患排查发现问题1068个，整改问题1020个，整改完成率95.5%，各类问题得到有效解决；配合完成毅德城线路迁改项目，实现设备零故障零缺陷；强化设备运维管理，10千伏架空线路实现“机巡+人巡”常态化巡视模式；建成10千伏罗岗线、白水线等9个网架完善项目，投入6组9条线路自愈功能，投运柱上自动化开关58台、自动化环网柜9台，覆盖线路122条，馈线自动化覆盖率94.24%；更换残旧绝缘子1.7万个、残旧避雷器80套，改造地网286处，加装绝缘护套335套，提升设备健康水平；举办2020年安全文化暨人身事故应急演练活动，启动防风防汛应急响应4次，出动保供电人员3210人次、车辆951车次，完成2020年梅州互联网大会、

▲ 2020 年 11 月 30 日，兴宁供电局举办 2020 年安全文化活动暨人身事故应急演练活动　（兴宁供电局提供）

黄槐镇首个接管年春节保供电等 48 项保供电任务；电网连续安全稳定运行超 23 周年。

【电网建设】 2020 年，兴宁供电局推进 2020 年在建 182 项、投资金额 1.98 亿元的基建配网项目建设，构建兴宁坚强电网；组建党员突击队按期完成 63 个贫困村及黄槐镇 86 个电网升级改造项目。

【供电服务】 2020 年，兴宁供电局大力“解放用户”，执行国家“降低工商业电价 5% 政策延长至今年年底”决策部署，落实办电“三零三省”服务、“欠费不停供”等措施，保障全面恢复正常生产生活秩序的电力需求。是年，兴宁供电局让 1.8 万城乡“低保户”、农村“五保户”享受上每月 15 千瓦时免费电量优惠政策；实行“暖企”行动，融入和服务梅龙高铁等“两新一重”建设；推广线路带电作业 350 次，发电车保电 210 车次；整治中压线路重复跳闸，中压线路故障率 6.76 次 / 百千米 · 年，比上年下降 20.47%；受理“95598”投诉 8 宗，下降 69%，14 个供电所实现零投诉。

【黄槐镇电力体制改革】 2020 年，兴宁供电局完成黄槐镇供电资产和供电业务交割签约仪式，成立黄槐供电所，实现镇（街）供电所全覆盖；投入资金 6200 万元，建成 10 千伏西禾线线路改建工程等 3 个网架完善及 83 个台区改造项目，基本完成电网改造任务；实现中压线路故障跳闸率、线损率、电费回收率等关键指标大幅提升，核心业务实现稳定接轨；接管黄陂温公水库、黄槐班基坪水库最后 2 个小水电自供区。

（李冬玲）

▲ 2020 年 5 月 22 日，黄槐供电所挂牌成立　（兴宁供电局提供）

生态环境保护

【概况】 2020 年，梅州市生态环境局兴宁分局出动执法人员 4340 人次，检查企业 1085 家次，发出责令改正违法行为决定书 53 份，督促指导企业规范完善污染防治措施 42 项，立案查处环境违法企业 8 家，处罚金额 8 万元。是年，兴宁市国家县域生态环境质量综合考核结果生态环境变化评价（ΔEI）为 -0.6，生态环境保持良好稳定，获得中央生态转移支付资金 2.24 亿元，全省排名第六位，梅州市排名第二位。

【污染减排】 2020 年，兴宁市完成 19 家畜禽养殖污染治理，实现废弃物综合利用；加强机动车减排，全市减排化学需氧量 508.47 吨、氨氮 30.64 吨。兴宁市拓展盈辉资源有限公司通过梅州清洁生产现场审核验收。

【环境整治】 2020 年，兴宁市完成 25 家企业挥发性有机物销号整治任务和 27 台生物质锅炉安装在线监控；开展柴油车路检整治工作，检查车辆112辆、处罚不合格车辆数15辆，查扣报废老旧柴油货车3辆，组织实施重型柴油车专项整治行动2次，查处相关违法行为28宗；开展加油站油气回收专项检查，与“双随机”检查相结合，按时完成94家检查任务，完成率100%；完成非道路移动机械登记123辆，审核通过101辆；完成360家“散乱污”工业企业（场所）整治，完成率100%；完成27台生物质成型燃料锅炉整治。

2020年，梅州市生态环境局兴宁分局完成新增6个“千吨万人”饮用水源保护区的划定工作，划定方案顺利通过梅州市政府批复；完成列入省整治清单的69个入河排污口的综合整治，完成率100%；完成全市94座加油站322个地下油罐防渗改造工作，完成率100%。

2020年，梅州市生态环境局兴宁分局完成10座镇级生活垃圾填埋场整治验收销号任务；完成“十三五”期间全市93个建制村农村环境综合整治任务完成涉及1家涉镉等重金属企业治理任务（精维进电子有限公司重金属污染整治）；完成列入《省工业固体废物堆存场所整治清单》中的9家企业清理任务；完成土壤污染状况详查目标任务，受污染耕地安全利用率100%，受污染耕地严格管控类任务完成比例100%；完成604家危废单位清查核实，工业危险废物安全处置率、医疗废物安全处置率100%。

【环境管理】 2020年，梅州市生态环境局兴宁分局审批建设项目84个（其中报告书4个、报告表80个），审核网上登记备案98个，环评豁免9个。规范排污许可证发放，全年核发排污许可证企业92家，下达排污许可限期整改企业10家，审核网上排污登记企业1280家。

【环境执法】 2020年，梅州市生态环境局兴宁分局开展建筑工地、物料堆场、采石场等场所的专项整治；以宁江河主干流和支流为重点，开展非规模化畜禽养殖场排查整治，关闭11家非规模化畜禽养殖场点，指导30家非规模化畜禽养殖场点配套相应的粪污处理设施；开展“散乱污”排查整治，清理排查出“散乱污”企业15家，关闭6家，提升改造9家；开展无证排污行为集中执法检查，整治违法排污企业；开展医疗废物及污水处理专项整治行动，解决行业污染问题；加强中考、高考期间施工工地等噪声查处，考场周边声环境良好；加强污染源日常环境监管随机抽查，将580家排污企业列入信息库，对随机抽查的108家企业进行现场检查。全年出动执法人员4340人次，检查企业1085家次，发出责令改正违法行为决定书53份，督促指导企业规范完善污染防治措施42项，立案查处环境违法企业8家，处罚金额8万元。

【环境监测】 2020年，梅州市生态环境局兴宁分局完成饮用水水源水质、地表水、城市环境空气质量、声环境质量、酸雨等常规监测任务；完成50余家次重点污染企业的监督性监测；协助梅州市站开展3家重点污染源监测；完成27个省控土壤环境质量监测点位现场核查及其中8个点位土壤样品的采集工作。全年出具监测报告200份。

【环境宣传教育】 2020年，梅州市生态环境局兴宁分局组织开展《“疫情防控　志愿在行动”学雷锋活动》《生态环境局兴宁分局共建“美丽兴宁·美好

▲2020年12月25日，梅州市生态环境局兴宁分局到企业进行岁末年初环境安全检查　（张瑞霞　摄）

家园”志愿者活动》《汽修行业危废规范化管理宣传活动》《2020年“环境安全月”和“环境安全南粤行”》等宣传工作；联合福兴五里村举行“梅州市不留白色污染示范村”创建暨“美丽中国，我是行动者——不留白色污染”世界环境日主题宣传活动；加强环境信息公开工作，全年公开各类环境信息389条。

（肖志群）

▲2020年2月26日，市农业农村局到大坪镇农资店开展执法检查

（市农业农村局提供）

农 业

农业管理

【概况】 2020年，市农业农村局负责种植业、畜牧业、渔业、农业机械化等农业各产业的监督管理，指导粮食等农产品生产，指导乡村特色产业、农产品加工业、休闲农业发展，组织构建现代农业产业体系、生产体系、经营体系，指导农业标准化生产。

【农业污染专项整治】 2020年，兴宁市继续实施世行贷款广东农业面源污染治理项目——环境友好型种植业子项目，在宁中镇、刁坊镇、新陂镇、大坪镇和黄陂镇5个镇、26个行政村实施，项目总实施面积1292.76公顷、散户3128户。其中早稻播种面积646.38公顷，晚稻播种面积646.38公顷，种植作物均为水稻。通过对13家项目农资店、26名村技术助理、50名项目农户的基线调查，项目区化肥每公顷平均施用量为3.17千克、农药每公顷平均施用量为24.7克。相比2019年项目区化肥每公顷平均3.18千克，减少0.01千克，农药每公顷平均25.7克，减少1克，达到年度目标要求。

【农产品质量安全检测】 2020年，兴宁市农产品质检中心对全市所有种植业基地进行不定期蔬菜、水果、茶叶抽样检测，每月大约检测200个样品，全年抽样检测2016批次，农药残留超标9批次，合格率99.55%；联合省、市级检测机构对兴宁农贸市场、基地蔬菜全年例行检测7次，执法检查3次，茶叶例行检测3次，蔬菜、水果、稻谷、油料作物质量安全监测各2次。是年，市农业农村局完成产品质量安全定量检测740批次，合格率99.2%；其中，落实双随机抽样要求，将小农户纳入监测范围，抽检产品274批次，围绕使用禁限用、停用药物及非法添加物以及农兽药残留超标等农产品质量安全问题，开展县级监督抽查260批次，合格率100%。兴宁市农产品质量监督检测中心通过实验室资质认定和农产品机构考核“双认证”。

【农业安全生产监督】 2020年，市农业农村局开展日常监督巡查和检查，全年检查下属单位5家、农资企业180余家、种子销售企业120余家、水产养殖场420家、渔船1艘，均未发现安全生产隐患；检查农村村道拖拉机、修理场所、农机合作社、农机加工场所和田间作业拖拉机100家，检查拖拉机违法载人12起，查处违规6起，教育农机主及驾驶员25人。

（陈芳芳 肖璇璇）

农业产业化

【概况】 2020年，市农业农村局推动合作社的示范创建工作，做好示范家庭农场申报、监测、名录管理工作，推动经营机制创新，实施“产业兴村、产业强镇”，组织符合条件的龙田镇申报全国“一镇一业”示范镇和龙田镇碧园村申报广东省“一村一品”示范村并得到批复，推动农村一、二、三产业融合发展工作。

【富民产业发展】

特色农业发展 2020年，市农业农村局加快垦造水田、高标准农田建设；推进丝苗米省级现代农业产业园建设。龙田镇入选全国农业产业强镇建设名单，径南、新陂、龙田、黄陂4个镇入选省“一村一品、一镇一业”专业镇，龙田镇碧园村入选全国“一村一品”示范村。广东富农生物科技股份有限公司入选“农业产业化国家重点龙头企业”，“兴宁茶油”国家地理标志证明商标正式启用。

农旅融合发展 是年，广东明珠养生山城一期酒文化产业园建成投产，熙和湾·客天下花灯文化特色小镇、玖崇湖温泉特色小镇等项目建设加快推进，熙和湾客乡文化旅游产业园、月形山乡村旅游区分别获评国家AAAA级、AAA级旅游景区，广东兴东生态农林发展有限公司入选广东省农业公园。龙田、合水“两镇八村”省级新农村连片示范，新陂、叶塘“两镇五村”乡村振兴连片示范带动作用明显。发展林下经济，促进种、养、采、游融合发展。加快农家乐、民宿等新业态发展，打造一批集红色教育、休闲观光的特色旅游线路，“兴宁古驿道客家人文自然风光线路”入选省乡村旅游精品线路。

农村电商发展 2020年，兴宁市以电子商务示范基地、广东壹号仓储、农村淘宝服务中心、镇（街）农村淘宝服务站点为支撑，完善电商产业链条，拓宽农产品销售渠道；承办2020年梅州互联网大会，举办中国农民丰收节庆祝活动、兴宁市农特产品展销暨农电商交流贸易会等系列展会，推动茶油、柚果、优质稻等特色农产品走进大都市、融入大湾区。兴宁市入选2019年国家级电子商务进农村综合示范县、广东省数字乡村发展试点名单，在广东省首创启动客货“三级物流”配送体系建设。

【农业经营主体培育】 2020年，兴宁市有各级农业龙头企业106家，其中国家级1家、省级23家，梅州市级45家、兴宁市级37家。兴宁市农民专业合作社示范社46家，其中，国家级示范社8家、省级示范社23家、市级示范社15家；家庭农场919家。

【农产品品牌培育】 2020年，兴宁市有“广东省名牌产品”22个，国家名特优新农产品1个，省名特优新农产品16个，省“菜篮子”基地19家，粤港澳大湾区“菜篮子”生产基地和生产企业8家，农业特色专业村30个，其中龙田镇羊岭村评为国家级示范村，形成“新陂丝苗米”“龙田肉鸽”“径南茶叶”3个农业特色专业镇和“兴宁鸽”“兴宁市丝苗米”“兴宁单枞茶”3个区域公共品牌。“一村一品、一镇一业”项目实施完成项目入库，遴选出28个专业村实施农业特色产业。

【现代化“新农人”培育】 2020年，兴宁市培育新型职业农民105人，高素质农民137人。通过组织培训，遴选示范模范，分别遴选出6家科技示范基地和328户科技示范主体，强化示范带动作用，指导帮助农户发展农业种植。全市59位在农业生产经营一线、应用技能突出的人员被省农业农村厅认定为2020年广东省农村乡土专家。罗新辉获评“全国劳动模范”，陈伟波获评“‘双带’农村致富青年先进个人”，张雪莲获评“全国巾帼建功标兵”“广东好人”，张雪莲、刘苑红获评广东省“优秀创业致富带头人”。

【展销平台搭建】 2020年，市农业农村局组织农业企业参加中国农民丰收节、天河帮扶展销会、重庆国际农产品交易会等农业展会，设立兴宁市扶贫产品展销中心和农特产品展销中心，加大兴宁优质农特产品宣传推广力度，提升农产品品牌知名度，让农产品走出去；组织网络直播销售活动，通过线上展示与线下销售相结合，拓宽兴宁市优质农产品销售渠道；成立农村电商协会，通过协会的资源整合和服务职能，助力农业企业转型升级，实现“互联网+订单农业”，推动优质农特产品走进粤港澳大湾区。

【第十五批兴宁市农业龙头企业】 2020年，新认定梅州市源江生态农业有限公司、兴宁市景丰生态农业发展有限公司、梅州市吉鸿生态农业开发有限公司、梅州市鑫奎农业发展有限公司、广东绿准农业发展有限公司、广东宝宁农牧科技有限公司、兴宁市同旺养殖发展有限公司、兴宁市鸿泰农牧有限公司、梅州市留陂农牧开发有限公司、兴宁市高南寨农业发展有限公司、兴宁市恒青农业发展有限公司、兴宁市永胜实业有限公司等12家企业为第十五批兴宁市农业龙头企业。

（陈芳芳　肖璇璇）

现代农业发展

【概况】 2020年，兴宁市推进水稻生产机械化补短板、强弱项，实现“3个稳步提升”，新建机械化信息化融合生产示范区2个，全市水稻生产全程机械化服务或经营面积13.33公顷以上的组织有21个（其中服务面积千亩以上的有15个），农机社会化服务日益活跃，水稻生产综合机械化水平稳步提高。在梅州乃至全省率先开展农机报废补贴资质机构认定和启动补贴工作。全程机械化综合农事体兴宁润丰农业合作社负责人罗新辉获评“全国劳动模范”称号。11月11日，农机与农艺融合开展丝苗米高产试验，继2016年创高产世界纪录后兴宁丝苗米香米产量再次创出年亩产1300.12千克的世界纪录。

【惠农政策改革】 2020年，兴宁市发放农村土地承包经营权证20.74万本，颁证率99.3%；落实政策性水稻保险、政策性能繁母猪保险、政策性仔猪保险、政策性育肥猪保险4个险种，3065.49万元；落实耕地地力保护补贴，全市汇总上报的耕地地力保护补贴面积24804.33公顷，补贴标准是81.7元/亩•年；实施农机购置、报废、机插秧作业等惠农资金161.2万元。

【农机化发展】 2020年，兴宁市农机总动力31.33万千瓦，全市水稻生产“耕、种、收”综合机械化水平74.85%，比上年增长1.88%。全市拖拉机拥有量5332台（套），本地联合收割机552台，外来跨区联合收割机约500台，机种等机械126台（套），谷物烘干机96台，全年烘干总量约3万吨，适度规模经营组织和粮食加工仓储烘干加工产业链初具雏形。新建机械化信息化融合生产示范区2个，全市水稻生产全程机械化服务或经营面积13.33公顷以上的组织有21个（其中服务面积千亩以上的有15个），农机社会化服务日益活跃，水稻生产综合机械化水平稳步提高。兴宁市新陂镇辰兴种粮专业合作社被认定为2020年广东省“全程机械化+综合农事”服务联合体。

【土地流转与复耕复种】 2020年，市农业农村局推进土地流转及复耕复种工作。至年末，兴宁市农村土地经营权流转2623.34公顷。牵头建立全市性农村土地流转交易平台，将全市各村预流转的土地集中统一挂牌流转，至年底，此平台处于调试阶段。

【农村集体资产清产核资】 2020年，兴宁市村（居）组两级农村集体经济组织8440个，其中经济联合社461个、经济合作社7979个；全市集体经济组织资产总额9.38亿元。至年底，全市455个行政村中，其中，431个村的村党组织书记兼任村级集体经济组织负责人，占比94.7%；村级集体经营性收入5万元以上的村有214个，经济薄弱村5万元以下的仍有241个；全年投入6150万元，扶持53个试点村。

（陈芳芳　肖璇璇）

种植业

【概况】 2020年，兴宁市粮食种植面积4.3万公顷，总产28.57万吨。其中稻谷产量27.63万吨，花生产量4559吨，蔬菜产量77.82万吨，茶叶产量2741吨，水果产量17.26万吨，沙田柚产量4.8万吨。

【种子管理】 2020年，兴宁市20个镇（街道）有120多家种子门店。至年底，有285个水稻品种在全市流通，审核通过的早晚造备案单634份。是年，市农业农村局打击假劣种子等违法行为，制止未审定品种“19香”的印制资料宣传，协助农业综合执法大队查处一件“未备案种子流通市场”的案件。全年组织3次种子安全维权观念宣讲活动，发放500多份宣传资料。

【绿色种植】 2020年，市农业农村局推广水稻生物多样性混栽和杀虫灯，运用于水稻生产。在绿色高质高效创建项目示范区，按照统一优质稻品种布局、统一技术指导、统一肥水管理、统一病虫害绿色防控、统一冬种轮作“五统一”；在示范区按南、中、北区域遴选具有代

▲ 2020 年 10 月 27 日，广东首届国际高端优质籼稻品种展示交流活动在兴宁市开幕 （市农业农村局提供）

表性的 6 个乡镇、6 个百亩连片示范核心区，早、晚“两造”80 公顷，核心区实行统一品种布局、统一技术指导、统一机械插秧、统一肥水管理、统一病虫害防治、统一机械收割、统一机械烘干、统一冬种轮作的“八统一”管理技术路线。

【病虫害综合防治】 2020 年，兴宁市农作物病虫监测预警系统发出病虫情报 9 期。全市农作物病虫鼠草螺发生面积 20.76 万公顷次，防治面积 22.40 万公顷次，其中水稻种植面积 3.98 万公顷，病虫害发生面积 7.19 万公顷次，防治面积 7.79 万公顷次，挽回稻谷损失 5.75 万吨，实际损失 0.46 万吨，损失率 1.57%，实现省植保总站制订的病虫损失控制在 5% 以下的目标要求。

【丝苗米省级现代农业产业园】 至 2020 年末，兴宁市丝苗米省级现代农业产业园 13 个建设项目全部完工；产业园内全年丝苗米种植面积 13666.67 公顷，年产量 9.53 万吨，水稻平均单产达到 465 千克，高于全省平均水平（平均亩产 384 千克）；产业园内农民人均可支配收入 22787 元，高于全市农民人均可支配收入 16% 以上。是年，产业园参与实施主体广东米粒农业发展有限公司、兴宁市益民粮油加工有限公司免费给村委会、种粮大户发放 2 万多千克丝苗米谷种，带动农户开展春耕备耕。

（陈芳芳　肖璇璇）

水产业

【概况】 2020 年，兴宁市水产养殖面积 2074.33 公顷，水产品总产量 1.74 万吨，其中鱼类产量 1.68 万吨、贝类产量 353 吨、虾蟹类产量 188 吨、其他 28 吨。

【水产养殖污染防治】 2020 年，市农业农村局联合各镇（街）单位多次开展工作，对全市 20 个镇（街道）420 家 5 亩以上水产养殖场开展污染监管网格化管理，完善水产养殖生产、用药、销售 3 项记录台账登记，养殖投入品管理有序，养殖过程中使用的饲料和药品均符合国家认定的无公害养殖标准。水产养殖企业对尾水达标排放，符合养殖标准，未发现水产养殖污染问题。

【水域生态环境修复】 2020 年，兴宁市规范水产养殖业管理，保护养殖权人合法权益，实施水域滩涂养殖证制度，推进兴宁市水域滩涂养殖发证登记工作，制订《2020 年兴宁市水域滩涂养殖发证登记工作方案》。至年底，兴宁市国有水域养殖证发证率达 90% 以上。

（陈芳芳　肖璇璇）

畜牧业

【概况】 2020 年，兴宁市生猪存栏 27.1 万头，其中能繁母猪 2.75 万头，肉牛存栏 7050 头，羊存栏 9490 头，家禽存栏 413.43 万羽，其中肉鸡存栏 369.6 万羽。兴宁市在直连直报系统上的规模养殖场 107 家，其中生猪养殖场 80 家、肉鸡养殖场 21 家、肉牛养殖场 3 家、肉鸽养殖场 5 家。

【养殖监管与兽医管理】 2020 年，兴宁市开展兽药常规检查 32 次，巡查人员 112 人次，重点检查经营企业证照资料、兽药摆放及仓库管理制度落实情况和兽药二维码追溯系统使用情况等，要求经营企业规范经营、科学管理，全年依法核发动物防疫条件合格证 17 张、兽药经营许可证 1 张；开展全市离岗基层老兽医的摸底工作和认定工作，完成离岗基层老兽医认定工作乡镇、县两级审核。

【畜禽养殖减排】 2020年，兴宁市畜禽粪污综合利用率79.07%，规模养殖场粪污处理设施装备配套率95%以上，大型规模养殖场粪污处理设施装备配套率100%，达到年度考核任务指标。是年，全市规模养殖场安装固液分离机56台，沼气池容积20.76万立方米，堆粪场6.53万立方米，污水沼液贮存池容积22.67万立方米，鱼塘、生化塘141.87公顷，配套农、林业消纳面积9.87万公顷，利用沼气发电的养殖场6家，利用猪粪制作有机肥（自用）的养殖场2家，养殖废水处理后回用的养殖场1家，有污水处理系统的养殖场1家，有异位发酵床的养殖场1家。108家规模养殖场均按照环保规范要求配备粪污处理设施，粪污处理方式主要为干湿分离、固体堆粪还田、液体肥水还田浇灌、制作有机肥等。是年，兴宁市出动623人次下乡检查畜禽养殖场粪污处理情况。

【动物防疫检疫】 2020年，市农业农村局从源头上控制动物疫病的传播，抓好屠宰检疫，严把入场查验关、检疫申报关、待宰巡查关、同步检疫关和检疫出证关；持续做好非洲猪瘟等重大动物疫病防控；加强生猪调运监管，在高速路口设立临时检查站；落实屠宰环节“两项制度”（非洲猪瘟自检制度和官方兽医派驻制度），在“两项制度”回头看检查工作中检测非洲猪瘟样品360份；做好生猪运输车辆备案登记审核工作，全市审核备案生猪运输车辆126部。全市未发生重大动物疫情和重大畜产品安全事件。

【动物卫生监督】 2020年，兴宁市监测样品2753份，其中禽流感H5血清样品580份，禽流感H7血清样品350份，禽流感H9血清样品50份，新城疫血清样品250份，牲畜口蹄疫血清样品393份，小反刍兽疫血清样品68份，布鲁氏菌病血清样品1133份。送省样品78份，其中血清48份、拭子30份。送梅州市样品1007份，其中环境拭子415份，猪淋巴扁桃体20份，血清232份，猪全血230份，生猪产品110份。

▲2020年7月3日，兴宁市召开重大动物疫病防控暨屠宰场整改工作会议

（市农业农村局提供）

市农业农村局打击各类违法违规用药和非法添加行为，以屠宰场、养殖场（户）、散养户为重点对象，严格执行休药期规定，禁止销售残留超标的畜禽产品。全市检测盐酸克伦特罗5577份，莱克多巴胺5194份，沙丁胺醇5129份。

【“兴宁鸽”养殖】 2020年，兴宁市肉鸽养殖品种主要为米玛斯白羽王鸽、银王鸽及卡奴鸽和中山石岐鸽，主要分布在龙田、坭陂、宁中、大坪、黄槐、水口、径南等镇，建成标准化肉鸽养殖基地16个，全市年出栏肉鸽约4800万羽，饲养量较多的为梅州市金绿现代农业发展有限公司、广东宝宁农牧科技有限公司及兴宁市金鸽养殖专业合作社，其中金绿公司获评广东省博士工作站及广东省第一批产教融合性示范企业。兴宁市成立兴宁市肉鸽协会，12月13日，举办首届“兴宁鸽”美食烹饪大赛，发布兴宁鸽生产饲养规范，评选出梅州市金绿现代农业发展有限公司、广东宝宁农牧科技有限公司及兴宁市金鸽养殖专业合作社为“兴宁鸽”养殖名基地。

“兴宁鸽”入选2020年第一批全国名特优新农产品名录，龙田镇以兴宁鸽为主导产业入选全国农业产业强镇建设名单及全国“一村一品”示范村镇，龙田镇碧园村以兴宁鸽产业被评为全国“一村一品、一镇一业”养殖示范村，龙田镇环陂村、鸡公桥村、碧园村、羊岭村以兴宁鸽为主导产业入选省级“一村一品、一镇一业”示范村。

（陈芳芳　肖璇璇）

农机管理

【农机总动力】 2020年，兴宁市农机总动力31.33万千瓦，全市水稻生产“耕、种、收”综合机械化水平74.85%，比上年增长1.88%。全市机耕水平96.8%，全市拖拉机拥有量3902台，其中工农12K拖拉机1600台，大中型拖拉机28台，微耕机2274台。全市机收水平95.3%，本地联合收割机552台，外来跨区联合收割机约500台，全年机收面积3.94万公顷，其中本地联合收割机作业面积2.94万公顷，本地联合收割机作业服务面积占比74.63%，外省跨区作业服务占比25%，机收作业面积1万公顷。全市拥有机种等机械126台（套），其中插秧机80台、直播机5台、钵苗机5台、育秧播种线成套设备6条。种粮大户及合作社组织拥有农业无人飞机30台，比上年新增10台。谷物烘干机96台，其中单机容量30吨以上10台，2020年全年8—12吨容量新增13台。谷物烘干日处理能力600吨，全年烘干总量约3万吨。

【农机技术推广应用】2020年，兴宁市在大坪、新陂、新圩等乡镇开展无人机精量直播和机直播试验示范，插秧机机插面积733.34公顷，机直播266.67公顷，无人机直播33.33公顷，机种总面积1033.33公顷；促进物联网、大数据、智能控制、卫星定位等信息技术在农机装备和农机作业上的应用，引进推广农作物“种、水、肥、药”一体化精准作业技术；推进特色经济作物精准耕作、智慧养殖、设施农作物智能化生产等数字农业示范基地建设；整合现有资源，拓展信息化技术在安全监理、作业监测维修诊断、服务调度、应急救灾中的作用。

【农机监理工作】 2020年，市农业农村局出动检查15次、85人次。每月至少开展2次农机安全宣传、隐患排查治理工作。在农忙季节派出农机监理人员，深入农机维修点、农机大户、场院、田间地头，全面检查农机具的技术状况，并加强跨区作业联合收割机安全宣传、检查工作，保障农机在农忙季节安全生产不出事故。全年宣传发动拖拉机手申领驾驶证，核发拖拉机驾驶证54本。农机监理站开展农机报废监销工作，监销联合收割机19台，手扶拖拉机1台、插秧机1台。

（陈芳芳　肖璇璇）

林业

【概况】 2020年，市林业局践行“绿水青山就是金山银山”理念，推进国土绿化行动和绿满梅州大行动，实施林业重点生态工程，强化森林培育和保护。是年，兴宁市林地面积13.53万公顷，其中有林地面积12.56万公顷，生态公益林面积6.88万公顷，森林覆盖率67%，林地绿化率98.8%，活立木总蓄积量699.2万立方米，全市建成14个森林公园（1个国家级、2个市级、11个县级），7个自然保护区（1个省级、6个市级）。

【林业生态建设】 2020年，兴宁市完成森林碳汇工程建设133.3公顷，完成中央森林抚育1万公顷、省级森林碳汇抚育2000公顷，建设绿美古树乡村1个（新圩镇双头村）。

【森林资源管理】

林政资源管理　2020年，市林业局控制林木采伐限额指标、林木运输管理和林地用途管制，核发林木采伐许可证133份，采伐总蓄积5.71万立方米；审核报批使用林地17宗，面积144.88公顷，主要保障省、市重点项目建设。

▲2020年3月12日，兴宁市领导到兴旺大桥下游南堤开展义务植树活动

（张伟钦　摄）

生态公益林管理 是年，市林业局按规定将生态公益林损失性补偿标准提高至每亩28元，全年发放补偿金2892.4万元；对全市6.88万公顷生态公益面积进行完善落界，对天然林进行核定落界。

自然保护地整合优化 是年，市林业局成立工作专班，制定工作方案，修改完善的自然保护地整合优化预案上报梅州市、广东省，至年底通过省专家评审并报国家林业和草原局审批。

▲2020年9月25日，市林业局到宁江新城嘉荣超市进行森林防火宣传

（刘宏益 摄）

【森林资源保护】

森林防火 2020年，市林业局贯彻实施《广东省森林防火条例》和《梅州市森林火源管理条例》，印制宣传资料张贴到村、发放到户；在重点林区、重点景区等重点地段规划建设高标准生物防火林带30多千米；开展全面森林火灾隐患排查，组织业务骨干和森林公安干警划片分区督促指导乡镇共同做好森林防火巡护工作压紧压实防火责任，严防山火发生。

森林病虫害防治检疫 是年，市林业局抓好21个测报点固定标准地的测报工作，加强对37066.67公顷松林松材线虫病的春季监测普查，监测覆盖率100%；实施2020—2021年松材线虫病防治项目。

涉林领域信访矛盾排查化解和纠纷调解 是年，市林业局受理答复信访案件40件，化解3件市领导包案处理重点信访案件，组织开展山林纠纷历史积案批量化解行动，协商解决山林纠纷1件。

【行政执法】 2020年，市林业局发挥森林公安队伍力量，保持“严打”高压态势，采取专项行动与日常打击、集中整治与综合治理相结合的管护机制，先后组织开展“2020红线行动”“飓风2020”等专项行动，保护森林资源。全年受理各类案件45件，查处41件，案件综合查处率91.1%，其中林业行政案件受理37件，查处33件，立刑事案件8件，破获8件，处理违法犯罪人员8人，联合地方公安查处公安行政案件16件。

【林业产业发展】 2020年，兴宁市有油茶经营企业38家，油茶种植总面积1.66万公顷；林下经济经营总面积0.4万公顷，形成以神光山国家级森林公园、熙和湾客乡文化旅游产业园、明珠养生山城为核心的森林旅游景区景点；推进0.2万公顷低质低产油茶改造，发挥油茶产业和林下经济优势。

【野生动物保护】 2020年，新冠肺炎疫情发生后，市林业局成立6个巡查管控组，开展打击涉野生动物违法犯罪专项行动，出动巡查849人次，巡查城区和圩镇市场、酒楼、餐馆等相关经营场所991家（次），发放、张贴告知书952份，签订承诺书279份；会同市农业农村局、市财政局、市市场监管局等单位共同印发《兴宁市以食用为目的的陆生野生动物处置和补偿工作方案》，明确各镇（街）、各有关单位职责，完成41家人工繁育场退出处置和验收工作，落实补偿资金349万元。

【森林康养基地建设】 2020年，市林业局宣传发动熙和集团的熙和湾客乡文化旅游产业园和广东神石生态农科股份有限公司睿山森林康养生态园申报省级森林康养基地。至年底，熙和湾客乡文化旅游产业园森林康养基地作为试行基地在省林业局网站公示。

【林下经济示范基地建设】 2020年，市林业局推荐广东鸿利丰生物科技有限公司申报省级林下经济示范基地。至年底，该基地上榜省林业局网站2020年度省级林下经济示范基地认定名单，兴宁市省级林下经济示范基地增至5家。

【国家森林城市建设】 2020年，广东省林业局商请国家林业和草原局批准兴宁市申报建设县级国家森林城市。是年，兴宁市成立创建国家森林城市工作领导小组，开展编制“创森”总体规划前期准备工作。

【森林文化周活动】 2020年11月28日，第二届广东省森林文化周兴宁分会场活动在神光山国家森林公园举行，兴宁市林业局全体干部职工、志愿者100多人参加活动启动仪式，并开展以“粤见森林·悦见美好”为主题的徒步活动，宣传森林资源法律法规和政策，增强群众森林资源保护意识，推动兴宁市创建国家森林城市。

（刘宏益）

兴宁市各镇（街道）古树情况表

表9

镇（街道）	村（社区）	树　种	估测树龄	古树保护等级
福兴街道	梅子村	雅榕	900年	一级
径南镇	双梧村	白桂木	800年	一级
合水镇	双溪村	马甲子	600年	一级
福兴街道	梅子村	榕树	500年	一级
罗浮镇	浮中村	雅榕	500年	一级
大坪镇	朱坑村	雅榕	420年	二级
白石镇	石岌村	雅榕	420年	二级
径南镇	东升村	朴树	400年	二级
径南镇	圩下村	雅榕	400年	二级
白石镇	上庄村	樟	400年	二级
白石镇	蕉联村	山牡荆	400年	二级
大坪镇	布骆村	雅榕	380年	二级
福兴街道	梅子村	豺皮樟	350年	二级
刁坊镇	刁坊社区	细柄蕈树	350年	二级
刁坊镇	刁坊社区	细柄蕈树	350年	二级
刁坊镇	刁坊社区	细柄蕈树	350年	二级
罗浮镇	蕉坑村	杉木	350年	二级
黄槐镇	槐东村	雅榕	350年	二级
大坪镇	兰亭村	雅榕	340年	二级
坭陂镇	理中村	木荷	300年	二级
罗浮镇	罗栋村	枫香树	300年	二级

说明：至2020年末，全市登记在册古树363株，此表仅罗列一级、二级古树

水利水务

【概况】 2020年，兴宁市有大、中、小型水库143宗，其中：大（2）型水库1宗（合水水库）、中型水库3宗（和山岩、石壁、温公水库）、小（1）型水库39宗、小（2）型水库100宗；大小河流121条，山塘1044宗，水电站175宗，大中型水闸3宗，机电排灌工程44宗，重点中型灌区1宗（合水水库灌区），灌溉面积9113.33公顷；一般中型灌区4宗，灌溉面积4360公顷。

2020年，市水务局践行"节水优先、空间均衡、系统治理、两手发力"的十六字治水方针和"水利工程补短板、水利行业强监管"的水利改革发展总基调，转变治水思路和方式，推进水利水务各项工作开展。全年完成水利投资3.18亿元，办理行政许可审批65宗，现场制止水事违法行为30起，取缔非法采砂点6处，持续推进河长制工作。

【重点水利工程建设】 2020年，兴宁市完成投资1.15亿元的市污水处理厂扩容工程和投资2989.86万元的新建提升泵站工程的建设任务；8月，完成投资637.16万元的东城路3#、5#、6#、9#区供水管网改造工程；投资4185万元的革命老区及原中央苏区崩岗治理一期工程，完成工程总建设任务的87%；投资3004.36万元的大坪镇上大塘河生态清洁型小流域综合治理工程完成62%；投资2984.61万元的水土保持科技示范园建设项目于10月底开工，至年底完成建设任务的10%；投资2.38亿元的市第二自来水厂扩建工程完成71.57%；投资4561.02万元的取水点迁建工程完成90%；投资2975.62万元的宁江河（兴南大桥至兴宁大桥段）碧道工程完成50%；投资1187.6万元的宁江河崇上村、周理坝、莲塘村固床陂修复工程完成85%；投资1295.83万元的21#、24#、25#区供水管网改造工程，于12月15日动工建设。

▲2020年8月19日，梅州市水务局领导到大坪镇上大塘河清洁型小流域治理工程指导工作 （市水务局提供）

【水资源保护利用】 2020年3月，市水务局组织开展主题为"坚持节水优先，建设幸福河湖"的徒步巡河宣传活动，沿路宣传节水、治河政策；按照最严格水资源管理制度"三条红线"控制指标，开展取用水管理专项整治；常态化开展全市"清漂"行动，做好县级集中饮用水源地环境保护，坚持每天清理，其中开展2次专项行动，清理全市20个镇（街）和5个水库水面漂浮物4.16万吨，清理水域面积50.22平方千米，清理河流1020.01千米，投入资金478.59万元；科学调度韩江流域兴宁区域水生态流量，实施

▲2020年3月22日，市水务局组织开展徒步巡河宣传活动（市水务局提供）

宁江河生态流量监控系统项目；推进节水型社会建设，以水务局机关为示范点开展节水型机关建设，并于12月3日通过节水型机关验收，完成考核要求。

【水旱灾害防御】 2020年，兴宁市降雨量1099毫米，与多年平均1533毫米相比减少28.3%。兴宁市抓好防汛安全检查和山区防灾安全隐患排查、整改工作，抓好在建水利工程安全度汛工作，完善各类防汛应急预案，加强防汛物资的储备和保养，实行汛期24小时值班和领导带班制度。9月，市水务局选取新圩镇和叶塘镇作为示范点，分别举行山洪地质灾害防御应急演练，增强群众防灾避险意识，提高各项抢险救灾技能，完善防汛抢险应急预案；在市水务局举办兴宁市山洪防御工作培训会，提高各级防汛责任人防御指挥决策水平和应急处置能力，减少灾害损失。

【水库安全管理】 2020年，市水务局配合省水利厅、梅州市水务局完成6宗中、小型水库大坝安全鉴定评审工作；完成2020年度56宗小型水库标准化建设工作，组织完成73宗小型水库暗访（检查）及整改工作，完成31宗小型水库攻坚行动任务，完成64宗小型水库大坝安全鉴定审定工作，落实水库“三级责任人”“三个责任人”及“三个重点环节”。

【水利安全生产】 2020年，市水务局围绕水利工程建设、病险水库、小水电站、河道采砂等主要涉水安全问题，开展“安全生产月”“安全生产万里行”和专项整治行动等活动，加强领导、明确责任、强化监管，全年组织3次全市范围拉网式水利安全生产和消防隐患排查活动，排查出一般事故隐患11宗，消除11宗。

▲2020年6月23日，市人大常委会对合水水库水质保护专题询问审议意见落实情况进行第五次“回头看”视察 （市水务局提供）

【水行政执法】 2020年，结合扫黑除恶专项斗争，市水务局对全市侵占江河湖泊违法违规建设及重要河湖范围内乱占、乱采、乱堆、乱建等河湖“四乱”问题开展专项清理整治行动；制定《兴宁市水务局打击“蚂蚁搬家”式非法采砂工作方案》，联合属地镇人民政府开展多次专项行动，全年取缔6处非法采砂点；强化水行政执法能力，全年组织执法巡查81次，出动执法人员421人次，执法车辆89辆次，船只10航次；现场制止违法水事行为30起；发出《水行政责令停止违法行为通知书》4份，立案2宗，作出水行政处罚2宗；开展合水水库、和山岩水库禁渔禁钓禁游等污染水质联合执法专项行动，拆除违规搭建钓鱼台85处（其中移动浮台6座），现场制止、劝阻垂钓人员112人次；收取水资源费107.22万元。

【河长制推行】 2020年5月，市河长办组织9个工作组完成对20个镇（街）全面推行河长制工作考核，其中兴宁市3个镇（街）考核结果为优秀；于8月通过梅州市对2019年度兴宁全面推行河长制工作考核。市水务局完善河长制机制体制，形成县、镇、村、自然村四级河长体系；印发《兴宁市河长制工作手册》，建立河长+检察长+警长机制和河长年度述职机制；编制完成兴宁市11条河道采砂规划。

（李宇珊）

工业

综述

【概况】 2020年，兴宁市助力复工复产，实现规模以上工业企业零疫情，复工率100%；规模以上工业增加值降幅从一季度末的-17.5%收窄至年末的-3.7%，工业投资比上年增长45.8%，新增规模以上工业企业10家，新上年产值5亿元以上企业1家、亿元以上企业5家；顺利出清16家国有“僵尸企业”；承办2020第二届梅州互联网大会，推进互联网产业园建设；帮助企业争取科技创新、内外贸发展等项目资金6000多万元。

▲2020年6月9日，市科工商务局陪同梅州市工业和信息化局领导到广东明珠养生山城调研 （陈丹妮 摄）

【行业管理】 2020年，市科工商务局加强民爆行业、高耗水行业、水泥行业、稀土行业监管，组织开展各时段安全生产大检查以及各类安全专项检查，加大安全隐患排查治理力度，全年出动320人次开展安全生产检查，检查企业62家次；组织各类专项联合检查5次，查出安全隐患3处，发出整改通知书3份；举办安全培训2次，指导企业开展应急救援演练活动2次，悬挂安全宣传横幅标语28条，投入安全生产资金95万元，实现安全生产零事故。督促华威化工、拓展盈辉开展清洁生产改造，推动资源循环综合利用，促进产业绿色低碳发展；严防“地条钢”死灰复燃，对6家中频炉使用企业开展现场检查20次，未发现生产“地条钢”行为；加强拍卖、典当、租赁汽车等行业的核查监管，开展防范和处置非法集资宣传月活动，加强食品安全与企业诚信经营宣传，开展大型诚信经营宣传培训会5场，特种行业专项检查近30次，出动检查人员120多人次。

【暖企行动】 2020年，市科工商务局落实局领导干部挂点服务规模以上工业企业和高新技术企业制度，走访调研、指导服务企业2000余家次，及时收集反映企业的存在问题，牵头组织召开企业座谈会3场，协调解决34家次企业请求事项26件、正在推进事项20件；指导兴宁市各类企业完成77件作品参加梅州市第二届工业设计大赛，获得2银1铜2优秀成绩；发动兴宁市各行各业的设计人员参加第一届梅州市工艺美术大师评审，兴宁市罗浮中学刘胜荣老师获得“第一届梅州市工艺美术大师”称号。新冠肺炎疫情防控期间，为265家企业提供酒精4.5吨、消毒液43吨、医用口罩12.5万只；帮助企业购买医用口罩33万个、红外线测温仪893支，紧急调运粮食1350吨、食用油62吨。

【工业短板】 2020年，兴宁市有规模以上工业企业69家，仅占梅州市的14%，没有产值超10亿元企业，产值超5亿元工业企业仅2家。是年，受全球疫情的持续蔓延影响，兴宁市工业经济面临用工短缺、资金不足、产业链不畅通和原辅材料采购成本高等一系列压力，造成四成多的规模以上工业企业产值负增长，外贸出口形势不佳，企业订单减少，生产不足、经营效益下滑。高新技术企业数量少（25家）、规模小，起支撑作用的高新技术骨干企业和知名品牌数量不多，产学研合作没有发挥真正的作用，高科技、附加值产品少。企业创新意识薄弱，参与科技创新活动的主动性不强，创新人才匮乏，尤其缺乏高精尖人才。

（陈丹妮 李敏芝）

工业管理和信息化

【工业经济发展】 2020年，市科工商务局强化运行监测分析，重点加强对69家规模以上工业企业监测分析，力争早预警、早规划，掌握工业经济运行情况，及时反馈存在问题。是年，完成规模以上工业总产值51.15亿元，比上年增长5.5%；实现规模以上工业增加值12.71亿元，降幅从一季度末的-17.5%收窄至年末的-3.7%，增速在梅州排名第六。建立“小升规”重点企业培育库，加强对培育企业跟踪服务和上规辅导统计，扶持引导小微企业上规模，新增规模以上企业10家。培育壮大主导产业，重点扶持金雁电工、鸿源机电、华雨金属等企业做大做强装备制造业；支持精维进、立讯技术等企业增资扩产，促进电子信息技术产业发展；支持伊利冷冻、富农生物、联康药业等企业做优品牌，发展壮大食品药品产业；以华威化工、泰歌科技等企业为重点，培育发展新能源、新材料等产业；加大工艺、纺织等传统产业的扶持力度，促进工艺、纺织等传统企业转型升级。

【信息化建设】 2020年，市科工商务局加大信息基础设施建设力度，实现4G网络在全市城区、镇和20户以上自然村全覆盖，建成191个5G基站；推进工业化与信息化深度融合，促进工业企业“上云上平台”，至年底，兴宁市有10家企业通过上云认证，2家企业上云；推动互联网产业发展，承办2020第二届梅州互联网大会，制订《兴宁市互联网产业园建设规划纲要（2019—2024年）》《兴宁市加快互联网产业发展的若干措施》等政策，推进互联网产业园建设，带动本地互联网企业集聚发展。

【“僵尸企业”出清】 2020年，市科工商务局围绕年底前完成国有“僵尸企业”出清的目标要求，制定《兴宁市市属国企出清重组僵尸企业促进国资结构优化的实施方案》和《加快推进兴宁市国有“僵尸企业”出清重组工作方案》，明确目标任务、出清路线等。9月底，提前完成16家国有“僵尸企业”出清工作任务，其中，通过司法破产出清8家、注销登记出清5家、兼并重组3家，妥善安置职工3000多人。

（陈丹妮　李敏芝）

2020年兴宁市规模以上工业企业主要行业情况一览表

表10

行业名称	规模以上工业企业数量（个）	规模以上工业总产值（万元）	占规模以上工业总产值比重（%）	增速（%）
装备制造业	17	169295.12	33.1	26.0
食品药品工业	11	113352.31	22.2	7.9
轻纺工业	11	61940.87	12.1	-23.8
新型建筑材料行业	10	63430.37	12.4	21.8
电子信息产业	4	32470.10	6.3	-11.0
能源与水工业	3	10862.41	2.1	-63.6
新型化工材料行业	5	35849.60	7.0	27.8
工艺美术行业	7	21886.13	4.3	-3.5
采矿业	1	2402.26	0.5	4.0
合计	69	511489.17	100	4.5

东莞石碣(兴宁)产业转移工业园

【概况】 2020年，市工业园管委会统筹疫情防控和复工复产工作，利用广州天河对口帮扶合作机遇，加强产业对接，强化产业配套，承接产业梯度转移，推动产业园区提质增效，园区经济健康稳定发展。东莞石碣（兴宁）产业转移工业园完成固定资产投资11.91亿元（其中工业固定资产投资9.43亿元），比上年增长145%；实现工业总产值28.36亿元，增长2.3%，新签约项目10个（其中亿元项目5个），新动工项目10个，总投资25.2亿元，新投产项目2个，新增规模以上工业企业3家。

7月6日，东莞石碣（兴宁）产业转移工业园举行兴宁市产业转移工业园项目集中动工活动，该次集中动工的标准厂房二期、赐裕鞋业、天兴冷链等10个工业项目总投资24.92亿元，涵盖标准厂房、高端装备制造、纺织制鞋、冷链物流、食品加工、医药器械、5G新基建、环保新材料等领域。

【园区工业经济】 2020年，东莞石碣（兴宁）产业转移工业园完成固定资产投资11.91亿元（其中工业固定资产投资9.43亿元），比上年增长145%；实现工业总产值28.36亿元，增长2.3%，全口径税收1.11亿元，下降19%；实现工业增加值7.56亿元，下降3.8%；规模以上工业产值27.9亿元，增长1.7%。

【基础设施建设】 2020年，东莞石碣（兴宁）产业转移工业园完成征地8.45公顷，清理处置闲置土地和低效用地3.37公顷，全年投入基础设施及配套工程建设资金7.44亿元。安置区首期、标准厂房首期、兴合线园区段扩宽改造及兴业大桥等项目基本完工；加快推进安置区二期、标准厂房二期、园区内支路等项目建设。

【项目引进与建设】 2020年，新签约辰浩医疗、润丰新材料、天兴冷链、裕晟照明等10个进园工业项目，计划投资总额10.72亿元；新动工天兴冷链、金绿现代、海思智能、赐裕鞋业等10个项目，计划投资总额25.2亿元；新投产爱家日用品、明珠流体2个项目，投资总额1.23亿元。至年底，园区注册企业109家（建成91家，在建10家，筹建8家），规模以上企业27家；有高新技术企业15家，省、市工程研发中心20家。

▲2020年7月6日，兴宁市举行产业转移工业园10个工业项目集中动工活动
[东莞石碣(兴宁)产业转移工业园管理委员会提供]

【安全生产和环境保护】 2020年，东莞石碣（兴宁）产业转移工业园开展特别防护期、岁末年初、夏季汛期、国庆中秋、全国两会等重点时段的园区安全生产大检查，开展园区内企业安全生产、建筑施工、道路交通、危险化学品、电气火灾等重点领域的安全生产专项检查工作。全年承办全市较为突出安全隐患6宗，整改率100%；园区出动511人次，巡查企业234家次，排查安全隐患383起，整改率98.7%。落实环评批复各项要求，严把入园项目环保准入关，按期完成园区环境风险评估；园区污水处理厂全年处理污水118.36万吨。是年，园区没有发生安全生产、环境污染事故。

（陈鹏飞 余沐溉）

中小企业

【政策扶持】 2020年，市科工商务局宣传贯彻国家“民企28条”、省“制造业高质量发展19条”、梅州市“实体经济12条”等援企惠企政策，强化服务指导和跟踪监管，督促企业落实疫情防控措施，制定《关于支持企业复工复产和保障用工需求的实施意见》；指导符合条件的企业用足用好优惠政策和申报各级项目，举办政策宣讲活动和培训活动12场，落实《兴宁市扶持实体经济发展政策措

▲ 2020 年 7 月 22 日，市科工商务局举办中小微企业融资对接交流会
（陈丹妮　摄）

施》，奖励 74 家企业 1051.02 万元，争取上级科技创新、技术改造、内外贸发展等项目资金 5000 多万元。

【金融扶持】 2020 年，市科工商务局落实《兴宁市中小微企业信贷风险补偿基金管理办法》，搭建银企交流平台，发挥企业信贷风险补偿基金作用，鼓励引导银行增信和放大贷款，组织中国银行、交通银行、邮储银行等银行与企业进行面对面对接，洽谈融资需求问题。是年，举办融资对接会 3 场，帮助全市 87 家企业争取各类贷款 3.33 亿元，其中，15 家防疫重点企业获得低息贷款 1.06 亿元、34 家企业获得增信贷款 1.18 亿元。

【中小微企业服务】 2020 年，市科工商务局完善服务体系建设，发挥兴宁市中小企业服务中心国家级中小企业公共服务示范平台作用，整合中小企业社会服务机构资源，包括财税服务公司、网络科技信息服务公司、信用担保机构、法律事务所各类社会机构 70 多家，拓宽服务渠道，提升服务企业水平；搭建志愿服务平台，组建志愿服务专门运营团队，为中小微企业提供优质服务，推动中小微企业加快转型升级，全年开展培训活动 23 场，服务企业 1147 家次，参加培训人员 2000 多人次。

（陈丹妮　李敏芝）

二轻工业

【概况】 2020 年，市二轻联社开展企业体制改革、资产监管、安全生产、维护职工权益等重点工作，推动二轻集体经济发展，保障辖属二轻系统稳定。是年，市二轻联社所属企业完成工业总产值 2323 万元，销售收入 2129 万元，实现税利 42 万元。

【企业管理】 2020 年，市二轻联社深化企业管理，抓住安全与创收两条工作主线，解决历史遗留问题，推进企业改革发展；落实疫情防控文件精神，多措并举做好疫情防控工作；推动企业复工复产，落实上级减负精神，减免部分承租户租金，减轻商户负担；加强租赁管理，维护好各下属企业的资金资产，促进集体资产的保值增值。是年，市二轻联社进行四次安全生产大检查，对排查出来的安全隐患进行逐项整改，及时消除安全隐患，防范化解安全风险。

【企业维稳】 2020 年，市二轻联社落实平安建设（综治工作）责任制，推进平安建设（综治工作），被评为 2020 年度镇（街）及市直（含垂直管理）平安建设（综治工作）优秀等次单位；创新信访维稳方式，坚持动态排查，掌握下属企业不稳定因素，解决其合理诉求，化解矛盾纠纷，全年化解上级批转的文用品厂、机器厂等企业的信访积案 4 件，接待上访 15 件 26 人次，处理上访、信访案件 10 件。

（温丽雁）

工业企业选介

【兴宁市拓展盈辉资源有限公司】 成立于 2014 年，是一家集研发生产销售于一体的再生塑料循环利用产业示范基地，是工信部核准的废塑料综合利用行业规范条件企业、广东省资源综合利用龙头企业。公司位于兴宁市东莞石碣（兴宁）产业转移工业园，占地 7 万多平方米，至 2020 年底有员工 100 多人，主要生产再生 PCR 类环保 PET 瓶片、再生 PE、HDPE、高性能改性塑料颗粒。2020 年，该公司拥有专利技术 8 项，通过 ISO 质量、环境、职业健康安全体系认证，及GRS全球回收标准、欧盟FLUSTIX、SCS回收成分体系认证，并获得广东省清洁生产企业、企业安全生产标准化认证。是年，公司实现产值1.8亿元，比上年增长99.8%，上缴税费1938万元。

【兴宁市精维进电子有限公司】 成立于2003年7月，是一家专门从事高端印制电路板生产高新技术企业。2017年，精维进正式将厂区整体搬迁至东莞石碣（兴宁）产业转移工业园南区，占地面积约4.3万平方米，至2020年底有员工100多人。该公司坚持进行技术创新，先后取得印制电路板抗电磁干扰结构、刚挠结合的多层印制电路板、LED平行曝光机等16项专利技术，拥有一条年产达18万平方米电路板生产线。2020年，公司实现产值2345.7万元，比上年增长10%，缴纳税金58.88万元。

【梅州市金绿现代农业发展有限公司】 梅州市金绿现代农业发展有限公司是一家集肉鸽养殖、产品加工、品牌销售、科技创新、文化创意融为一体的广东省重点农业龙头企业，采取“行业协会+公司+合作社+家庭农场+种养大户+农户（贫困农户）”六位一体的发展模式，拥有全省规模最大的种鸽养殖基地，产品销往全国各地。

2020年，梅州市金绿现代农业发展有限公司肉鸽加工产业一体化项目落户东莞石碣（兴宁）产业转移工业园，占地2.33万平方米，主要生产冷冻乳鸽、冰鲜乳鸽、酱香肉鸽软罐头、麻辣香酥肉鸽软罐头、盐焗肉鸽软罐头、醉肉鸽软罐头等。项目拟建设年产1000万羽以上肉鸽活禽屠宰车间以及肉鸽休闲食品深加工车间，计划总投资1.14亿元（其中固定资产计划投资8000万元，流动资金3400万元）。项目达产后，年运营收入2.85亿元，每年可实现利润总额5700万元，上缴税收3565万元。

（陈鹏飞 余沐溉）

【广东华雨金属制造有限公司】 成立于1995年，是一家专门从事电梯对重块生产的规模以上企业。公司位于兴宁市合水镇，毗邻东莞石碣（兴宁）产业转移工业园，占地8万平方米。2017年起开展技术改造，更新设备、改造生产线，循环利用废旧金属，不断提升新型、环保、节能的对重块生产工艺。至2020年底，该公司有电梯对重块生产线8条，专利技术6项，产品技术通过ISO 9001:2015质量管理体系认证及安全生产标准化认证。2020年，公司实现产值2.42亿元，比上年增长10.7%，缴纳税金641.1万元。

【兴宁市龙江建材实业有限公司】 成立于2004年，是一家以生产水泥、粉煤灰、普通砂浆、特种砂浆、商品混凝土为主的综合性大型建材国家高新技术企业，是梅州市及广东省建筑装饰特种干粉砂浆材料工程技术研究中心、广东著名商标。公司前身为原兴宁市国营龙田水泥厂，位于兴宁市龙田镇，占地12万平方米，2020年有员工200余人。主导产品为丰江牌PP32.5R、PO42.5R水泥和不同强度等级、特殊要求的混凝土及各种砂浆，销往梅州、潮汕、河源、寻乌等地。该公司坚持产学研合作创新发展，拥有实用新型专利8项，生产设备达到全国最先进水平，拥有一条年产120万吨旋窑水泥粉磨生产线和一条年产120万立方米混凝土生产线。2020年，公司实现产值8658万元，比上年下降6.9%，缴纳税金109.75万元。

【兴宁市奥浦合金工业有限公司】 成立于2000年，是一家专门从事精密金属零配件和机械零件设计研发、铸造加工的国家高新技术企业，位于兴宁市兴田二路望江，至2020年底有员工200余人，其中高级工程师5人、中级职称11人。该公司产品符合国标、美标、欧标、德标、日标等不同材质标准的生产要求，取得德国莱茵ISO 9001、欧盟压力设备（PED）、DNV.GL等专业认证，主要出口欧洲、北美、日本等多个国家和地区，与FLOWSERVE、KSB、Andritz等世界知名企业建立合作关系。2020年，公司实现产值7241万元，比上年增长5.2%，缴纳税金206.97万元。

（陈丹妮 李敏芝）

交通运输

交通建设与管理

【概况】 2020年，市交通运输局用时107天提前完成梅

▲"一江两岸"河堤公路 （市交通运输局提供）

龙高铁（兴宁段）用地红线内征地拆迁工作；投资300多万元完成普速铁路沿线58处安全隐患整治工作；完成河惠莞高速麻布岗出口至罗浮连接线公路项目立项、施工图设计、招投标及征地等工作；完成总投资1.9亿元的省下达兴宁市总里程为403.89千米"四好农村路"建设攻坚任务。至年底，项目总投资5.28亿元的"一江两岸"河堤公路完成年度投资，完成工程量80%，主体路基、主路面基本完工。全年投入2300万元，修复涵洞36道，清理公路上边坡塌方500处，修复水毁路基2.2千米、路面2.1千米、护墙26处，消除道路安全隐患，保障道路安全畅通。全年投入资金300多万元，对兴宁市各县道实施绿化美化种植香樟树、大红花、红继木等各类乔灌木3.5万株。投入资金100多万元，对兴宁市县道公路路边危险树木进行砍伐清理，消除公路安全隐患。

【交通运输与管理】 2020年，市交通运输局出动执法人员12568人次，执法车辆2513辆次，查处各类违法案件1020件，比上年增长43.7%，罚款总额203.92万元。开展货运行业乱象专项整治、客运市场专项整治、路域环境综合整治等专项行动。首次对"指使、强令驾驶人超限超载"百吨王违法行为作出处罚，立案6件，处罚6万元。首次对跨区域货运源头进行处罚，分别对梅江区、五华两地搅拌站处罚2件。源头倒查力度更大，全年追查源头47次，发出抄告函23份、异地抄告函7份。在全市开展路域环境大整治工作，拆除大型广告标牌36块，小型广告灯箱583块，查处扬洒案件57件，处罚7万元，污染公路案件50件，处罚2.65万元。配合相关职能部门开展"创文创卫""扫黑除恶""驾培市场整治""违法调运生猪""打假打私""成品油治理"等专项整治行动。推动落实"特定群体"免费乘车民生实事惠民政策，于9月1日正式施行；探索客运发展新模式，推进城乡公共客货一体化，借力"建制村通客车"优势，及时解决农村物流、客流"最后一公里"及"最初一公里"难题，助力乡村振兴发展战略；协助驾培企业复工复产及日常检查78次，培训汽车驾驶学员5200人，摩托车驾驶1900多人。

（刘选文）

客货运输

【市际、县际班车客运】 2020年，兴宁市有客车215辆，其中县际以上客车96辆（含包车客运），农村客运119辆（含镇通村）。新能源公交车290辆，出租车6辆。全年完成客运量820万人次。

【农村客运】 2020年，兴宁市加快农村客运公交化，优化线路，及时调整发车和收车时间，扩大覆盖范围。至年底，全市有农村客运线路22条。

【公交运输】 2020年，兴宁市有公交线路11条、公交车290辆。其中绿色环保的新能源公交车290辆。

【货物运输】 2020年，兴宁市有货运营运车辆2247辆，危货运输车辆34辆，完成货运量2782万吨。

（刘选文）

公路事务

【概况】 2020年，兴宁市有省养公路总里程267.75千米，覆盖全市20个镇（街）。其中：国道3条，69.91千米；省道4条，193.64千米；乡道1条，4.2千米；二级以上公路162.51千米。

【公路建设】 2020年，市公路事务中心投入工程建设资金8059.49万元。国道205线兴宁市宁新至新陂段公路路面改造工程于7月开工，10月完成改造，路线全长11.17千米，批复投资5962.31万元。省道225线兴宁市火车站至水口段公路改建工程（二期工程），路线长1.07千米，工程投资2196万元，于10月开工，至年底完成投资1700万元。国道205线兴宁市洋里至茅塘绕城公路改建（市政部分），路线长约520米，投资132.07万元，于7月开工，9月完成改造。投资28.22万元完成国道205线茅塘段路侧绿化升级改造工程。国道205线兴宁市洋里至茅塘段绕城公路（北环大道）与机场路交叉口扩宽工程，计划投资275.94万元，工程于9月开工，至12月底完成工程量的50%。国道205线兴宁市洋里至茅塘段绕城公路（北环大道）与兴田二路交叉口扩宽工程，计划投资252.74万元，于9月开工，至12月底完成工程量的50%。

【公路养护】 2020年，市公路事务中心投入养护资金6922.15万元，养护里程267.75千米，平均好路率90%，优等路里程152千米。投入日常养护资金1926万元做好辖养公路的路面挖补、灌缝、水沟清理等日常养护管理工作；投入绿化养护资金75.12万元在国道205线、省道225线等路段种植各类苗木，打造优美的绿色景观长廊；投入专项资金4732.32万元做好“十三五”“迎国评”国省干线公路路况提升整治工程，如期完成省下达的目标任务；投入安保专项资金188.71万元。其中，投入资金165.01万元完成省道225线甘砖2桥危桥加固工程；投入资金23.7万元完成生命安全防护工程，安装黄闪灯和爆闪灯34盏，修复钢护栏损坏32处1030米、标志牌272块和隔离栅36处630米，增设防撞桶103个。

▲2020年5月14日，市公路事务中心职工在省道225线增设路面减速带（市公路事务中心提供）

【公路巡查】 2020年，市公路事务中心开展“路域环境整治”行动，重点对在公路上加水洗车、摆摊设点和春、秋收割季节在公路上打场晒粮等违法行为进行整治。是年，市公路事务中心联合交警、交通综合行政执法局、属地政府、城综等部门开展较大型整治大行动10次，整治污染公路车辆96辆；清理在公路上加水洗车点12处、乱摆卖摊点80处；拆除违章招牌650块（条），面积1580平方米；清除路障杂物230处，1280立方米；清除路肩种植农作物230平方米，收回侵占路产（公路用地）500多平方米。

（朱辉焱）

邮电

邮政

【概况】 2020年，兴宁市有29个邮政普遍服务网点覆盖城乡20个镇（街道）。全市设置投递站21个，投递邮路75条、投递人员81人；有24个邮政储蓄网点；全市491个村（社区）实现村村通邮，通邮率100%。

2020年，兴宁邮政累计收入1.24亿元，完成年度计划的98.76%，比上年增长6.10%，增收714.94万元。邮政企业实现累计收入1.21亿元，完成年度计划的99.67%，增长6.27%，增收713.53万元。寄递事业部（B+C账）实现累计收入1038.71万元，完成年度计划的91.92%，增长36.73%，增收279.04万元。

【业务管理】 2020年，兴宁邮政完成代理金融收入10518.29万元，占年度计划的100.25%，比上年增长5.95%，顺利完成金融收入任务。至12月31日，全市邮储余额年累计新增时点余额43338万元，比上年增加1001万元，年增月日均余额4.17亿元。全年代理保险实现收入695万元，增长28.22%，新增趸交保费10375万元。全年中邮证券新开户259户，完成年度目标的132.82%；年增有效户112户，完成年度目标的172%，进度位居梅州第二位。

是年，兴宁邮政调整寄递业务结构，以重点项目、高效业务为抓手，抢占寄递市场，全年实现收入681.61万元，占年度计划目标的103.9%，比上年增长68.73%。集邮业务实现收入125.24万元；函件业务实现收入174.21万元；报刊业务实现收入238.11万元，增长4.64%。

【基础建设】 2020年，兴宁邮政推进邮政网点渠道平台转型，全市网点叠加邮件收寄、车优保营销、简易险营销、移动支付绑卡和手机银行、分销新零售、电费代缴、燃气代缴等业务，提升网点收入。是年，全市网点收入比上年增长20%及以上的有30个，占比96.77%。加快推进家邮站项目，建设运营第一家家邮站，叠加代缴电费、邮件收寄、快递自提以及邮政分销、余额保险转介等邮政业务，打造社区服务生态圈。

是年，兴宁邮政投入445万元对13个代理金融网点进行“微整治”，满足代理金融网点功能分区布局，提升客户体验和邮政整体形象；加强普服设施建设投入，利用省级财政均等化资金对机要生产场地进行改造，并对机要监控设施进行更新，提升普遍服务水平；加强寄递基础能力建设，投入35万元对宁新邮件处理中心新增分拣设备，提高邮件处理效率；加强安全设施设备建设，结合网点整治需求完成ATM机防护舱、金库门、卷闸门、监控设备的新增或更新等。

是年，兴宁邮政强化寄递时限和环节成本的对标，将收寄、运输、投递等环节作为管控重点，以对标优化为基准分项制定目标和措施，提升寄递效率效益。收寄环节，通过大力发展高效业务，提高产品毛利水平，以及推广使用二联电子面单，节约收寄材料成本。收寄环节件均成本1.93元/件，比上年下降33.58%。投递环节，通过优化用工结构、调整各类邮件投递单价、发展自提点等方式压降投递成本。投递环节件均成本2.18元/件，下降14.66%。

【邮政服务】 2020年，兴宁邮政营业服务达标率、全程时限达标率、邮件和报刊妥投率、建制村直接通邮率、党政机关《人民日报》当日见报率均达到100%。投递外勤监控关键点扫描率96.03%，高于省分公司下达的91%指标要求。普服客户满意度96.45分。平信丢失率0.03‰，普通给据邮件丢损率0.044‰，压降指标均达省分公司目标任务。全年未出现违反“两条红线”情况，机要通信保密安全，未发生重大质量事故。全市未发生重大金融风险和安全事故。

【邮政管理】 2020年，兴宁邮政绿色邮政建设关键指标全面达标。45毫米及以下“瘦身胶带”封装比例100%；100%以上电商快件不再二次包装；循环中转袋使用率91.7%；包装废弃物回收装置设置率100%。全力确保邮运畅通不间断、邮政运输不停歇、邮件安全不出错，快速高效保障疫情防控期间邮件处理的万无一失，寄递防疫物资、口罩、临时号牌、户政证件、税票、教材、“爱心菜”等近3万件；做好企业自身的疫情防控工作，购买口罩、消杀物资、测温设备等，保障员工生命健康；建立人员管理台账和日报制度，做好“两类人员”、员工及亲属出入境情况摸底排查，实现全年无感染、疑似病例，无大规模隔离事件。

（曾祥波）

电信

【概况】 2020年，中国电信兴宁分公司强化划小运营，将企业经营工作与地方经济发展、人民群众获得感紧密融合，以平台应用等切入打造生态圈，搭建“平安兴宁、平安乡村、平安万家”三级联防体系，推进“雪亮工程”“平安万家”

▲ 2020 年 11 月 15 日，电信广东公司领导到兴宁电信营业店调研

（电信兴宁分公司提供）

建设，在服务社会治理、脱贫攻坚、创文创卫、疫情防控及山林防火上发挥作用。

【业务管理】 2020 年，中国电信兴宁分公司在政府主导下持续推进“三级联防”体系建设，在“平安乡村”基础上进入村级“平安万家”发展阶段，全市安装天翼看家摄像头近 2 万户，覆盖全市 20 个镇（街道）；启动全市 648 家单位“数字政府”政务外网升级，完成 324 家政务外网升级改造，初步实现政务外网安全审计和认证功能；完成公安视频监控九期项目，开通高清 1525 路、治安卡口 100 车道；开通智能交通三期 57 路监控；借助教育云平台服务疫情期停课不停学发挥重要作用，作为全市独家云课堂服务商，疫情防控期间累计支撑 75 间学校开展网上教学，注册用户 10.5 万人，实现线上授课 1120 节课；建立基卫和医保两大医疗核心平台，覆盖全市 32 家卫生院，279 家药店和医保经办单位、卫生站，服务基层医疗卫生强化管理；推出以远程浇灌、远程投喂等应用为特点的“新农人”业务，解放传统农畜业的劳动力，满足乡村振兴的需求。是年，业务收入进度完成 105.74%，比上年增长 12.12%，全市排名第一；移动开机用户净增占全市 25.1%，宽带有效用户净增占全市 29.4%，智慧家庭用户发展占全市 38.9%。

【网络建设】 2020 年，中国电信兴宁分公司新建光纤 98.89 皮长千米，新建光端口 4500 线，端口占用率 49.1%，实现城市、圩镇及乡村光网全覆盖。完成 1.3 万线对千米铜缆退铜退网入库，年度退铜任务完成率 30.1%；投入 46.7 万元用于优化 ODN 项目 4 个；完成 11 个点核心设备 OLT 由原来的 20G 上联改造为 40G，改善 FTTH 用户网络质量。

【基础建设】 2020 年，中国电信兴宁分公司完成 16 个 4G 基站、住宅小区地下停车场电梯 3 个室分网络的开通。至年底，全市公众移动通信基站 399 座；基站站址 400 个；公共区域 WLAN 热点 45 个；无线访问接入点（AP）50 个。实现兴宁市辖区内 452 个行政村、500 个 10 户以上自然村 4G 网络全覆盖，城市及乡镇圩镇区域、高速、国道、省道沿线 4G 网络信号全覆盖，城市小区光纤、CDN 网络实现全覆盖。加快 5G 基站、智慧杆塔等建设，新建 5G 基站 88 个、室分站点 2 个，推动 5G 应用向各行业渗透。

（曾卉）

移动通信

【概况】 2020 年，中国移动兴宁分公司加强本地通信网络建设，优化网络信号；加强通信基础设施建设，加大网络覆盖建设，实现全市 4G 行政村到达率 100%，全市 4G 网络综合覆盖率 98.7%；重点推进无线、有线网络“双千兆”升级工作；提供优质宽带等数字家庭服务，全面推进宽带覆盖和普及光纤，有线网络户籍覆盖率 91%；发展行业新技术，助力数字政府发展。

【网络建设】 2020 年，中国移动兴宁分公司加大移动通信网络建设，全年新建 5G 站点 103 个，初步实现兴宁城区重点区域 5G 连片覆盖；初步实现兴宁城区大型小区千兆宽带网络升级。基础设施方面，完成叶塘工业园园区综合汇聚机楼土地招拍工作，为 5G 网络及千兆光网络全面升级创造基础承载条件。新建 4G 站点 85 个（包含老旧站点置换），累计建成 4G 基站 1535 个，基本实现县城、乡镇、行政村4G网络连续覆盖。将更多光纤宽带资源投入乡镇农村，加快光纤网络的覆盖建设，行政村光纤到达覆盖率100%，20户以上自然村光纤到达覆盖率超90%；光纤端口数25万，覆盖用户数33万户；做好物资装备配置，将应急物资下沉到乡镇一线，全年完成应急通信保障11次，出动应急通信保障人员88人次，出动应急通信车6辆次。

【市场营销】 2020年，中国移动兴宁分公司开展“流量扩容”行动，加快大流量套餐推广，优化套外流量安心服务，降低套餐资费提升流量，截至12月底兴宁4G用户数占比超过74%；开展“宽带普惠”行动，降低宽带资费，前期推广普及100M宽带，至年底光纤宽带用户数12.5万，100M宽带占比超过80%；后期主推300M以上宽带，主动降低宽带资费，做到提速降费；推进4K电视发展，实现“有宽带的地方就有4K电视”，IPTV客户数市场份额超50%。互联网服务触点实现广东和梅州移动微信、自助服务终端、“10086”APP以及其他新渠道全面覆盖，为用户提供业务查询、业务办理、充值缴费、宽带预约、在线客服、实名认证等服务。完善公司用户信息保护相关制度，持续执行《中国移动客户信息安全保护管理规定》《中国移动客户信息安全控制矩阵》等制度规范。畅通用户渠道，维护合法权益，统一设置服务监督热线“4001110086”，集中做好客户升级投诉的受理、处理与回访工作。

【客户服务】 2020年，中国移动兴宁分公司开展“客户接待日”活动，了解客户诉求和意见建议，改进营销服务工作作风；落实开展“携号转网”工作，促进“携号转网”健康持续发展；拓展行业信息化应用，以优势连接服务和基础设施资源为依托，提升信息技术应用价值。承建5G移动大喇叭多维应急通知服务平台，解决传统广播统筹协同难、功能单一和使用不方便等问题，构建高效、实时的市镇村应急通知宣传系统，打通疫情防控宣传“最后一公里”；在汛期和森林防火期，及时把各项预防措施、应急措施传递到基层群众，构建市镇村三级联动的高效应急体系；发挥云计算、大数据、物联网能力，整合技术领先优势，助推兴宁互联网产业发展。是年，派驻1人参与梅州市互联网大会的筹办、布展、网络支持等工作，并在会议期间展出十大5G技术应用，包含蜂巢热力图、智慧农业等大数据平台，多个涉及工业、旅游、医疗、执法等行业的高科技应用和机器人，助力梅州数字经济创新发展。

（黄玉梅）

联通通信

【概况】 2020年，兴宁联通加快本地信息基础设置，尤其是推进5G网络建设，全年在兴宁城区开通5G信号89个站点。是年，兴宁联通完成预算目标103%，主营收入比上年增长8.9%。

【网络建设】 2020年，兴宁联通完成基础网络建设投资1598.2万元（其中5G基站室分建设投资1540万元），投资完成率100.1%，含续建11个项目开通4G基站11站，新增NB基站5站，新增100M以上光纤接入用户数0.12万户（含光改迁转用户）。基础4G覆盖不断增强，服务民生网络覆盖得到进一步改善。5G建设发展全市初显成效，全年开通5G基站88站，实现兴宁城区5G基本覆盖（含市政府、医院、重点工业园、大型小区等区域），完成年度5G网络建设开通目标。

【客户服务】 2020年，兴宁联通开展“百倍用心，10分满意”活动，推出宽带装维服务标准，实现装机、障碍修复“一日通”。发生装机及维护超时情况，采取按天补偿，提升装维服务水平。全年宽带新装及时率99.6%，故障修复及时率99.4%。

【防范打击电信网络新型违法犯罪】 2020年，兴宁联通做好防范打击电信网络新型违法犯罪的治理，开展2020护网行动、强化基础防护能力、加强数据安全管理、纵深开展诈骗电话和骚扰信息专项治理、做好重大活动信息安全保障，维护人民群众的财产安全和合法权益，筑牢信息安全防护网。全年系统检测不良号码135个，溯源关停289个，加入黑名单221个；关闭短信功能113户，溯源关停25户，垃圾短信举报量控制在指标内；对考核不合格的3个代理商、2个渠道责任人予以扣罚款，扣罚金额859元；发送防诈公益短信245.12万条。

（黄苑兰）

商贸流通

商业贸易

【概况】 2020年，兴宁市实现社会消费品零售总额101.33亿元，比上年下降6.6%，增速在梅州排名第二；农村电商交易额20.96亿元，增长29.81%，位列梅州首位；新增限上商贸流通企业5家。全市实现外贸进出口6.04亿元，下降3.3%，增速在梅州排名第四，完成全年任务目标；实际利用外资101万元，增长16.1%。是年，兴宁市推进国家级电子商务进农村综合示范项目建设，建成20个镇级电商服务站、229个村级电商服务站，在全省首创“客运+快递+镇村电商物流服务站点”配送模式，解决物流配送“最后一公里”及农产品上行“最初一公里”难题。

【外资外贸】 2020年，市科工商务局贯彻落实稳外资稳外贸措施要求，多措并举稳主体、保市场、促增量，推动外经贸回稳向好发展。落实稳企暖企政策，为18家企业申报扶持实体经济、外贸企业技术改造等奖励资金183.91万元；为企业办理对外贸易经营者备案登记10家，变更登记4家；组织39家次企业参加广交会、进博会、海南（东盟）酒店及餐饮用品博览会、粤澳名优商品展等专业展会，开拓国际市场。是年，全市外贸进出口6.04亿元，比上年下降3.3%；实际利用外资101万元，增长16.1%。

【商贸物流】 2020年，市科工商务局指导大型商超做好疫情防控与稳定经营，有序实施市场改造项目，完善规划东城市场停车位、消防栓等基础设施，推进曾学路市场改造升级项目顺利验收；鼓励欧尚、天和、卖乐多、嘉荣、盒马鲜生等大型商超，打破传统销售，发展线上订单线下配送相结合销售模式，进行社区配送，开通淘宝淘鲜达等线上销售平台；完善食品追溯体系，引导梅一客、金绿、欧尚超市等3家商贸企业建成“一品一链”市场主体追溯体系。是年，全市实现社会消费品零售总额101.33亿元，比上年下降6.6%；新增限上商贸流通企业5家。

【电子商务】 2020年，市科工商务局以兴宁市国家级电子商务进农村综合示范项目建设为抓手，推进农村电商交易额实现新突破。搭建市镇村三级物流配送体系，在全省率先利用公交资源解决电商物流难题，充分发挥“村村通客车”优势，创新发展“客运+快递+镇村电商物流服务站点”配送模式，实现农村物流“最后一公里”和“最初一公里”的有序集散和高效配送；建成1个集产品展示、拍摄、培训、孵化等功能的电子商务公共服务中心，至年底入驻对接农产品企业83家，农特产品283种。是年，全市农村电商交易额20.96亿元，比上年增长29.81%。建成20个镇级电商服务站，229个村级电商服务站；农村电子商务人才培训10142人次；农产品营销体系建设基本完成，成功入驻京东、苏宁、淘宝等知名电商平台，上架农特产品157款；11月，在南京“中国农村电商供应链大会”上发布兴宁鸽、兴宁茶油、兴宁单枞茶、兴宁丝苗米四大公共品牌。

（陈丹妮 李敏芝）

商品供销

【概况】 2020年，市供销联社在叶塘、龙田、宁新街道3个镇街新建庄稼医院3个；创办领办农民专业合作社5个，村级服务社2个，新增基层社社员260多人；建成县域助农服务综合平台1个、镇级助农服务中心15个；成立兴宁市兴供商贸有限公司，与广东新供销冷链集团有限公司、梅州市嘉合资产经营管理有限公司在兴宁市东莞石碣（兴宁）产业转移工业园共建广东天兴冷链物流有限公司冷链基地。

【供销合作社综合改革】 2020年，市供销联社以“深化综合改革、服务乡村振兴”为主题，全面实施农业社会化服务惠农工程。在叶塘、龙田、宁新街道3个镇（街道）新建庄稼医院3个；创办领办农民专业合作社5个，村级服务社2个，新增基层社社员260多人。

【助农服务示范体系建设】 2020年，市供销联社围绕水稻、茶叶、柚果、油茶、龙眼等特色优势产品产业，推进助农服务综合平台（中心）的规划布局建设，开展特色优势产业发展急需的经营服务项目，推动延伸产业链条，促进质量兴农，支撑特色优势产业发展；制定《兴宁市供销合作社联合社新型乡村助农服务示范体系建设实施方案》，加快县域助农服务综合平台和镇级助农服务中心建设。是年，兴宁市建成县域助农服务综合平台1个、镇级助农服务中心15个，经营服务主要集中在农资农技、农机服务、日用消费品服务、农产品购销加工服务等供销社传统业务领域。

【冷链物流骨干网建设】 2020年，市供销联社主动争取项目，专门成立兴宁市兴供商贸有限公司，与广东新供销冷链集团有限公司、梅州市嘉合资产经营管理有限公司在兴宁市东莞石碣（兴宁）产业转移工业园共建广东天兴冷链物流有限公司冷链基地，该项目将分期建设1座低温冷库、2座仓库及1座综合服务办公楼，总库容约2万吨，总投资1.2亿元，占地面积3.33万平方米，总建筑面积2.5万平方米。至年底，该项目工程进入施工阶段，部分基础施工完成90%。

（罗华丽）

烟草专卖

【概况】 2020年，兴宁市烟草专卖局（分公司）实现毛利3.23亿元，比上年增长2.64%；实现卷烟销售收入10.77亿元，增长2.15%。

【专卖管理】 2020年，兴宁市烟草专卖局（分公司）以“蓝剑”行动为契机，通过开展情报线索收集，深入排查梳理经营涉烟违法犯罪线索；加强与公安、市场监管、邮政等部门的沟通协调；加大对重点地区、重点场所的监控，查处一批大要案。全年查获涉烟案件130件，其中真烟案件99件、假烟案件19件、私烟案件11件、烟丝案件1件。涉案卷烟2128.13万支，其中真烟数量83.72万支，假烟数量1990.64万支，私烟53.78万支。总案值1705.45万元，其中真烟案值45.09万元，假烟案值1275.43万元，私烟案值32.92万元，烟丝烟叶194.59万元，其他烟草专卖品货值156.89万元。查获案值5万元以上重大案件12件。10月9日，梅州市、兴宁市两级烟草、公安部门联合行动查处1件案值超千万元的大型制假网络案，为历年来查处的较大型卷烟制假案件。

【卷烟营销】 2020年，兴宁市烟草专卖局（分公司）优化卷烟销售结构，推进20支全零售网络建设。是年，全市实现卷烟销售量15.38亿支。提升诚信互助小组建设质量，完成99户试点客户的筛选、培训及系统安装上线运行。按照行业对20支网络终端建设的规划，完成直营店建设并交付使用；结合转变后的“三员”职能和辖区实际，调整完善营销考核指标，把握时间节点，强化“三员”工作协调。

（刘颖丹）

食盐经营

【概况】 2020年，兴宁盐业公司做好食盐市场供应工作，销售食盐2774吨，小包装食盐2517吨，碘盐合格率100%，碘盐覆盖率99.6%。

【食盐营销】 兴宁盐业公司秉持“强品牌、增品种、提品质、优服务”战略，深化“粤盐”品牌。提升食盐直配直送率，掌控终端网络；做好饲料用盐和工业用盐客户的沟通和合作；合理布局季节性用盐的供应，提前做好沟通联系，保证腌制用户不会从其他非法渠道购进盐产品；做好食盐价格监测点选定，掌握食盐价格动态，防止囤积居奇，哄抬盐价行为，特别是保障边远地区的食盐价格平稳和合格碘盐供应；继续做好食盐电子追溯系统建设，完成食盐产品来源可追溯、去向可查证、责任可追究的食盐安全可追溯体系。

【盐政宣传】 2020年，兴宁盐业公司加强食盐市场盐改政策宣传，参与兴宁市政府部门开展的“3·15”消费者权益日宣传活动和5月15日“2020年防治碘缺乏病日活动”的线上宣传活动，并利用各新闻媒体等渠道加大盐改政策和食盐安全知识的宣传，提高食盐经销商及消费者对盐改政策、食盐安全知识的认识。

（曾伟强）

教科文卫体

责任编辑：何伟婷

教育·科技

综述

【概况】 2020年，兴宁市有各级各类学校393所、校外教育基地（兴宁市少年宫和兴宁市伟泓中小学生综合实践活动教育基地）2个。其中，法人单位103个，分别为高完中11所、中职学校1所、初中19所、九年一贯制学校11所（含1所民办）、城区直属小学8所、中心小学26所、直属幼儿园4所、镇（街）中心幼儿园20所，开放大学、特殊教育学校和少年宫各1所，面上完全小学30所，教学点80个，带公办性质面上幼儿园29所，民办幼儿园151所。有全日制学生15.49万人。其中，普通高中学生1.54万人、中职学生3181人、初中学生3.13万人、小学生7.5万人、特殊教育学校学生154人、在园幼儿2.98万人。

是年，市教育局统筹兼顾新冠肺炎疫情防控和教育教学工作，围绕“规范打基础，改革促发展”思路，有序推进教育各项工作，实现春、秋季学期学生平安顺利有序返校复课，获得“梅州市抗击新冠肺炎疫情先进集体”和“梅州市精神文明建设先进集体”称号。

【督导评估】 2020年，兴宁市有国家级示范性高中1所，国家级重点职业技术学校1所，广东省一级学校3所（含幼儿园），广东省义务教育标准化学校257所，梅州市一级学校31所（含幼儿园），兴宁市一级幼儿园21所，兴宁市规范化幼儿园139所。

【办学条件】 2020年，兴宁市学校占地面积421.32万平方米，校舍建筑面积159.09万平方米，拥有独立的科学馆或综合楼36座，实验室378个，多媒体电教室1545个，语言实验室47个，计算机室216个，所有学校均建成校园网，电脑1.03万台（不含办公电脑）。

【教育惠民】 2020年，市教

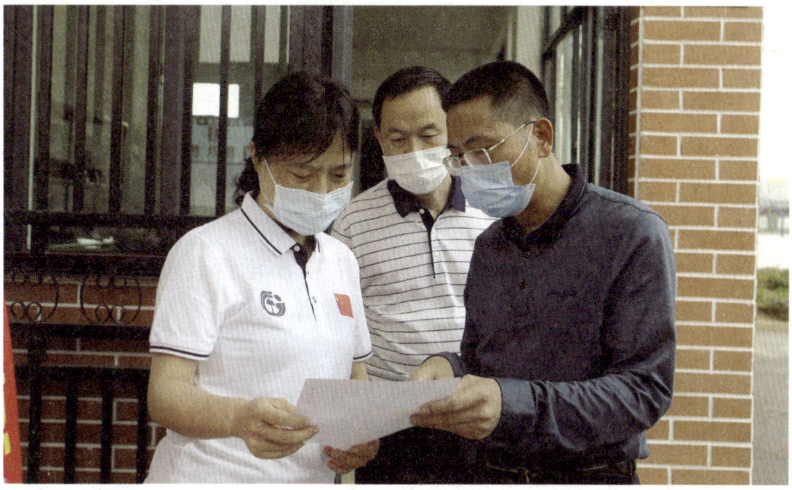

▲2020年4月20日，梅州市政府领导到兴宁市指导复学工作（陈卫东 摄）

育局落实城乡义务教育阶段学生免费政策，全年为10.63万名（初中3.13万人、小学7.5万人）学生免收书杂费，免收金额1.51亿元。为义务教育阶段家庭经济困难学生1.79万人次发放生活费补助511.75万元；为普通高中学生3122人次发放国家助学金312.2万元；为兴宁户籍建档立卡贫困户子女9167人次发放生活费补助1555.9万元。严格做好申请受理、条件审核、合同签订、数据汇总、开行审批、贷款资金划拨、利息清缴等生源地信用助学贷款各项工作，全年为955名学生办理生源地信用助学贷款，贷出金额772.8万元。张庆华教育基金全年资助学生152人，资助金额28.8万元。

【平安文明校园构建】 2020年，兴宁市全面排查整治校园安全隐患，开展平安校园建设工作，推进文明校园创建工作。至年底，有广东省“创建全国文明校园先进学校”3所、广东省“安全文明校园”5所、广东省“书香校园”5所、梅州市“文明校园”23所。

【足球特色学校建设】 2020年，兴宁市组织12所高完中学校6265名高一新生完成2020年学生军训。全市有足球传统项目学校5所、全国校园足球特色学校28所、全国足球特色幼儿园6所、广东省足球推广学校33所、梅州市校园足球示范学校3所、梅州市校园足球特色学校19所、足球推广学校44所。是年，兴宁市代表队获得梅州市“市长杯”校园足球联赛市级决赛高中女子组第四名、初中女子组第二名、小学男子组第二名。

【学校营养改善计划实施】 2020年，兴宁市收到广东省下达营养改善计划专项资金77.45万元，其中春季学期40.9万元，秋季学期36.55万元，全年实际支出资金77.45万元。全市实施营养改善计划学校13所，其中，农村中学7所、农村小学5所、特殊学校1所，惠及学生6806人（春季学期5344人、秋季学期1462人）。是年，全市学生饮用奶征订人数1.2万人。

【学校艺术】2020年，兴宁市学校艺术开课率100%。兴宁市第十小学、宁新中心小学、兴宁市华侨中学被评为“省市级艺术教育特色学校”。是年，在兴宁市第一小学、兴宁市实验学校、兴宁市大坪中心小学、兴宁市第十小学、兴宁市宁中中心小学、兴宁市宁新中心小学等10多间学校开展2020年度“戏曲进校园”“山歌进校园”“版画进校园”等活动。加强艺术教学督查评价，实行学校艺术教育工作自评制度，全市85所学校完成学校艺术教育自评工作。是年，全市学生作品获“印象·童年”梅州市首届“凤鸣杯”中小学师生美术绘画大赛小学组一等奖1名、二等奖2名、三等奖4名，初中组一等奖3名、二等奖3名、三等奖5名，优秀指导教师奖3名；兴宁市高级技工学校的工作坊建设展示项目“乐技影印丝网版画工作坊”获广东省中小学艺术工作坊创建交流展示活动三等奖。

【校外实践教育平台建设】 2020年，兴宁市教育系统组织学生到兴宁市伟泓中小学生综合实践活动教育基地，开展小学二、三年级为期1天、小学四至六年级和初中为期3天、高中一二年级为期4—5天的综合实践活动。全年接待中小学生11万人。

普通教育

【学前教育】 2020年，兴宁市实施田家炳幼儿园改造项目和兴南幼儿园扩建项目，可增加540个学位。对乡镇中心幼儿园进行改扩建工作，完善中心幼儿园硬件措施，增加学位589个。全市20个镇（街）中心幼儿园完成独立建制工作。至年底，全市有合格幼儿园203所，创建梅州市一级幼儿园2家，创建兴宁市一级幼儿园2家，被评为“广东省规范化幼儿园”63所，学前三年教育入园率98.3%。

【义务教育】 2020年，兴宁市小学适龄儿童入学率100%，初中阶段毛入学率110.65%；小学生辍学率为0，初中生辍学率控制在0.02%以下；小学五年巩固率97.13%，初中三年巩固率102.29%。

【普通高中教育】 2020年，兴宁市齐昌中学被纳入梅州市高中阶段第一批招生学校。至年底，全市纳入梅州市高中阶段第一批招生学校有 2 所，为兴宁市第一中学、兴宁市齐昌中学。

【民办教育】 2020 年，兴宁市认真贯彻《兴宁市关于促进民办义务教育发展的实施方案（试行）》，民办义务教育学校——卓越中英文实验学校秋季招生 523 人，比上年增加 459 人。

【德育教育】 2020 年，市教育局把未成年人思想道德建设贯穿于学校教育教学全过程，落实在学校德育的各个环节，纳入学生日常行为习惯和道德品质全过程，形成全员育人、全程育人、全方位育人的德育工作格局。是年，全市获得“广东省优秀学生”称号 3 人，最美南粤少年称号 1 人；梅州市“三好学生”187 人，梅州市“新时代好少年”7 人。

【普通高考】 2020 年，兴宁市高考总分 600 分以上的考生有 49 人；高分优先投档线上线人数 666 人，比上年增加 25 人，占全市考生总数的 11.45%，突破 11 个百分点，本科上线人数占全市考生总数的 37.17%。其中，兴宁一中高考总分 600 分以上考生有 48 人。

职业与成人教育

【概况】 2020 年，兴宁市有中等职业学校 2 所，学生 6723 人。其中教育部门办 1 所、人社部门办 1 所，无民办中职学校。至年底，全市中职教育基本实现规模化办学。

（刘海燕　张凤辉）

▲梅州市卫生职业技术学校校园　（市卫生职业技术学校提供）

【梅州市卫生职业技术学校】 2020 年，梅州市卫生职业技术学校有全日制中专学生 3100 多人；有教职工 148 人，其中正式编制 79 人，专任教师 107 人（有高级讲师、讲师 50 人），全日制研究生学历 2 人，双师型教师比例 66% 以上。与广东药科大学、广东医科大学等高校合作办学，设立成人教育教学点，有业余大专、本科学生 1100 多人。是年，与惠卫职院和肇庆医专的百万高职扩招基层医务人员学历提升全日制大专招生 270 人。9 月，与惠卫职院联合办学，开设全日制大专护理专业班，招生 97 人。全年学生获得县级以上荣誉 34 人次，教师发表省级以上论文 14 篇。

（钟民将）

【兴宁市高级技工学校】 2020 年，兴宁市高级技工学校有全日制中、高级工班学生 1441 人，有全日制在校生 3513 人，与广东轻工职业学院、江门幼儿教育专科学校合作招收全日制学历大专班学生 174 人；在编教职工 184 人，其中南粤优秀教师 3 人，梅州市专业技术拔尖人才 1 人，嘉应名师 4 人，叶剑英基金奖优秀教师 4 人，梅州市“五一劳动奖章”2 人。学校建设有电商实训基地、客家菜烹饪公共实训基地和汽车检测与维修实训中心、省级示范性创业孵化基地、国家级众创空间。

设施设备 2020 年，购置智能交互平板 13 套，学生课桌 200 张、椅 700 张、学生床 240 套，电子商务、创业创新实训系统 4 套，烤漆房、洗车机等实训设备 15 台（套）；新增建设 200 立方米的蓄水加压系统，职业技能鉴定室 1 个，公开课微课录播室 1 个；更新计算机实训室 3 个，翻新改造五人制足球场。

教学教研 全年开展各类听评课活动 230 多场次，举办新入职员培训班 1 期，新班主任业务培训 2 期，创业大讲堂 3 期；新开设养老护理专业和电梯维修专业；承办兴宁市 2020 年第二届“客家菜”师傅技能大赛、首届“兴宁鸽”美食烹饪大赛技能大赛、网红创业直播大赛；协办多期足球教练员培训班、跆拳道赛事；有 8 名老师获评中级职称，3 名老师晋升高级职称，在第十六届“振兴杯”全国青年教师职业技能大赛中获1个二等奖、2个三等奖；有2名老师获评梅州市优秀农村电商讲师，4名老师获得广东省农电商讲师认证，1名老师获聘“泥巴学堂”公益讲师。

办学成果　2020年，有4名学生分别在第三届粤港澳大湾区粤菜师傅技能大赛、兴宁市第二届粤菜（客家菜）师傅技能大赛、兴宁市第三届禁毒演讲比赛等大赛中获奖；有3名学生获国家奖学金；开展男、女生青春期心理健康知识专题讲座4场，举行“凝聚青年力量，共筑青春梦想”新团员入团宣誓仪式、禁毒宣传等专项活动；承担2020第二届梅州互联网大会志愿者工作，并获评2020第二届梅州市互联网大会筹备工作先进单位，2名教师、1名学生获评先进个人。

校企共建　2020年，兴宁市高级技工学校当选省职协常务理事单位、广东省高技能人才培养联盟理事单位、粤东职教联盟理事单位、广东轻工职业教育集团理事单位；与广东省科技孵化器协会、广州卓医航控股股份有限公司、深圳君瑞国际物业管理有限公司、广东客天下物业管理有限公司等召开校企合作洽谈会并达成合作意向，与广东壹号创业有限公司共建电商网红基地、与兴宁汽修厂共建校内汽修专业生产性实习实训基地。

职业技能培训　全年开展客家菜专项能力培训、SYB创业培训、事业单位新入职人员培训、在职人员继续教育、农村电商、职工适岗、扶贫班、退役军人、残疾人等培训班19期次（51场），培训2185人次，开展职业技能和专项能力鉴定50场次，合计1740人次。协助市应急管理局、市农业农村局等开展安全管理培训24场，培训1732人。

创新创业　成立兴宁市电商网红创业孵化基地，百工慧众创空间运营评价获得A级，组织举办学校第三届创新创业大赛，在“赢在客都·梅州市第四届创新创业大赛”中，获得扶贫贡献二等奖、创新奖铜奖、创意奖铜奖、网络人气奖三等奖；在梅州市第二届工业设计大赛决赛中，获1个银奖、1个铜奖和2个优秀奖。

（陈峰）

【兴宁开放大学】　2020年，兴宁开放大学有课室23间，多媒体教室7间，计算机实验室4个。至年底，有在职在编教师13人，其中副高职称3人、中级职称8人、初级职称1人、专职管理岗位1人，外聘兼职教师30多人，有本（专）科在籍学生1226人。是年，开设本（专）科两个层次的汉语言文学、会计学、法律、计算机应用、行政管理、教育管理、工商管理等14个专业。

（兴宁开放大学）

教育管理

【教师队伍建设】　2020年，兴宁市有教职工9687人，有高级职称1916人、中级职称6387人、初级职称1219人，中高级职称教师占比85.79%。其中专任教师9522人，专任教师学历达标率100%。招聘69名新教师到缺编学校任教，通过梅州市首轮和第二轮引进急需紧缺人才招聘活动，引进硕士研究生以上学历10人。全市评选出梅州市优秀教师16人、优秀班主任8人、优秀教育工作者21人、教学工作先进个人11人，评选表彰“范剑冰突出贡献奖”2人、“范剑冰优秀奖”55人。

【教育教研】　2020年，兴宁市教育系统在上半年抗疫期间，采用教研员到学校挂点的方式，指导优秀教师开展线上教学工作，实现“停课不停学”。下学期组织举行分片教研活动19场（高中3场、初中7场、小学9场）。组织教师做好课题结题工作，52项梅州市第十届教育科研立项课题和289项兴宁立项课题顺利通过结题验收。组织教师参加各级教学比赛、论文评选，获省特等奖1人、省二等奖6人；获梅州市一等奖37人，梅州市二等奖44人。

（刘海燕　张凤辉）

学校选介

【兴宁市锦绣学校】　2020年8月，兴宁市锦绣学校建立，占地面积3.36万平方米，建筑总面积2.18万平方米。9月，小学部开始招生。至年底，学校有专任教师34人，其中具有高级职称教师8人，中级职称10人。开设一年级至五年级，共12个班，学生489人。

设备设施　2020年，市锦

▲兴宁市锦绣学校室外综合运动场　（市锦绣学校提供）

绣学校有4栋功能教学楼、5栋教学楼、6栋行政楼、室外综合运动场投入使用，1、2、3、7号楼施工中。学校建设投资1.6亿元。

教师培训　2020年，市锦绣学校教师参加市教育行政部门组织的教师培训、教学研讨、名家专题讲座和分片教研等活动133人次。

教学科研　2020年，市锦绣学校教师参加课堂教学竞赛梅州市级获奖1人次，兴宁市级获奖1人次；梅州市级论文获奖1人次；2020年结题课题有梅州市级1个、兴宁市级2个，在研课题有广东省级课1个、梅州市级1个、兴宁市级1个。

教育扶贫　2020年，市锦绣学校协助10名学生申请国家助学金，建档立卡生活补助学生6人。

（黄柳珠）

【兴宁市第一中学】　2020年，兴宁市第一中学在校学生4176人，教学班92个，现职教工411人，专任教师387人，本科学历169人，全日制研究生学历5人，教师平均年龄46.6岁；正高级教师3人，高级教师194人，特级教师5人，广东省名师工作室主持人2人，全国优秀教师1人，全国民族团结先进模范个人1人，广东省“南粤优秀教师”“南粤优秀教育工作者”15人，梅州市“嘉应名师”13人。

德育活动　2020年，兴宁一中创新主题班会，开展“人人有目标，周周讲学习”班会活动，围绕“学习与成才”主题，每学期开学初全校各班制定《班会三分钟演讲计划》，每周班会课规划3名学生上台演讲。创新德育形式，将班会主题化，如安全教育、爱国主义教育、理想前途教育、感恩教育、劳动教育、禁毒教育、健康人格教育、新冠肺炎疫情防控教育等，结合形势、时令、教学实际灵活变换主题。教育多样化，升旗仪式、成人宣誓仪式、入团宣誓仪式、中高考百日誓师、“放飞梦想”活动、课外综合活动、每日礼仪活动、社会实践活动、劳技课堂等寓教育于活动之中。坚持量化管理，全校各年级对学生个人和班级实行量化评价，坚持实行每周一小结、每月一评比、学期一总评；实行班级量化流动红旗评比制度。

教学管理　2020年，兴宁一中开展促学新模式，开展以班为单位的“学习小组竞赛”活动、“笔芯行动”与“高效记忆”的学习活动、“人人有目标，个个有行动”的目标活动、“人人上讲台，周周讲学习”的班会活动等。开创线上教育新模式，面对疫情及时开展从初中到高中全员参与的网络直播课，组织线上考试，召开线上质量分析会、高考百日誓师大会以及全校各班的班会和家长会。

体艺活动　2020年，兴宁一中坚持传统早操、晨跑、课间一歌，实行课间跑操，保证每周两节以上体育课。学校团委、学生会每年均组织篮球、羽毛球、乒乓球、拔河、演讲、书法、辩论会等比赛。初中开设综合活动课，每周星期四下午第8节课开展文学、艺术、科学、体育和劳动等活动，其中七年级学生全员参与；全校大课间开展跑操和唱歌活动，冬天放学后开展冬季慢跑活动等。

设施设备　2020年，兴宁一中在新冠肺炎疫情发生后投入43.98万元，购置消毒灯40台、防护服6套、手动测温仪100台、自动测温仪20台、身份信息设备2台、单盆洗手盆43只、感应水龙头70只、不锈钢桶8只、宣传栏4个、口罩回收垃圾桶8个、垃圾分类箱13个。投入166.1万元，购置计算机2台、交换机1台、多媒体设备6套、一体机1台、打印机185台、物理生物仪器一批、物理实验室仪器一批等设施设备。投入27.13万元，购置球门2副、单杠6副，足球、篮球、气排球、羽毛球、乒乓球等一批体育器材以及购置箱变及增容1台、消防器材一批。全年设施设备购置资金238万元。

扶困助学　2020年，兴宁一中春、秋两季享受国家助学金资助学生749人，资助金额74.9万元；春、秋两季免学费学生202人，资助金额25.25万元；张庆华教育基金资助学生72人，资助金额7.2万元；狮子会资助学生20人，资助金额6.2万元；兴宁善小助学协会资助学生12人，资助金额8.64万元；阳光义工助学协会资助学生52人，资助金额8.4万元；中国移动通信集团设计院有限公司广东分公司资助学生3人，资助金额6000元；广州倪伟枫夫妇资助学生6人，资助金额6000元。

办学成果　2020年，兴宁一中1776人（梅州市第二批招生生源）参加高考，总分600分以上人数48人；上优先投档线（重点线）471人（不含农村专项），比上年增加31人；上优先投档线人数618人（含农村专项），优投率34.8%，增长1.51百分点；上本科线1619人，本科率91.16%，增长1.54百分点。

（孙玉萍）

【兴宁市沐彬中学】2020年，兴宁市沐彬中学有教学班87个，学生5100多人，在编在岗教职工380人，其中专任教师374人，中学高级教师162人，研究生学历3人，南粤优秀教师4人，省级名校长培养对象1人，省级骨干教师培养对象2人，嘉应名师6人。是年，被梅州市精神文明建设委员会授予“梅州市文明校园”称号。

体艺竞技成果　2020年，市沐彬中学女足获兴宁市“市长杯”冠军、梅州市“市长杯”亚军，学校教工男足队获兴宁市2020年“钟声杯”足球赛亚军。

科学教育　2020年12月，市沐彬中学举办“科学+”教育联盟第三届年会暨兴宁市沐彬中学科技艺术节，开设3节“博士课堂”、举行大型科技游园活动。学生安梓锟、刘吉堃在山东青岛举行的第十八届全国青少年信息技术创新与实践大赛决赛中获全国一等奖，罗尚勋、李梓亮获全国二等奖。

教师成长　2020年，刘红苑、张文欢老师在兴宁市初中语文现场教学评比中获一等奖。教育科研课题结题省级1项，梅州市级1项。发表奖论文10篇，其中省级以上9篇、梅州市级1篇；获奖论文40篇，其中省级以上31篇、梅州市级4篇、兴宁市级5篇。

开创小语种教学　2020年，市沐彬中学有11个日语生参加高考，日语科成绩100分以上有8人，其中刘文彬日语获得142分、总成绩562分。2021届高考选报日语的学生有69人。

办学成果　2020年，市沐彬中学达优先投档线30人，比上年增长3.31%；达本科线人数226人，增长24.92%。2020年中考第一批录取线以上166人，4人进入兴宁市总分前10名。2020年九年级物理核心素养能力测试，12人获奖，其中一等奖4人；八年级数学核心素养能力测试，13人获奖，其中一等奖3人，王驭乐取得最高分112分；在2020—2021学年第一学期七年级期末测试中获“教学质量优秀奖”。

（曾志强）

【兴宁市华侨中学】2020年，兴宁市华侨中学有教学班62个，在校学生2915人，教职工259人，其中专任教师246人，含高级教师74人，一级教师162人。是年，学校被评为广东省书香校园、广东省健康促进学校、兴宁市新时代文明实践所。

德育工作　2020年，市华侨中学利用广播站、宣传栏、黑板报等宣传阵地，表扬身边的优秀师生、好人好事。利用法制报告会、思政课、班会课、国旗下讲话等形式进行普法教育。通过观看相关视频、召开青春期生理知识和心理健康讲座，对有心理问题、心理障碍的学生，针对实际情况，进行个别谈话和心理咨询诱导，全学年进行心理辅导200余人次。2020年度，获梅州市范剑冰优秀教师奖2人，梅州市优秀教育工作者1人，兴宁市优秀教师10人。学生在禁毒演讲比赛、防溺水、禁毒、爱我中华等主题教育论文比赛中获各奖项12人。

教学教研　2020年，市华侨中学开展市级以上公开课12节、校级公开课143节。采用“定时检查与随机抽查相结合”形式，检查教学常规工作的落实。教务处每月28

日定期对教师的教学常规工作进行检查，加强课程计划的执行和管理。是年，33位学生在兴宁市各级各科核心素养比赛中获奖。

课题研究 2020年，市华侨中学培养"名师、骨干教师、学科带头人"25人。邀请专家到校进行教育教学专题讲座，并组织骨干教师到深圳、珠海、汕头等地进行学术交流和中考研讨会。是年，获省级课题立项并结题教师1人，获市县级课题立项并结题教师3人，有数十篇教育教学论文在市、省、国家级报纸杂志发表或获奖，3位青年教师获得"一师一优课、一课一名师"晒课活动市级奖，15位教师获得县市级晒课一、二等奖。

校园安全 2020年，市华侨中学实行"校园安全网格化管理"，构建"责任全覆盖、监管无盲区"网格化管理体系，建立健全安全预警机制，除每天常规安全教育外，节假日前班主任在家长群里特别提醒各项安全注意事项。搭建家校沟通平台，发挥家长委员会作用，形成家校社会教育合力。利用校园电子屏、黑板报、宣传栏、小广播、国旗下的讲话、主题班会等，宣传安全知识，尤其是交通、游泳、消防、网络、饮食卫生、防欺凌、防性侵、反诈、交友安全、禁毒等教育。组织安全疏散演练4次、各项安全知识讲座6场。不定时进行校园安全排查专项行动，排查学生骑摩托车和带手机、管制刀具进校园等不良现象。对学生带手机、管制刀具等违禁品进校园进行突击检查6次；校园周边巡查学生骑摩托车、电动车8次；召开生理、心理健康教育和生命教育专题讲座4场。

办学成果 2020年，市华侨中学学生参加全国"中华魂"（爱我中华）主题教育活动中获得二等奖1名；参加兴宁市中小学"珍爱生命，预防溺水"手抄报创作大赛中，获一等奖4人、二等奖3人、三等奖2人；参加兴宁市第三届中学生禁毒演讲比赛获一等奖1人；参加梅州市"学习强国"作品征集活动中获三等奖1人；参加梅州市"护苗2020绿书签"征文比赛中获一等奖2人，二等奖2人，三等奖2人；8位学生被评为梅州市级"三好学生"；27位学生被评为兴宁市"三好学生"；学生参加兴宁市"中国体育彩票杯"中小学羽毛球比赛中，获男子单打第一名，女子单打第四名；在兴宁市"中国体育彩票杯"中小学乒乓球比赛中，获学生男子甲组团体第二名，1位学生获男子甲组单打第一名；参加八年级数学、九年级物理核心素养复试中，1位学生获一等奖，4位学生获二等奖，10位学生获三等奖。

（曾美嫦）

▲2020年5月6日，市华侨中学举办反电信诈骗专题会（市华侨中学提供）

科学技术

【概况】 2020年，市科工商务局实施创新驱动发展战略，强化产学研合作，培育创新主体，组织申报项目，抓好科技服务。全市工业投资比上年增长45.8%，增速在梅州排名第一；技改投资下降30.9%；新开展技术改造企业10家。至年底，全市有国家高新技术企业25家，省（名优）高新技术产品75个，科技型中小企业37家；梅州市级以上工程技术研究中心32家、企业技术中心4家，省级以上星创天地5家，省级现代农业科技创新中心2家，规模以上工业企业建立研发机构比例38%。

【科技创新发展】 2020年，市科工商务局以实施创新驱动发展战略为重点，推动产业科技创新，培育国家高新技术企业、科技型中小企业、工程技术研究中心，塑造发展新动能。是年，国家高新技术企业存量25家，其中新认定3家；认定科技型中小企业37家，其中新认定7家；梅州市级以上工程技术研究中心存量32家，其中新认定6家；省级以上星创天地存量5家，其中新认定省级1家。组织16家企业申报2020年广东省科技专项资金（“大专项+任务清单”管理模式）项目，其中4家企业项目获得专项资金120万元；积极挖掘和筛选科技成果申报2020年度“叶剑英基金科学技术进步奖”，其中3家企业获得三等奖；建立农村科技特派员联络站，全市有农村科技特派员147人，与58个省定贫困村实现对接全覆盖。

【企业技术改造】 2020年，市科工商务局引导工业企业开展数字化、网络化、智能化和绿色化技术改造，建立工业投资、技改项目跟踪服务台账，强化指导服务。是年，工业投资比上年增长45.8%，增速在梅州排名第一；技改投资下降30.9%；新开展技术改造企业10家。指导服务22家企业开展计划总投资2.94亿元的技术改造项目；指导金雁电工、华雨金属等9家企业开展技术改造完工评价。

（陈丹妮 李敏芝）

气象

【气候概况】 2020年，兴宁市年平均气温为22.4℃，较常年偏高1.3℃，其中年极端最高气温为39.3℃，出现在7月14日，打破兴宁建站以来最高气温纪录；年极端最低气温为0.4℃，出现在12月31日。春播期3月，气温正常偏高，雨量正常偏少；春播期低温阴雨天气不明显；夏季气温偏高，高温天气明显偏多，降水偏少；秋季无明显寒露风天气过程；1月30日、1月31日、12月31日出现霜冻天气。年降雨量1098.4毫米，比往年平均值偏少27.6%。前汛期“龙舟水”现象明显，5月降水偏多60.7%。台风对兴宁市影响较小，个数较常年明显偏少。秋冬干燥少雨，兴宁市出现中度及以上的气象干旱，森林火险气象等级高。年日照时数1842.4小时，比往年偏少3.5%。

全年天气气候总体特征表现为：平均气温偏高，高温天气多；降水总体偏少，但阶段性变化明显；“龙舟水”偏重；后汛期台风少、影响小；秋冬季干燥少雨，且出现长时间连续无雨的状况。

【气象灾情】 2020年5月19—22日，兴宁市普降大雨到暴雨，局部大暴雨，新陂镇受灾1人，华新村23公顷农作物受浸；宁新街道约200户510人受灾，“全倒户”2户3间，祖屋受浸20座、农作物受浸57公顷，冲毁黄岭村农科所至则思桥段，造成和山河河堤路基1处长约50米路面破裂，存在较大的安全隐患；兴田街道受灾1人，房屋倒塌1户1间，街道受浸97处，转移1人分散安置在其亲戚家；合水镇受灾1人，石陂村冲垮河堤1处，罗陂村1.7公顷农作物受浸；罗岗镇受灾1人，鱼塘受灾22.8公顷，损坏房屋2户4间，道路受损31处，冲毁桥梁1座；罗浮镇受灾1人，“重损户”1户，冲毁水利陂头26座，水沟淤塞长2066米，冲垮河堤25处，农田受浸50公顷，山体滑坡245处，房屋倒塌28户28间，房屋受浸4户，道路受损166处，冲毁桥梁2座、

▲2020年5月26日，市气象局工作人员巡检自动气象站设备 （黎非凡 摄）

冲坏桥梁6座；龙田镇受灾1人，咖啡种植基地受浸农作物20公顷、菜地和水稻等农作物受浸1.3公顷；大坪镇受灾6人，发生山体滑坡4处，转移安置2户6人。

▲磐安围俯拍图　（市地方志办提供）

【气象服务】 2020年，市气象局全年发布各类气象预警信号110次，发布重大气象信息快报36期、专报9期，完成灾害性天气过程的预测预报和重大活动的气象服务保障工作。其中为缓解气象干旱，全年实施人工增雨作业2次。

【气象现代化建设】2020年，市气象局推进气象现代化建设和气象防灾减灾工作，加强气象预测预报系统建设，提高灾害监测预警能力；继续推进预警信息发布中心的建设，完善气象探测设备，加强地质灾害气象风险预警业务，提升气象防灾减灾能力。

（黎非凡）

文化

文化管理

【概况】 2020年，市文化广电旅游体育局加强精神文明建设，坚持以人民为中心，以推进公共文化设施建设、实施文艺精品创作、文物和“非遗”的活化利用为重点，为全市文化事业的繁荣发展奠定基础。

【基层文化设施建设】2020年，市文化广电旅游体育局推进公共服务体系建设，“一村一文化活动中心”被评为广东省2020年度文化和旅游公共服务体系建设优秀案例；推进图书馆、文化馆总分馆制建设，建成9个图书馆分馆、27个服务点和15个文化馆分馆、45个服务点。在体育公园、明星公园等人流量大的地区打造志愿者服务站图书室，满足群众日益增长的精神文化需求。推进文化馆（站）评估定级工作，全市20个镇（街道）的综合文化站，被评为特级等次4个、一级等次13个、二级等次3个。兴宁市图书馆被评为广东省基层文化工作先进单位。

【文化遗产传承保护】 2020年，市文化广电旅游体育局加强文物保护工程项目申报和建设管理工作，编制磐安围、棣华围、李和美屋的修缮勘察设计方案，实施玉成围修缮工程、善述围抢修工作，完成全市围龙屋普查工作，福兴街道五里村黄粤兴屋成功申报为第七批梅州市文物保护单位。整理全市名人故居数量84处，制作完成兴宁市名人故居导览图、部分道路指示牌和游览线路。开展粤北华南教育历史研学基地活化利用及弘扬“左联”文化工作，制定《兴宁市开展粤北华南教育历史研学基地活化利用及弘扬“左联”文化工作实施方案》，加强对兴宁籍“左联”成员的史料挖掘力度，整理兴宁籍“左联”成员14名，初步掌握兴宁市粤北华南教育历史研学基地5处，并对其实施挂牌保护，制作移动展板放置于办学旧址处展出。加强对“非遗”的传承和发展，兴宁竹板歌成功入选为国家级非物质文化遗产代表性项目名录，兴宁烙画、兴宁藤编技艺入选为第九批梅州市非物质文化遗产代表性项目，兴宁革命歌谣、铙钹花被评为兴宁市第十批非物质文化遗产代表性项目名录，确定第六批兴宁市级非物质文化遗产代表性项目代表性传承人13人。

兴宁市各级文物保护单位一览表

表 11

名称	级别	时间	类别	所在地
兴宁学宫	省级	明	古建筑	兴田街道司前街兴民中学内
两海会馆	省级	清	古建筑	兴田街道西沿江南路 2 号
磐安围	省级	清	古建筑	叶塘镇河西村
文峰塔	省级	清嘉庆十九年（1814 年）	古建筑	宁新街道文星村长陂岭
兴宁古城墙	省级	明成化三年（1467 年）	古建筑	兴城环城东路与石光街路口
善述围	省级	清光绪十年（1884 年）	古建筑	罗岗镇柿子坪村
棣华围	省级	民国 3 年（1914 年）	近现代重要史迹及代表性建筑	刁坊镇周兴村
玉成围	省级	民国 11 年（1922 年）	近现代重要史迹及代表性建筑	合水镇霞洞村
李和美屋	省级	清光绪七年（1881 年）	古建筑	宁新街道佛岭社区
五里大黄屋	市级	明正德十六年（1521 年）	古建筑	福兴街道五里村
进士第	市级	清乾隆二十五年（1760 年）	古建筑	坭陂镇汤一村
何天炯故居	市级	民国 9 年（1920 年）	名人故居	石马镇新群村
文蔚第	市级	清	古建筑	永和镇永生村双塘片
崇德围	市级	清嘉庆九年（1804 年）	古建筑	径南镇坪宫村大王屋
耀堃第	市级	民国 21 年（1932 年）	传统民居	径南镇胪声村云湘
光绍庐	市级	民国 14 年（1925 年）	传统民居	径南镇星耀村
恒云楼	市级	民国 17 年（1928 年）	传统民居	径南镇星耀村
拙庐	市级	中华民国	近现代重要史迹及代表性建筑	径南镇星耀村
荆荣第	市级	清	古建筑	径南镇星耀村

续表 11

名称	级别	时间	类别	所在地
罗永兴屋	市级	清	古建筑	刁坊镇长征村洋岭上
下走马岗罗屋	市级	清	古建筑	宁中镇丝新村
万安围	市级	明	古建筑	叶塘镇群星村
坪里龙田世基	市级	明	古建筑	龙田镇五一村坪里
五里黄粤兴屋	市级	清	古建筑	福兴街道五里村
墨池寺	县级	宋	古建筑	福兴街道墨池村神光山南端
合水革命烈士纪念碑	县级	1959 年	近现代重要史迹及代表性建筑	合水镇合水水库西岸山巅
瑶兴石拱桥	县级	清	古建筑	罗浮镇瑶兴村
金子甲石拱桥	县级	清	古建筑	罗浮镇中和村
合水古塔	县级	明末	古建筑	合水镇合水水库湖心岛
长兴围	县级	明崇祯八年（1635 年）	古建筑	宁新街道大圳村花罗墩
刘氏总祠	县级	始建于清康熙三十九年（1700 年）2008 年重建	近现代重要史迹及代表性建筑	黄陂镇联丰村榕树下
刘氏始祖开七公墓	县级	南宋嘉定十七年（1224 年）	古墓葬	黄陂镇土墩村蚌湖头
明始祖讳鄷幸公墓	县级	明洪武二十三年（1390 年）	古墓葬	径南镇圩下村旺生塘
永泰关	县级	清	古建筑	兴田街道西郊社区
莲塘背肖屋	县级	清	古建筑	叶塘镇大路下村莲塘背
报福寺	县级	明嘉靖二十七年（1548 年）	古建筑	叶塘镇大众村前丰
桂安围	县级	清道光二十年（1840 年）	古建筑	大坪镇朱坑村
磐石围祠堂	县级	明	古建筑	龙田镇龙盘村
龙兴围	县级	清	古建筑	龙田镇金星村三样片

续表 11

名称	级别	时间	类别	所在地
何子渊故居	县级	民国 19 年（1930 年）	名人故居	石马镇马下村
继述围	县级	民国元年（1912 年）	传统民居	合水镇湖岭村
南阳世居	县级	清	古建筑	合水镇溪唇村永茂
文魁屋	县级	明末	古建筑	合水镇富和村老屋
新宝丰昌张屋	县级	民国 36 年（1947 年）	近现代重要史迹及代表性建筑	兴宁市宁中镇政府内
和山寺	县级	明正德十二年（1517 年）	古建筑	宁中镇和山村和山岩
灵化寺	县级	宋末	古建筑	永和镇锦洞村鸡鸣山顶
刘氏大夫第	县级	清	古建筑	叶塘镇河西村
龙岭围	县级	清	古建筑	龙田镇金星村
大宾公祠	县级	明	古建筑	黄陂镇龙溪村
石禾坪屋	县级	明	古建筑	宁中镇和一村
泰和围	县级	明末清初	古建筑	黄陂镇中心村
叶池罗屋	县级	清	古建筑	刁坊镇河塘岭村
五翰堂	县级	清	古建筑	叶塘镇下洋村
祥安围	县级	清	古建筑	叶塘镇彭陂村
胜公围	县级	清	古建筑	叶塘镇汤湖村
龙安围	县级	清	古建筑	龙田镇鸡公桥村
鸡公桥龙兴围	县级	清	古建筑	龙田镇鸡公桥村
明光楼	县级	中华民国	近现代重要史迹及代表性建筑	龙田镇高陂村
炽昌楼	县级	中华民国	近现代重要史迹及代表性建筑	合水镇白泡村

续表 11

名称	级别	时间	类别	所在地
鑑光庐	县级	中华民国	近现代重要史迹及代表性建筑	宁中镇古塘村
宝善围	县级	中华民国	近现代重要史迹及代表性建筑	径南镇宝山村

（兴宁市文化广电旅游体育局）

【新冠肺炎疫情防控】 2020年上半年，市文化广电旅游体育局落实全面暂停举行群众性文化活动、公共文化体育场馆暂停开放、娱乐场所、上网服务场所全面暂停营业、旅游企业全面暂停经营团队旅游及产品等措施，把好行业疫情防控关口。疫情防控取得阶段性成果后，牵头出台《关于做好全市宾馆酒店等住宿业复工营业的通知》等文旅企业复工复产工作指引，组织开展疫情防控工作培训会，指导企业落实“四个到位”“八个一”。帮助玖崇湖温泉度假小镇等重点项目解决1.25万个口罩问题，帮助永嘉国际旅行社等4家旅行社完成暂退旅游服务质量保证金32万元，帮助熙和湾文化产业园、鸿都酒店争取70万元疫情专项奖补资金，帮助富荣农业科技发展有限公司、叶南渔村等文旅企业争取贷款贴息64.55万元。引导动员文旅企业参与2020年智游打卡梅州•文旅复苏有我系列活动，推出“到梅州打卡去”优惠包，配合梅州做好“走进华南教育历史研学基地”采风活动。

【文娱活动】 2020年，兴宁市围绕新冠肺炎疫情防控主题，创作歌曲《不要怕》、快板《万众一心防疫情》、版画《征战》等“防控疫情共克时艰”为主题的文艺作品50多个，其中五句板《依法防疫唱一场》入选广东省抗疫主题文艺作品库。是年，全市文艺作品获省级荣誉4个，荣获梅州市级荣誉9个。举办公益舞蹈、音乐、客家山歌、杯花舞等培训班24期，培训全市各年龄段青少年700多人次。在疫情防控期间开设“新型冠状病毒防疫安全公益课”网络课程、推出“移动图书馆”、挂接“慕课资源”免费开放等文化服务。以“宁江风情”“我们的中国梦•文化进万家”品牌系列活动为主题，协办完成“2020中国（兴宁）花灯文化节暨广东省第八届花灯文化节•梅州兴宁第二届花灯文化旅游节”活动；编排竹板歌《脱贫攻坚谱新章》、快板《时代楷模美名扬》等节目到各社区、乡镇巡回演出，组织送戏下乡巡回演出20场。

【行业监管工作】 2020年，市文化广电旅游体育局组织开展扫黑除恶“六清”（线索清仓、逃犯清零、案件清结、伞网清除、黑财清底、行业清源）行动，强化市场监管服务，推进“放管服”改革，优化行政审批，全年换发许可证件（年审）12家企业，新批娱乐场所5家。开展文旅市场扫黄打非、校园周边专项整治、上网服务场所专项整治等各类专项整治行动，全年出动执法人员2156人次，检查文化旅游经营场所557家次，收缴非法出版物4.57万册（张），取缔无证游商摊点2个，依法取缔1家无证经营KTV，发现整改36处安全隐患，责令整改6家次，对3家违规经营场所进行立案查处，其中1宗发行非法出版案件移送兴宁市公安局立案查处。在“五一”、国庆等重大节日期间，联合相关部门开展隐患排查。联合市消防救援大队开展文化、旅游、体育行业标准化管理工作暨消防安全生产培训活动，指导熙和湾景区、金叶大酒店等开展消防应急演练。全年没有发生安全生产事故。

（彭子欢　吴威）

文化馆

【概况】 2020年，兴宁市文化馆做好新冠肺炎疫情防控工作，有条件地组织开展文艺活动，落实文化惠民政策，加强创作辅导，做好非物质文化遗产的保护和传承等工作，弘扬传承优秀客家传统文化。

【作品创作】 2020年1月24日至3月26日，兴宁市文化馆实施闭馆管理，并暂停所有群众文化活动，呼吁各民间文艺团队在新冠肺炎疫情持续紧张期间停止举办各类聚集性文化活动。组织群文工作者创排出一批与疫情防控工作相关的作品 50 件，其中收录作品有竹板歌 23 首、山歌 5 首、歌曲 5 首、快板 5 首、舞蹈 4 件、美术作品 2 幅、诗歌 6 篇。与社会各界合作，创排快板《万众一心防疫情》，歌曲《同心守护》《不要怕》《白衣战士赞》，山歌《同心战胜疫情恶魔王》《疫情无情人有情》等节目在全市范围内通过广播、新媒体等多个渠道播出宣传。组织作者黄锡锋、刘文晖、张玉芳、黄红亮等创作诗歌、词一批，其中诗歌有《钟南山》《武汉必胜》《武汉更需要口罩》《哪里是什么天使》《点点星光》等。组织社会培训机构编排舞蹈作品《春暖花开》《平凡天使》等。

【文艺创作活动】 2020 年，兴宁市文化馆全年召开群众文艺创作研讨会 5 次，组织作者采风 1 次，举办讲座沙龙 7 场。收到各门类来稿 19 件，其中 12 件在省和梅州市评选中获奖，歌曲《齐昌，我依恋的故乡》获广东省三等奖，小戏《师父在上》、小戏《震后》等 6 件作品获梅州市二等奖，小戏《一条鱼》、小品《都是自己人》等 6 件作品获梅州市三等奖，另有 7 件作品获兴宁市优秀奖，兴宁市获得梅州市群众文艺创作组织奖第三名。组织各门类作者投身创作，收到来稿 29 件，送参评作品 16 件，分别为戏曲 9 件，音乐 5 首，舞蹈 2 支；其中 4 件作品送省参评，歌曲《碧水情歌》、小戏《紫藤花开》分别获得 2020 年度广东省群众文艺作品评选音乐类三等奖、戏剧类三等奖。

【文化惠民活动】 2020 年，兴宁市文化馆总馆与各分馆联动，走进罗浮镇澄联村、石马镇洋门村等 11 个村开展戏曲“非遗”进省定贫困村文艺演出；开展总分馆联动惠民演出 9 场；在总馆指导下，联合各分馆积极开展客家山歌、版画、杯花舞等艺术培训 72 期。以“宁江风情”“我们的中国梦 • 文化进万家”品牌系列活动，结合“我们的节日”主题活动，全年举办各类型演出活动 10 多场。编排竹板歌《脱贫攻坚谱新章》、快板《时代楷模美名扬》等节目到各社区、乡镇巡回演出，组织送戏下乡巡回演出 20 场。组织举办喻涛教授版画讲座活动、刘宇平公益摄影讲座、群文创作（戏曲）技巧讲座等公益性文化艺术讲座 7 场。组织举办线上艺术展览 8 场，线下 5 场。举办兴宁市“习近平用典”专题书法展、社会主义核心价值观专题展览、道德模范专题展览等，服务群众 2500 余人。

【文艺培训】 2020 年，兴宁市文化馆组织干部职工参加培训 12 次，先后派出人员参加全省公共文化专项工作培训、2020 年省文化和旅游志愿服务工作骨干线上培训班、2020 年基层文化和旅游公共服务队伍线上培训——群众文艺创作与普及推广人才培育线上培训班等。新冠肺炎疫情缓解后，推动公益培训复课，举办各类公益培训 67 期，其中举办未成年人美术、舞蹈、音乐、客家山歌、小古文、经典朗读、硬笔书法、古筝暑期培训班 32 期，培训各年龄段青少年 1000 人次；举办古筝成人公益培训班、社区中老年人公益舞蹈培训等 35 期；举办竹板歌培训 22 期，杯花舞培训 22 期，培训社区各类人员 2000 人次。派出辅导干部到市一小、市二小等学校和兴田街道、大坪镇、福兴街道等镇（街道）开展培训活动，指导基层文化活动开展。

【非物质文化遗产保护和传承】 2020 年，兴宁市文化馆做好各级“非遗”项目申报工作。其中，兴宁竹板歌入选文化和旅游部第五批国家级非物质文化遗产代表性项目名录推荐项目名单公示。兴宁烙画、兴宁藤编技艺 2 项成功申报第九批梅州市非物质文化遗产代表性项目；兴宁革命歌谣（民间文学）、铙钹花（传统体育、游艺与杂技）2 项申报为兴宁市第十批非物质文化遗产代表性项目；杯花舞传承人刘利娜确定为第六批省级非物质文化遗产代表性项目代表性传承人，袁秀炎、吴镜彬等 13 人（包含 12 个项目）确定为县级传承人。编撰《兴宁非遗》，系统记录和介绍兴宁市“非遗”保护情况；建设兴宁市非物质文化遗产展示馆，收集实物及图片资料集中展示，并向市民免费开放；举办“文化与自然遗产日”主题系列活动。以文化馆艺术培训中心、市第一小学等传承基地为阵地开展竹板歌、客家山歌、少儿杯花舞、少儿版画、少儿马灯舞培训，推动“非遗”进校园活动；组织人员到兴田街道、福兴街道、罗浮镇等地开展“非遗”进乡村活动，向当地文艺骨干传授杯花舞、马灯舞、客家山歌、竹板歌、梳妆舞等“非遗”项目。组织举办数期竹板歌培训班。

兴宁市各级非物质文化遗产代表性项目一览表

表 12

级别	项目类别	项目名称	公布时间	保护单位
省级	传统舞蹈	杯花舞	2007.6	兴宁市文化馆
省级	曲艺	竹板歌	2009.10	兴宁市文化馆
省级	民俗	兴宁罗家通书推算法	2012.2	兴宁市文化馆
省级	民俗	兴宁上灯习俗	2018.5	兴宁市文化馆
省级	传统技艺	兴宁大坪 布骆包子豆腐制作技艺	2018.5	大坪镇文教体育服务中心
市级	传统美术	兴宁版画	2009.3	兴宁市文化馆
市级	传统音乐	兴宁客家山歌	2011.4	兴宁市文化馆
市级	传统舞蹈	马灯舞	2011.4	兴宁市大坪镇文教体育服务中心
市级	传统技艺	手工榨油技艺 （罗岗镇高山茶油制作工艺）	2011.4	兴宁市罗岗镇文教体育服务中心
市级	传统技艺	客家娘酒 （兴宁老酒酿造工艺）	2011.4	兴宁市兴田街道文教体育服务中心
市级	传统技艺	墨烟张墨条制作技艺	2012.7	兴宁市文化馆
市级	传统美术	兴宁花灯	2013.7	兴宁市文化馆
市级	传统技艺	兴宁黄粄制作技艺	2014.8	兴宁市文化馆
市级	传统技艺	新陂乐仙腐竹制作技艺	2014.8	兴宁市文化馆
市级	传统技艺	兴宁珍珠红酒酿制技艺	2016.8	广东明珠珍珠红酒业有限公司
市级	传统体育 游艺与杂技	李家教拳	2016.8	兴宁市文化馆
市级	传统技艺	陈华记凉茶制作技艺	2019.1	兴宁市文化馆
市级	传统技艺	兴宁根雕技艺	2019.1	兴宁市文化馆
市级	传统体育 游艺与杂技	刁家教拳	2019.1	兴宁市文化馆
市级	传统技艺	兴宁藤编技艺	2020.12	兴宁市文化馆

续表 12

级别	项目类别	项目名称	公布时间	保护单位
市级	传统美术	兴宁烙画	2020.12	兴宁市文化馆
县级	传统音乐	水口山歌	2007.3	兴宁市文化馆
县级	传统音乐	石马山歌	2007.3	兴宁市文化馆
县级	传统音乐	罗岗山歌	2007.3	兴宁市文化馆
县级	传统技艺	客家围龙屋	2007.3	兴宁市文化馆
县级	传统技艺	编织	2007.3	兴宁市文化馆
县级	传统医药	雄狮牌八宝惊风散	2008.3	兴宁市明珠医药公司
县级	传统医药	雄狮牌人参卫生丸	2008.3	兴宁市明珠医药公司
县级	传统医药	雄狮牌湿热片	2008.3	兴宁市明珠医药公司
县级	传统医药	雄狮牌解表追风丸	2008.3	兴宁市明珠医药公司
县级	传统医药	雄狮牌健身安胎丸	2008.3	兴宁市明珠医药公司
县级	民俗	火把节	2009.10	兴宁市文化馆
县级	民俗	关帝出行	2009.10	兴宁市文化馆
县级	传统技艺	管岭打铁工艺	2010.6	兴宁市文化馆
县级	传统技艺	宁中镇毛笔制作工艺	2010.12	兴宁市文化馆
县级	传统技艺	黄陂镇煎堆制作工艺	2010.12	兴宁市文化馆
县级	传统技艺	客家黄酒	2013.3	兴宁市文化馆
县级	传统音乐	兴宁客家锣鼓	2019.4	兴宁市文化馆
县级	传统舞蹈	梳妆舞	2019.4	兴宁市文化馆
县级	民间文学	兴宁革命歌谣	2020.6	兴宁市文化馆
县级	传统体育 游艺与杂技	铙钹花	2020.6	兴宁市文化馆

（兴宁市文化馆）

【总分馆建设】 2020年，兴宁市文化馆建有1个总馆、15个分馆及各分馆下辖45个服务点，建成分馆正常提供服务的镇（街）有兴田街道、福兴街道、叶塘镇、大坪镇、龙田镇、罗岗镇、黄陂镇、刁坊镇、坭陂镇、水口镇、石马镇、合水镇、宁中镇、罗浮镇、新圩镇15个，进一步完善兴宁市文化馆三级服务体系，扩大文化馆服务范围。

（杨佳妮）

博物馆

▲2020年5月18日，兴宁市博物馆举办爱国主义教育图片展 （市博物馆提供）

【概况】 2020年，兴宁市博物馆馆藏文物3959件，其中国家一级文物6件（编钟）、二级文物9件、三级文物194件，全年接待游客2.55万人次。

【宣传教育】 2020年，兴宁市博物馆发挥爱国主义教育基地作用，利用“5·18”国际博物馆日举办爱国主义教育图片展和新型冠状病毒知识预防宣传图片展，加强群众对新冠肺炎病毒的了解和认识。

【安全工作】 2020年，兴宁市博物馆争取市财政资金支持，完善消防设施建设，及时更换处理二楼老旧腐蚀阳台防护网，对三楼原搭建铁皮瓦进行更换，定期对文物库房安保设施进行检查，发现问题及时处理，确保博物馆馆藏文物安全，做好馆藏物品的防虫防腐等工作，对博物馆整栋楼房进行灭蚊灭鼠灭蟑灭蚁等防治治理。

（罗爱萍）

图书馆

【概况】 2020年，兴宁市图书馆有新购图书74251册（包括分馆、服务点），总馆新购图书5951册，阅读人数为25万人次。

【阅读活动】 2020年，因受新冠肺炎疫情影响，兴宁市图书馆在“4·23”世界阅读日举行多项线上阅读活动，如：“悦享动漫，快乐阅读”“‘4·23’世界读书日系列活动丨悦读达人挑战活动”“广东省第十届盲人诗歌散文朗诵暨第六届盲人散文创作大赛”“用爱发声，共同战‘疫’——朗读作品线上征集活动”等活动，以及在线下举办“爱国奋斗、新型冠状病毒知识”图片展。8月21—31日，联合兴宁新华书店举办2020南国书香节暨第二届兴宁书展，推出“你选书，我买单”活动。10月21日，举办“传承客家文化 好书伴我成长——兴宁市文化馆、图书馆总分馆制建设联动活动走进焕昌幼儿园”活动。

【总分馆建设】 2020年，兴宁市图书馆推进总分馆制建设，采取先普及后完善的工作方法。至年底，完善9个分馆和27个服务点的建设。在体育公园、明星公园打造志愿者服务站图书室。打造兴宁市叶塘镇磐安围新时代文明实践所图书室2间，购置图书2000多册，兴宁市径南镇东升村新时代文明实践所图书室1间，购置图书1000多册。

（廖群峰）

党史研究

【概况】 2020年，市委党史研究室坚持“存史、资政、育人”的工作职能，开展党史书籍编写、党史资料审核与上报、革命遗址普查工作，推进革命遗址修缮与保护等工作。编撰党史书籍1部（未完成），编写上报党史资料2篇，向省党史室报送红色故事3篇，革命遗址普查上报130处，撰写文章《左翼文化的兴宁力量》在《梅州日报》刊载。

【革命遗址普查】 2020年，市委党史研究室和各镇（街）克服点多面广、资料缺失、地处偏僻等困难，通过实地核查，走访当事人等搜集资料，认真撰写，全面完成兴宁市革命遗址普查工作。该次革命遗址普查上报革命遗址130处，包括99处革命遗址点和31处其他遗址点，涉及20个镇（街）。其中有72处被纳入广东省红色革命遗址，编入广东省红色革命遗址数据库及广东省红色革命遗址大博览。

【革命遗迹修缮与保护】 2020年，市委党史研究室推进红色革命遗址、名人故居修缮保护工作，做好科学统筹谋划，把修缮保护工作与乡村振兴、脱贫攻坚、红色旅游、文化旅游结合起来，推动红色革命遗址开发利用更有活力、更可持续。至年底，梅子坑胡屋——“九三”武装暴动誓师大会暨“五县联合暴动”会议旧址完成基础性修缮工作。协助大坪镇向省申报红色革命遗址保护项目（含罗屏汉故居和黄文杰故居的修缮保护及布展），获得省委宣传部批准，省拨款905万元用于遗址修缮和保护。

【人物和史料的调查与挖掘】 2020年，市委党史研究室对涉及兴宁市左翼文艺运动相关人物和史料进行调查和挖掘，经过梳理发现，兴宁有12名兴宁籍人参与左翼文艺运动，其中8人的故居保存状态良好。同时将相关材料整理成文章《左翼文化的兴宁力量》在《梅州日报》发表。

【党史资料审核上报】 2020年，市委党史研究室完成《广东中央苏区历史丛书》兴宁卷历史大事记（2014—2019）编写上报工作。完成《广东中央苏区兴宁革命简史》的初稿编写和初审工作。根据省委党史研究室要求，编撰“围屋越狱”“风雨历程”和“风雨故事”文章3篇。协助兴宁市老区建设促进会完成《革命老区发展史》书稿三审工作。

▲2020年10月14日，工作人员在永和镇湖尾村板塘中共兴宁县委遗址现场补充完善遗址普查资料 （黄春红 摄）

【党史书籍编辑出版】 2020年，市委党史研究室重新启动《中国共产党兴宁历史·第二卷（1949—1978）》编撰工作，成立领导机构和工作机构，物色抽调和聘请人员，拟定编写纲目，细化收集材料条目，对参与编纂的人员进行业务培训等工作。至年底，该书完成基本框架。

（黄春红）

地方志工作

【概况】 2020年，市地方志办坚持依法治志，开展志鉴扩面提质和地方志资源开发利用，推进旧志整理、地情调查和地方志数字化建设等工作。公开出版志鉴等书籍3部，内部出版地情书籍2部。组织拍摄轻量化微视频2集，向省方志办报送理论研究文章、“粤故事”5篇。资政报告《〈寻乌调查〉兴宁交通线的调查报告》获省三等奖；广东省情网登载《嘉靖兴宁县志校注》出版发行讯息，中国方志网进行转载。微视频《兴宁竹板歌》获“方志广东”微信公众号推送。

【资源开发利用】 2020年1月，市地方志办联合兴宁市广播电视台拍摄反映夜明古驿道短视频《行走千年古道 传承红色基因》，并在兴宁电视台《美丽兴宁》栏目中播出。7月，组织人员完成视频《兴宁竹板歌》拍摄，于8月初在微信公众号“方志广东”推出。是年，向省地方志办报送反映兴宁美食和“非遗”的文章《兴宁鸡颈粄》《兴宁酿豆腐》以及粤故事《苦读成长，力诋和议——兴宁先贤罗孟郊》《清代士绅的时尚岭南风物——罗浮蝶与程乡茧》。

▲2020年，市地方志办出版书籍 （黄志红 摄）

【数字化建设】 2020年7月，市地方志办签约委托广东省尚恩公司对全市志书、年鉴、地情书共19本6300多页，进行扫描、校对、审核和上传省情数据库。签约委托兴宁市瑞图广告设计部，启动对兴宁市第一轮75本部门志（行业志）进行扫描，制作PDF格式电子版，并对电子版进行著录编目。

【“方志兴宁”栏目建设】 2020年12月始，市地方志办与市创文办合作，每周在“文明兴宁”微信公众号发布一篇以“方志兴宁”命名，关于“兴宁历史”“兴宁地情”“兴宁故事”“兴宁风俗”“兴宁民间技艺”等的推文。至年底，发布5篇，分别对兴宁建置沿革、齐昌名称的由来、全国各地的“兴宁”地名、张九龄所写“县学”二字和兴宁的关系、神光山摩崖石刻群等作相应的考证与介绍。

【理论研究】 2020年，市地方志办郑桂元所撰《〈寻乌调查〉兴宁交通线的调查报告》获广东省人民政府办公室组织的理论研讨论文（资政报告）评选三等奖。由郑桂元撰写的《祝枝山的兴宁景物风俗诗文》《兴宁老酒的千年传承》2篇方志理论文章，在《梅州日报》发表。

▲2020年7月5日，市地方志办组织拍摄《兴宁竹板歌》短视频 （李晨阳 摄）

【镇志、部门志编修指导】 2020年，市地方志办指导《大坪镇志》镇级初审工作。指导《兴宁市政协志（2006—2016）》《潭坑村志》的编纂工作。《兴宁市政协志（2006—2016）》完成出版发行。

【《兴宁年鉴2020》编纂出版】 2020年，市地方志办编纂的《兴宁年鉴2020》由方志出版社公开出版。全书351页，正文字数63.2万字，新设“城乡剪影”图片专辑。设15个部类，25个类目，136个分目，866个条目，用图250幅。

【《嘉靖兴宁县志校注》编纂出版】 2020年11月，市地方志办组织整理的《嘉靖兴宁县志校注》由江西人民出版社出版发行。明代兴宁县志凡八修，现存三种，其中嘉靖年间分别于嘉靖九年（1530年）、十九年（1540年）及三十一年（1552年）凡三修，现仅存嘉靖三十一年蓝印本一部于宁波天一阁，2010年被列入第三批《国家珍贵古籍名录》。为克服蓝印本差错较多的缺陷，《嘉靖兴宁县志校注》以国家图书馆出版社《天一阁藏历代方志汇刊》高清影印本为整理底本，以明正德、崇祯等《兴宁县志》及嘉靖三十五年（1556年）《惠州府志》等志为参校，进行适当理校，最后由江西省方志专家许怀林教授审定。全书注释1400多处，其中勘正原书文字错误132处，纠正史实19处，对地名、人物、史实进行解释与补充300多处，为专家学者及一般读者了解、利用明代兴宁经济社会各方面状况提供一部较好的旧志整理文本。

【《全粤村情·梅州市兴宁卷（一）》编纂出版】 2020年3月，《全粤村情·梅州市兴宁卷（一）》由方志出版社公开出版，全书125万字，776张图片，记述全市8个镇（街道）264个自然村的沿革与变迁、地理环境、民居宗祠、风俗习惯、文物遗址、掌故传说、历史事件、主要人物、华侨华人与港澳台同胞等内容。

链接

《全粤村情》系列丛书为广东省人民政府地方志办公室组织的广东省自然村落历史人文普查重要成果，由省地方志办编纂，有110卷、600册。丛书收集全省133403个自然村的第一手普查资料，记述时间上限不定，下限原则上为2015年底。

【《兴宁市古驿道资料汇编》编纂出版】 2020年2月，市地方志办组织编写的《兴宁市古驿道资料汇编》完成出版。兴宁市曾设有古驿道8条，总长200多千米。全书记载兴宁市宋代以来的古驿道建置沿革，并对兴宁古驿道遗迹、古驿道经过村落、古驿道故事等进行翔实的考证和记载。设8章，总文字24万多字，图片200余张。

【《兴宁古地图古地名资料集（修订本）》编印】 2020年6月，市地方志办新修订出版《兴宁古地图古地名资料集》，全书收录古兴宁县疆域图、县境图、民国公路图等兴宁古地图91幅。新增1933年《兴宁县最新全图》、1941年《兴宁县区乡图》、1977年《兴宁县地图》3幅地图。新增《清同治年间兴宁县乡堡与现行政村名对照表》。修订《兴宁建置沿革》《清同治年间兴宁县乡堡村落与塘铺》两部分内容。

（李晨阳）

档案馆

【概况】 2020年，市档案馆贯彻习近平总书记提出的“档案工作要走向依法管理、走向开放、走向现代化”工作要求，履行“为党管档、为国守史、为民服务”职责，扎实推进档案新馆建设、国家重点档案抢救、档案数字化等工作。全年接待来馆查阅利用档案人员309人（次），查阅利用档案4281卷又1451件。

【档案收集整理与保管保护】 2020年，市档案馆对馆藏档案、资料按门类、载体、系统等进行分库存放，规范档案资料保管。安装视频监控设备，对查阅档案全过程进行监控，加强档案安全检查，定期对馆藏档案资料进行翻动、抽查，对重点全宗的档案进行数字化备份，确保档案实体的完整与安全。加强档案库房管理，做好“十防”（防火、防潮、防尘、防鼠、防盗、防光、防虫、

▲兴宁市档案馆接待来馆查档人员 （市档案馆提供）

防水、防高温、防污染）工作，定期更换防虫药，用多功能档案杀虫机进行消毒杀虫。坚持做好温湿度记录，按标准控制好库房温湿度。对档案库房重新进行防水补漏、检修空调设备、更新库房办公照明系统、安装门禁电子锁、烟感报警器、美化办公环境改善，档案服务环境和档案保管保护条件。加强汛期档案资料保管保护，开展档案安全隐患排查，加强相关设备的检修与维护，制定完善档案管理防汛防灾害应急方案预案，做好应急准备，提升预警保障能力。

【国家重点档案抢救】 2020年，市档案馆先后在梅州市档案抢救中心、阳江市档案抢救中心和兴宁市优雅美术馆进行国家重点档案抢救修裱工作。全年抢救国家重点档案4600卷。

（伍宏伟）

融媒体工作

【概况】 2020年，兴宁市融媒体中心制作播出时政新闻1800多条，《城乡一线》播出新闻1537条，播出电视剧2000多集、客家文艺78部，制作播出公益广告、通知、标语等3000多条。其中上送梅州台综合播出700多条，位居梅州市各县市区前列；上送广东省广播电视台播出20条，上送“学习强国”平台采用70多条。

【新冠肺炎疫情防控宣传】 2020年，兴宁市融媒体中心配合做好新冠肺炎疫情防控工作，组建宣传报道小组15个，在《兴宁新闻》《城乡一线》等电视节目和兴宁电台、《今日兴宁》报纸开设专题专栏，全程跟踪报道各部门、各乡镇在开展防控新型冠状病毒感染新冠肺炎疫情过程中的宣传、推进情况，宣传报道兴宁市防控新型冠状病毒感染肺炎疫情做法，宣传在开展防控新型冠状病毒感染肺炎疫情中涌现的典型，组织人员制作播放防控新型冠状病毒感染肺炎疫情工作通告、公益广告、宣传标语、捐赠信息、防控知识等。全年播出刊发新闻资讯970多条，上送梅州广播电视台、《梅州日报》等上级媒体播出210多条；制作《兴宁：战“疫”在行动》《兴宁农村防疫·村支书广播喊话版》《同心守护》等公益广告、公益歌曲、倡议书、公（通）告、温馨提示、宣传标语在兴宁一套、二套和兴宁电台播出8500多条次；滚动刊播防控疫情公益宣传片、宣传画、宣传标语次数4.8万次，“兴宁发布”公众号发布新闻资讯486条，“兴宁广播电视”公众号发布新闻资讯322条，“兴宁发布”APP发布新闻资讯3328条新闻；上送“南方+”75条、上送“掌上梅州”115条；自身新媒体平台点击阅读量1080.3万次，阅读量上万的新闻有55条，其中“兴宁发布”APP新闻《紧急扩散！兴宁发出严加管控疫情的最新通告》点击阅读量超过23万人次。

【专题宣传】 2020年，兴宁市融媒体中心播出社教类专题14部，内容涉及美丽乡村建设、文教卫生、公安交通等，有《行走千年古道 传承红色基因》《专注品质 锻造品牌——走进兴宁市伟泓中小学生教育基地》《情系妇幼 爱洒万家——前进中的兴宁市妇幼保健院》《为生命坚守》《精益求精惠民生——记兴宁市人民医院骨科、烧伤科》等，其中，抗疫专题《为生命坚守》在

▲2020年10月28日，兴宁市融媒体中心指挥调度平台进行演示

（市融媒体中心提供）

2020年广东省县级广播电视新闻评析比赛中获得一等奖。同时制作播出《径南茶道》《大美径南　魅力星耀》《美丽合水　心灵绿洲》《山中勤光　人勤村美》《昔日偏僻深山　今朝旅游胜地》《石斛花开幸福景》《抓生态优环境　村民幸福感增强》等约60条短视频，在电视、“兴宁发布”“学习强国”APP展示。

【有线电视网络建设】　2020年，兴宁市广播电视台做好线路日常维护工作。全年处理各类型故障5132次，新装用户1110户，增装（更换）用户150户，迁移用户291户；先后完成马路下大王屋、宫下邓屋王屋、城南村义尚围、新兴雅苑、金源花园、泰宁花园、鸿达花园、文华二街、俄一黄屋等地线路整改工作，铺设同轴干线5.5千米、更换光缆3.5千米、更换光节点设备9台（套），受益用户近3200户。完成联康城二期、客家小镇等小区的有线电视网络规划、设计、建设，铺设光缆1.5千米、同轴干线250米、设置光节点10个。协助乡镇广播电视站做好技术支持工作。2020年维修乡镇相关设备1280多台（套），抢修乡镇光缆82次，协助各镇广播电视站做好线路的规划、改造、设备安装调试工作。

【融媒体中心建设】　2020年，兴宁市投入资金668.8万元，建成统一指挥平台，建立统一采编部（新闻信息采集、编辑），实现“一次采集、多种生成、多元传播”的全媒体内容生产分发；同时融合各类官方媒体资源，每天通过电视（XNTV1、XNTV2）、电台（FM98.9）、报纸《今日兴宁》、兴宁市人民政府网站、“兴宁发布”APP、微信公众号（兴宁发布、兴宁广播电视）、微博南方号、短视频（抖音、快手、今日头条、西瓜视频）等13个新闻平台发布各类新闻资讯，全市重大新闻和政务信息均通过融媒体中心进行发布，首发率超过90%，兴宁市重大自采类新闻百分百实现客户端首发。

【便民惠民服务】　2020年，兴宁市融媒体中心开展以“以优质服务为乐，以用户满意为荣”为主题的擦亮窗口活动，建立24小时值班制度，保证有线电视小故障不出24小时，大故障不出3个工作日的服务承诺兑现。为进一步方便市民缴交有线电视费，在“兴宁广播电视”微信公众号设立有线电视付费系统。对低保户等群体有线电视收视维护费予以减免。全年为1578户低保户办理相关减免手续，减免收视维护费17.54万元，办理荣残复退军人家庭相关手续100宗，减免收视维护费1.8万元，办理抚恤用户减免手续56宗，减免收视维护费1.01万元。

（何建强）

旅游

【概况】　2020年，市文化广电旅游体育局在抓好新冠肺炎疫情防控工作的基础上，突出重点、创新思路、强化措施，以加快文旅项目建设、提升产品竞争力为主线，推动文旅行业有序复工复产，进一步丰富旅游产品体系，深度开发旅游精品线路，健全旅游公共服务体系，促进全市旅游产业的健康发展。全年接待游客211.35万人次，旅游总收入12.73亿元。

【旅游业态发展】　2020年，兴宁市新增1家五星级农家乐、1家四星级农家乐和3家三星级农家乐；新建旅游厕所6座并录入全国旅游厕所系统和百度地图。“磐安围—十二肩岭古驿道—星耀古村—月形山乡村体验一日游”等4条线路被评为“梅州全域旅游十佳系列线路”；四星级农家乐联富农家美食店负责人刘联平入选2020年度全国乡村文化和旅游能人支持项目人员名单；熙和湾客乡文化旅游产业园、神光山国家森林公园通过A级旅游景区专项复核，慈恩庐乡村艺术酒店完成三星级饭店复评工作。

【旅游项目建设】　2020年，市文化广电旅游体育局强化项目跟踪服务，推进文旅重点项目建设。熙和湾客乡文化旅游产业园、玖崇湖温泉度假小镇、和山休闲农业旅游区等6个旅游重点项目全年完成投资7.2亿元。

【旅游宣传】　2020年，市文化广电旅游体育局举办“兴宁市2020年庆祝中华人民共和国成立71周年文艺晚会”“2020兴宁市庆祝中华人民共和国成立71华诞环城夜游骑行活动”等一系列晚间文旅体活动，培育夜间观光游憩、文化体验、特色餐饮等夜间文旅产业。做好“一部手机游梅州”小程序建设工作，加强资料收集和整理等工作，将兴宁市文化、旅游资源通过手绘图、电子导游讲解等形式展现给游客。新印制旅游宣传资料5000册，组织各旅游企业到南昌、泉州等地开展旅游宣传推介活动。

（彭子欢　吴威）

卫生健康·体育

卫生综述

【概况】 2020年，兴宁市树立“大卫生、大健康”理念，打好疫情防控阻击战，统筹推进卫健各项工作，新冠肺炎疫情防控工作取得阶段性胜利。

【新冠肺炎疫情防控】 2020年，兴宁市卫生健康系统举办新冠肺炎防控知识、方案等培训班，实现医务人员全覆盖，组织医院、企业、学校开展疫情防控大演练7场次。投入200多万元，印发疫情防控宣传资料130多万份、编发信息300多万条，局微局网发布信息735条，其中微信推文点击率位列兴宁众多公众号的前列。抓好高、中风险地区来兴返兴人员监测、筛查、隔离医学观察工作，至年底，排查49.5万人，落实居家隔离4027人；集中隔离701人。对重点场所、重点人群做到核酸检测全覆盖，至12月底，核酸检测15.4万人，完成重点场所环境监测1393份，重点食品监测1369份，从业人员核酸检测率100%。指导学校和企业落实防控措施，确保企业有序复工复产，高考中考顺利进行。市财政拨出慰问金150多万元，慰问援鄂抗疫家属和集中隔离点、发热门诊、预检分诊、站点卡点等抗疫一线人员。兴宁市下拨本级配套临时性补助和误餐补助922多万元，其中专拨给医务人员补助200多万元。

2020年，兴宁市投入600万元，全面加强各医疗卫生机构（含村卫生站、个体诊所）预检分诊建设，对经预检疑似感染者落实即时报告和隔离观察制度，实现关口前移。投入近2000多万元，在市人民医院和水口镇中心卫生院设置发热门诊，宁中镇卫生院改造为发热门诊。投入1000多万元，将金叶酒店、水口集中隔离点、港兴宾馆定为集中隔离场所，至年底，集中隔离701人。全市设立火车站、汽车站等检疫检测点21个。投入800多万元完成市人民医院、市第三人民医院、兴宁市疾病预防控制中心核酸检测实验室建设，至年底，检测15.45万人。成立专门物资管控组，加强各社会捐赠物资的管理，兴宁市红十字会接收爱心捐款733.35万元，接受口罩、消毒液、食品药品等爱心捐物338批。

【医药卫生体制改革】 2020年，兴宁市开展紧密型县域医疗卫生共同体建设，兴宁市政府印发《关于成立兴宁市紧密型县域医疗卫生共同体管理委员会的通知》，成立由市人民医院和市第三人民医院为牵头单位、市直医院和20个基层医疗机构全员参与的县域医共体，于6月5日举行总院挂牌揭幕仪式，初步建立分级诊疗制度，形成双向转诊的绿色通道。

【重点项目建设】 2020年，市卫生健康局加快医疗卫生重点项目建设进度，总投资14.55亿元的新建市人民医院项目，完成2020年投资计划3.29亿元。市妇幼保健计划生育服务中心、第三人民医院、市中医医院住院大楼、“120”

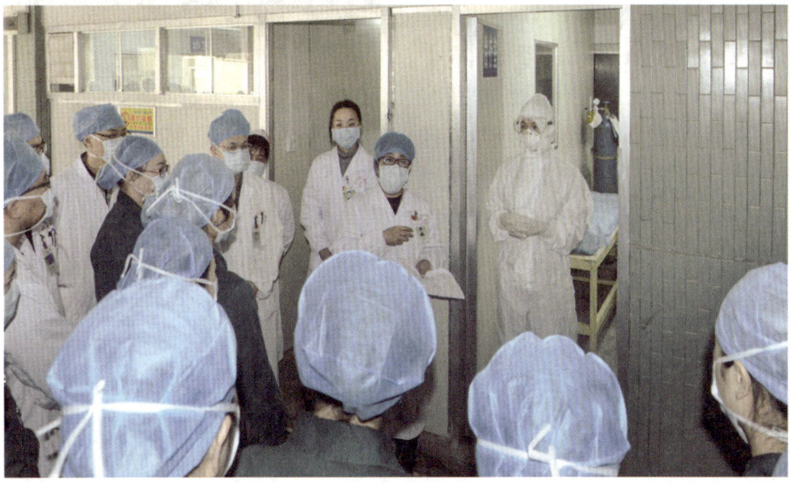

▲2020年1月23日，医院举行新冠肺炎防控演练　（市人民医院提供）

指挥综合大楼升级改造项目全面完成，投入使用。

【老龄工作】 2020年，市卫生健康局投入经费239.9万元，为全市19.83万名60周岁（含）以上老年人加入老年意外伤害综合保险。投入经费9.38万元制作10万本梅州市老年人优待证和20个证件印鉴，7月1日起，将梅州市老年人优待证办理权限下放至各镇（街道），解决老年群众“办事难”问题。全年办理老年人公交卡4.5万张。

【卫生监督执法】 2020年，市卫生健康局出动监督员1.4万人次，督查各类重点行业场所5132间次，制作各类监督文书4000份、作出行政处罚41宗，罚款3万元，办结41宗，移送公安1宗；受理群众投诉19件，办结19件，立案3件。重点做好新冠肺炎疫情常态化防控工作，强化对各医疗机构发挥“哨点”监测作用的监督，加强对集中隔离留验场所疫情防控措施落实情况的督导。检查医疗机构1615家次，发出指导性卫生监督意见书1615份。

【卫生健康宣传与教育】 2020年，市卫生健康局围绕“健康兴宁”建设、疫情防控知识、健康扶贫、实施全面两孩政策、深化医改、卫生医疗重点工程等开展主题宣传，先后在《广东卫生信息》《南方+》《梅州日报》、兴宁广播电视台等主流媒体或行业媒体刊播。加大疫情常态化防控知识和抗疫先进典型宣传力度，充分运用媒体宣传、网络宣传、社会宣传等方式，普及卫健科普知识。全年发布网站信息1028条，其中含新闻动态65条，通知通告102条，视频92条；微信公众号发布推送1382条；印制发放国家基本公共卫生项目宣传抽纸3.8万盒，发放疫情防控知识宣传资料8万份，组织医疗专家、宣讲员，开展健康知识、防疫知识等专题讲座和义诊咨询960余场。

【卫生健康惠民】 2020年，兴宁市实现429间标准化公建民营村卫生站全部配备村医，可开展正常诊疗业务。加强农村人口大病专项救治，全年为贫困人口大病患者提供救治服务4418人次。

【计生奖扶】 2020年，兴宁市享受计生奖励扶助对象8687人，特扶对象1080人，发放扶持金额约1330万元。在获得全国计划生育先进县和全国计生协工作先进单位的基础上，成功创建新一轮全国计划生育优质服务先进县。

医疗卫生

【概况】 2020年，兴宁市有医疗卫生机构684个，其中公立医院6个，镇级卫生院17个，社区卫生服务中心3个，社区卫生服务站2个，村卫生站513间；民营医院3间（鸿惠医院、神光眼科医院、网雨大医院），个体诊所133间，门诊部4个，卫生所（医务室）2间。二级甲等医院有兴宁市人民医院、兴宁市中医医院、兴宁市妇幼保健院。全市年门诊量（不含民营医院、村卫生站、诊所，下同）170.93万人次，住院7.61万人次，业务总收入7.91亿元。全市医疗卫生机构有病床2983张，平均每千人拥有病床3.01张。全市公立医疗卫生机构有现职卫生工作人员3756人（专业技术人员3189人，占84.9%）。

【医疗卫生服务和管理】 2020年，兴宁市全面落实14项国家基本公共卫生服务项目和15项重大公共卫生服务项目，继续推进家庭医生签约服务，规范居民健康档案和强化特殊人群的管理。

【疾病预防】 2020年，兴宁市报告新型冠状病毒肺炎确诊病例8例，通过落实各项防控措施，处理确诊病例8起，阴性排查和协查事件37起，开展流调工作685人次，密接管理123人。继续做好其他传染病防控工作，接到学校流感样病例暴发疫情报告3起、布鲁氏菌病疫情报告6起、流行性出血热病例报告1起，均得到有效控制，未出现扩散蔓延情况。完成疫苗冷链配送系统建设和全市20间预防接种门诊和4间产科接种门诊标准化建设任务。

【妇幼保健】 2020年，兴宁市完成农村妇女“两癌”（宫颈癌、乳腺癌）免费筛查9139人；开展国家免费孕前优生健康检查工作，完成孕前优生健康检查目标4.03万人，门诊首诊孕妇全部进行血常规地贫初筛。

【公共卫生服务】 2020年，市卫生健康局推进省、市卫生镇村创建工作。全年申报7个省卫生镇、77个省卫生村和4个梅州市卫生村。至年底，全市7个申报镇通过省级暗访，待省公示并命名，77个村申报省卫生村待省命名，4个梅州市卫生村通过梅州市考核待命名。

【中医药事业】 2020年8月13日，兴宁市委、市政府召开兴宁市中医药暨创建“全国基层中医药工作先进单位”动员大会，根据大会部署，制订《兴宁市创建全国基层中医药工作先进单位实施方案》《兴宁市促进中医药传承创新发展实施方案（2020—2022年）》，明确工作目标任务和责任单位。至年底，市中医医院易地搬迁项目新建住院综合大楼完成建设任务，发热诊室建设完成投入使用，杨郎全国基层名老中医药专家传承工作室准备接受国家验收，签发3个市级名（老）中医药专家传承工作室建设项目任务书。

（曾梦雨）

疾病预防控制

【概况】 2020年，兴宁市疾病预防控制中心以预防控制新冠肺炎疫情、提升疾控工作服务水平为重点，围绕传染病监测、重大疾病防治、免疫规划、卫生监测、地方病防治等工作目标要求，开展各类传染病的预防与控制工作。

【新冠肺炎疫情防控】 2020年，兴宁市疾病预防控制中心制订《兴宁市疾病预防控制中心新型冠状病毒感染的肺炎疫情防控应急处置方案》，成立新冠肺炎疫情防控领导小组，设立流行病学调查、采样、消杀、信息、后勤保障5个应急组，应急队员24小时在岗值守。围绕新冠肺炎防控方案、医疗救治、流行病学调查、采样送检、消毒技术等内容开展培训。开展培训100多场次，参加培训6300多人次。制订企业复工复产疫情防控、综合市场疫情防控、口岸专班疫情防控、学校返学疫情防控、全员核酸检测等应急演练方案15个，派员指导并参加应急演练10多次。组建市镇两级联动流行病学调查组，对确诊病例、疑似病例第一时间开展流调。2020年报告确诊病例8例，处理确诊病例8例，排查疑似病例37起。全市组织35名流行病学调查人员，对685人次开展流行病学调查，对123名密切接触者开展医学观察追踪。组织开展疑似病例、密切接触者、中高风险地区返兴人员等人员核酸检测3.62万人。对病家、医疗机构隔离病房、转运工具以及医学观察场所开展消毒工作。终末消毒面积4.76万平方米、空气消毒1.07万立方米。加强新型冠状病毒监测工作。开展“两站一场”、监管场所、城市交通工具、酒吧、KTV等重点场所与重点人群监测任务，覆盖率100%，采集从业人员监测标本223份、环境标本215份、食品标本151份、污水标本6份；完成农贸市场冷库、冻库从业人员监测标本1571份、环境标本1019份、食品标本1041份；完成集中隔离点人员，工作人员监测标本887份、外环境标本128份。检测结果均为阴性。普及安全预防知识，发布消息3580条，发放宣传画5万多张，宣传单15.82万份。

【疾病预防控制工作】 2020年，兴宁市报告乙、丙类传染病4269例，总发病率429.86/万；核实处理各类预警信息54

▲2020年8月13日，兴宁市委、市政府召开兴宁市中医药暨创建“全国基层中医药工作先进单位”动员大会

（刘海阳 摄）

起。法定传染病报告质量和管理现状调查，报告率95.9%、报告及时率100%。全年处置10例常见传染病疫情，其中3起学校流感样病例暴发疫情、6起布鲁氏菌病疫情、1起流行性出血热病例。以镇为单位国家免疫规划疫苗接种率均达95%以上。报处理告43例疑似预防接种异常反应，其中34例一般反应，8例异常反应，组织专家调查诊断4例，申报补偿个案1例。推进民生实事疫苗冷链配送和预防接种标准化建设项目，完成改建投入使用，冷藏车、冷链包落实到位，扫码设备投入使用。全市20间乡镇/社区预防接种门诊均升级改造完成；接种门诊数字化建设安装调试完毕。广东省疫苗流通和接种管理信息系统正常上线运行。推进重点人群新冠疫苗紧急使用相关工作，加强对重点人群接种现场全程督导，并按相关要求做好AEFI监测和日报告工作。

【地方病防治与病媒生物控制】 2020年，兴宁市疾病预防控制中心做好登革热伊蚊密度监测，调查6.19万户，阳性小积水1526处，BI2.46（符合防控要求）。布放诱蚊诱卵器2700个，回收2625个，阳性容器数66个，诱蚊诱卵器指数2.51（符合防控要求）。开展鼠类生态学监测，布笼262个，有效笼数226个，捕鼠14只，鼠密度6.19%，鼠种为褐家鼠、小家鼠。做好地方病防治，监测结果显示，合格碘盐覆盖率100%。对4个镇20个病区村进行饮水型地方性氟中毒监测，所采水样水氟含量均达到控制标准；对地氟病区村出生并居住的8—12岁204名儿童进行氟斑牙检查，患病率0.98%。20个病区村氟斑牙患病率均低于30%，达到控制标准。

【重点寄生虫病预防控制和职业病防治】 2020年，兴宁市疾病预防控制中心加强消除疟疾项目媒介监测，5—10月开展媒介按蚊调查，捕获蚊子187只，其中按蚊63只，均为中华按蚊，占33.69%，库蚊124只，占66.31%。户外大中型水体传疟媒介滋生地调查捕捞146次，未捞获蚊幼虫。继续做好“三热”病人血检，圆满完成消除疟疾血检任务数400人份。开展土源性线虫病和肝吸虫病监测，监测1000名对象，蛲虫感染率1.0%；肝吸虫感染率7.0%；鞭虫感染率0.2%；蛔虫感染率0.1%。做好职业病防治工作，落实尘肺病人随访调查525例，生存167例，死亡283例，失访75例，调查率85.71%。开展职业病危害现状调查，调查280家工业企业，242家存在职业病危害因素，接触职业病危害因素人数4429人。委托第三方按质按量完成10家重点行业工作场所职业病危害因素监测，呼吸性粉尘浓度岗位监测超标15个，超标率37.50%。

【水质检测】 2020年，兴宁市疾病预防控制中心监测42个集中式供水单位，采样408份，合格301份，合格率73.77%。农村224份，合格165份，合格率73.66%；二次供水4份，合格2份，合格率50%；抽检42间学校饮用水，采样56份，合格48份，合格率85.71%。

【公共场所监测】 2020年，兴宁市疾病预防控制中心监测直属医疗单位10间次、镇卫生院7间次、私人及个体医疗机构15间次、血站1间、≥200人托幼机构2间。医疗机构、托幼机构、血站监测样品总数565份，其中医疗机构482份，合格率88.59%。托幼机构75份，合格率60%。血站8份，合格率100%。

（兴宁市疾病预防控制中心）

医院选介

【兴宁市人民医院】 2020年，医院编制总床位调整为800张，实际开放床位800张，设有门诊部、急诊科、内外科、儿科、五官科、妇产科、手术麻醉科、ICU等28个临床专科；设有放射科、检验科、病理科、功能检查科、药剂科6个医技药剂科室和16个职能科室。全院干部职工1080人，含各类专业技术人员983人，其中高级专业职称人才195人、中级专业职称人才306人、初级专业职称人才482人。

2020年，医院完成诊疗病人43.25万人次（其中门诊诊病31.22万人次、急诊诊病12.02万人次），住院病人2.84万人次，施行大中小手术9538台次，医院业务总收入4.04亿元。全年无医疗事故。

新冠肺炎疫情防控 全力抗击新冠肺炎疫情，成立医院防控新冠肺炎疫情工作领导小组。1月，医院新冠肺炎救治专家组进驻市第五人民医院，成立一线临时党支部，其间，救护车出车150辆次，救治专家组会诊指导14人次，收治排查患者152人。2月，医院5名医护人员加入梅州市第三批援助湖北医疗队驰援湖北省荆州市公安县战疫；10月，医院2名护士加入梅州市卫生系统支援白云机场海关抗疫队伍开展口岸核酸采样工作。6月，新建核酸检测PCR实验室投入使用；12月，医院规范化建设的新发热门诊启用。提高核酸检测能力，严把发热门诊关口。

医疗业务　新引进心脏外科、骨科、五官科、心血管内科、消化内科等高层次专家、教授。开设心脏外科，拆分骨科、烧伤科，独立成立骨一科、骨二科，启用血液净化中心，检验科、放射科被评为2020年梅州市临床重点专科。是年，全院危重病人抢救成功率平均81.62%，出院患者平均住院日7.09日；完成心脏介入手术300多台、外周介入手术59台，神经介入手术16台。申报梅州市科技计划项目立项4项，结题验收9项，申报梅州市医药卫生科研课题立项4项，结题验收3项。

新医院建设　医院异地（整体）搬迁新建医院进展顺利，完成传染科楼、南区地下室、高压氧舱楼、门急诊医技综合楼和核医学门厅主体建设，其余工程有序施工。

（曾文新）

▲2020年5月14日，兴宁市人民医院举行引进心外科专家签约仪式

（市人民医院提供）

【兴宁市妇幼保健计划生育服务中心】　2020年，兴宁市妇幼保健计划生育服务中心设置临时24小时预检分诊处，配足人员做好预检分诊工作，防止院内交叉感染。抽调10名医务人员到902车站监测点支援工作，于2月8日加派6名医务人员完成咽拭子检测工作；2月8日选派3名儿科医师前往兴宁市人民医院支援新冠肺炎疫情防控工作；派出3人参加企业复式复产疫情防控指导工作，派出2人参加学校复学疫情防控指导工作。10月，派出2人前往广州海关白云机场口岸，支援海关新冠疫情检测工作。设立发热诊室，于10月1日正式开诊。做好疫情防控宣教及患者答疑，做好心理疏导。利用宣传栏、LED显示屏、宣传资料、微信公众号等，对新型冠状病毒感染的肺炎防治知识进行持续宣教。

诊疗业务工作　市妇幼保健中心开展8项免费计育手术，开展门诊及妇科基本避孕服务项目，开设儿科住院病房，推进儿科住院部建设。7月13日，儿科住院部正式启用。11月，产科被评为梅州市重点专科，是县级专科医院唯一通过评审的科室。

重大公共服务项目　市妇幼保健中心为农村待孕育龄妇女免费减补叶酸发放3830人。免费婚检约1万人，婚检率90.21%；进行新生儿遗传代谢性疾病筛查约5000人，筛查率98%；进行新生儿听力筛查约5000例，筛查率95%。孕产妇艾滋病病毒检测约8900例，筛查率100%，确诊感染艾滋病毒0例；梅毒检测约8900例，筛查率100%，确诊感染梅毒孕产妇13例，感染率0.14%；乙肝病毒检测约8900例，筛查率100%，感染乙肝病毒975例，阳性率10.9%，所生婴儿免疫球蛋白的注射率100%，均由保健科给予建档追踪随访。完成对农村妇女宫颈癌检查1.16万例和乳腺癌检查1.18万例，宫颈癌早期诊断47例，乳腺癌早期诊断10例。

医院信息化建设　市妇幼保健中心投入80万元，用于医院系统信息化建设，构建方便快捷的服务流程，促进医院管理的科学化、规范化和智能化。实施预约诊疗，规范诊疗行为，调动医务人员的积极性，提高服务质量和效率，明显缩短病人等候时间，努力让群众看好病。

（市妇幼保健中心）

体育

【概况】 2020年，兴宁市落实全民健身国家战略，推进“体育强民”建设，推动体育产业发展、提升群众体育服务水平、强化业余训练整体实力、推进足球改革发展。

【体育产业】 2020年，市文化广电旅游体育局加强体育彩票的销售管理，做好体育彩票站点标准化运营工作。是年，全市在线销售网点65个，各体育彩票销售网点的销售金额3258万元。红旗、跃速等体育企业全年总产值3.85亿元。

【体育项目建设】 2020年，兴宁市投入1200多万元全面完成大坝里体育场升级改造项目建设，重新铺设11人制标准天然草足球场、5人制人工草足球场和400米标准全塑型塑胶跑道，增设球场灯光、音响、监控、显示屏等设施。是年，全市新建足球场地87块，累计291块。

【群众体育】 2020年，市文化广电旅游体育局投入35万元，在明珠体育公园新建2个篮球场，更换健身路径等器材。受新冠肺炎疫情影响，群众体育活动相对减少，全年举办农民丰收节•迷你马拉松活动、“全民健身日”活动启动仪式、“团聚七夕·美丽同行”2020年兴宁市青年健身运动会、第五届环兴十八镇骑行活动、兴宁市庆祝2020年老人节文体项目展示大会等活动项目数23个，群众体育活动场次610次，参与活动人数11380人。

▲大坝里运动场升级改造后照片 （市文化广电旅游体育局提供）

【竞技体育】 2020年，兴宁市选送的运动员罗熵入选国家青年女子足球队、罗曜乐入选省体校跆拳道队。兴宁市蹦床队（板上和网上）代表梅州市参加广东省青少年蹦床锦标赛获得3金4银5铜，团体总分全省排名第三。兴宁市跆拳道队代表梅州市参加2020年广东省青少年跆拳道锦标赛获得1金2银4铜，2名选手通过比赛获得“二级运动员”技术等级称号。

【足球事业发展】 2020年，兴宁市完善足球政策发展机制，出台《兴宁市人民政府关于印发兴宁市推进创建足球特区建设奖励扶持办法的通知》《兴宁市人民政府办公室关于印发兴宁市足球发展专项资金管理实施方案的通知》等政策文件，并规划编制《兴宁市足球发展十年规划（2021—2030年）》，为足球发展提供政策、资金保障，指明发展方向。顺利举办“市长杯”“南丰杯”“足协杯”等体育赛事，同时组建2个队代表兴宁参加梅州市足球联赛，兴宁足协队获甲级联赛冠军，兴宁宁江队获得优秀组织奖。

（彭子欢　吴威）

社会生活

责任编辑：何伟婷

民政事务

【概况】 2020年，兴宁市践行“民政为民、民政爱民”理念，以构建“大救助、大养老、大儿童保障、大慈善、大社会治理”五大体系为引领，更好履行基本民生保障、基层社会治理、基本社会服务等职责。面对新冠肺炎疫情，守住民政领域疫情防控“两条工作底线”（民政系统各类机构不发生疫情，民政服务对象不因疫情而挨饿受冻），促进社会公平、和谐、稳定。

▲2020年2月22日，梅州市委领导到兴宁市检查民政服务机构疫情防控工作

（吴秋燕 摄）

【基层政权和社区建设】 2020年，兴宁市完成村规民约和居民公约的制订工作。指导全市城乡社区深入开展形式多样的基层协商，将径南镇、福兴街道定为兴宁市城乡社区协商示范镇街，推进城乡社区协商制度化、规范化和程序化建设。

【社会组织管理】 2020年，市民政局严格社会组织发展管理，全年办理社会组织登记46个、注销4个，办理其他行政许可35宗。全市有社会组织298家，其中社会团体91家、民办非企业单位207家。委托梅州市嘉应社会组织服务中心对全市须参加2019年年度工作报告的社会组织开展年度工作报告监测评价工作。

【区划地名】 2020年，市民政局做好路牌街牌设置及地名的确认，规范建筑物、住宅小区、街道等命名、更名管理规定，完善办理建筑物、住宅小区、街道等命名、更名办事流程。巡查兴宁城区街道路牌现场定位拍照，组织维护修缮工作。完善全国地名信息政务管理平台上的兴宁地名信息。开展并完成界线界桩联合检查。进一步完善界线界桩委托管护制度。深化平安边界创建，做好界线勘定和界线领域风险的防范与化解。

【养老服务】 2020年，兴宁市公办养老机构21个，床位数958张，入住老人384人；民办养老机构28个，床位数3018张，入住老人1150人；全市拥有养老床位6829张（含农村幸福院），每千名老人拥有养老床位数34张。统筹发展城乡养老设施，全市城市社区养老服务机构45个（其中居家养老服务站/中心2个，农村幸福院12个，日间照料场所28个，集中托养点3个），农村社区养老服务机构365个（其中居家养老服务站18个，农村幸福院112个，日间照料场所217个，集中托养点18个），有规模上档次的老人活动中心32个，每年支持20个老人活动中心上规模上档次，农村和城区养老服务设施实现全覆盖。充分利用福彩公益金，推进2家机构参与评星工作并全部顺利通过省专家组现场评审。按时足额发放高龄老人补（津）贴，全年发放80—99周岁高龄补（津）贴57.47万元、百岁长寿保健金40.29万元。

【婚姻登记】 2020年，市民政局婚姻登记处依法办理国内结婚登记6277对、国内离婚登记2136对、补领结婚证1231宗和离婚证89宗、涉外婚姻登记13对，办证合格率100%。办理各地公、检、法单位来函查询婚姻档案253件，办理个人查询婚姻档案1552件。

【社会救助】 2020年，兴宁市低保对象月人均补差水平由原来的城市554元、农村272元

▲2020年2月28日，广东省民政厅领导到兴宁市养老机构检查疫情防控措施落实情况 （吴秋燕 摄）

分别提高至城市609元、农村285元；特困对象中，城市“三无”、农村五保人员供养标准由原来每人每月1130元、农村800元提高到城市1236元、农村860元。孤儿基本生活最低养育标准集中供养水平从每人每月1685元提高至1820元，分散供养水平从每人每月1025元提高至1110元；困难残疾人生活补贴标准从每人每年1980元提高至2100元，重度残疾人护理补贴标准从每人每年2640元提高至2820元。至年底，兴宁市在册低保对象1.46万户3.04万人、在册特困供养对象3638人，1—12月低保资金发放合计1.36亿元，特困供养人员资金发放合计5139.03万元，集中孤儿供养171人次，发放金额24.16万元；散居孤儿供养1274人次，发放金额116.23万元；事实无人抚养儿童供养6458人次，发放基本生活保障金786.35万元，发放残疾人“两项补贴”（困难残疾人生活补贴和重度残疾人护理补贴）6712.66万元。

开展临时救助工作，对低保家庭、低保边缘家庭的特殊性、暂时性、突发性生活困难给予救助，全年支出临时救助资金287.96万元，临时救助困难群众1121人。助推精准扶贫，兴宁市无劳力建档立卡对象5925户8774人，其中纳入低保3297户5903人，特困供养2597人，孤儿及困境儿童274人。开展专项整治，落实“应保尽保、应退尽退”规定，全年清退低保对象1022户2270人。常态化开展联动巡查救助，全年救助182人次，其中站内救助115人次，站外救助67人次，救助安置率100%。

【社会福利】 2020年，市民政局开展困境儿童“合力监护相伴成长”专项关爱行动，做好智力残疾和精神残疾女童排查、救助帮扶和关爱服务工作。定期与低保系统、扶贫系统数据比对，确保困境儿童应保尽保。发挥镇级儿童督导员和村级儿童主任作用，规范家庭寄养和收养登记评估工作，开展社工专业服务主题活动，落实大病、残疾、低保、多重困境四类儿

童精准救助。全年办理收养登记3宗。

【福利彩票】 2020年，兴宁市电脑福利彩票投注站规范运行，兴宁市中福在线于7月停售。全年销售福利彩票3692万元，筹集福彩公益金378万元。

【慈善和社工工作】 2020年，兴宁市慈善会与村镇银行和广发银行协商开设“绿色通道”，专门设立接收捐赠款窗口。全年收到捐款2690万元。坭陂镇社会工作服务站在广东社工“双百计划”聘请督导项目2019—2020年度被评为“优秀社工站”。兴田社会工作服务站—老伙伴“赋”女行—老年妇女成长计划在2020年度广东省益苗计划—志愿服务项目大赛中获“重点培育项目”称号。

【殡葬管理】 2020年，市民政局推进“互联网+殡葬服务”。推广应用省级殡葬管理服务信息系统，实现殡葬服务机构业务管理信息化。开展安葬（放）设施违规建设经营专项摸排暨违建墓地专项整治成果巩固提升行动，依法依规处理违规建坟纠纷3宗。全年火化遗体6977具，火化率100%。全年减免七项基本殡葬服务费868.14万元，受益人口6678户。

（陈杏婷）

人力资源和社会保障

【概况】 2020年，兴宁市坚持抓疫情防控和人社事业发展不放松，多措并举推动就业与再就业工作，完善公共就业服务机制和社会保障体系，努力构建和谐劳动关系，优化人才发展环境，做好事业单位人事管理工作，推进“粤菜师傅”“广东技工”“南粤家政”三项工程。

▲2020年11月13日，兴宁市金秋招聘月活动现场

（市人力资源和社会保障局提供）

【就业与再就业】 2020年，兴宁市城镇新增就业人数3605人；城镇失业人员再就业2885人；就业困难人员实现就业265人；城镇登记失业率2.45%。开展“送政策、送资金、送技工”三送活动和“社保惠企、就业暖民”系列政策宣讲活动118次，进企业、进镇（街）开展政策宣传757人次，印发《兴宁市返岗稳岗政策指南》《兴宁市就业创业资金补贴项目申请指南》《社会保险政策指南》4.5万份。开展各类线上线下招聘会60场，提供岗位数2.49万个，求职人员1.79万人，达成就业意向4960人。使用中央和省就业创业专项资金1073.58万元促进就业，其中就业创业服务补贴支出70.18万元；人力资源市场及基层服务平台建设272.5万元；社会保险补贴10.11万元；岗位补贴50.69万元；创业类补贴241.6万元；高校毕业生就业类补贴27.2万元；吸纳贫困劳动力就业补助17万元；其他补贴72.67万元；创业孵化基地建设补贴311.63万元。中央就业资金支出率100%。全年发放小额担保贷款35笔940万元，发放贴息5.29万元；发放援岗稳企补贴1.69万元，外地返岗员工交通补贴2.27万元。

2020年，市人力资源和社会保障局做好常态化疫情防控下稳定劳动关系工作，开展“春风送暖 平安返岗”等活动，帮助务工人员顺利返岗，助推企业复工复产。帮助有意愿就业的贫困劳动力实现就业119人，设立公益性岗位吸纳贫困劳动力就业101人；设立扶贫车间吸纳贫困劳动力就业72人；设立乡村公益性岗位吸纳贫困劳动力就业6人。为外省在兴贫困劳动力188人提供精准就业服务，帮助有就业意愿的外省在兴贫困劳动力全部实现就业。

【工资福利】 2020年，兴宁市工资统发单位198个，每月统发1.07万人，其中教育系统离休

44人。1月起为事业单位1.65万人增加一个薪级工资，人均增资94元；为机关工勤人员364人增加一个档次工资，人均113元。调整部分人员乡镇工作补贴，乡镇工作年限计算至2018年12月，凡满5年、满10年、满15年、满20年、满25年、满30年以上的1720人，人均增资每月50元。会同组织、财政部门制定《兴宁市机关事业单位住房维修和物业管理补贴实施方案》，标准按照人均提高300元设置，2020年1月起执行。审核2020年大批新进事业人员的档案，进行信息采集，核定新参加工作人员的工资发放。审批机关事业单位抚恤金人数28人，遗属生活困难补助32户。审批2019年度考核优秀人员2912人，标准为每人一次性1500元。

【社会保障管理】 2020年，兴宁市养老保险参保人数50.3万人，失业保险参保人数5.1万人，工伤保险参保人数7.2万人。企业退休人员基本养老金、城乡居保基础养老金最低标准、失业保险金、工伤伤残津贴月人均标准分别提高至1808.44元、180元、1269元、3789.51元。足额支付各项社保待遇21.57亿元。落实社保费减免政策，为3435家企业减免单位部分养老、工伤、失业三险1.47亿元，为74家企业发放失业保险费稳岗返还补贴260.6万元；报批征地项目5个批次，计提征地社保资金1028.7万元，下拨征地社保资金1999.8万元。被征地农民养老保险参保1.95万人，享受待遇7835人。开展城乡居民基本养老保险死亡超领待遇和涉刑人员违规领取待遇追缴工作，涉及金额全部追回，完成率100%。落实社保兜底帮扶，全额资助代缴建档立卡贫困人员城乡居民养老保险16015人；应享受城乡居民养老保险待遇7801人，全部享受养老待遇。

【专业技术人员管理】 2020年年底，兴宁市事业单位专业技术人员1.31万人，其中正高级职称24人、副高级职称2360人、中级职称7482人、助理级职称2438人、员级职称796人。是年，市人力资源和社会保障局完成中、初级专业技术资格证书的网上审核发证工作，完成170人的全国会计专业技术初级、中级资格考试审核验证。加强职称评定工作，推荐评审认定649人，其中：中小学教师职称评审推荐高级261人、中级71人、初级56人（其中正高1人）；卫生系列职称评审（认定）高级135人（其中正高级17人，直接认定副高级1人）；其他行业审核推荐评审高级10人，中级31人，初级85人。指导监督中、初级专业技术资格评委会开展评审工作，做好市职称评审委员会评委入库管理、公有制经济人才年报统计工作、享受政府特殊津贴人员选拔等工作。

【退休人员管理】 2020年底，兴宁市纳入机关事业单位养老保险制度的退休人员1.12万人，企业职工退休人员5.92万人。市人力资源和社会保障局全年为508名机关事业单位干部职工办理退休审批手续；审批企业职工退休2504人，其中：审批企业职工提前退休40人，企业、机关早期离开人员88人。做好国有企业退休人员档案托管工作，全年接收省煤矿专用设备有限公司（省）、广东省煤炭工业总公司梅县留守处（省）、梅州程江梯级水电厂（市）等31家国有企业退休人员人事档案3118份，并同步做好信息录入工作，建立规范统一的退休人员信息库。加强退休职工档案资料管理，接收退休职工档案1118份，接待退休人员咨询893人次，查阅档案580人次，出具相关证明（复印）资料2200份。

【人力资源管理】 2020年，兴宁市有事业单位395家，有管理人员、专业技术人员、工勤技能人员1.6万人，其中：管理人员1895人、专业技术人员1.31万人、工勤技能人员1486人、在管理岗位工作的专业技术人员（即“双肩挑”人员）529人。是年，市人力资源和社会保障局完成兴宁市事业单位公开招聘工作，招聘318人，引进急需紧缺人才6人。做好2020年度兴宁市基层公共就业创业服务岗位公开招聘高校毕业生工作，招聘基层公共就业创业服务岗位工作人员7人。做好2020年兴宁市公开招聘基层社区工作者工作，招聘基层社区工作者21人。做好农村订单定向医学生免费培养定向就业安置10人；乡镇卫生院紧缺医疗人才直接聘用10人；随军家属安置6人；2018届“三支一扶”大学生服务期满考核合格及以上直接聘用14人，考取事业单位7人。在办理政策性安置人员手续过程中，发出商调函（调档、调令）30份，审核移交档案29份。办理事业单位工作人员调动51人，其中：调入12人，调出18人，内调21人。在办理商调过程中，发出商调函91份，审核移交档案51份。做好事业单位岗位设置和人员聘用的审核工作，为新设立或整合或编制有变化的16个事业单位进行岗位设置，为1515人办理岗位聘用手续。做好2019年政府系统事业单位工作人员5067人年度考核的审核、汇总工作；做好2020年学校、幼儿园工作人员9593人年度考核的审核、汇总工作。做好2019年事业单位年报审核、汇总、上报工作。加强“三支一扶”大学生跟踪管理，做好2018届“三支一扶”大学生（21人）的服务期满考核和2020年新参加“三支一扶”大学生（34人）的接收派遣等工作。

【公共人才服务】 2020年，市公共人才服务中心保管各类人事档案4.87万份，其中全年接收大中专毕业生和流动人员人事档案4818份，转出流动人员档案1155份，全部录入电脑，进行信息化管理。接收高校毕业生报到2258人；出具各类证明、政审、工作鉴定152人次。完成离校未就业高校毕业生实名制工作，对离校未就业高校毕业生1859人，进行“一人一档”电话跟踪，了解就业状况及意愿要求；寄送875份《致离校未就业高校毕业生的一封信》及就业创业政策清单给离校未就业高校毕业生，宣传人社部门服务项目及就业创业补贴政策；实现就业1797人，就业率96.67%；对26名建档立卡高校毕业生进行4次精准对接服务，就业22人，升学深造4人。落实高校毕业生就业创业补贴政策，通过招聘会、深入基层等形式发放《兴宁市高校毕业生就业创业专项资金补贴知识手册》《促进就业九条》等各类政策宣传资料5000多份；办理14名高校毕业生一次性创业资助、10名高校毕业生租金补贴、191名高校毕业生岗位补、54名到基层就业补贴、2名一次性吸纳就业；办理6名社保补贴审批手续，补贴资金86.2万元。扩大机关事业单位招聘规模，继续实施“三支一扶”基层服务项目，加大对困难高校毕业生的就业援助，完成7名基层公共就业创业服务、21名社区工作者岗位招聘，对困难高校毕业生优先录用。审核申报5个企业单位梅州市急需紧缺人才岗位目录。举办3场高校毕业生专场招聘暨就业创业政策宣传会，提供850多个岗位，达成就业意向96人；稳步落实青年就业见习行动，新增新昌鞋业、立讯精密、鸿惠医院3个见习基地。全年有6名失业青年参加就业见习。

【人才培训教育】 2020年，市人力资源和社会保障局组织开展2019年新招聘综合类事业单位工作人员培训，培训93人。组织全市专业技术人员通过广东省专业技术人员继续教育管理系统，完成2020年度继续教育公需科目的免费学习。督促指导各级行业主管部门和用人单位，组织本行业专业技术人员的2020年度继续教育专业科目和选修科目培训。对2011名拟定为“2019年度优秀”的机关事业单位人员继续教育完成情况进行年度验证。引导广大异地务工人员、贫困人员、企业职工参加职工适岗培训、以工代训、创业培训、新型学徒制培训、农村电商等技能培训。2020年，全市完成培育各类劳动力1.04万人；组织19家企业开展适岗培训1446人，补贴资金102.83万元；组织105家企业开展以工代训培训4228人次，补贴资金550万元；农村电商培训1262人，“一村一品”带头人培训199人；新型学徒制培训100人。开展职业技能鉴定1644人，为全市9家培训机构增设2项专项能力工种（网商运营、妇婴护理）和2项合格证培训工种（居家养老照护、家庭保洁）。引导帮扶贫困家庭学生就读技工院校，在读市内技工院校学生生活费补助发放率100%。2019学年（2019秋至2020年春），符合条件申领生活费补助的建档立卡贫困家庭技校学生355人，发放生活费补助105.9万元；2020秋季学期符合条件申领生活费补助的建档立卡贫困家庭技校学生375人，发放生活费补助56.25万元。至年底，兴宁市贫困劳动力参加各类实用技能培训人员8861人。

【“三项工程”推进】 2020年，市人力资源和社会保障局推进“粤菜师傅”“广东技工”“南粤家政”三项工程，开展三项工程宣传报道30场次。

“粤菜师傅”工程 举办“兴宁市第二届粤菜（客家菜）师傅技能大赛”和首届“兴宁鸽”美食烹饪大赛，兴宁市“粤菜（客家菜）师傅”工程展示馆顺利揭牌。制定《兴宁市餐饮行业协会团体标准》，《客家菜 兴宁酿豆腐烹饪工艺规范》等6个菜品通过审定。牵头撰写《学习“狮头鹅”产业发展经验 做大做强“兴宁鸽”产业——赴汕头澄海考察学习报告》1份。推广“兴宁鸽”美食文化，打造“兴宁鸽”美食名菜、名店、名基地，研究制订兴宁市“兴宁鸽”养殖和美食烹饪技术标准以及产业链扶持发展政策。是年，培育“粤菜师傅”381人，带动就业创业457人。

“广东技工”工程 启动兴宁市高级技工学校升级技师学院建设项目，市政府印发《兴宁市高级技工学校创建技师学院工作方案》、成立创建技师学院工作领导小组。项目被列入梅州市原中央苏区振兴发展重大项目储备库，列入兴宁市政府年度重点工作，完成发改立项、土地预审、规划设计等前期准备工作。市高级技工学校与江门幼儿师范高等专科学校、广东轻工职业技术学院联合办学，招收社会人员全日制大专学生174人，与广东外语艺术职业技术学院联合办学招收三二分段高职班学生40人，开展校校合作学校4家；与广梅园广汽集团有订单班，与广东辉骏科技公司有定向班，开展校企合作企业46家，举办“2020年兴宁市稳就业保居民就业专场招聘会”。完成各类职业技能提升培训3405人，带动就业创业3800人。

“南粤家政”工程 推动成立家政服务行业协会，组织举办“南粤家政”技能比拼、第四届“月嫂节”活动和专场招聘会，完成家政服务培训1900人（其中，母婴服务培训889人次，居家服务培训120人次，养老服务培训891人次），带动就业创业2100人。打造兴宁“客家大嫂”家政服务品牌，全市有金牌“月嫂”810人。全年开展家政服务宣传报道13场次，印发《兴宁市人力资源和社会保障局南粤家政宣传画册》3000册，在“掌上梅州”报道《“客家月嫂”养成记》兴宁中青年女性拓宽就业创业路的典型事迹。

【劳动保障监察】 2020年，市人力资源和社会保障局开展日常巡回监察用人单位189户（次），涉及员工1.6万人，发出劳动保障监察限期改正指令书16份、作出行政处理决定书8份、作出行政处罚决定书2份；协调处理群众举报、投诉违法案件85件，立案处理各类劳动违法案件17件，其中移送公安机关处理案件1件，为284名劳动者追回拖欠工资等待遇354万元，法定时效内结案率100%。开展“构建和谐劳动关系宣传月”主题活动，通过咨询活动和送法入企等方式积极宣传劳动保障法律法规宣传活动15批次，发放各类宣传材料6900份，接受群众咨询1200人次。推进劳动合同签订，全年劳动合同签订率98.6%。加强对企业执行劳动保障法律法规情况的监督，引导企业建立和完善用工管理台账，动态掌握企业的用工状态，要求各用人单位做好高温津贴发放工作。做好薪酬调查工作和企业人工成本监测工作，在住宿和餐饮业、制造业、批发和零售业、电力、热力、燃气及水生产和供应业等18个行业门类的单位中确定样本企业。

【工伤认定】 2020年，市人力资源和社会保障局宣传《工伤保险条例》《中华人民共和国社会保险法》等法律条文，加强建筑业工伤保险宣传，对私营企业、个体工商户的宣传和监督。全年受理劳动事故伤害案件292件，其中工伤认定109件，结案109件，劳动能力鉴定63件，其他咨询解答及协议调处120人次。

（邓心平）

医疗保障

【概况】 2020年，市医保局推进公立医疗机构药品跨区域联合集团采购和全面取消医用耗材加成工作，持续开展打击欺诈骗取医疗保障基金的专项治理工作，提升医疗保障能力，优化便民利民措施，推动全市医疗保障工作。

【医疗保险基金】 2020年，全市基本医疗保险参保人数96.16万人，其中城镇职工医保参保人数7.48万人，城乡居民医保参保人数88.68万人；基本医疗保险总收入12.02亿元，总支出8.77亿元。其中职工医保基金收入4.27亿元，支出1.22亿元；城乡居民医保基金收入7.75亿元，支出5.4亿元。

【医疗保障待遇】 2020年，兴宁市城乡医保门诊统筹金额500元；轻微高血压、高血糖等27个病种纳入特定门诊病种；职工基本医疗保险基金年度累计最高支付限额从10万元提高到30万元；城乡居民大病保险起付标准从8000元下降至7000元；提高城乡居民医疗保险符合计划生育政策分娩补助标准，顺产补助从1000元提高至1300元，剖腹产补助从1300元提高至1500元。

【医疗救助】 2020年，兴宁市开通精准扶贫对象参保“绿色通道”，实现贫困人员“随时认定、随时标识、随时参保、随时享受救助”。资助全市2.75万名建档立卡贫困人员参加城乡居民医疗保险，实现百分百参保。按时保质完成市“十件民生实事”涉及的医保工作。实现城乡低保、建档立卡贫困人员政策范围内基本医疗救助比例80%以上，全市医疗救助资金筹资总额7045万元，总救助人次5.55万人次，支付医疗救助资金3412.24万元。

【医疗服务管理】 2020年，市医保局推进全市公立医疗机构药品跨区域联合集团采购工作，在与省平台履约采购的基础上，组织全市26家公立医疗机构正式上线深圳药品集团采购平台和广州平台。通过“带量采购”“量价挂钩”的形式，对降低医院药品价格、降低医药购销廉政风险、增强药品供应能力等方面取得初步成效，减轻群众用药负担方面效果明显。落实国家组织药品集中采购和使用试点扩围中选品种约定采购量工作。全市13家公立医疗机构大部分完成约定采购量的95%以上。

【医保基金监管】 2020年，市医保局开展2020年度医保基金监管专项治理疑点问题核查工作，重点对涉及该市定点医疗机构的疑点数据逐一进行核实、评审，收回违规金额1800多万元。定期对医保高值医用耗材和大型仪器设备使用情况、药品和医用耗材采购管理、医保服务协议执行情况等进行检查和治理，坚持监督检查全覆盖与抓重点补短板相结合、自查自纠与抽查复查相结合、日常监管与协议考核相结合。采取随机抽查及暗访检查方式检查公立医疗机构11家，私立医疗机构3家，定点药店123家。

（赖清平　黄凌峰）

社会保险基金管理

【概况】 2020年，市社保局推进社保扩面征缴、社保扶贫、阶段性减免社保费政策落实等重点工作，防疫情、保民生、优服务，提升社保经办服务水平。是年，全市养老保险人数参保人数50.3万人，失业保险参保人数5.1万人，工伤保险参保人数7.2万人。

【社保征缴】 2020年，兴宁市企业职工养老保险参保人数8.9万人，机关养老保险参保人数2万人，失业保险参保人数5.1万人，工伤保险参保人数7.2万人，城乡居民养老保险参保人数39.4万人。征收各险种基金12.92亿元，其中：企业职工养老保险征收5.77亿元，失业保险征收983万元，工伤保险征收428万元，城乡居民基本养老保险征收9862万元，机关养老保险征收3.47亿元，职业年金征收2.55亿元。足额支付各项社保待遇21.57亿元。

【养老保险】 2020年，兴宁市职工养老保险参保人数8.9万人。筛查比对特殊人群对象5.25万人，确定符合参保条件人数3.52万人（其中建档立卡贫困人员1.6万人），为符合参保条件人员全部办理参保缴费手续，实现应保尽保；有符合申领城乡居民基本养老保险待遇1.54万人（其中建档立卡贫困人员7801人），实现应领尽领。推进兴宁市机关事业单位养老保险新办法待遇计发工作，按计划推进全年度职业年金的缴实和政府贴息工作，10月启动新办法计发待遇试点工作。

【阶段性社保费减免政策】 2020年，市社保局落实社保费减免政策，为3435家企业减免养老、工伤、失业三险单位部分

▲2020年11月27日，兴宁市社保局在文化广场开展惠企利民政策宣传活动

（市社保局提供）

1.47亿元，为74家企业发放失业保险费稳岗返还补贴260.6万元；为符合阶段性减免社保费条件的1257家企业退回减免社保费643.25万元，另为企业减半征收职工医保单位部分2012.95万元。保障失业人员基本生活，及时发放各项失业待遇，为受疫情影响的失业人员发放失业保险金5740人次818.2万元；为受疫情影响失业人员代缴职工基本医疗保险费5740人次211.18万元；为3373名符合条件的失业人员发放物价临时补贴30.12万元；为1578名符合条件的参保人员发放失业补助金和临时物价补贴288.06万元；为44名符合条件的参保人员发放提升职工职业技能补贴10.04万元。

【业务经办能力建设】2020年，市社保局推进“放管服”改革工作，在广东政务服务网上线73个公共服务事项，其中55项可在线申办，引导参保人通过“网上办”“掌上办”“自助办”等“不见面”方式办理社保业务，全面开展“人社服务快办行动”，对75个事项经办所需材料进行压缩清减，聚焦高频服务事项，大力推进提速办理，设立“死亡待遇打包办”窗口和“企业退休打包办”窗口，推进业务一站式“打包办”；充分发挥稽核内控部门的职能作用，做好经办业务内控监督检查，严格按政策、法规经办。

（杨思苑）

住房公积金管理

【概况】 2020年，兴宁市住房公积金分理处加强资金归集、资金使用、会计核算、财务管理等基础性管理，推进并落实强化资金高效运作的新措施，全年完成增值收益约1918万元。

【住房公积金归集支取业务】 2020年，兴宁市全年归集缴存总额5.20亿元，办理购房、还贷、退休、下岗失业、调动、离职等支取住房公积金5.57万人次，购房、还贷、离职等支取资金3.35亿元。

【住房公积金贷款业务】 2020年，兴宁市住房公积金分理处放贷1018户、放贷金额约2.37亿元，完成存贷比71.8%。收回贷款1.07亿元。总放贷余额约8.97亿元、总放贷9613户。

【公积金监管】 2020年，兴宁市住房公积金分理处严格执行政策法规，对公积金提取的材料认真审核，资金发放进行二级审批；对购房贷款先做贷前调查，不符合条件的一律不以贷款，确保贷款风险率下降到最小限度，贷后加强逾期催收，保障住房公积金资金的安全良性运转。

【便民惠民服务】 2020年，兴宁市住房公积金分理处发挥住房公积金综合服务平台网上办事大厅的功能和作用，全面推行缴存单位网上办理住房公积金业务。6月11日，在会展中心举办全市住房公积金网上办事大厅推介会暨实操培训会，参加对象为所有未使用网上办事大厅进行CA证书办理归集业务的单位。落实首问责任制度、限时办结、一次性告知等文明服务制度。采取优化业务流程、提高服务标准、缩短办理时限，规定每月逢5日、15日、25日发放公积金贷款等措施。与建行、工行、农行、农商行、客商行5家银行实现商贷数据共享，办理住房商业贷款的职工，申请提取还贷时无须再到银行打印商贷余额清单，直接带齐相关材料就可以办理。

（钟文彬）

应急管理

【概况】 2020年，兴宁市推进安全生产责任落实，健全完善大应急大安全工作体系，开展应急管理、安全生产、防灾减灾救灾等各项工作。是年，全市发生各类事故802起（含生产经营性道路交通事故4起，2死2伤），死亡51人、伤742人。其中道路交通618起、死亡49人、受伤742人；火灾183起（不含森林火灾）、死亡2人，受伤0人；森林火灾1起，无人员伤亡；无工矿商贸生产安全事故，安全形势总体稳定。

【应急管理体系建设】2020年，市应急管理局推进全市应急管理体系建设，督促20个镇（街）完成5G大喇叭建设，投入100多万元，整合建成3套应急通信专用网络和指挥系统，全年365天实行24小时值班值守和领导带班值守制度，确保值班值守期间信息上报及时，信息传达准确。建设应急物资保障体系，全市建成应急物资储备仓库3个（市“三防”物资储备仓库、县级片区防汛物资储备仓库、救灾物资储备仓库）。市镇两级有24个仓库总计1830平方米，储备有安全救援、“三防”救援、防灭火和救灾等物资设备，其中有安全救援器材1426件（套）、“三防”救援器材4.45万件(套)、森防器材3920件（套）、救灾物资1609件（套），救灾物资应备充足。通过组建成立兴宁市应急综合救援队，打造成集事故救援、突发事件、地质灾害、森林防灭火等综合性救援队伍，并统筹加快全市基层应急救援力量建设，可协调基层应急救援力量有兴宁市防汛机动抢险一、二、三大队，队员500人；省防汛抢险民兵轻舟机动五大队兴宁分队，队员60人，各镇（街）均成立15人以上应急队伍。

【安全生产监督检查】2020年，市应急管理局监督检查生产经营单位1.73万家次，发现隐患2.83万处，完成治理2.69万处，整改率95.02%，治理重大生产安全事故隐患36处。其中，开展行政执法检查908家次，排查出安全隐患487处，完成整改483处。狠抓“打非治违”工作，立案查处24宗；行政处罚14宗，移送公安机关行政拘留9人，行政处罚金额41.85万元，关闭矿山企业2家。

【危化行业监管】2020年，市应急管理局与危化企业签订主体责任承诺书94份，组织危化企业负责人、安全管理员、从业人员进行安全知识考试500多人，检查危化企业143家次，发现隐患98处，当场整改63处，开出整改指令书15份，责令限期整改35处，全部完成整改。

【烟花爆竹监管】2020年，市应急管理局推进烟花爆竹流向信息管理系统，狠抓烟花爆竹安全管理和储存仓库安全提升改造。强化完善烟花爆竹零售点安全条件，坚决关闭“下店上宅”“前店后宅”等零售点。开展危险化学品烟花爆竹安全专项整治，全年检查烟花爆竹经营单位621家次，排查整治隐患156处，查处烟花爆竹立案15宗，行政拘留9人，行政罚款1.55万元。

【非煤矿山监管】2020年，市应急管理局对全市非煤矿山企业实施日常安全监管，对26家矿山企业实施日常安全监管144家次，排查隐患233处，发出责令改正指令书68份，责令限期整改安全隐患214处，责令立即整改隐患19处，整改复查61份。行政处罚3宗，罚款4.3万元；提请市政府依法关闭露天矿山2家。

【森林防火灭火】2020年，市应急管理局加强森林灭火基础建设，配齐配全森林灭火人员和物资，先后投入60多万元和130多万元完善森防应急物资。运用电视广告、微信、短信、多媒体等开展形式多样的宣传，发放宣传资料30多万份，以及结合校园“小手牵大手”的形式，推进防火宣传工作。是年，全市森林防灭火工作形势稳定，未发生较大以上森林火灾事故。

【防汛防旱防风】2020年5月，兴宁市受强降水影响，造成受灾人口528人，农作物受灾面积154.53公顷，山区山体滑坡259处，房屋倒塌34间，造成直接经济损失2370.22万元，6月至7月发生旱情，全市有9个镇104个村1558.47公顷农田受影响，灌溉困难。市应急管理局严格各级责任落实、组织开展全市安全检查和隐患治理工作、加强值班值守和监测预警等，降低前期灾害风险。及时启动应急响应，开展工程调度、落实人员转移，投入抢险救援工作，最大限度地减少次生灾害和因灾伤亡事故的发生，维护人民群众的生命财产安全。

【防灾减灾救灾】2020年，市应急管理局推进全国综合减灾示范社区创建工作，开展创建全国综合减灾示范社区17个；因地制宜建成市、镇、村三级应急避难场所205个。发放各类救灾资

▲2020年7月24日，兴宁市开展2020年山洪灾害防御应急演练

（市应急管理局提供）

金5.3万元，其中省级补助3.3万、市级补助1万元、县级补助1万元。规范救灾物资发放，在应对灾害事件、公共卫生事件，尤其在新型冠状病毒肺炎防控期间，及时发放民生救灾物资，发放救灾帐篷452顶、折叠床393张、棉被1335床、棉大衣250件、手电筒342把、被单420张和棉衣棉裤80套及毛毯、草席、油米等物资一批。

【应急管理宣传教育】 2020年，市应急管理局建立应急教育基地，并运用多种媒体宣传平台，结合“安全生产月”“安全生产万里行”“宪法宣传周”和安全生产“五进”（进企业、进农村、进社区、进学校、进家庭）活动，开展应急管理和安全生产各类宣传教育活动，全年发放各类宣传资料10万多份；举办各类安全培训教育班20多期，培训人员2000多人；举办全市危化企业、加油站等场所火灾事故系列应急实操演练10多场次。

（汤建华）

消 防

【概况】 2020年，市消防救援大队完成各类急难险重任务，成功打赢抗疫、全国两会安保等大仗硬仗，确保社会面火灾形势和队伍管理“双稳定”。被广东省消防救援总队评为“基层建设标兵大队”，下属兴宁市福兴消防救援站被广东省消防救援总队评为“基层建设标兵救援站”“全省消防救援队伍抗击新冠肺炎疫情先进集体”，福兴站团支部被团中央评为“全国五四红旗团支部”。

▲2020年5月19日，兴宁市消防指战员转移因暴雨被困群众 （张昊昊 摄）

大队2人获三等功，10人次获支队级嘉奖，另有16名指战员获各级组织表彰奖励。

【消防救援行动】 2020年，市消防救援大队有消防车辆16辆，成立地震、建筑物倒塌、水域、森林灭火4支专业救援队伍，组建1支涉疫警情处置专业队伍，做好全市2家集中收治点的消防安全工作，并配备个人防护、高空防护、森林灭火、水域救援、疫情处置等器材装备300余件。全年接警338起，其中火灾252起、抢险救援60起、社会救助15起、其他11起，成功处置完成“5·20”兴宁市农民街水灾、“6·7”兴宁市鸿达花园火灾等事故救援。从火灾分布区域上看，农村、城中村、城乡接合部是火灾高发地区，其中市区火灾占火灾总数46.8%，乡镇火灾占53.2%。

【火灾隐患排查】 2020年，市消防救援大队对“高低大化、老幼古标、快递外卖”等重点行业领域进行专项检查和集中

▲2020年8月21日，兴宁市在大型综合体和商场超市等场所开展消防安全专项检查

（李汉强 摄）

约谈。加大火灾隐患排查整治力度。全年检查单位356家次，督改火灾隐患189处，下发责令改正通知书155份，下发行政处罚决定书14份，下发临时查封决定书11份，实施“三停”（停止施工，停止使用或停产停业）单位5家，罚款19.12万元，联合交警、城综部门开展“打通生命通道”联合执法行动10次，安装物联网独立烟感报警器3800个。

【消防工作管理】 2020年，市消防救援大队优化政府专职消防员与国家消防员区域配比，完善乡镇专职队监管机制。招收专职队员32名，推动黄陂镇政府专职消防队投入执勤，“1+7”消防站与专职队协同作战的整体布局逐渐完成。强化政治建队，完成兴宁市大坪镇罗屏汉故居思想政治教育基地和市消防大队新时代文明实践中心挂牌。

【消防宣传】 2020年，市消防救援大队打造“固移结合”消防宣传新模式，利用宾馆酒店客房开机画面播放消防安全提示，通过城市主干道户外大型广告牌、公交站台及车辆运营专线投放消防宣传海报，并建成全省首批市级应急消防科普教育基地，全方位、立体式广泛宣传消防安全知识。全年派发各类宣传资料5万余份，悬挂各种宣传海报1万余份、横幅100余条，与兴宁市美协联合创作消防题材特色版画艺术作品2幅，同时为辖区单位举办消防安全培训班80次，受教育群众3万余人次。

（刘启明）

扶贫开发

【概况】 至2020年底，兴宁市筹集各类帮扶资金6.3亿元，其中各级财政资金3.52亿元，帮扶单位自筹资金2.28亿元，行业、社会扶贫等资金5000万元。投入各类帮扶资金6.07亿元，其中各级财政资金投入使用3.52亿元。全市贫困人口1.11万户、2.75万人均达到脱贫标准退出，58个省定贫困村均达到出列标准，实现脱贫摘帽。

【消费扶贫】 2020年，兴宁市有12家农业龙头企业、合作社等农业经营主体入驻广东扶贫馆和东西部协作交易市场梅州馆。市农业农村局成立消费扶贫工作专班，做好扶贫产品认定，推荐38家企业（合作社）的139个产品进入省扶贫产品认定名录。在广州天河区车陂街道车陂村和兴宁市区建立兴宁扶贫产品展销中心，拓宽扶贫产品实体店销售渠道。

【就业扶贫】 2020年，兴宁市在尊重贫困户意愿的基础上，通过举办职业技能培训，鼓励贫困劳力参加各种提升技能培训，帮助贫困劳力到珠三角、本地企业务工，实现“输出一人、脱贫一户”。为克服疫情影响，确保贫困户增收稳定脱贫，积极筹集省级涉农资金、“630”扶贫济困资金、中央财政资金近2000万元，实施就业奖补项目，落实有劳力贫困人口就业7179人。

【产业扶贫】 2020年，兴宁市按照“一镇一业，一村一品，因户施策”生产模式，扶持发展特色优势产业，总结推广“公司+基地+农户”“公司+合作社+农户”“种养大户（致富带头人）+农户”“光伏产业”等一系列产业化扶贫形式，大力发展农业合作组织，带动有劳动能力的贫困户按其意愿发展种养业。全市有劳力贫困户都有1个以上的产业增收项目，有劳力、有参与意愿的贫困户100%实现与各类经营主体签订产供销合同、务工合同。以梅州市金绿现代农业发展有限公司、兴宁市四季美农业科技有限公司、广东梅一客农业科技有限责任公司等公司为龙头，实施产业扶贫“村村联动”。

【“三保障”政策落实】 2020年，兴宁市发放2019年秋季至2020年春季贫困户子女就读各阶段生活费补助4997人，发放率100%。2020年秋季教育生活费补助落实发放4917人；全额资助建档立卡贫困人口购买2021年农村合作医疗保险。将符合条件的无劳力户建档立卡贫困人口全部纳入农村低保或特困人员救助供养。

【美丽乡村建设】 2020年，兴宁市省定贫困村创建社会主义新农村示范村和全域推进人居环境整治建设生态宜居美丽乡村项目建设有序推进；实施两批次“千村示范、万村整治”美丽村屋、美丽村道项目148个，撬动社会资金4747.5万元；径南镇东升村获评“中国美丽休闲乡村”。

（陈芳芳　肖璇璇）

民族宗教事务

【概况】 2020年，兴宁市贯彻党的宗教工作基本方针，坚持宗教中国化方向，整治滥塑露天宗教造像，治理佛道教商业化乱象，打击境外非法宗教渗透，引导宗教与社会主义社会相适应，促进宗教关系和谐。

【少数民族工作】 2020年，市民族宗教局继续加强对全市少数民族的服务与管理，加大对城市少数民族管理力度，维护少数民族合法权益。加强部门协调，进一步做好涉疆涉藏少数民族在兴宁经商人员的服务工作，结合市创文创卫活动，开展民族团结进步教育宣传。在道教石古大王宫设立民族团结进步宣传栏，开展民族团结进步创建和宣传教育活动。

【政策法规宣传】 2020年，市民族宗教局加强政策法规宣传教育。7月，举办民族宗教政策法规培训会，民族宗教工作干部、宗教活动场所负责人、宗教教职人员等100多人参加培训。继续做好《广东省宗教事务条例》宣传实施工作。8月，联合市委等部门在文化广场联合举办民族团结、反对宗教极端、抵御境外宗教渗透等宣传活动。开展宗教活动场所“四进”活动和“宗教政策法规学习月”活动，印发《习近平总书记关于宗教问题和宗教工作系列重要论述摘编》《宗教政策法规应知应会手册》及新修订的《广东省宗教事务条例》2000份。

【宗教事务管理】 2020年，市民族宗教局协助有关部门依法查处境外宗教渗透活动和非法宗教活动。加强对基督教私设点治理力度。继续开展基督教私设聚会点治理工作，探索有效治理办法和长效工作机制。在神光寺设立“扫黄打非”工作示范站，购置工作站办公设施、宣传栏等，强化网络巡查。加强分管宗教工作党政领导干部、宗教工作干部、宗教界代表人士等“三支队伍”建设，着力在政治、思想、理论、业务等方面加强教育培训、提升水平，为做好新时代宗教工作夯实基础、提供保障。推动宗教界开展宗教思想建设，以社会主义核心价值观为引领，支持佛教、道教开展讲经交流活动，天主教和基督教开展神学思想建设。加强对教职人员进行爱国主义和社会主义思想教育。加强宗教团体自身建设。坚持宗教的中国化方向，在宗教界深入开展“四进”活动，积极引导宗教与社会主义社会相适应。

【宗教界服务】 2020年，市民族宗教局抓好基督教“长者之家”和佛教“慈光安养院”慈善名片，孕育兴宁市宗教形态的新气象和新风貌。是年，兴宁市宗教界为社会公益慈善捐款130万元。市佛协、道协履行宗教界社会责任，对43处登记开放宗教场所进行走访慰问，帮扶自养存在困难的宗教场所，鼓励宗教界人士做好抗击疫情的工作。神光寺、石古大王宫、慈光寺等宗教单位对21个村进行慰问，捐赠善款物资20多万元。

【神光山佛教文化园建设】 2020年，兴宁市神光山佛教文化园投入3000多万元资金进行周边配套设施建设。

【兴宁慈光寺慈光安养院】 兴宁慈光寺慈光安养院于2020年末竣工，是以贫困人群、孤寡老人、临终病人为服务对象，以慈善为平台的老人服务场所，集弘法慈善、养老、临终关怀于一体的全免费向社会开放的公益性慈善养老院。项目占地4公顷，建筑面积约4万平方米，包括主楼、多功能大楼、临终关怀大楼和宿舍楼。每年临终关怀老人、危重病患约500人。

（罗稳基）

镇（街道）

责任编辑：何伟婷

兴田街道

【概况】 兴田街道位于兴宁市宁江盆地中部，是兴宁的政治、经济、文化中心。东连宁新街道，南接福兴街道，西连新陂镇，北临宁中镇，2020年，面积14.86平方千米，山地面积64.6公顷，辖16个社区和6个行政村。总户数61128户，总人口157469人。镇级财政预算内收入1.48亿元。耕地面积428公顷，水田面积343.33公顷，粮食种植面积574.33公顷，产量3827吨，水稻种植面积550.07公顷，产量3742吨，水果种植面积10.13公顷，产量439吨。

【新冠肺炎疫情防控】2020年，兴田街道落实新冠肺炎疫情防控措施，全面摸排辖区内物业小区44个、无物业小区327个，摸排人数约23万人，针对湖北、北京、陆丰、新疆等重点区域来兴人员加强滚动排查、首访登记和安全管控，共排查湖北、北京、陆丰、上海浦东等返兴人员1228人，集中隔离58人，居家隔离763人；对重点管控人员做好集中、居家隔离措施；盯牢酒店宾馆、网吧、KTV等45家重点场所，保障辖区内30多所学校、幼儿园及200多个企业有序复学复工复产。坚持“三人小组+志愿者”的网格化防控体系，有2000多名社区党员、志愿者、市民群众参与社区管理。

【安全生产】 2020年，兴田街道重点开展安全生产三年专项整治行动、安全生产八大领域专项整治、危险化学品及烟花爆竹领域“打非治违”、消防安全网格化隐患排查、九类重点行业专项整治、电气火灾和电动自行车火灾综合治理、今冬明春火灾防控和岁末年初安全生产等工作，全年开展“安全生产月”“消防宣传月”和“安全生产法宣传周”等安全宣传“五进”活动和消防演练6次，培训1000余人次，发放各类安全宣传单和宣传小册子5万多份；组织出动5126人次，检查各类场所1381家次，排查整改隐患1563处。

【社会治安综合治理】2020年，兴田街道依靠“中心+网格化+信息化”平台，注重把矛盾化解在萌芽状态，录入办结网格事件374件；集中解决群众反映突出的热点难点问题194件；落实领导干部包案责任，对26宗重点案件均落实领导包案。深入开展“扫黑除恶”专项斗争、全面禁毒工程、打击治理电信网络新型违法犯罪等专项整治行动，着重抓好开展“敲门行动”和“七进”等宣传活动60多场，组织“禁毒反诈共参与 生命财产齐守护”主题游园会等大型主体宣传活动26场，制作3000多条横幅，派发宣传单50多万份，定制宣传袋2万多个，多渠道发动群众参与工作，营造浓厚的平安创建氛围；加大各类社会风险防范力度，实施“雪亮工程”，推进城区局部地方节点改造提升。

【换届选举】 2020年，兴田街道成立换届选举工作领导小组，建立领导班子成员挂钩指导社区（村）“两委”换届选举工作制度，组织社区（村）

▲2020年4月5日，兴田街道开展禁种铲毒春季踏查行动，兴田街道党工委主要领导带队深入田间地头、房屋院落进行全面排查 （兴田街道提供）

干部学习、宣传、解读相关的政策法规，加强后备干部培养、考察，选拔后备干部124人，从中增补选社区书记6名，增补选党委委员2名。

【重点项目建设】 2020年，兴田街道全力推进城市提质扩容土地征拆，XT2地块1.91公顷（管岭村乐仙河侧，三鸟市场用地）完成征收，XT3地块2.836公顷（西郊社区高岭下），完成征收进度69.81%；XT4地块7.6公顷，完成征收进度42.46%，XT5地块15.43公顷，完成征收进度84.26%，XT6地块3.49公顷，完成征收进度92.66%。加快推进“一江两岸”堤路征地拆迁，完成土地丈量6.63公顷、签约2.73公顷、移交土地2.73公顷，房屋丈量26座、签约12座、拆除8座。推进万里碧道征地拆迁项目，现场勘查放线测量项目用地面积200多平方米，清点各种果木1000余株。推动土地承包经营权流转交易，鼓励和引进经联社、农业经营主体和社会能人对撂荒的水田及周边地块进行流转集约耕种，积极盘活壮大村集体经济。全年流转土地约8公顷，复耕复种约4.67公顷。

【城市管理】 2020年，兴田街道进一步加大创文创卫宣传力度，通过宣传片、微信、公益宣传栏、宣传标语横幅、LED屏等形式，集中宣传创建要求和成果。利用新冠肺炎疫情防控期间进户宣传、设点测温等契机，同步下发市民手册、创文创卫明白卡、创文宣传品、爱国卫生宣传品等，送到社区居民家中，提高群众对“双创”工作的知晓率和参与度。开展群众性志愿服务活动，全年志愿者参与“环境卫生整治”“文明城市宣传”“交通劝导”“文娱演出”等各类主题志愿活动超过3000人次。落实辖区机关单位党员“双签到”制度，推动党员志愿服务。完善城区未纳入环卫管理的背街小巷清扫保洁，继续加大对城区23万多平方米背街小巷清扫保洁再落实、再提升；农村片区垃圾集中清运，加强投入落实清扫保洁；推动“网格化+门前三包”责任落实，辖区内全部划分网格，落实街长、区长、栋长（楼长）制度。推动、协助做好永泰路搭建、北环大道洋岗段乱停乱放、东排沟城北段搭建整治、东排沟城东中山东路侧段河堤整治、城区机关事业单位铁皮瓦整治等重点工作。全面完成并巩固养殖整治成效，严厉管控焚烧秸秆和生活垃圾，抓好宁江水口水洋断面水质整治工作，打好“蓝天碧水净土”保卫战。

【精准扶贫】 2020年，兴田街道贫困户239户、贫困人口489人全部有序退出；开展脱贫人口“回头看”、访贫问效巩固脱贫成果行动，集中攻坚挂牌督战未脱贫户，制定边缘户监管机制及实施帮扶措施，防止边缘户返贫；补齐“两不愁三保障”、饮用水短板，全面落实农村低保、特困人员供养，通过强化产业扶贫、技能培训、转移就业，加强扶志扶智工作，筹集各类帮扶资金505.84万元，建设光伏扶贫电站项目3个。通过“以购代捐”“以买代帮”方式销售贫困户农特产品大米6150千克、腐竹205千克。

【乡村振兴】 2020年，兴田街道贯彻乡村振兴战略，推动美丽乡村建设，落实“两美”“两清”行动，全域推进农村人居环境整治，推进“三清三拆三

▲2020年9月27日，兴田街道举办2020年“我们的中国梦”文化进万家文艺演出暨“听党话、感党恩、跟党走”宣讲活动　（兴田街道提供）

整治”“厕所革命”等工作，积极治理农村生活垃圾、污水问题，改善农村面貌；推进EPC工程、“千村示范、万村整治”和奖补项目，充分利用管岭、一联、洋岗3个村的地理位置优势，连片打造农业产业和休闲农业，建立高效农业、观光旅游、休闲体验一体化的乡村振兴产业。

【民生民利】 2020年，兴田街道宣传推广城乡居民医保、养老保险缴交，分别征缴7.8万人和6000多人，推进低保、五保等社会救助人员、残疾人事业、医疗保障等民生福祉事业，妥善优抚低保户、五保户、特困供养人员、残疾人等困难群众；积极创建星级退役军人事务站，做好退役军人信息采集；对辖区内无证幼儿园进行清理清查，对未办理办园许可证的下发《停止办学通知书》，搬迁或停办一批无证幼儿园；推进筹办街道教育基金，制定各社区（村）任务分工，动员社会力量，增强教育教学活力。推进第七次全国人口普查工作，筹备完成“两员”选聘和培训，由500多名普查员组成调查队，进行底册数据整理、划分普查小区、建筑物地图标绘，全面完成人口普查工作。发挥新时代文明讲习所（站）、实践所（站）、围龙讲堂等平台，开展“核心价值观、你我齐践行”主题活动、“好家风好家训”系列、“听党话、感党恩、跟党走”“文化进万家”文艺演出和宣讲活动等50多场。

（林莉）

宁新街道

【概况】 宁新街道位于兴城东南，东连永和、坭陂，南靠刁坊，西邻兴田、福兴，北毗宁中。2020年，总面积29平方千米，辖12个行政村和8个社区，有耕地797公顷，其中水田714.5公顷。总户数15768户、总人口50671人，其中乡村人口5870人、城镇人口44801人。公共财政预算本级收入7947.6万元，农村人均年纯收入1.22万元。粮食种植面积1308.5公顷，总产8744吨，其中水稻（“两造”）种植面积1229.9公顷，总产8478吨；水果种植面积9.6公顷，总产362吨。

【重点项目建设】 2020年，宁新街道围绕城市提质扩容和新中心城区项目建设，全面推进亲水公园、新城大道、四馆一场、安置区C区、文峰二路、文华二街等项目的征拆，全年征收水田4.67公顷，征收房屋110户，拆除房屋76户，拆除面积1.2万平方米，启动依法征收程序3户。实施亲水公园（二期）横湖花刁征拆项目，完成文峰二路横湖童罗黄至205国道段的征拆任务；完成新城大道项目兴宁大道至文峰幼儿园段土地征收工作；亲水公园一期向市民开放，锦绣大桥主体完成施工，亲水公园（二期）锦绣大桥至兴旺大桥段实现无障碍施工。

【“双创”工作】 2020年，宁新街道推进创建全国卫生城市、省县级文明城市工作，联合网格挂钩单位，开展城市管理“网格化+门前三包”上街上路巡查劝导，出动3672人次，宣传劝导3184宗。推动“美丽兴宁·美好家园”行动全面开展，加大“两美”和生活垃圾分类处理宣传力度，重点抓好城乡环境卫生综合整治工作，全年清理垃圾1755吨，清除卫生死角1285处，整改环境卫生脏乱差问题75宗。加强精神文明建

▲2020年3月9日，宁新街道召开城市管理“网格化+门前三包”责任制工作动员会 （宁新街道提供）

设，依托开展群众活动、宣传栏等方式，推进社会主义核心价值观建设。

【乡村振兴】 2020年，宁新街道加大“三清三拆三整治”力度，清理巷道、沟渠池、乱堆乱放垃圾1896处，拆除危旧废弃房屋30多间1000多平方米，拆除乱搭乱建30多处300多平方米，整治生活污水、水体污染263宗。洋里、高陂成功申报市“千村示范、万村整治”美丽村屋项目建设。开展“厕所革命”，完成大岭、文星、高陂、大圳村5座公厕建设任务。狠抓“两违三抢”整治，对省年中卫片监测反馈的18宗违法违规用地迅速开展整治，按要求做到彻底拆除、清理平整和复耕复种。按时完成农村乱占耕地建房问题摸排工作，核对图斑843个。加强用地行为巡查管控，全年发出停工通知书15份，扣留非法填土机械3台，组织拆除各类违法建筑17宗，拆除面积约3000平方米。

【基础设施建设】 2020年，宁新街道投入56万元，实施大圳、城南、洋里等村居排灌沟改造工程；投入10万元，开展和山河黄岭段、天主教堂段清淤和清理杂草垃圾；投入4.5万元落实政协提案建议，为黄岭村道安装路灯，方便群众安全出行；筹资72万元，铺筑高陂村水泥硬底化道路约700米；投入20万元，对黄花菜基地村道进行路面扩宽。

【新冠肺炎疫情防控】2020年，宁新街道严格落实新冠肺炎疫情防控和复工复产工作部署，及时做好来兴人员排查登记、居家隔离、设卡监测、环境消杀、防控宣传等各项工作。全年排查从湖北返（抵）兴人员220户488人，实行居家隔离92户385人（含家属）。在做好疫情防控的前提下，稳妥推进复工复产复学复课，常态化抓好疫情防控各项工作，辖区内未出现疫情。

【三大攻坚战】 2020年，宁新街道完成大路村污水处理设施建设，寨仔村氧化塘投入使用。开展危险废物专项整治行动，排查汽修行业等危险废物产生单位55间。全街道相对贫困户185户329人全部实现脱贫退出。光伏扶贫电站录入全国扶贫开发信息系统，全年举办转移就业培训2期，培训29人次，推荐或转移就业55人，占有劳力贫困人口的98%。

【民生民利】 2020年，宁新街道全面做好社会保障工作，城乡居民养老保险参保1.76万人，领取待遇6604人；办理征地农民社保9983人，计提金额9211万元。追回服刑人员和死亡人员超领待遇金31.88万元。全年核减低保户70户，至年底，有487户享受低保；发放临时救助20人3.11万元。建立村（社区）残疾人康复站，为残疾人员配备辅助器具，同时积极引导残疾人员参加职业培训，1人顺利就业。全年慰问军烈属、困难退役军人约50人次，慰问金额3万元。

【社会治安综合治理】2020年，宁新街道对重点区域、重点人群开展扫黑除恶摸底排查，办结3件，均不存在涉黑恶性质。加强对精神障碍患者的救治救助工作，为辖区195名精神障碍患者申请精神障碍患者监护人补助。加大反电诈、禁毒宣传和国家安全工作力度，全年发放宣传手册4万多份。抓好群众反映强烈的生活留用地处置工作，2008年遗留下来的涉及东风9个经济合作社、365户居民的生活留用地问题得到妥善解决。

是年，宁新街道受理信访案件268件，办结255件，办结率95%。

【平安建设】 2020年，宁新街道开展企业安全生产检查整治，全年排查生产经营单位200多家，发现安全隐患725处，整改689处，整改率95%；发出责令整改通知书20份。加大烟花爆竹“打非治违”力度，全年取缔3处烟花爆竹非法经营点；洋里圆盘、灌水塘等存在非法经营烟花爆竹的现象得到控制，辖区烟花爆竹市场安全有序。开展消防、安全知识“五进”宣传活动，针对监管员、中小学生、企业人员等不同类型人员开展多样化安全教育和培训，举行应急演练。

【社会工作】 2020年，宁新街道镇级综合性文化活动中心于8月开始对群众免费开放。推进“足球之乡”建设，选址阳光村和洋里村修设2个社会足球场。坚持党管武装原则，按时完成适龄青年兵役登记任务；投入3万元添置应急物资，完善武装工作软硬件设施设备。全面完成第七次全国人口普查工作，登记人数15.22万人，其中户籍人数5.48万人，非户籍人数9.74万人。

【基层组织建设】 2020年，宁新街道着力强化组织建设，抓好黄岭村软弱涣散基层党组织整顿工作，经市委组织部验收评定，黄岭村党支部被评为“优秀”等次。投入7万元，规范街道党群服务中心建设，提升公共服务质量。投入40万元完成佛岭社区、城南社区党群服务中心升级改造工作，打造基层党建示范点。完成乡镇街道机构改革，提拔4名中层干部。开展村级换届选举工作，新任党组织书记10个，实现村党组织书记“三个一肩挑”，社区党组织书记、主任“一肩挑”；认真做好曙光、茶都、商业城3个新设社区成立筹备工作。推进功能型党支部建设，成立天誉花园、汇景花园等11个小区党支部。发动乡贤捐资，成立佛岭、城南社区“党建基金”。

（杨晓义）

福兴街道

【概况】 福兴街道位于宁江河西南岸，东连宁新，西邻五华转水，南毗刁坊，北靠新陂、兴田，广梅汕铁路、梅河高速、平兴高速、205国道、福兴大道、兴南大道、兴福路、省道225线纵横贯穿福兴，有国家AAAA级旅游景区——神光山国家森林公园。2020年，辖10个行政村和4个社区，总面积34.94平方千米，有山地1200公顷，耕地413.33公顷，其中水田400公顷。2020年末，总户数10184户，户籍人口35954人，其中非农人口34138人，农业人口1816人。工业总产值3.25亿元，镇级财政预算收入1.49亿元。是年，粮食种植面积733.33公顷，总产5400吨，其中水稻种植面积（“两造”）640公顷、总产量4800吨。水果种植面积13.33公顷、总产量95吨，茶叶种植面积3.33公顷、总产量7.5吨。

【基层党建】 2020年，福兴街道把《习近平谈治国理政》第三卷作为落实“三会一课”的重要内容，用好新时代文明实践中心、基层党校分教点，全年组织全体党员上党课17次。梅子村软弱涣散党组织整顿工作经报市委组织部考核后评为优秀。14个村(社区)确定“两委”职数和“两委”人选，全面完成村级党组织书记“三个一肩挑”工作。成立威那教育公司、罗岗商会2个“两新”党组织、10个楼栋党组织，全面加强党的组织和工作覆盖面。依托锦绣社区、新城社区、兴南商圈等城市党建平台，与7个市直单位党组织签订《社区共驻共建共享协议书》，定期联合开展“社区微服务”等社会化服务活动。

【新冠肺炎疫情防控】 2020年，福兴街道机关、村（社区）干部从大年初二开始取消休假，下沉至各村（社区），对重点地区来兴返兴人员进行地毯式排查，进户排查1.22万户5.11万人。在各村（社区）主要路口、小区出入口设立体温检测点59个，做好测温、轨迹询问、劝导戴口罩等工作。街道党工委副书记曾迪华被授予“梅州市抗击新冠肺炎疫情先进个人”称号。

【兴宁新城建设】 2020年，福兴街道推进土地房屋征收工作，新增房屋丈量113户，结算147户，土地征收8.85公顷。全面完成旅游通道项目清表围蔽工作、“梅龙”高铁项目土地征收工作、毛屋坝上新屋、锦绣大桥征拆工作，全力加快新建市人民医院、兴福南路、企业置换地等项目征拆扫尾工作。全年拆除整治违法建设48宗、拆除面积约3825平方米。

【三大攻坚战】 2020年，福兴街道有贫困户222户494人，均达到现行退出标准，退出率100%。成立野外用火巡查管控小组，做好露天焚烧行为整治工作，制止大气污染行为。进一步落实河长制要求，切实抓好宁江河（福兴段）、曾坑河（福兴段）、石屐河流域水质监管工作。严厉打击拆迁户赌博、非法融资等违法行为，防范重点领域金融风险，坚决守住不发生系统性风险的底线。

【乡村振兴】 2020年，福兴街道围绕“一轴二带三色”（一轴：以南北走向的福兴大道为主干枢轴，两带：以东西走向的梅子X976、锦新路为示范带，三色：绿色+古色+红色）连片打造梅子村、锦华村、五里村3个村的乡村振兴示范点，充分挖掘本土历史文化、生态资源、山水风景等旅游资源潜力，串联五里黄粤兴红色文化教育基地、梅子胡屋坑红色教育基地、神光山国家森林公园、各村古民居等旅游景点，打造文化旅游产业。锦华、五里、梅子3村的EPC工程投入880.35万元，完成五里文化公园亮化提升、锦华松山围主村道亮化提升工程，基本完成梅子田心陈屋文体活动中心工程。投入近70万元，建设墨池村矿泉水扫码自动售水系统，不断发展壮大村集体经济。全力推进“厕所革命”工作，全年建成农村公共厕所22座。

▲2020年8月29日，福兴街道举行黄丽宁奖教奖学金颁奖仪式 （福兴街道提供）

【城乡环境综合整治】2020年，福兴街道投入180多万元，全面深入推进城乡环境综合整治工作。开展“两美”行动，落实“网格化+门前三包”责任制，新城社区建设成为兴宁城市生活垃圾分类试点社区。

【社会治安综合治理】2020年，福兴街道强化矛盾纠纷排查调处，集中精力处理征地拆迁群众的权属、公产分配等涉农涉土地纠纷和留用地返拨工作，化解依法强拆带来的不稳定因素。全年开展矛盾纠纷排查10次，接访群众来访130人次，人民调解136件，调处134件，调处率98%，福兴街道人民调解委员会被司法部授予“全国模范人民调解委员会”称号。组织发放普法宣传材料5万多份，受教群众3.1万人次。加大打击电信网络诈骗力度，对辖区内网络公司、用电大户进行全面排查，做到底数清、情况明。将宣传活动带进企业、进校园，提高人民群众防范意识。13个村（社区）完成“雪亮工程”建设。

【文化卫生】 2020年，福兴街道筹集奖教奖学基金115万元；建成足球场地3块；全年人口出生数350人，完成免费孕检对数53对。

【民生保障】 2020年，福兴街道落实农村最低生活保障355户715人，五保户84人；落实医疗救助1139人次，救助金额73万元；为30人提供临时救助7.5万多元；为185人办理失地农民社会养老保险8100元，为1.5万人办理城乡居民养老保险，为2.95万人办理城乡居民医保。

（曾嵘）

宁中镇

【概况】 宁中镇位于兴宁市城区东北面，东连永和，南毗宁新，西邻兴田、新陂、叶塘，北与龙田、石马接壤。

辖23个行政村和1个社区，总面积43.63平方千米，有山地面积1533.33公顷，耕地面积1242.67公顷，水田面积1077.47公顷。2020年末，总户数10941户、人口35207人。全年完成工商各税收入191.05万元，占预算数的56.84%。

【新冠肺炎疫情防控】2020年，宁中镇进行地毯式排查12次，发动党员干部2800多人次，排查户数1万余户，排查人数约2.5万人，共排查出风险地区返兴人员103人，严格按照要求做好防控措施。结合新冠肺炎疫情防控工作大力开展病媒生物防治。投入近10万元聘请专业消杀公司，加强病媒生物防治，在镇公共场所增设160个毒鼠屋、40套防蚊闸。全年全镇新冠肺炎疫情零发生。

【新时期精准扶贫】 2020年，宁中镇在册贫困户400户807人实现全面脱贫，脱贫率100%。鸭桥、石岭2个贫困村通过资金入股、种鸽代养、农光互补等方式与梅州市金绿现代农业发展有限公司联结，带动贫困户75户183人就业。鼓励指导兴宁市闲想食农产品销售公司与143户有劳力贫困户对接，签订产供销合同，对农产品进行保价收购。争取梅州市绿粮农业科技发展有限公司与有劳力贫困户签订产业联结带动贫困户合作协议，主动吸纳、优先安排在家有劳力贫困户就地务工。投入资金430万元发展实施扶贫光伏发电项目，有光伏扶贫电站项目7个，建设规模766千瓦，惠及贫困户187户。成立兴宁首家村级集体公司——兴宁市石岭农业经济发展有限公司，与村内种养专业合作社合作推进优质水稻品牌建设，注册“石岭情”商标，取得无公害农产品证书，年产量超过25万千克，被梅州市扶贫局认定为扶贫产品。石岭情无公害优质富硒米取得首批广东省“一村一品、一镇一业”专业村建设项目。

【农业产业发展】 2020年，宁中镇大力打造丝苗米产业基地，支持梅州市绿粮农业科技发展有限公司在蔗塘村种植丝苗米7.33公顷，产值50万元；支持石岭农业经济发展有限公司在石岭村种植石岭情品牌丝苗米33.33公顷，年产量超过25万千克，产值150万元；支持兴宁市梓福洣农业专业合作社在坪塘连片种植10公顷丝苗米。支持广东和山休闲农业旅游产业园有限公司发展铁皮石斛产业和柚果产业，2020年度铁皮石斛收入60万元，柚果种植16.67公顷。支持石岭村连片1.33公顷中药材牛大力种植基地，年产值150万元。支持众新合作社在文一村种植13.33公顷增城菜心。支持和新村种植6.67公顷油菜花。支持广东兴红农林科技发展有限公司发展英红九号红茶产业。支持兴宁市新景园种养专业合作社发展百香果产业。

【新农村建设】 2020年，宁中镇结合创建省卫生镇、卫生村、“美丽兴宁·美好家园”行动大力提升镇村环境。投入近百万元重点整治机场路、文峦街、兴田二路等主干道六乱现象。在原有27个公厕的基础上，再完成56个卫生公共厕所的建设任务。“贫困村创建新农村”建设项目82个，完成67个项目，完成率81.7%。“全域农村人居环境整治”先后拆除、改造危旧房屋1989间，拆除乱搭乱建、违章建筑18处，拆除非法违规商业广告、招牌43处，完成生活垃圾、生活污水、水体污染整治252宗。“千村示范万村整治”申报成功16个项目，打造完成“美丽村屋”项目6个。

▲2020年5月8日，兴宁市领导到宁中中心小学调研疫情防控工作（邓志文 摄）

▲ 2020 年 10 月 13 日，兴宁市政府领导到和新村调研农村生活污水处理设施（人工湿地）建设项目 （钟波 摄）

是年，宁中镇创建广东省卫生镇、梅州市文明镇，5 个村创建梅州市卫生村。

【基础设施建设】 2020 年，宁中镇全面完成“四好农村路”攻坚任务。投入 170 万元对古塘、星民、凉新、鹅一、大茔等村的自然村道砂土路实施水泥硬底化工程；投入 80 万元对文一至坪塘村道进行拓宽和加铺沥青；投入 152 万元新修筑文一村文献塘至潮皮塘的自然村道；投入近 40 万元安装大茔村 Y337 线、和山村 Y342 线、龙岗村 Y335 线和鸭桥村道的生命防护钢护栏共 20 多千米。镇综合文化站完成省一级文化站验收。投入 200 万元在鸭桥、和新、石岭、龙岗村建设标准化足球场 4 块。

【重点项目建设】 2020 年，宁中镇“一江两岸”堤路建设征地 1.37 公顷，拆迁 39 户，基本完成宁中段的征拆工作。总投资 4.5 亿元的跃速体育自行车生产基地征地任务涉及 112 户、面积 4 公顷，至年底完成 68 户、3.18 公顷征地工作，完成征地面积占比 80%。阳光电源项目土地流转工作任务 167.2 公顷，交地 81.4 公顷。和山休闲农业旅游产业园 2020 年度计划投资 0.88 亿元，2020 年完成有效投资 0.5 亿元，完成投资占比 57%，新门楼、游客服务中心土地平整完成，园内绿化树木和果树种植，基建工程开工建设。

【基层组织建设】 2020 年，宁中镇发展党员 19 名，其中大专以上 8 人，女党员 7 人，35 周岁以下 14 人。镇委党校举办主题班次 10 期，培训人次 1353 人，覆盖全体党组织。推进村级换届选举工作。至年底，完成 24 个村（社区）党组织换届选举工作和村（居）委班子候选人提名工作。

【社会治安综合治理】 2020 年，宁中镇在辖区 24 个村（社区）安装“雪亮工程”高清摄像治安监控视频 225 个，并联网接入派出所报警系统，实现治安联防、处警联动的联合处置。创建市域社会治理现代化创新项目，在全镇范围内开展“天翼看家”摄像头建设项目。打击治理电信网络诈骗工作，开展防范电信网络诈骗宣传，推动实现全民“防骗拒骗不参骗”。全年受理各类案件 86 件，成功化解 86 件，化解率 100%。上级交办信访案件 16 件，办结 13 件，办理中 3 件。全年无重大刑事案件、无重大社会纠纷发生。

（杨雯珠　邓志文）

刁坊镇

【概况】 刁坊镇位于兴宁市东南部，东临坭陂镇，南连五华县水寨、转水两镇，西接福兴街道，北依宁新街道。2020 年，辖 22 个行政村和 1 个社区，总面积 58.01 平方千米，其中山地面积 3068 公顷，耕地面积 1425.33 公顷，水田面积 1308.57 公顷。至年末，总户数 12389 户、总人口 40032 人，其中农业人口 29253 人，非农人口 10779 人。全年实现工农业总产值 6.6 亿元，其中工业总产值 2.39 亿元，农业总产值 3.02 亿元；农村年人均收入 1.52 万元。是年，粮食总种植面积 2123.8 公顷，总产量 1.41 万吨，其中水稻种植面积 2043.6 公顷、总产 1.39 万吨，水果种植面积 58.53 公顷、总产 2362 吨，茶叶种植面积 14.13 公顷、总产 32 吨，油茶种植面积 66.67 公顷、总产 182 吨。

【基层组织建设】 2020 年，刁坊镇投入 100 多万元，完成 28 个党支部党建阵地“一厅四室”标准化建设，培养村级后备干部 44 人，完成村（社区）“两委”换届工作。全年举办各类培训班 8 期，培训村“两委”干部约 500 人次，普通党员 1000 多人次。完善修订《刁坊镇机关日常管理制度》《百分村官评选工作方案》《月度村级绩效考核方案》《村级科学考核评价体系》，调动干部工作积极性、主动性和创造性。深入整改 2019 年度述职评议查摆突出问题，全面巩固巡察反馈问题整改成效，针对巡察反馈的 26 个问题，落实措施 64 条，修订完善制度机制 11 条。

【农村农业】 2020 年，刁坊镇粮食总种植面积 2123.8 公顷，总产量 1.41 万吨。加速推进“一镇一业”“一村一品”产业发展，加大龙头特色产业的培育和扶持力度，完成联新村、新建村的农业经营主体一村一品建设申报工作。集约流转 100 公顷土地，引进广东省出版集团下属子公司广弘控股股份有限公司投资 9 亿元建设兴宁广弘农牧年出栏 30 万头生猪的高标准无污染养殖场；集约流转丢荒土地 26.67 公顷，引进天下粮仓和四季美农业公司打造“菜篮子”基地；澳洲坚果基地开始摘果加工销售，每亩纯收益 1 万元以上。

【重点项目建设】 2020 年，刁坊镇是兴宁市产城联动的核心区之一，也是梅龙高铁建设的主战场，涉及土地房屋征收项目包括政府回收地块（毅德城段市政工程、毅德城物流园）、城市一级开发刁坊 2 地块项目、亲水公园二期、旅游通道项目和梅龙高铁征地拆迁等项目。至年底，政府回收地块涉及征收户数 317 户，完成征收 305 户，完成率 96.2%，剩余 12 户（含 2 座围龙屋）；刁坊 2 地块项目涉及征收户数 182 户，完成征收 171 户，完成率 93.4%，剩余 12 户（含 3 个围龙屋）；旅游通道项目围闭范围涉及征收户 17 户，完成征收 16 户，剩余 1 户公产（祖屋）；亲水公园二期涉及房屋征收 10 户，全部完成征收。用时 42 天完成梅龙高铁项目（刁坊段）全部 142 户房屋的签约征收工作。

▲ 2020 年 9 月 17 日，梅州市委领导到刁坊镇调研高铁征地拆迁和建设情况

（刁坊镇提供）

【基础设施建设】 2020 年，刁坊镇争取上级资金支持，投入 180 多万元，推进村村通自来水工程；投入 200 多万元，落实崩岗水土保持整治工程；投入 480 多万元，稳步推进水库移民结余资金工程项目；建成 2 个村级、1 个镇级污水处理设施；投入 100 万元，动工新建 2 个村级人工湿地；完成周兴村胡屋、长征村大罗屋、金银村田心张屋的“美丽村屋”项目建设。

【新农村建设】 2020 年，刁坊镇全面推进农村人居环境整治，完成“三清理”3814 处，“三拆除”2119 处，“三整治”314 宗；全年完成奖补公厕建设 20 座，省扶贫基金会资助 250 万元，25 座农村公厕完成主体施工；投入 1700 多万元推进 4 个新农村示范村建设，完善村道、公共厕所、入村标识、文体中心、道路亮化、沥青铺设和环境提升等公共基础设施，申报 EPC 项目 67 个，工程完成 60%；稳步推进拆旧复垦和垦造水田工作。第一批拆旧复垦工作涉及的地块完成施工环节，申请专家组验收，准备挂网交易。垦造水田工作完成土地集约面积

13.67公顷，占总任务数96%。

【精准扶贫】 2020年，刁坊镇投入各类帮扶资金1974.61万元，全镇贫困人口486户、1148人均达到脱贫标准退出，2个省定贫困村均达到出列标准，实现脱贫摘帽。同时围绕“上半年脱贫退出、下半年巩固提升”要求，持续开展脱贫攻坚战，防止松劲懈怠，严格落实“四不摘”要求，持续开展防返贫监测和干预，确保贫困户脱贫不返贫。

【民生民利】 2020年，刁坊镇新增低保35户、核减低保50户。完成全镇537户低保户年度入户核查工作，全年受理医疗救助26人次，临时救助30人次；办理农保申领142人，失地农保11人，医保报销472人，完成新型养老保险年审6137人，完成城乡居民医保缴交2.82万人，完成市人力资源社会保障局布置的“居家养老照护”培训80人，完成免费孕前优生健康检查130例，办理一、二孩生育登记543份，再生育审批22份，办理流动人口婚育证明52份，完成城乡妇女“两癌”免费检查342人，为全镇666名重度残疾人发放重度护理补贴，为392名困难残疾人发放生活补贴。

【社会治安综合治理】 2020年，刁坊镇推进扫黑除恶专项斗争，广泛收集线索，全镇立案查处非法采沙场1家，赌博场所2个，摸排涉黑涉恶线索1条，移送公安机关1人，上级转办线索10条，办结10条；排查各类矛盾纠纷19起，成功调处率100%，调处民间纠纷114件，调解成功率97%；深入开展打击治理电信网络新型违法犯罪工作；广泛开展禁毒宣传工作，利用“互联网+”的模式，开展“线上线下”立体宣传活动。

全年受理“12345”政府热线35件，回复35件，回复率100%，受理网上信访15件，办结15件，办结率100%（其中市领导包案交办信访突出问题3件，办结3件，办结率100%）。

▲2020年2月26日，梅州市委领导到刁坊镇调研指导疫情防控宣传工作

（刁坊镇提供）

【文教卫生】 2020年，刁坊镇建设标准化规范化文化基层站点24个；投入250多万元实施5个足球场建设，筹措教育基金300万元，首次打进兴宁市“市长杯”足球赛前四名。做好老年人银龄安康保险政府统保工作，结合新冠肺炎疫情防控及病媒传染病防控实际，开展防疫宣传和重点场所消杀喷洒，开展第32个爱国卫生月活动，启动广东省卫生镇创建工作。

【新冠肺炎疫情防控】 2020年，刁坊镇迅速落实各项防控工作，全镇划分为110个网格责任区域，排查前期涉湖北管控人员37人，前期复工复产湖北返兴人员300人，排查药店购买退烧、止咳药的人员2000多人次，均无异常情况。取缔以食用为目的的野生动物饲养场所3家，利用广播循环播放疫情防控音频300余次，发放和张贴宣传资料7万多份，张贴宣传海报2000多份，悬挂宣传横幅150多条。投入资金120多万元采购防疫物资；收到社会各界热心人士、热心企业近100万元的捐赠现金和物资。全面排查国内中高风险来（返）刁坊人员，均无异常，全镇未发生新冠肺炎疫情感染事件。

（张涛涛）

坭陂镇

【概况】 坭陂镇位于兴宁市中南部，东连新圩，西接刁坊、宁新，南邻五华县，北接永和。2020年，辖31个行政村和1个社区，总面积87.87平方千米，其中耕地面积2947.2公顷，水田面积 2198.53 公顷，山地面积 4004.87 公顷。至年末，总人口 81328 人，其中农业人口 58937 人。镇级财政预算内收入 3293.5 万元，农村人均年纯收入 1.01 万元，比上年增长 1%。是年，粮食种植面积 3856.53 公顷，总产 2.57 万吨，其中水稻种植面积 3690.6 公顷，总产 2.51 万吨，水果种植面积 171.73 公顷，总产 4040 吨，茶叶种植面积 1.3 公顷，总产 2 吨，油茶种植面积 13.3 公顷，总产 20 吨。

【新农村建设】 2020 年，坭陂镇以“一村一品、一镇一业”为抓手，全力推进丝苗米、莲藕、百香果等特色农业。柑子村流转土地 46.67 多公顷，成立袁隆平工作站，打造水稻示范区。文东村打造集循环农业、创意农业、观光农业、农事体验于一体的晟农田园综合体，并于 6 月举办首届荷花节。角塘村建设以饲养种鸽为主的宝宁农牧大型生态农牧产业基地。文德村以省定贫困村创建社会主义新农村示范村为契机，成立种养专业合作社，引进多方社会力量，打造三红蜜柚、紫薇花海、柑橘、板栗南瓜种植产业等等。投入 470 多万元推进“三清三拆三整治”工作，拆除危旧房、废弃猪牛栏及露天茅房 1640 间，清拆面积 4 万多平方米；清理陈年垃圾 1015 处、6000 多吨。开展“六乱”整治，全年清理违规店招 500 多块，遮阳伞 200 多块，规范流动摊贩 350 家，门店 1000 多家。充分利用前期“三清三拆三整治”中清理出来的空地，在 31 个村建成公厕 162 座，实现“厕所革命”工作全覆盖。是年，笃陂等 11 个村获评省卫生村，全镇 31 个村全部成功创建省级卫生村。

【征地拆迁】 梅龙高铁坭陂段全长 5.6 千米，涉及新岭村、陂新村、东红村、东联村、南方村、陂宁村 6 个村，除建设兴宁南站外，高铁维修站也将落户于坭陂镇。2020 年，坭陂镇 22.87 公顷土地全部丈量，需征拆房屋 140 户，签约 139 户，拆除 134 户，土地房屋征收工作基本完成。

【新冠肺炎疫情防控】 2020 年，坭陂镇做好新冠肺炎疫情防控工作，严格落实宣传动员、摸排登记、值守监管等防控措施，召开党委专题会议 7 场，印发倡议书 2 万多份，各党支部设立临时体温检测点 121 个，全镇组建“党员先锋队”和“党员志愿服务队”15 支，派出工作人员 600 多人（含镇村干部、党员、志愿者、村民等），检测体温超过 2 万人次。严格落实复工复产、复学返校等防控责任，疫情防控取得阶段性成果，全镇生产生活秩序加快恢复，同时做好常态化疫情防控工作。

【基础设施建设】 2020 年，坭陂镇完成宁江河万缘桥至湖柏村 1.4 千米路段升级改造，铺筑沥青路面。完成文德村 2 个路灯提升项目和 1 个道路硬底化项目，汤一村 4 个水泥硬底化项目、1 个党建健康健身宣传场所和 1 个外立面整治项目。联签汤一、文德、文东、陂宁、上笃陂等村 120 多项 EPC 项目，总造价 2400 多万元，涉及道路工程、综合性文体场所、公厕项目、污水处理设施、路灯、绿化等公共基础设施工程，至年底，项目完成约 90%。

【脱贫攻坚】 2020 年，坭陂镇完成所有贫困户脱贫工作，2 个省定贫困村出列，全镇建档立卡贫困户 677 户 1840 人全部实现脱贫。贫困人口参加基本医疗保险 1841 人，在校贫困学生 221 人全部落实国家减免政策和补助政策。投入“631”资金 120 万元，入股广东宝宁农牧科技有限公司，每年可实现 7.2 万元的收益分红。投入 646.8 万元入股兴宁市产业转移工业园，每年以投资额的 10% 作为收益发放。省定贫困村汤一村投入扶贫引导资金 98 万元，建成兴宁市首条光伏发电长廊，并于同年 6 月开始并网发电，每年可增加村集体收入 12 万元。全镇全年发放以奖代补资金 45.67 万元。

【民生民利】 2020 年，坭陂镇城镇居民医疗保险参保人数 6.25 万人，新型农村社会养老保险参保 7203 人。全年为 102 人次提供就业推介，全镇新增就业 90 人，失业人员再就业 71 人，就业困难人员实现就业人数 35 人，培训劳动力 122 人，转移劳动力 901 人；为兴宁市技工学校输送学生 66 人。做好低保、五保、孤儿等困难群体的管理和救助工作，全镇有农村低保户 1053 户，享受人口 2443 人，每月发放最低生活保障金，2020 年度临时救助 76 人，救助金额 19.01 万元。发放残疾人重度残疾护理津贴 6648 人次 1462560 元，发放残疾人困难生活补贴4566人次75.34万元。为有需要的符合条件的114户残疾对象进行居家无障碍改造。坭陂镇退役军人服务站初步通过广东省退役军人服务中心（站）五星级示范创建验收。开展“银龄安康”活动，参保人数1.42万人，投保17.11万元；开展“计生家庭意外伤害保险参保”活动，参保家庭户数1159户；开展“2021年农村纯二女结扎户参加城乡居民基本医疗保险”活动，参保人数377人，投保额10.56万元；开展百岁老人慰问活动，发放慰问品13份；做好农村贫困妇女“两癌”筛查工作，为676名妇女提供免费筛查服务。

【文教卫生】 2020年，坭陂镇462人参加中考，入围兴宁一中线49人；坭陂中学165人参加高考，本科上线12人，专科上线158人，专科上线率95.8%，农村完中第1名。在汤一村建设兴宁市首条光伏文化长廊，建设标准化足球场6块。投入6万多元用于创文公益广告宣传，开展“星级文明户”“道德模范”“好媳妇”“好少年”等创评活动，全镇获评第五届梅州市“孝老敬亲好媳妇”3人，获评2020年度兴宁市“文明家庭”1户。坭陂镇社工站获得广东社工双百计划“优秀社工站”称号。

是年，坭陂镇人口出生869人，出生率10.13‰，婴儿出生性别比为108.89；政策生育率87.92%，上报死亡人口509人，人口自然增长率4.20‰，完成孕前优生健康检查322对。全镇无偿献血291人，献血量6.23万毫升。

【社会治安综合治理】 2020年，坭陂镇受理各类矛盾纠纷142宗，成功调处140宗，调处成功率98.5%。开展扫黑除恶专项斗争警示教育和“以案释法”进学校、进农村（社区）活动，举办大型宣传活动6场，发放扫黑除恶宣传手册1万多份和宣传小礼品5000多份。打击整治电信诈骗新型违法犯罪，全面过细摸排辖区内涉电诈高危人员，落实涉电诈人员建档管理措施，全方位展开反电信诈骗宣传工作，提升群众反诈意识和防骗能力，从根本上降低诈骗案件发生率。全年排查登记前科人员和境外高危人员76人，侦破电诈案件4件，抓获涉嫌电诈犯罪嫌疑人2人，提请逮捕2人；举办宣传活动22场，向群众发放资料6万多份。深入开展“黄赌毒”问题专项整治，组织各村（居）、各相关部门力量，加强对出租屋、温泉浴室、棋牌室等重点场所巡查整治，全面梳理、发现和挖掘涉黄赌毒案件线索，及时组织开展有针对性的集中清查整治行动，坚决依法打击整治预防黄赌毒等现象的滋生和蔓延。

▲2020年8月30日，坭陂镇举行禁毒文艺表演大赛暨反诈宣传活动

（坭陂镇党政办提供）

【基层组织建设】 2020年，坭陂镇深入开展“铭记光辉历史、传承红色基因”主题党日活动，每月固定1天开展丰富多彩、形式多样的支部主题党日活动，组织2批次200多人次参加革命传统教育和警示教育，推动主题党日活动走实走深。全年召开党建工作专题研究会12次，升级陂宁、合湖村2个党支部为党总支，打造陂宁、新岭市级党建示范点2个，陂宁村率先实现村级“沃视通”应用系统，解决外出、流动党员参加组织生活难的问题。全年发展党员10人，上缴党费21万多元。落实党员扶助金制度，全年发放党员扶助金8万多元。做好村级换届准备工作，公开选拔村“两委”后备干部20人。

（王明霞　薛乃斌）

龙田镇

【概况】 龙田镇位于兴宁市中部，东连石马，南接宁中，西邻叶塘，北连合水。2020年，全镇辖16个行政村和1个社区，总面积44.4平方千米，山地988公顷，耕地1466.47公顷，其中水田1076.13公顷。至年末，全镇总户数13239户、总人口48265人；工农业总产值2.39亿元；农村人均纯收入1.6万元。

【农业发展】 2020年，龙田镇水稻种植面积1533.33公顷，年产量为1.03万吨；蔬菜种植面积1266.67公顷，全年总产量5.8万吨。发挥肉鸽养殖优势，培育龙头企业，市重点项目金绿种鸽养殖基地全年投资5000万元，建设20万对种鸽养殖基地，项目占地面积26.67公顷，建筑总面积20万平方米。金绿现代农业发展有限公司与仲恺农业工程学院合作设立广东省博士站，是兴宁市首家省级博士工作站，进一步提升肉鸽产业科技支撑水平。成功引进梅州增华农业有限公司发展玉米、蔬菜种植20公顷，日销售产量3500千克以上；扶持壮大源江生态、君誉农业等企业发展丝苗米种植，种植规模100公顷。谋划复耕复种，流转撂荒耕地66.67公顷，新增复耕面积约60公顷。全镇现有涉农企业及农民专业合作社30多家，金鸽养殖专业合作社入选国家级农民合作社示范社。坪见村沃柑种植基地规模66.67公顷。12月，高规格承办兴宁市第一届沃柑采摘节活动；国锋养蚕基地规模日益扩大，发展趋于成熟。金鸽项目、坪见沃柑、国锋养蚕成功申报兴宁市“一村一品、一镇一业”项目；龙田镇通过创新开展农电商扶贫，建立特色扶贫农产品直播间。2020年，龙田镇入选全国“一村一品”示范村镇名单，“兴宁鸽”入选全国名特优新农产品名录。碧园、羊岭、鸡公桥、环陂4个村以肉鸽产业入选首批省级“一村一品、一镇一业”专业村名单。

【工业发展】 2020年，龙田镇优化营商环境，全面落实稳企扶企政策。继续实施镇领导联系服务挂钩企业制度，深入开展“扶企”“暖企”行动，了解企业经营和经济运行情况，及时有效为企业纾困解难。是年，龙江建材及创强混凝土实现生产销售收入2.17亿元，全年上缴税收896.1万元；新升科技全年销售额2322万元、出口额约2000万元、上缴税收约18万元。

【征地拆迁】 2020年，一江两岸堤路建设项目龙田段征收土地任务数约13.8公顷，至年底交地13.57公顷，征地工作基本完成；征收房屋任务数131户，签订房屋协议书户数109户，签约率83.2%；拆除房屋户数101户，拆除房屋率77.1%。一江两岸（龙田段）完成路面建设约5700米，安装防撞护栏约4400米，完成绿化植树约4400米，环陂至五一村示范路建设实现初步通车。

【基础设施建设】 2020年，龙田镇投资300多万元对龙田圩镇、府前大道等路面进行铺筑沥青路面升级改造；投入270万元实施石马河水陂村段沿河河道堤路路基建设约3千米；实施亮化工程，在鸳塘、丽溪、鸡公桥等村新装路灯300多盏。完成9539户35703人的集中供水问题。投入90万元实施羊岭村源泉河段两面光工程约0.5千米。在五一、碧园、蓼塘等4个村打造5个社会足球场，总占地面积约1.75万平方米；新建环陂村何屋、五一村枫树下、鸡公桥村龙和围、石壁村赖屋等文体广场和丽溪村留塘社会主义核心价值观广场。全镇17

▲一江两岸堤路建设项目龙田段　（龙田镇提供）

个村（居）均完成“村居E支付”在乡村金融服务站的投放实施。至年底，实施村级道路水泥硬底化道路工程92.9千米，自然村内道路硬底化111.8千米。

【新农村建设】 2020年，龙田镇新选址垦造水田项目拟实施面积为50.41公顷，其中龙盘村、鸳塘村、丽溪村、环陂村、鸡公桥村、曲塘村6个村完成集约面积37.85公顷，交地面积35.2公顷。2019年度拆旧复垦项目于2020年5月19日在广东省复垦指标网上交易平台顺利成交，交易面积4.81公顷，成交金额5254.3341万元，其中地方收益3603.85万元；2020年第一批拆旧复垦项目于6月立项，面积2.15公顷。谋划复耕复种工作，流转撂荒耕地66.67公顷，新增复耕面积约60公顷。水陂、凉伞、鸡公桥等5个村实施“千村示范，万村整治”项目，均动工建设，投资约200万元；重点推进“厕所革命”、垃圾污水处理等项目，完成新建公厕21间；生活污水处理方面，17个村（社区）的污水处理管网完成招标并开工建设，至年底，金星、龙盘、凉伞、曲塘、羊岭、碧园、水陂、丽溪、五一、龙田社区（镇级）10个村（社区）完成建设。各村保洁覆盖面及垃圾处理率100%。

【精准扶贫】 2020年，龙田镇精准扶贫贫困户594户、1400人实现全面脱贫，脱贫率100%。着力推动“造血式”扶贫，全年统筹140万元入股金绿种鸽养殖项目，发放以奖代补资金100万元。逐步建立“电商+合作社+农户”架构、采取“互联网+”精准扶贫精准脱贫行动，与珠江实业集团、广州交易所集团就龙田镇名优特农产品上线广州精准扶贫综合服务平台签订战略合作协议，加快龙田镇农业产业融入粤港澳大湾区建设步伐。镇建立11个村级电商服务站点及1个镇级站点，开展多次电商知识培训，培训400多人次。

▲丽溪村留塘社会主义核心价值观广场 （龙田镇提供）

【民生民利】 2020年，龙田镇通过民生实事票决，选出并落实中心小学至穿圩公路（X016）段升级改造、X016线鸳塘桥路口与宁江河堤公路电排站口驳接线建设、石马河水陂村段沿河建设工程等8项民生实事建设项目。投入85万元升级改造金星村三样片路道0.5千米，并扩宽至7米，铺设沥青；投入270万元实施石马河水陂村段沿河建设工程；投入90万元实施羊岭村源泉河险堤险段修复工程；投入约15万元用于石壁、坪见、水陂等村落实河长制河道“清四乱”“五清”等工作；完成丽溪村村道“畅还不畅”改造等项目；丽溪、高陂、水陂、凉伞、鸡公桥等村新农村建设节点均完成建设。

【文教卫生】 2020年，龙田镇获评为广东省文明镇，金星村获评为梅州市文明村。廖善灵等170户群众被评为兴宁市文明户；龙田建华通讯店经营户被评为文明经营户。龙田中心卫生院被评为兴宁市文明医院。辖区企业家陈伟波获评2020年第一季度“广东好人”助人为乐好人、第一季度“梅州好人”诚实守信好人。龙田退役军人服务站获评为广东省五星级服务站。教育事业发展方面，龙田镇以镇中心小学为基地，全力推进乡村学校少年宫建设。龙田镇中心小学荣获兴宁市2019—2020学年度教育“先进集体”，校长陈德培被评为2020年兴宁市“优秀校长”、梅州市“叶剑英基金优秀校长”称号；获评兴宁市第六届“范剑冰奖教基金”优秀班主任教师1名、2020年兴宁市“先进教师”6名。龙田镇在高考中，进入本科线7人，其中进入优投线（重点线）1人。专科以上

（含小高考）上线353人，上线率98.6%。中考700分以上5人，进入第一批录取线录取32人，其中兴宁一中线以上17人。筹集奖教奖学基金370多万元，举办2020年奖教奖学表彰大会，对龙田镇376人优秀教育教学工作者、优秀学校管理工作者和优秀教师进行表彰。医疗卫生事业方面，龙田镇持续推进基本医疗服务工作。投入约30万元推进预防接种门诊冷库（后补式）建设和标准化建设，于8月完成并投入使用。完成贫困妇女"两癌"免费检查任务，筛查353人，完成率100%。

【社会治安综合治理】 2020年，龙田镇学习"枫桥经验"，重点推进防范电信诈骗、村"两委"换届、打击制假售假等工作。17个村（居）相继建设粤心安心理咨询室，发放禁毒、防范电信诈骗等宣传手册8000多份，制作大型广告牌2块，悬挂横幅标语50多条，张贴海报3000多份，开展"全民禁毒"、防范电信诈骗等主题的现场宣传活动10余次。

【基层组织建设】 2020年，龙田镇成立一支以基层干部、致富带头新农人等组成的镇级宣讲团队伍。全年开展"讲习课堂·周一学习会""听党话、感党恩、跟党走"等宣讲活动10多次，培训1300多人次，各党支部开展党日主题活动380多次，累计参与党员约7800人次。投入40多万元用于基层党组织标准化建设，建设标准化镇委党校，及时更新宣传栏、党建制度全面规范上墙、改造党员会议室、更换崭新会议桌凳等。结合庆祝中国共产党成立99周年广泛开展"党课开讲啦"等系列活动，开展政治理论培训9次，业务工作培训3次，发放《习近平谈治国理政》第三卷、《中华人民共和国民法典》等学习资料600余册。运用镇委党校、新时代文明实践所（站）、党群服务中心（站）、围龙讲堂等线下阵地，和"学习强国"平台、"龙田微闻"公众号、政府网站、"党建云"平台等网络阵地，初步形成"1+N"的文明实践服务矩阵，开展习近平新时代中国特色社会主义思想进企业、进农村、进机关、进校园、进社区、进网站。在公众号、网站等途径刊发党员培训内容30多篇。

【新冠肺炎疫情防控】 2020年，龙田镇坚持"人、物"同防，严格管控重点人员、重点场所和重点环节，开展爱国卫生运动，持续织牢织密"外防输入、内防反弹"防控网。入户排查2.1万户次、9.2万人次，核酸采集送检3000多份、居家隔离51人、落实居家健康监测140多人。

（罗杰）

合水镇

【概况】 合水镇位于兴宁市中北部，距市区15千米，东连石马，西接叶塘，南与龙田相邻，北靠黄陂、大坪，东北与梅州西部交界；因"粤东明珠"合水水库坐落境内而得名合水。2020年，辖18个行政村、2个社区和1个合水国有农场、4个农场管理区，总面积101.98平方千米。是广东省"教育强镇""广东省卫生镇""兴宁市龙眼基地镇"和"茶叶基地镇"。耕地面积1068.13公顷，水田面积833.73公顷。至年末，全镇总户数10151户，总人口37567人，其中农业人口27449人、非农人口10118人。全年镇级财政预算内收入1054.73万元。

【农业发展】 2020年，合水镇粮食种植面积1414.6公顷，全年粮食总产量为9169吨。与省农业科学院茶叶研究所深化合作，着力提升古茶树病虫害防控能力。农场一八、二三管理区垦造水田地块秋种经济作物66.67

▲合水铁山茶场，摄于2020年7月 （袁群华 摄）

公顷，带动周边村区推进撂荒土地复耕。发动乡贤回乡创业，用23.33公顷流转土地种植富硒水果、丝苗米。2020年种植富硒水稻13.33公顷、种植富硒芭乐0.33公顷、水产养殖1.33公顷。

【基础设施建设】 2020年，合水镇争取移民后期扶持结余资金660多万元，实施罗英、下官、麻坑等村及库区周边10多宗道路、水利等基础设施建设。完成“四好农村路”建设16.5千米，推进省道228线叶塘留桥至合水溪唇段路面改造工程，完成圩镇主街沥青罩面铺设工程。投入40多万元，建成X010线龙北入口渠化岛工程；持续推进一江两岸河堤公路（合水段）建设，完成罗陂段路基平整工作，连接东西岸大桥顺利建成；配合做好阳光电源、革命烈士陵园升级改造、市第二自来水厂取水点扩建等市重点工程项目建设。

【精准扶贫】 2020年，合水镇争取帮扶单位的支持，筹集80多万元升级改造罗陂村自来水管网，支持罗陂村与力量农业利用新垦造的近13.33公顷水田合作实施“丝苗米种植和加工一体化”项目；霞洞村筹集35万元建设总装机50千瓦的第三期光伏发电扶贫项目；开展消费扶贫行动，帮扶单位采用以购代捐方式帮助贫困户销售4万多元农产品；做好贫困户基本医疗、义务教育、通信、安全住房、厕所改造等服务保障工作，全镇贫困户374户885人实现脱贫，脱贫率100%。

【民生民利】 2020年，合水镇城乡居民医疗保险征缴覆盖面不断扩大，农村养老保险工作深入开展，推广“银龄安康”“保尚保”等惠民保险。健全城乡低保救济机制，做好动态管理，完善系统数据，做到应保尽保。全年有低保户542户、1116人；五保175人，其中分散供养155人、集中供养20人；事实无人抚养儿童28人；孤儿5人。高度重视退役军人事务工作，筹集资金开展“送温暖、献爱心”帮扶援助等关爱活动，成功创建为省五星级退役军人服务站。

【文教卫生】 2020年，合水镇积极融入梅州“创建中国足球特区”行动、投入100多万元对村级体育设施进行升级改造，新建5人制足球场1个、篮球场1个、健身设施一批；新设置龙北、溪唇、富和、罗陂文化分馆；组织参加第六届“市长杯”足球赛。隆重举行合水镇2020年庆祝教师节暨奖教奖学表彰大会，表彰优秀师生59人；发动广大乡贤和社会各界人士筹集合水镇教育发展基金捐款200多万元。提升公共卫生服务水平，免费为全镇300多名适龄妇女提供“两癌”筛查。2020年合水镇成功创建为“广东省卫生镇”。

【社会治安综合治理】 2020年，合水镇加强社会治安综合治理，开展综治、信访、维稳、调解、禁毒、反电诈、涉黑涉恶线索核查办理等工作。全年受理调处各类矛盾纠纷28宗；核查办结涉黑涉恶线索3条。加强禁种铲毒工作和易制毒场所巡查工作，开展吸毒人员平安关爱行动，举行23场“六进”禁毒活动。落实135名严重精神障碍患者监护责任制，全面完成24个村区“雪亮工程”建设任务。龙东村被评为广东省“民主法治示范村”。

【基层组织建设】 2020年，合水镇发挥新时代文明实践讲习所和镇委党校基层党员教育阵地作用，创新形式开展“学习强国·周一学习课堂”活动，全年开展21期；全年投入100多万元，改造提升罗英、湖岭、霞洞、五联、白泡村党群服务中心办公条件；合水镇被评为“梅州市文明

▲合水镇荔枝公园，摄于2020年8月 （罗玮 摄）

▲合水水库，摄于2020年11月 （合水镇党政办提供）

镇”，麻坑村、下官村、白泡村、溪唇村、龙北社区被评为“梅州市文明村居”；加强基层干部队伍建设，圆满完成2021年村（社区）“两委”换届选举工作。

【新冠肺炎疫情防控】2020年，合水镇按照“外防输入、内防扩散”具体要求，迅速构建严密的联防联控体系，全镇划分为101个网格，229名网格员参与到疫情防控工作中，设立207个临时检查站，每天出动党员干部、志愿者323人，以“网格化+大数据”推进村（区、社区）大排查，广泛发动乡贤捐款捐物，统筹加强物资保障，全力打好疫情防控阻击战；坚持统筹推进疫情防控和经济社会发展，积极稳妥做好企业复工复产、学校复学复课、春耕春种等各项工作，因时因势调整工作着力点，严格落实常态化疫情防控措施，全镇生产生活秩序加快恢复。

【镇村环境管理】 2020年，合水镇以“千村示范、万村整治”为重点，巩固前期“三清三拆三整治”成效，开展人居环境整治“百日攻坚”行动，全镇18个行政村达到干净整洁村标准，其中罗陂、富和、霞洞、龙东村达到美丽宜居村标准；推进“厕所革命”工作，完成面上村区28座公厕建设任务；推动垦造水田项目土地集约工作，完成罗陂村新选址垦造水田任务8公顷；开展拆旧复垦工作，验收完成并交易的4公顷、验收完成推进交易中的1.73公顷、完成立项施工进行中的7.33公顷；制止无用地手续的违法建设11宗，查处违法用地1宗，拆除违章建筑3宗。开展清“四乱”和“五清”专项行动，投入资金做好辖区宁江河、石马河、官田河、蛤蟆石河、罗塘河河道杂草及漂浮物清理工作；巩固合水水库县级集中式饮用水源保护成效，严厉打击偷采河砂、倾倒垃圾等违法行为，加强环库原禽畜养殖点巡查监管；完成铁山嶂历史遗留矿区区域重金属项目、官田河河道修复治理工程和新农村环境综合整治项目结算审核；完成11个废弃铁矿堆料场矿点整治任务。

【生态旅游】 2020年，合水镇推进集休闲娱乐、生态体验、健康养生、红色教育于一体的荔枝公园的建设工作，完善荔枝公园“四个文化”建设；升级改造罗英公园，建成矮寨森林公园旅游公厕和荔枝公园装配式公厕（书吧），成为乡村旅游新亮点。主要旅游资源为合水水库，是饮用水水源保护区，以“堤锁江流、百里湖山仙入境，树环宝塔、四季佳果桔占先”的特色于20世纪被列入《中国名胜风光大辞典》，主要景点还有革命烈士陵园和环湖绿道路。

（曾森文 李锶华）

叶塘镇

【概况】 叶塘镇位于兴宁市西北部，东邻龙田镇，南接新陂镇、五华县，西靠龙川县，北连大坪镇，东北部毗邻合水镇，是兴宁市重点发展镇之一。2020

▲2020年2月8日，兴宁市政协领导到叶塘镇督查疫情防控网格化排查工作 （邱钧榆 摄）

年，辖41个行政村和1个社区，总面积166.81平方千米，有耕地面积3306公顷，其中水田2334.43公顷。至年末，总户数21364户，总人口82910人，其中农业人口48188人；非农业人口34722人。全镇社会生产总值8.12亿元，工农业总产值6.85亿元，其中工业生产总值3.38亿元，农业生产总值3.47亿元。镇级公共财政预算收入4462.15万元，农村人均年纯收入9320元，比上年增长5.19%。

【重点项目建设】 2020年，叶塘镇完成东莞石碣（兴宁）产业转移工业园区建设完成征地面积13.4公顷，房屋丈量318户，签约104户，发放征地补偿款915.1万元，房屋拆迁补偿款3565.6万元，附属物补偿52.3万元。完成安置区二期项目征地3.91公顷，签约1户。完成富农肉鸡产业园征地6.87公顷，签约流转28.79公顷。完成“一河两岸”河堤公路项目征地约8.43公顷。完成兴宁市阳星200兆瓦农光互补光伏发电综合利用项目土地流转52公顷。

【新冠肺炎疫情防控】 2020年，叶塘镇在济广高速叶塘、教礼出口设立2个联合检疫点，在42个村（社区）主村道路口设立53个疫情防控临时检查点，派出镇村干部、党员、志愿者等工作人员约650人，检测超过5万人次；狠抓重点人群和重点场所管控，全年核酸检测3200多份、居家隔离258人；统筹加强物资保障，投入防控经费60多万元，接受捐赠51万元。全镇新冠肺炎疑似病例或确诊病例零发生、医护人员零感染。

【精准扶贫】 2020年，叶塘镇6个省定贫困村和2364人1065户建档立卡核定贫困户均达到脱贫退出标准，脱贫退出率100%。是年，全镇发放种植、养殖和务工奖补资金257.22万元，“631”资金投资工业园收益款60.7万元，惠及全镇有劳力贫困户385户1325人。协助教育部门向贫困户上年度在校生379人发放113.9万元补助。组织兴宁市顺民农业发展有限公司参加天河区对口帮扶兴宁市第二届农特产品展销会获10.3万元销售额；引导推动上中、下径、群星3个村开展“陈小鸽”农光互补项目村村联动，获年收益6000元；投入中央扶贫资金46万元至梅州鑫龙腾生态旅游发展有限公司，每年为村集体带来4.5万元收益；总装机规模1857.94千瓦的光伏发电产业扶贫项目年收益166万元。

【基础设施建设】 2020年，叶塘镇推进河流生态保护和综合治理，按照河湖库“五清”要求，投入约10万元对麻岭河、朱坑河6千米段河道进行清淤疏通。投入资金约460万元实施叶塘府前街亮化工程、兴业大道西延线至东环路道路标准化提升工程、济广高速出口F匝道道路硬底化工程。

【文旅产业发展】 2020年，叶塘镇依托磐安围古民居活化利用，打造兴宁版画实践基地，新陂·叶塘“两镇五村”乡村振兴连片示范点建设成效显著。发挥温泉资源优势，大力发展休闲、旅游、养生产业，玖崇湖温泉度假小镇成效初显。温泉酒店于11月对外开放，紫薇园项目正在建设，完成项目用地93%的租地工作。鸭池村被评为第二批“广东省文化和旅游特色村”。叶南渔村作为梅州市首家五星级农家乐继续发挥示范效应，获评2020年度省级休闲农村与乡村旅游示范点，推动兴宁粤菜

▲新陂、叶塘“两镇五村”乡村振兴连片示范区麻岭河景观带

（叶塘镇提供）

（客家菜）师傅工程展示馆顺利开馆。支持并服务好三口塘村龙腾东方生态园建设，推动新建徒步践道、龙腾东方大峡谷、廖昆玉教学遗址等设施，种植水稻、葵花籽、沙田柚、树葡萄、鹰嘴桃等12公顷。以河西磐安围、玖崇湖温泉度假小镇、叶南渔村、龙腾东方生态园等特色景观为重要节点，串珠成链打造“农家游+生态游+温泉游”主题精品旅游线路。

【新农村建设】 2020年，叶塘镇165个自然村全面完成“三清三拆三整治”工作并通过市级验收。顺利推进 “千村示范、万村整治”工程一期、二期8个项目。推进“厕所革命”，完成90座公厕任务指标。完成北塘、龙坪、洋陂、群星、留桥5个村6个项目48.67公顷垦造水田土地集约任务。筠竹、上中、下径、龙塘、教礼、群星6个省定贫困村及麻岭、河西、鸭池等美丽乡村示范村建设初见成效。EPC总承包工程顺利推进，其中省定贫困村奖补项目投入1923万元，EPC项目投入2991万元，核准的54个奖补项目完工并安排验收。整体项目涵盖农村垃圾收集、亮化工程、村道提升、公厕建设、村场环境提升等多个方面。

【社会治安综合治理】 2020年，叶塘镇开展扫黑除恶专项斗争、反电信网络诈骗、普法、禁毒等宣传活动70余场次，在各村（社区）设立专题宣传栏42个，更新悬挂横幅标语380多条，发放和张贴《兴宁市扫黑除恶专项斗争线索举报奖励通告》等资料2万余份。核查上级转办线索21件。受理各类矛盾纠纷案件273件，调处化解249件，调解成功率91.2%。处理各类网格事件143件，办结143件，办结率100%；建立人民调解档案卷宗36件。

【安全生产】 2020年，叶塘镇挂牌成立专职消防站，全年开展消防演练3次、“三防”应急演练1次。开展消防安全、安全生产、食品安全宣传等活动20余场，发放宣传单等资料2万余份。组织相关职能部门对205家场所开展安全、消防隐患排查，排查出事故隐患436多处，层层签订安全生产责任书143份，发出整改指令43份，整改率100%。

【民生民利】 2020年，叶塘镇通过省五星级镇退役军人服务站示范创建工作，组织开展退役军人大走访活动，走访对象1564人。完成就业困难人员认定15人，推荐贫困劳动力再就业32人。有2210名残疾人享受“两项补贴”，有1251户2498名群众享受低保，有322人享受五保等惠民政策。完成

▲2020年1月2日，叶塘镇挂牌成立梅州市兴宁市叶塘镇专职消防队

（叶塘镇提供）

年满18周岁的男性青年兵役登记和征兵工作，兵役登记率100%。全年开展交通安全劝导活动1000多次。为5.8万位居民建立居民电子档案，建档率83%。为3283名65岁以上老人提供免费健康体检服务，为2564名高血压患者、1163名糖尿病患者免费随访及体检，为743名农村贫困妇女进行“两癌”筛查。

【文教卫生】 2020年，叶塘镇完成剩余16个梅州市文明村居的创建工作，成功创建梅州市文明镇。叶塘社区通过省级文明社区复审。推动361户获评“兴宁市精神文明户”，2户获评“兴宁市文明经营户”。在全镇范围内兴建2块十一人制、3块七人制、3块五人制标准足球场，完成场地验收。是年，全镇人口出生896人，出生率为10.45‰，政策生育率82.05%，人口自然增长率3.84‰。全镇无偿献血307人，献血量6.37万毫升。卫生院采集咽拭子3200多份进行核酸检测，配合环境卫生整治、新冠肺炎疫情防控和预防登革热等工作，发放宣传资料2.3万份；开展各类知识讲座和健康教育咨询活动25次，组织举办大型义诊活动8次。

【基层组织建设】 2020年，叶塘镇投入100万元，率先在全梅州以镇为单位推行“沃视通”党建视讯系统，完成镇机关和全镇42个村（社区）党组织使用全覆盖。投入60多万元，打造鸭池村市级党建示范点和麻岭村镇级党建示范点。全年组织镇党委和51个基层党组织重温入党誓词85次；组织培训9次2000多人次；培养入党积极分子72名，发展预备党员15名，转正25名；按时完成到换届选举需离任的17名支部书记、主任的提前补选工作和“三个一肩挑”工作；为42个村（社区）党组织配备后备人选80名；开展党员志愿服务活动212场次，参与2400人次。

（刘丽辉）

新陂镇

【概况】 新陂镇位于兴城西郊，东连兴田、宁中，南邻福兴，北接叶塘，西与五华县毗邻。2020年，辖13个行政村和1个社区，总面积43.08平方千米，其中山地面积2066.67公顷，耕地面积1171.93公顷，水（旱）田面积986.73公顷。至年末，全镇总户数11001户，总人口39073人，工农业总产值10.01亿元，其中工业总产值5.4亿元、农业总产值4.61亿元；财政总收入2435万元，均为预算内收入；农村人均年纯收入1.52万元。是年，粮食种植面积1649.67公顷，总产1.11万吨，其中水稻种植面积1558.07公顷，总产1.07万吨；水果种植面积99.73公顷，总产2571吨。油茶种植面积200公顷，总产81吨。

【新冠肺炎疫情防控】 2020年，新陂镇成立常态化疫情防控指挥小组，召开专题工作会议，周密部署疫情防控工作；开展防控监测，及时对密切接触人员进行隔离观察，每日监测体温，准确上报每日疫情防控数据信息；严格落实疫情防控措施，强化舆论宣传，告知广大群众减少外出，村级设卡，杜绝与在外人员接触，疫情防控工作取得实效；疫情得到有效控制后，根据工作安排部署，科学有序推进复工复产。

【重点项目建设】 2020年，新陂镇推动市静脉产业园、黄泥坑垃圾填埋场加固除险工程、广东泰歌科技能源有限公司新建成品油分销油库及配套设施、省道225线家庄至工业园区段

▲群众在新陂“两镇五村风雨廊桥”游玩　　（钟美梅 摄）

扩宽改造工程、省道225线至济广高速叶塘互通口公路（景观路）、新陂叶塘“两镇五村”乡村振兴连片示范区等省、市重点项目的扫尾工作，保障项目建设顺利推进。

【脱贫攻坚】 2020年，新陂镇下发“631”资金91.88万元，用于建档立卡贫困户发展种养和就业奖补，为全镇440户982人贫困人口购买2020年城乡居民医疗保险，对患重大疾病贫困户给予医疗救助，为129个在册建档立卡贫困学生发放教育生活补助金42.55万元；投入扶贫专项经费55万元运营华新村电商中心，与恒昇围田园综合体扶贫产业项目形成合力，打造古村土特产体验与电商销售平台，拓宽农产品营销渠道，壮大村集体经济。至年末，全镇440户982人贫困人口全部退出，华新村退出省定贫困村行列。

【农业发展】 2020年，新陂镇采取“党建+公司+基地+专业合作社+农户”模式，推进福庆沉香、乐仙油茶、沙田柚和腐竹、福民黄豆种植与加工、茅塘水产养殖等“一村一品”项目建设，大力发展丝苗米等特色农产品种植。新金村种植19号晚造丝苗香米全年亩产为1300.12千克，创世界新纪录。继续打造麻岭河（新陂段）“一河两岸”农业产业景观带；推动大天然生态园、四季果蔬采摘园、丝苗米种植园等生态农业的发展与上长岭村古村落群、三新村围龙屋群、李洁之将军府等文化旅游业的融合发展。

【民生工程】 2020年，新陂镇加快新农村建设，在华新村新建4条绿道1500米，新建农村公厕13座，建设公共活动场所4处共2000多平方米。完成华新、三新、先声、乐仙、福庆等村道路基和水泥硬底化约10千米；完成约30千米的水沟三面光工程；完成兴叶路（米寨红绿灯路口至兴合线红绿灯）路段约2千米的路面沥青铺筑升级改造；在北环大道（新陂段）与家庄村上新路平交口路段安装太阳能路灯8盏、视频监控摄像头10处；在华新村安装路灯171盏。

【城乡环境建设】 2020年，新陂镇开展农村面源污染、大气污染治理、禁止焚烧秸秆工作，严格落实河长制，投入20多万元对乐仙河、曾坑河、洋陂河等河道进行清淤疏浚；加强对乐仙河、增坑河等河流的水质达标整治工作，开展冬修水利清淤整治；常态化做好非洲猪瘟防控工作，加强削坡建房户的管理和土地巡查监管，有序推进拆旧复垦，持续强化森林管护和巡查落实，维护森林防火隔离带。继续投入资金，拆除危旧房、旧猪栏、旧厕所1万多平方米，清理占道经营乱摆乱卖3693宗，清理乱堆乱放1783处。

【森林防火】 2020年，新陂镇把森林防火工作抓早、抓细、抓落实。加大森林防火投入力度，投入16万元新开设防火林带约13千米，投入4万元维护开设的防火林带约10千米，并投入5万多元购置一批防火装备，各村配齐风机、水机、水桶、火把等应急物资。抽调15名年轻的镇村干部组成森林扑火应急分队，加强扑火技能培训，提高扑火战斗力。落实“包山头、守路口、盯重点、签责任、打早小”工作举措，认真做好森林防火预案工作，在高火险天气时期，镇村干部24小时值班值守，确保一旦发现火情能快速反应、及时处置。在镇村干部的努力下，全镇全年无山火发生。

【社会保障】 2020年，新陂

▲2020年7月16日，新金村丝苗米产业园种植示范基地丝苗米新品种19香开镰
（钟美梅 摄）

镇社保入保人数2.44万人，新入保1268人。7月起，政府补助基础养老金提高到每月180元。进一步加强新冠肺炎疫情防控期间城乡低保、医疗救助、临时救助、就业、养老等政策的落实，对农村留守老年人、留守儿童、困境儿童关爱服务工作，深入实施“南粤家政”“广东技工”“客家菜师傅”工程，推动高校毕业生、农村劳动力、残疾人、异地务工人员、退役军人等重点群体多渠道就业创业。进一步强化乐仙社区康园中心专业能力建设，积极做好城乡居民养老保险、医疗保险临时救助、就业、养老等各项惠民工作。

【文教卫体】 2020年，新陂镇组织人员参加2020年兴宁市第六届“市长杯”足球联赛，获得镇（街）组冠军，持续做好教育服务、平安校园建设工作，积极筹备新陂镇奖教奖学助学教育基金近250万元；切实做好农村妇女“两癌”筛查、老年人免费体检、家庭医生签约服务、常态化新冠肺炎疫情防控消杀、爱国卫生运动等卫健工作；不断完善镇村医疗卫生服务体系，全年拨付10万元用于完善新陂镇卫生院预检发热门诊建设。

【平安创建】 2020年，新陂镇召开维稳专题研判会议15次，加强网格化建设，开展矛盾纠纷调解工作；常态化制度化开展领导干部入户走访活动，全年走访群众3700余人；持续开展铁路护路联防、全民国家安全教育宣传、特殊人群和重点人员管控等专项工作，发放宣传手册6000多份、悬挂横幅80多条；积极开展“七五”普法教育、反诈骗宣传、民法典宣传等活动，举办《中华人民共和国禁毒法》实施纪念日活动和10多场禁毒宣传活动，组织镇村干部开展“禁种铲毒”踏查工作；大力推进农村社会治安防控体系、“雪亮工程”和“5G大喇叭”建设，深入开展扫黑除恶专项斗争、反电信诈骗，严厉打击各类违法犯罪；严格落实“党政同责、一岗双责、齐抓共管”的安全生产责任制，开展安全生产常态化巡查50余次、专项安全生产检查10次，全年查处安全隐患108处，现场整改66处，限期整改42处，整改率100%。加强建筑施工、非煤矿山、危险化学品、烟花爆竹、地质灾害、道路交通、食品药品安全以及“三小”场所等重点行业领域的监督检查力度。

▲2020年6月3日，兴宁市委领导到新陂镇家庄村推进基层党建“三个一肩挑”工作 （钟美梅 摄）

【基层组织建设】 2020年，新陂镇以村（社区）“两委”换届选举为契机，提前做好先声、家庄、华新、新陂社区4个村（社区）支部书记的调整，补选乐仙、家庄、新陂社区3个村（社区）村（居）民委员会主任，全镇100%完成“三个一肩挑”工作。发挥镇党校作用，科学制定年度培训计划，全年举办6期培训班，培训党员1100多人次。严把党员入口关，保证质量。全年发展党员7人，转正党员13人，确定积极分子13人，其中市委组织部备案3人。

（丘伟科）

永和镇

【概况】 永和镇位于兴宁市东部，东邻径南镇、西连宁新街道、宁中镇，南靠坭陂镇、新圩镇，北接石马镇。距市区约10千米，205国道、梅河高速、兴畲高速贯穿其中，交通便利，地理位置优越。2020年，辖24个行政村和1个社区，总面积109.63平方千米，其中

▲2020年1月24日，中国花灯文化节暨广东省第八届花灯文化节·梅州兴宁第二届花灯文化旅游节在熙和湾举办　（永和镇提供）

山地面积8088.15公顷。至年末，总户数11869户，总人口45418人，全年生产总值6.33亿元，比上年增长2.1%；工业总产值4.01亿元，增长1%；镇级财政收入600万元。粮食种植面积2281.67公顷，总产1.52万吨，其中水稻种植面积2107.07公顷，总产1.45万吨。

【重点项目建设】　2020年，熙和湾客乡文化旅游产业园举办中国花灯文化节暨广东省第八届花灯文化节·梅州兴宁第二届花灯文化旅游节。推进梅龙高铁征地拆迁任务，推进省定贫困村创建社会主义新农村示范村建设，推动EPC项目和奖补项目顺利施工。协助明珠养生山城尽快完成项目二期酒文化产业园建设并投入使用。是年，永和工业园区实现总产值3905万元，税收465万元，带动562人就业。

【农业农村经济】　2020年，永和镇发放耕地地力保护补贴181.1万元。盘活农村闲置土地资源，强化项目统筹整合，加快推进农业农村现代化，扶优扶强“梅一客”、老社茶叶种植专业合作社、勤丰生态种养等现代农业综合体项目发展，依托“一村一品”“一镇一业”项目推进产业扶贫。

【宜居城乡建设】　2020年，永和镇开展“美丽永和·美好家园”环境大提升行动，健全农村人居环境长效保洁机制，抓好镇村人居环境整治工作，把“创文创卫”“两美”行动与乡村振兴等工作紧密结合起来，加强对圩镇、居住小区、交通要道、临时市场等地段的环境卫生、“六乱”整治。推进农村“厕所革命”，全镇新建成农村公厕56座。镇级（石陂村）污水处理厂收集站点的收集池建设完工，圩镇范围内完成管网铺设。有10个村（居）通过梅州市文明村居验收，新寨村获得“梅州市文明村”称号。

【脱贫攻坚】　2020年，永和镇全面落实“三保障”政策，完成危房改造307户，全镇697户1342人全部达到脱贫标准，脱贫率100%，退出率100%。实行挂牌督战，有效解决5户返贫风险户的实际问题，镇挂牌督战领导42人次到村到户开展督导工作，发现“三保障”、就业、饮水、评残等问题5宗，解决问题5宗。完成省脱贫攻坚专项调查评估各项工作。

【民生民利】　2020年，永和镇孕前优生检查任务完成率100%。低保做到应保尽保，全年发放低保资金600.2万元，五保资金232.0万元；支出医疗救助金68万元、救助困难群众1892人（次）。

【平安建设】　2020年，永和镇全面完成“雪亮工程”，25个村（居）安装127个摄像头。全面加强禁毒和社区矫正工作，排查化解社会矛盾纠纷，认真排查整治道路交通、烟花爆竹、消防安全、食品卫生、建筑施工、危化品等重点行业领域的安全隐患。坚持“五个常态化”抓好森林防火，守护林业生态安全。深入开展扫黑除恶专项斗争，严厉打击各类违法犯罪。

是年，受理上级部门交办、转办信访案件18件，群众来访36宗，“12345”政府热线56宗，共计110宗，至年底办结107宗。

【生态旅游】　2020年，永和镇有国家AAAA级旅游景区——熙和湾客乡文化旅游产业园及明珠养生山城、鸡鸣山风景区、鹅峰山旅游景区、麒麟寺、张瑾瑜烈士故居、夜明古驿道、新寨“梅一客”农业体验园等资源，重点打造“瑾瑜故里·红色大成”“驿道古风·夜明胜境”“乐享农耕·新寨人家”等乡村旅游特色村。

【党建工作】 2020年，永和镇25个村（社区）支部书记全部实现“三个一肩挑”。严格按照村（社区）“两委”干部人选标准审查办法，完善建立党组织书记后备队伍及选拔培训“两委”干部后备人选。村（社区）党组织书记后备干部人选40人，其中本科和大专学历4人，村“两委”后备干部人选37人，其中大专以上学历15人。是年，镇属各党支部开展各类学习121次，开展专题党课56次，培训1289人次。走访慰问困难党员群众235人，发放慰问资金5.8万元。对在新冠肺炎疫情防控、脱贫攻坚、乡村振兴中发挥重要作用的6个党支部和76名优秀党员进行表彰。各基层党支部上报计划报备和纪实报备835份。开展“七一”庆祝中国共产党成立99周年系列活动，33个基层党组织和640多名新老党员进行重温入党誓词活动，基层党组织书记讲党课28次。党员干部带头捐款10余万元用于抗疫，组织党员干部、志愿者和发动群众400多人在全镇范围开展“党群齐参与·共建兴宁美”志愿活动等。

（李天文）

径南镇

【概况】 径南镇位于兴宁市东部山区，东邻梅县南口，南接新圩，北靠石马，西连永和。2020年，辖24个行政村和1个社区，总面积141.92平方千米，有山林1.04万公顷，耕地1302公顷，其中水田1233.86公顷。至年末，总户数9839户、总人口34081人，其中农业人口25141人、非农业人口8940人；镇级财政预算内收入2137.7万元。是年，粮食种植面积2230.47公顷，总产14589吨，其中水稻种植面积2040.53公顷，总产1.39万吨。水果种植面积586.33公顷、总产2.99万吨，茶叶种植面积779.6公顷、总产1103吨，油茶种植面积700公顷、总产1320吨。

【重点项目建设】 2020年，径南镇提前完成梅龙高铁径南段红线内土地房屋征拆任务，征收和租用土地66.67公顷、拆除房屋41座121户7560平方米；完成明珠养生山城二期建设用地土地征收工作；积极协调二级消防站建设。

【生态旅游】 2020年，径南镇对月形山国家AAA级乡村旅游区进行提质升档，建成集游泳池、水上乐园、开心农场、特色民宿、钓鱼台等于一体的2.0体验版。进一步扩大富荣“云山谷”无公害农产品种植采摘基地、富硒农业生产基地规模，完善配套田园综合体、训学研拓展基地、民宿酒店、足球场等旅游设施。规划建成先锋体育公园和双梧休闲公园，打造特色水岸生态景观。星耀—先锋—双梧—东升—官亭五村联动旅游网红打卡片区建设初具雏形。

【农业发展】 2020年，径南镇加大茶园生态化种植改造、茶叶技术协同创新中心建设，助力农民专业合作社提档升级，获评广东省“一村一品、一镇一业”（茶叶）专业镇称号，新洲、陂蓬、东升村分别获评茶叶、油茶、李果省级专业村称号。深入实施品牌战略，新注册“新洲稻丰”大米、“陂蓬”丝苗米和“大陂湖”高山茶油等农特品牌，新增“新洲绿茶”等8个茶叶商标。

【基础设施建设】 2020年，径南镇更新改造圩镇自来水厂老旧管网，“村村通”自来水实

▲2020年8月19日，径南镇东升村月形山景区2.0体验版建成开业典礼在月形山乡村旅游区举行

（径南镇提供）

▲2020年1月8日，径南镇在东升村文化广场举行“‘只争朝夕，不负韶华’——迎新春、颂党恩、展新貌”文艺会演 （径南镇提供）

现行政村全覆盖。安全鉴定水库5个，完成双梧村水毁灌溉工程。建成“四好农村路”18千米，建设完善足球场9个，新建体育休闲公园2个、公厕28座。

【基层组织建设】 2020年，径南镇突出组织实力提升，党（总）支部数量由33调整为30个，培养入党积极分子36名、后备干部63名、吸收党员14个。突出组织活力提升，完善党建制度5项、解决党建难题20多个，不断强化党建主业主责，全面推动“三重一大”、双向述职、“三会一课”等党组织建设制度落实落地。

【新农村建设】 2020年，径南镇投入2000多万元，深入推进“三清三拆三整治”行动和“千村示范、万村整治”工程，实施人居环境整治建设项目57个。

【精准扶贫】 2020年，径南镇投入230多万元采取入股分红、发展光伏产业，种养合作经营和“公司＋农户”等模式，强化产业扶贫；引进消费扶贫直通车（梅州）运营中心落户广东富荣农业科技发展有限公司，积极推行“直播带货”等电商模式，强化消费扶贫；完成贫困村饮水安全工程，实施贫困户危房改造239户，强化民生扶贫。全镇3个相对贫困村如期退出、510户贫困户1166名贫困人口全部脱贫，通过省年终成效考核验收。

【民生民利】 2020年，径南镇扶助孤儿4人，救助困境儿童19人，定期访探留守老人115人。核查核实在册城乡低保669户1475人、特困供养人员187人，按时足额发放低保金，落实高龄老人（80周岁以上）补贴惠民政策。

【文教卫生】 2020年，径南镇开展送医送药活动3次、卫生健康知识主题宣传3场，免费“两癌”筛查659人，落实农村家庭计划生育奖励97人、计划生育节育奖励134人，无偿献血140人，成功创建“广东省卫生镇”。组织送戏下乡活动12场、文艺演出3场。镇文化综合活动中心成功升级“广东省一级文化站”，25个村（社区）创建“梅州市文明村居”，成功创建“梅州市文明镇”，东升村建成“新时代文明实践站”示范点和“月形山美术写生创作基地”。

【平安建设】 2020年，径南镇推进“扫黑除恶”专项斗争，开展反电信诈骗宣传教育活动，严厉打击电信网络新型违法犯罪。排查化解矛盾纠纷，百分百调处信访案件。投入300多万元完善消防设施设备、整治消防安全隐患，全年无重特大火灾事故发生。排查整改较为突出安全隐患12个。

【新冠肺炎疫情防控】 2020年，径南镇坚持“生命至上，健康第一”，严格落实卫健机构分诊分检、诊前健康询问和境外或重点地区（疫区）返（抵）兴人员14天隔离措施，开展拉网式大排查活动，排查核实重点人员550多人、实施医学观察45人、核酸检测420多人，实现新型冠状病毒肺炎疫情在该镇“零感染、零确诊、零病例”的工作目标。

（叶文娟）

新圩镇

【概况】 新圩镇位于兴宁市南部宁江下游，东邻梅县区畲坑，北连永和、径南，西靠坭陂，南接水口。2020年，辖19个行政村和1个社区。总面积117.79平方千米，有山地面积6530.9公顷，耕地面积1741.47公顷，其中水田

▲工业路改造后夜景　　（新圩镇提供）

面积1469.47公顷，旱地面积265.13公顷。至年末，总户数13019户，总人口44743人。工农业生产总值约5.43亿元，其中工业总产值1.56亿元，农业总产值约3.87亿元；公共财政收入2422.05万元，其中本级财政收入1966.17万元，上级补助收入453.51万元，完成财政税收104.5万元。是年，农业总播种面积3498.8公顷，粮食总产量1.49万吨。是省级工艺专业镇、兴宁市工艺基地镇，2020年被授予广东省卫生镇。

【工农业生产】 2020年，新圩镇发挥工艺企业协会和新圩商会的作用，开展暖企行动，实施镇领导挂钩联系企业制度，用好用活兴宁市扶持实体经济发展的政策和措施。受新冠肺炎疫情影响，全镇工艺产值预计1.56亿元，比上年下降12.3%。全面落实强农惠农政策，完成10.08公顷垦造水田土地租赁工作，其中船添村全部完成并进场施工。持续做好拆旧复垦工作，丈量核查100宗，涉及面积5.33公顷。

【基础设施建设】 2020年，新圩镇持续做好“两美”工作，实现人车行道分离，圩镇路面实现沥青罩面，同时完善道路绿化、亮化和标识画线。实施圩镇街道排水系统改造工程，科学布局下水道管网，提升街道排水能力；实施圩镇街道沥青罩面改造工程，解决街道破旧不堪、路面凹凸不平等问题，提升圩镇面貌；实施圩镇绿化升级工程，种植小叶榄仁和含笑共计250株。通过科学规划路树品种和种植位置，新增80多个车位。对圩镇工业路（延长线）980米道路进行水泥硬底化和景观改造，打造成新圩高速路连接省道225线的样板路。投入约228万元，发动官峰、新北、茶星开展“千村示范、万村整治”项目建设。投入346万元，实施新农村项目10个。高质量推进“厕所革命”，2020年完成25座建设任务。

【生态建设】 2020年，新圩镇完成中央森林抚育及省级碳汇林抚育面积533.33公顷。落实森林防火责任网格化责任，发放宣传资料1.6万份，悬挂横幅标语25条，出动广播宣传车240余次。打好污染防治攻坚战，扎实做好宁江河水口水洋断面水质达标整治工作，落实好禽畜养殖污染整治。推进水

▲圩镇整体形象改造　　（新圩镇提供）

污染防治、水生态保护和水资源管理，维护良好的水生态环境。持续开展城乡环境综合整治，投入150多万元加强圩镇管理、卫生保洁和压缩站运营工作。全力做好创建省级卫生镇各项工作，在实现“梅州市卫生村”全覆盖的基础上，加快鲤湖、新里2个村的“广东省卫生村”创建工作。

【精准扶贫】 2020年，新圩镇贫困人口533户1254人均达到脱贫标准退出，4个省定贫困村达到出列标准，实现脱贫摘帽。扶持发展特色优势产业，推广“公司＋基地＋农户”“公司＋合作社＋农户”“种养大户（致富带头人）＋农户”“光伏产业”等一系列产业化扶贫形式，培育“一村一品，一镇一业”特色农业产业。因新冠肺炎疫情影响，为确保贫困户外出务工有保障，根据上级扶贫部门的指导实施就业奖补项目，提前为外出务工就业人员发放每人2000元务工奖补，惠及有劳力贫困人口255人。

【社会保障】 2020年，新圩镇完成城乡居民医疗保险缴费人数3.2万人，报销金额580多万元，城乡居民养老保险缴费人数3646人，领取养老金人数5600人，追回城乡居民基本养老保险死亡超领52.73万元。同时，为715户低保、五保户发放低保救助资金595.2万元，为全镇987位80周岁以上老人发放高龄津贴11万元，为57户困难对象发放临时救助金额7万元，为残疾人、农村留守儿童、孤儿等发放津贴补贴。

【民生工作】 2020年，新圩镇加强地籍管理，严格登记发证工作，做到手续齐全，发证准确。做好地质灾害隐患点监测，对削坡建房户进行网络化管理，完成重大风险的削坡建房户的整治。对农村乱占耕地建房问题进行摸排，发现问题图斑472个，涉及耕地面积6.8万平方米。认真完成卫片执法检查工作，立案查处7宗，复绿复耕1宗。切实做好违法用地查处整改工作，全年发出停工通知书16份，控制在萌芽状态4户，立案查处12宗。积极开展丰富多彩的文体活动，组织文艺会演、足球、篮球、书法比赛，举办8期训班，建成4块五人制足球场。实施农村电影放映“2131”工程，全年放映240场电影。新圩足球健将获得“市长杯”足球赛第三名的成绩。

【社会治安综合治理】 2020年，新圩镇加大矛盾隐患排查化解力度，成立村级调解委员会，调解72宗纠纷，其中口头调20件，书面调解52件，调解成功率100%。宣传普法知识，通过发放宣传册、签订承诺书，提高人民群众自我防范意识，远离电信网络诈骗。石崖村积极创建全国民主法治示范村，通过建造民法典宣传一条路、宣传栏、高清宣传屏等方式，初步形成“村级组织健全有力”“民主制度规范完备”“法治教育扎实有效”“经济社会和谐发展”良好局面。是年，出动1206人次开展隐患排查和安全监管，排查出安全隐患295处，如期完成整改，安全生产形势保持稳定。

【基层组织建设】 2020年，新圩镇把学习领会贯彻习近平新时代中国特色社会主义思想作为首要政治任务，组织全体镇村干部开展培训班7期，领导干部领学督学带学，坚持第一议题学习制度，推动学习教育制度化常态化。扎实抓好村党组织换届工作，上报市委组织部联审155人，全部村（社区）实现“三个一肩挑”。规范基层党组织建设，发展预备党员11名，转正13名，制定并印发《新圩镇加强党的基层组织建设三年行动计划2020年工作要点》，建设石崖村为党建示范点，带动提升基层党建整体水平。切实加强党风廉政建设，加强对基层党组织的监督，开展提醒谈话55人次，完成自办案件6件6人，受理信访举报14件，办结12件，受理办结巡察移交信件1封。

（新圩镇）

水口镇

【概况】 水口镇位于兴宁市最南端，是兴宁的南大门，东邻梅县畲江镇，西连五华县河东镇、水寨镇，南靠丰顺县，北接新圩镇，是省首批规划的中心镇之一。2020年，辖38个行政村和1个社区，总面积228.85平方千米，其中耕地面积2611.4公顷，水田面积1925.8公顷。至年末，总户数24125户，总人口82856人，其中农业人口79845人、非农人口3011人。全镇财政总收入4446.03万元。是年，粮食种植面积3303.1公顷，总产2.18万吨，其中水稻种植面积

▲宋声狮子岩革命烈士纪念碑　（蓝波　摄）

3076.3 公顷（“两造”），总产 2.09 万万吨；水果种植面积 403.5 公顷，总产 1.95 万吨；茶叶种植面积 72.7 公顷，总产 140 吨。

【重点项目建设】　2020 年，水口镇推进光夏村“红色村”党建示范工程建设，完成红色文化旅游拓展培训基地建设，兴宁市红色文化教育培训基地、红色文化历史展览馆、党史文化墙等项目正在建设中；7 月，刘光夏革命烈士纪念馆被梅州市委组织部评为“梅州市党员教育基地”，是兴宁市首个获评的市级党员教育基地；8 月，光夏村被省委组织部授予全省首批“广东省红色村党建工程示范点”。推进广梅园、综合保税区、无水港项目征地拆迁工作，完成综合保税区、松棚国际无水港（兴宁区域）29.7 公顷土地征收工作，广梅园土地征收约 86.58 公顷。推进宋声农业生态旅游项目建设，全年完成投资 5000 万元，完成土地流转约 7.49 公顷，种植果木约 13.33 公顷，龙谷农林科研所、景观湖等项目正在建设中。推进前锋红色文化旅游基地项目建设，全年完成投资 5000 万元，完成土地流转约 9.89 公顷，完成围龙屋酒店外围装修和配电房主体建设，园林培植、儿童乐园及景观瀑布等正在建设中。

【新冠肺炎疫情防控】　2020 年，水口镇落实“外防输入、内防扩散”新冠肺炎疫情防控工作，投入资金 300 多万元，出动 40 万多人次，入户走访 7 万多户（次），集中（居家）隔离 300 多人，接种新冠疫苗 221 人（次），核酸检测 8000 多例，确诊病例 3 人，配合兴宁市新冠肺炎疫情防控指挥部做好定点救治医院（市第五人民医院）和集中隔离点（水口中心卫生院老院区）的服务工作。

【精准扶贫】　2020 年，水口镇退出贫困户 1114 户、3190 人，相对贫困人口退出率 100%。光夏、彭洞、河口、大坑、荷树、璜江 6 个省定贫困村全部达标退出。贫困人口医保参保率 100%，60 周岁以上贫困人口养老保险参保率 100%。发放有劳力贫困户春季种养务工启动资金及就业奖补资金 287.23 万元。续投 2144.1 万元入股兴宁市林兴苗圃有限公司、兴宁市产业转移工业园、梅州市鸿嘉科健养殖发展有限公司、梅州市冠诚生态农业发展有限公司等农业龙头企业。

【新农村建设】　2020 年，水口镇投入约 1400 万元推进“三清三拆三整治”，改善人居环境。建成农村公共厕所 93 座，完成 2 座镇区公厕改造。推进

▲宋声书院　（蓝波　摄）

“千村示范、万村整治”建设，完成水东村陈屋、盐米村巨涟祖屋（一期）、盐米村巨涟祖屋（二期）、洋新村留名塘、益华村藕塘杨屋祖屋、双成村墩上屋、先锋村大塘角下屋7个“美丽村屋”项目，完成井下村“美丽村道”项目。完成光夏村、井下村2个“五美乡村”示范点建设。全年完成道路硬底化约20千米，水西公路约5.84千米铺设沥青，建成示范农村公路。核准光夏、彭洞、河口、大坑、荷树、璜江6个省定贫困村共60个“以奖代补”项目，完成投资1875.36万元。有119个EPC项目正在建设中，拨付资金3182.53万元。投资50多万元完成黄坭坑、溜石塘饮用水源地整治工作，投资5500多万元建设一期、二期镇级污水处理厂和大坑村、荷树村等村级污水处理站。

▲2020年12月4日，水口镇体育公园举行开园仪式 （蓝波 摄）

【民生民利】 2020年，水口镇投资691万元用于完善圩镇基础设施、提升镇容镇貌。投入193万元完成官汕路、兴华路、府前街、双水路、东门街口、兴华路陈屋祖屋等外立面改造；投入248万元完成圩镇东门街、老兴华街、金融街、上下街、粮所街、邮政街等街道路面沥青铺设；投资约250万元推进水口客运站（公交站）站场建设，完成土地流转1.67公顷。筹资50多万元，将河口小学教学楼改建成河口村党群服务中心、党建主题文化园。完成盐米、小丰、教美、双成、璜江、宋声、共寨、茂兴、下畲、新坪10个行政村273.94公顷高标准农田建设。完成彭洞、邹洞、径下、宋声、共寨、茂兴、下畲、森丰、新坪、坪畲10个行政村“村村通”自来水安全饮水工程；完成邹洞村自来水厂建设。完成洋新、光夏、河口、黎光、松陂5个行政村共25.33公顷垦造水田。做好第七次全国人口普查工作，如期完成入户摸底、入户登记、录入上报和比对复查等工作。做好五保、低保等工作，发放金额约1811.29万元，投入18万元完成改造36户残疾人无障碍设施。

【文教旅体卫】 2020年，水口镇投入54万元推进“人工+机械化”清扫路面模式，实现密闭式环卫车辆运输；投入52万元升级改造镇区垃圾分类收集点，实现垃圾压缩中转站垃圾转运至市级填埋场；是年，成功创建广东省卫生镇。成立水口镇教育基金会，举办“水口镇教育基金成立大会暨教师节颁奖会”，收到乡贤捐款（认捐）4000多万元，首次发放奖励金53万元。是年，顺利通过梅州市文明镇、文明村考核验收。筹资约50万元建成水东村、河口村、博溪村3个村5人制足球场；筹资300万元在英勤村溜沙坝建设水口镇体育公园，完成投资150多万元建成11人制足球场，并于12月举行开园仪式。完成光夏村森林公园、黎光村湿地公园建设。

【平安水口】 2020年，水口镇推进法治政府建设，深入宣传贯彻《中华人民共和国民法典》，坚持依法依规执法。推进“中心+网络化+信息化”建设，排查矛盾纠纷137宗、成功化解114宗，信访236件、答复225件。继续推进“雪亮工程”建设，新安装网络摄像头82个。深刻吸取“1·9”火灾教训，持续加强“三合一”场所、酒店、在建建筑等重点领域安全隐患排查工作；严格落实森林防火网格化责任制，筹资70多万元在邹洞、光夏、下畲、宋声等村新建森林防火隔离带100多千米。

（蓝波 钟秀文）

罗浮镇

▲兴宁市铜鼓寨镇级森林公园　（罗浮镇提供）

【概况】 罗浮镇位于兴宁市最北部，东江河上游的东部，地处粤赣两省三县交界地区，北与江西省寻乌县接壤，西南与龙川县相接，东南与罗岗镇相邻，境内有省道226线通过，距兴宁市区约56千米，是广东省中心镇，全国重点镇，著名的红色苏区镇。2020年，辖25个行政村和1个社区。总面积约274.3平方千米，约占兴宁市的七分之一，其中耕地面积2667.8公顷，水田面积2404.6公顷，山地面积2.15万公顷。至年末，总人口57465人，其中农业人口49713人、非农业人口7752人。全年镇级财政预算内收入2758万元。是年，粮食种植面积3155.2公顷，总产2.08万吨，其中水稻种植面积2983.47公顷，总产2.02万吨；水果种植面积352.4公顷，总产1.32万吨；茶叶种植面积8.6公顷，总产9吨；油茶种植面积3666公顷，总产1546吨。

【新冠肺炎疫情防控】2020年，罗浮镇按照“外防输入、内防扩散”策略，全力推进联防联控、群防群控，严格落实“网格化”地毯式排查。逐步恢复正常生产生活秩序，全力推进企业复工复产，稳步推进中小学校复学复课，农业生产、居民生活恢复正常。罗浮镇被评为“梅州市抗击新冠肺炎疫情先进集体”。

【基层组织建设】 2020年，罗浮镇推动基层党组织全面标准化、规范化建设。落实党建工作责任制，落实党员帮扶制度、党员联系和服务群众制度，对基层党组织、党员开展“评星定级”活动，开展在职党员“三亮一树”、无职党员“三定一亮一树”活动，将基层党组织和每名党员纳入规范化、制度化管理轨道，完善党建工作监督体系和工作奖惩机制，对党建工作完成较好、有创新的党支部在全镇进行通报表彰，对不落实不重视的党支部进行通报批评。严格把好发展党员关，从申请入党、确定积极分子、发展对象、吸收预备党员、党员转正五大阶段严格按照程序要求执行，规范做好记录，确保不缺项。是年，吸收入党积极分子25人、吸收发展对象15人、预备党员转正21人。

【脱贫攻坚】 2020年，罗浮镇

▲罗浮圩镇全貌　（罗浮镇提供）

原有的贫困户568户1532人及5个省定贫困村全面脱贫退出，脱贫率100%。落实扶贫政策。组织驻村干部、贫困村第一书记、驻村队长、村“两委”干部逐户排查核实建档立卡贫困户的“八有”达标情况。

【新农村建设】 2020年，罗浮镇完成旧复垦项目5.86公顷，25个行政村均全面完成农村危房改造任务、村庄规划编制工作，完成卫生服务站规范建设、综合性文化服务建设和村庄公共服务中心建设，村庄绿化覆盖率30%。推进连片集中供水工程，全镇171个自然村集中供水完成108个，覆盖率63%。打造澄联村铜鼓寨森林公园、塘社村一河两岸风景带、勤光村民宿居住为一体的连片示范村，其余各村开展美化亮化工程。

【基础设施建设】 2020年，罗浮镇铜鼓寨镇级森林公园完成景点主体建设，周边设施不断完善。罗浮镇卫生院住院综合楼建成并搬迁运营。投入资金300多万元完成对圩镇内主要街道的沥青路铺设，司城门楼道路绿化景观完成改造升级。统筹推进交通道路基础设施建设、“厕所革命”、垃圾处理、污水治理、集中供水等，不断补齐农村基础设施和公共服务短板。全力做好河惠莞高速麻布岗出口至罗浮连接线的征地拆迁工作，协助市公路事务中心推动省道226线大桥头2千米的改造项目的放样和踏界工作。全年完成“四好农村路”32.3千米的攻坚任务，完成7.7千米的新农村公路路网改善工程。开展“一灯一带”建设、“平安村口”二期建设和升级工作。

【生态环境建设】 2020年，罗浮镇禁止非法砍伐林木及在自然保护区内违规用地、破坏林地行为。配合市野生动物保护相关部门，保护野生动物。加强宣传、巡查，加强物资保障和护林员队伍建设，全力做好森林防火工作。压实各级河长、湖长责任，全面建立健全“五清”专项行动长效管理机制。对罗浮河浮中段、塘社段、九板桥至南门水闸段进行河道淤积清理，对违规采砂进行巡查整治，基本完成圩镇污水管网铺设，配合市水务局完成圩镇自来水确网、13个村的村村通自来水工程。全力做好兴宁市罗浮镇东江水系罗浮河水质保护综合整治工程项目工作。

【文教体卫工作】 2020年，罗浮镇推进创建“广东省卫生镇”活动，广泛发动群众，改善全镇环境卫生。2020年被授予“广东省卫生镇”“梅州市文明镇”称号。加快发展文化体育事业，全年建成公建公营足球场5块。弘扬苏区文化、发展文化事业，罗浮镇文化站被授予“广东省特级文化站”称号。

（巫威威）

罗岗镇

【概况】 罗岗镇位于兴宁市北部，东临黄陂、黄槐，西连龙川县，南接大坪，北靠罗浮。2020年，辖30个行政村和1个社区，总面积148.52平方千米，山地1.27万公顷、水田2066.67公顷。至年末，总人口75152人，其中农业人口62364人、非农人口12788人。全镇财政总收入3049.16万元，比上年增长5.53%；财政一般预算收入61.73万元，增长96.28%。是年，粮食种植面积2254.41公顷，其中水稻种植面积2131.93公顷，总产量1.43万吨；油茶种植面积546.67公顷，总产量1022吨。

【新冠肺炎疫情防控】 2020年，罗岗镇落实“5+2”“白+黑”的值班监守制度，将全镇划分为197个网格，对重点地区返兴人员实行“七个一”管理措施，对隔离人员实行24小时轮值监守。通过微信群、公众号、政府网站、宣传单等方式，广而告之疫情防控举措，提高群众防范自觉性。收到社会各界热心人士捐助抗疫资金40多万元。全年没有发生感染案例。

【基层组织建设】 2020年，罗岗镇不断完善涵盖党委、党支部、党小组、党员四个层级的严密责任体系，不断细化各责任主体履行职责任务。深入剖析各村（社区）“两委”班子现状、思想动态，做好村级换届前期准备工作。通过政府网站、公众号、微信等方式，向全镇公开选拔一批村“两委”后备干部，收到报名资料106份。严明新一届村（社区）“两委”班子提名人选标准，完成31个村（社区）“两委”干部候选人推选工作。发挥第一书记和党建指导员作用，提升蕉一、官庄等后进党支部、软弱涣散党组织党建工作质量。蕉一、官庄2个软弱涣散党组织整改成效明显，顺利完成摘帽工作，官庄村被评为优秀等次。

▲2020年，罗岗镇霞岚村澳洲坚果种植基地 （罗岗镇提供）

全年新增入党申请人37名，培养积极分子14名，吸收预备党员12名。

【农业经济发展】 2020年，罗岗镇全面推动产业振兴，富强特色甘薯种植年产值不断提升，霞岚木耳种植效益明显，澳洲坚果基地初成规模，乡贤回归工程有力开展，与本土乡贤企业梅一客建立长期战略合作关系，板栗南瓜、黄豆种植项目首获收成。元潘油茶加工厂重建项目顺利完工，土法熟榨油茶技艺更好传承，元潘茶油品牌宣传载体更加丰富。积极引导农户复耕扩种水稻35.4公顷，流转土地533.33公顷，新增拆旧复垦13.33公顷，完成第三、第四批拆旧复垦项目共7.7公顷立项工作。

【新农村建设】 2020年，罗岗镇完成14个村村通自来水单村工程建设和坪田水库、热水水库等8宗水库大坝安全鉴定。霞岚、澄清、溪庄、溪东、蕉一5个村路灯建设、道路水泥硬底化、河堤加固等移民工程有序开展。14个村共40.77千米道路水泥硬底化全面竣工，圩镇主干道完成升级改造。新建57座农村公厕投入使用，5个足球场全面建成。

【精准扶贫】 2020年，罗岗镇“631”扶贫资金利用率99.77%，全年下拨种养殖产业奖补项目资金118.7万元，务工奖补108.2万元。扶贫项目腐竹厂实现分红到户，光伏发电收益持续稳定。全面完成建档立卡贫困户859户2509人脱贫工作，退出率100%，实现全面脱贫。

【安全生产】 2020年，罗岗镇增强防范风险意识，落实基层应急管理“四个一”建设工作，完善镇应急救援体系。落实安全生产责任制，签订各类安全生产责任书138份，开展安全生产六项专项整治行动、安全生产专项整治三年行动计划等工作，排查商户安全生产隐患357家次。落实山塘水库防汛责任和地质灾害隐患点等风险地带巡查责任，完成1278户削坡建房摸排和农村乱占耕地3755个图斑摸排查工作。德丰村重大地质灾害隐患点搬迁治理完毕。“房地一体”不动产权登记工作顺利启动。按时按量完成兵役登记工作，组建高素质民兵队伍。

【农村环境建设】 2020年，罗岗镇禁止露天焚烧秸秆和生活垃圾治理行动深入推进，出动巡查百余次，巡查范围覆盖全镇85%辖区，解决环保投诉件15件。坚持开展河道“五清”“清四乱”等专项行动。定期巡查钒钛磁铁矿点、废弃稀土矿点和关闭畜禽养殖点。推进人居环境整治，开展爱国卫生运动，村庄卫生环境大幅改善。省定贫困村、生态宜居美丽乡村的新农村奖补项目建设有序推进、“三清三拆”工作整治有效。建成“千村示范、万村整治”示范点项目10个，联兴村美丽村道工程顺利完工，官庄村生态整治项目顺利推进。

【民生民利】 2020年，罗岗镇参加城乡居民养老保险2.38万人次，完成城乡居民养老保险年审认证8220人次。全面完成低保、特困户入户核查工作，按时发放低保补贴 580万多元、五保金额260万多元、老龄津贴补助款17万多元。残联工作有序推进，全年发放残疾人生活津贴114万多元、重度补贴226万元，完成39户残疾人居家无障碍改造条件核查工作。

【社会治安综合治理】2020年，罗岗镇持续开展《中华人民共和国民法典》、禁毒、打击电信诈骗、扫黑除恶等普法宣传，

▲2020 年 10 月，罗岗教育发展基金会成立暨捐款（首批）表彰大会（罗岗镇提供）

建立健全村（居）法律顾问工作的督导机制，依法调处矛盾纠纷 400 余次，坚持开展社区矫正和刑满释放人员的安置帮教工作。全面开展犯罪线索摸排工作，全方位打击电信网络犯罪行为，顺利完成电信诈骗重点整治镇“摘帽”工作。

【行政建设】 2020 年，罗岗镇顺利办理人大议案、建议 17 件，办复率 100%。主动公开政府信息总数 88 条，其中新闻动态类 61 条，通知公告 19 条，其他信息 8 条，微信公众号“罗岗发布”发布信息 136 条。监测收集舆情 9 条，通过开展调查，并进行详细答复。主动发布主动公开《兴宁市罗岗镇 2019 年部门决算公开》。

【文教卫生】 2020 年，罗岗镇坚持教育优先发展思路，整合社会资源，成立梅州市罗岗教育发展基金会，筹集教育资金近 600 万元。持续开展艺术写生活动，擦亮罗岗文化乡镇名片。溪群村新时代文明实践站完工，红旗村红色交通站建设有序推进。成功申报省级卫生村 13 个。继续做好城乡妇女“两癌”筛查和免费孕前检查的宣传发动工作。

（王颖）

黄槐镇

【概况】 黄槐镇地处兴宁市北部，与梅县区梅西镇、平远县石正镇、江西省寻乌县交界，距兴宁城区 44 千米，省道 225 线穿镇而过。2020 年，辖 1 个社区和 12 个行政村，圩镇建成面积 1.1 平方千米，镇域总面积 95.1 平方千米，有山地面积 7513.3 公顷，耕地面积 693.1 公顷，其中水（旱）田面积 580.6 公顷。至年末，户籍人口 8593 户 35085 人，其中农业人口 21964 人、非农人口 13121 人。2020 年，镇级财政收入 2136.03 万元。粮食种植面积 867 公顷，总产 5610 吨，比上年增长 3.97%，其中水稻种植面积 794.6 公顷，总产 5343 吨，增长 7%；水果种植面积 53.5 公顷，总产 2380 吨；茶叶种植面积 6.5 公顷，总产 12 吨；茶油种植面积 660 公顷，总产 213 吨。

【新冠肺炎疫情防控】 2020 年，黄槐镇坚持防疫与发展“两手抓、两手硬”，投入 100 多万元开展新冠肺炎疫情防控。自 3 月 6 日降为低风险地区后，无新增确诊病例，全镇维持低风险地区防控等级，22 家小微企业有序复工，全镇中、小学安全复课。落实常态化疫情防控，坚持“人、物”同防，严格管控重点人员、重点场所和重点环节，全面落实防境外输入管理、冷链物品监测等措施，开展疫情防控应急演练，全面提升应急处置能力，加快完善公共卫生服务体系，开展爱国卫生运动，持续织牢织密“外防输入、内防反弹”防控网，全镇疫情防控形势稳定向好。

【基层组织建设】 2020 年，黄槐镇投入 180 多万元对镇政府 D 级危房食堂进行改造修缮。改造后的食堂由原来的 140 平方米扩充到 300 平方米，可同时容纳 100 人就餐，解决就餐环境脏乱差的问题，新增 10 间办公房及住房。投入 8 万多元改善办公区公共卫生间配备不足问题，投入 6 万多元更新党校教学设备。推进村（社区）“两委”换届前期准备工作，开展调研 45 次，逐村、逐人进行研判，提高人选质量，优化班子结构。推进村党组织书记通过法定程序担任村委会主任和村级集体经济组织、合作经济组织负责人，于 10 月中旬全面实现村党组织书记“三个一肩挑”。

【新农村建设】 2020年，黄槐镇农网改造项目有序推进，完成3条10千伏线路和89个公用变压器改造，完成“四好农村路”24.8千米建设攻坚任务，通行政村、自然村硬底化率100%。投入200多万元实施“一河两岸”景观绿道提升工程，对彩虹桥至塔下1.7千米沿河道路进行水泥硬底化、将彩虹桥至社下水泥路面拓宽至3.5米，并加设河边护栏完善沿线绿化。实施7个“千村示范、万村整治”项目，动工率100%。投入150多万元新建禾村村南山休闲广场和景观广场2个总面积4000多平方米的休闲文体广场，投入60多万元改造上围广场和敬安围广场。

▲黄槐镇电网改造施工人员新装台架设备　（林美娜　摄）

【脱贫攻坚】 2020年，黄槐镇开展产业扶贫，把握农电改革机遇，投入280多万元在禾村村和槐东村发展光伏项目，建设规模为549.15千瓦，为村集体经济收入年增收30多万元。开展消费扶贫，借助对口帮扶单位力量，推动扶贫产品进社区，拓宽贫困村农产品销售渠道，为贫困户增收19万多元。开展相对贫困村相对贫困人口退出工作，按照贫困户退出“八有”指标和贫困村退出“十项”指标进行核查，至6月底，全镇建档立卡贫困户219户638人均达到脱贫标准，2个省定贫困村达到出列标准，实现脱贫摘帽。

▲黄槐镇一级文化站图书阅览室　（石琼珍　摄）

【生态环境治理】 2020年，黄槐镇加强镇村环境卫生整治，投入100多万元对圩镇市场、重点街道、公厕等进行升级改造，全面提升圩镇环境卫生水平，成功创建“广东省卫生镇”。健全长效保洁机制，投入170多万元完善垃圾收运处置体系。推进农村生活污水全域统筹治理，新铺设污水管道6.25千米，12个行政村都达到干净整洁村标准。深入落实河长制，开展巡河2076人次，清理河道20多千米。落实生态保护，开展绿化造林工作，植林木6.1万株。对关闭煤矿、稀土进行常态化巡查，对发现的裸露矿口及时进行封堵，全年完成35个裸露矿口的封堵，严防关闭煤矿死灰复燃和发生盗窃矿井设备的违法行为。

【精神文明建设】 2020年，黄槐镇投入78万多元将三级文化站升级为一级综合文化站，完成14个“扫黄打非”工作站标准化建设，组织开展全镇书店、学校的“扫黄打非”专项检查行动，进一步维护全镇文化市场平安稳定。开展文明实践活动，开展《习近平谈治国理政》第三卷、《中华人民共和国民法典》、家风家训、脱贫攻坚等专题宣讲20场次，直接受众人数1000多人。

【应急管理】 2020年，黄槐镇提升镇级应急协调处理能力，投入近20万元采购应急系统所需的硬件和软件设施，打造面积为60多平方米的应急指挥中心。抓好防汛减灾等工作，组织镇村干部做好防御台风和“龙舟水”强降雨工作，深入开展监测、巡查，向广大群众宣传防洪度汛、地质灾害防治及处置措施，向群众发放避险明白卡2000多份。抓好国土执法监察，完成7个违法用地整治任务，完成削坡建房综合整治工作任务。全面落实森林防火网格化管理，健全镇、村两级的森林扑火队伍体系，投入30多万元强化设备、人员配备。严厉打击野外违法用火行为，查处7起野外违法用火行为。引导群众文明祭祀，开展鲜花祭祀53处。筑牢森林防火屏障，全年未发生森林火灾。

【社会治安综合治理】 2020年，黄槐镇加强社会治安管理，开展扫黑除恶专项斗争，打击各类违法犯罪行为，破获刑事案件5宗，查处行政案件32件，抓获各类违法犯罪嫌疑29人，治安形势持续好转。深入开展矛盾纠纷排查工作，受理案件130件，成功调解130件，调解成功率100%，且受理的案件均全部依时办结。

（彭溢男）

黄陂镇

【概况】 黄陂镇位于兴宁市东北部，东邻梅县石坑镇，西连罗岗及大坪镇，南邻合水镇，北接黄槐镇。2020年，辖28个行政村和1个社区。总面积127.52平方千米，有山地面积9066.7公顷，耕地面积1533.3公顷，水田面积1000公顷。总户数14663户，总人口74613人，其中农业人口48338人、非农人口26275人。全年工农业总产值约12亿元，其中工业总产值2.12亿元，农业总产值9.88亿元；公共财政预算收入2771万元，农村居民人均纯收入1.32万元。粮食种植面积1612.7公顷，总产1.07万吨，其中水稻种植面积1534.5公顷，总产1.04万吨。水果种植面积125.7公顷，总产4875吨；茶叶种植面积39公顷，总产59.25吨；油茶种植面积2073.3公顷，总产1094吨。

【新冠肺炎疫情防控】 2020年，黄陂镇在面对突如其来的新冠肺炎疫情，第一时间全方位地开展人力组织和物资保障。紧急成立镇级疫情防控指挥小组、2个督查工作组，联合交通、卫健、公安等部门迅速行动，联防联控，保障疫情防控工作平稳可控。强化警示宣传教育，组建镇级宣传队和29个村级宣传分队，58支疫情防控党员先锋队，通过无人机、宣传车、村广播、微信公众号、横幅、发放宣传单等多种形式进行宣传，引导提高群众疫情防控意识。全域实施网格管理，以村为单位，落实镇村干部网格分片包户责任和报告制度，持续织牢织密防控网，做到严控“外防输入、内防反弹”。落实村委干部、卫生健康、民警“三人小组”作用，筑牢疫情防控严密防线。

【农业生产】 2020年，黄陂镇高度重视农业基础地位，致

▲ 2020年4月24日，黄陂镇开展学校疫情防控和学生返校复学检查

（黄陂镇提供）

▲2020年，黄陂镇龙溪村打造“一河两岸”休闲健身绿道 （黄陂镇提供）

力抓农业生产发展。加强土地集约化，加快撂荒土地复耕复种、柚果种植工作，强化高标准农田水利示范工程建设，全年完成4公顷垦造水田土地集约任务，立项实施5.4公顷拆旧复垦，复耕复种31.67公顷。全年粮食面积1612.67公顷，总产1.07万吨。加快推进“一镇一业、一村一品”建设工作，明确“油茶之乡·绿色黄陂”发展新定位，发展油茶、生姜、芋荷等特色农产品规模化种植。是年，全镇油茶产业发展形势良好，挂果面积有所提升，总产值上亿元。

【民生建设】 2020年，黄陂镇加快推进总投资3133万元的村村通自来水工程，铺设管道至各村村址，黄陂镇上片群众均可用上放心干净温公水库自来水。统筹1000多万元，兴建黄陂河一河两岸休闲健身绿道近20千米，基本实现黄陂河单边或双边贯通，惠及黄陂近八成群众。筹集资金疏浚黄陂运河，解决群众灌溉和防洪问题。对省道225线黄陂段15千米全线安装路灯，解决群众夜间通行安全问题。

【社会保障】 2020年，黄陂镇完成第七次全国人口普查工作，登记人口76270人。合作医疗参保缴费及城乡社会养老保险工作基本做到应保尽保。超额完成技校招生任务数56人，完成就业与再就业工作，新增就业人数为150人，失业人员再就业120人，扶持创业25人。加强对低保工作的审核把关，清退低保户48户，全年医疗救助435人，救助资金81万多元。落实残疾人家居无障碍改造65户。做好残疾人“两项补贴”工作，领取残疾人重度补贴1015人，领取残疾人生活津贴754人。

【新农村建设】 2020年，黄陂镇加快乡村振兴连片示范村建设，打造沿河四村联动“云水谣”美丽乡村。“三清三拆三整治”工作成效初步体现，完成公厕建设任务数47座，完成12个村近20千米“四好农村路”建设。核准实施奖补项目91个，投入工程总额1888万元。有序推进实施8个美丽示范村EPC项目工程，合同投资额5036万元。推进5个“千村示范、万村整治”建设项目，不断完善村基础设施、公共文化、公共卫生、村内排污管道、路道亮化美化等设施建设。

【精准扶贫】 2020年，黄陂镇通过实施产业、就业、消费扶贫，开展种养奖补，举办职业技能培训，落实有劳力贫困人口就业385人，落实消费扶贫资金10.4万元。全面落实“三保障”政策，完成贫困户危房改造任务138户；对符合条件的建档立卡无劳力户贫困人口，全部纳入农村低保或特困人员救助供养，落实全额资助建档立卡贫困人口购买农村合作医疗保险。全镇有贫困人口543户、1436人均达到脱贫标准，5个省定贫困村达到出列标准，实现相对贫困村相对贫困人口全部有序退出。

【生态建设】 2020年，黄陂镇加强环境保护和综合治理，持续开展圩镇和省道225线沿线村“六乱”整治，清理乱堆建筑垃圾和拆除违章广告牌多处。加强露天焚烧管控，维护开设的100多千米防火带建设。抓好河长制工作，新增村级河段长34人、4名河道巡查保洁员，巡河达1148人次，整改发现问题5起。提升镇级治污能力，运营使用好学士村污水处理厂，加快中心村污水处理厂管网铺设。

【文教体工作】 2020年，黄陂镇发展文教体育事业，完善阵地建设，配齐镇级文化专员，村级文体协管员，充分利用乡村文化综合服务站（所）、道德讲堂、农家书屋、文体广场等资源，开展各类宣讲教育活动，开展“最美家庭”“文明户”“道德模范”等评选活动，传播好家风家教。全年开展《习近平谈治国理政》第三卷、《中华人民共和国民法典》、家风家训、脱贫攻坚等专题宣讲20场次。发展壮大教育事业，黄陂镇积极发动乡贤，筹集500多万元，成立镇级奖教奖学基金会。2020年首次开展奖教奖学活动，颁发荣誉证书及发放奖励金20多万元，奖励教师104人、学生135人；基金定期存银行，每年可产生22万元利息用于奖教奖学。完善黄陂中学、径口小学教学楼、足球场等场地建设，打造良好的学习环境。新建粒坑、桥尾等5处对外开放足球场地，改建甘专村、陶古村篮球场、舞台等文化娱乐设施，发挥清理闲置用地作用。

【社会治安综合治理】 2020年，黄陂镇全年排查出不稳定因素问题1件，加大打击治理电信网络诈骗新型违法犯罪活动、社会治理专项整治一系列工作力度，实现综治“雪亮工程”全覆盖。投入300多万元进行消防安全隐患整治，建立黄陂专职消防队，整合镇应急办人员、人武部民兵、志愿者等力量，壮大应急队伍，建立应急工作联动机制，制定镇级突发公共事件应急预案1个、专项应急预案10个，提升应急处置能力。

【基层组织建设】 2020年，黄陂镇进一步加强基层党建工作，抓严抓实党员干部作风建设，坚持以上率下，党员干部带头遵守中央八项规定，践行“三严三实”。积极配合巡察工作，扎实开展市委第二巡察组巡察镇党委、三佳村“回头看”反馈问题和市委村级交叉巡察第十四组巡察土墩等11个村级党组织反馈问题的整改工作，实现全镇所有村党组织巡察工作全覆盖。圆满完成村“两委”换届选举工作，选举出村“两委”干部180名。

（练德强　温惠子）

大坪镇

【概况】 大坪镇位于兴宁市西北部，东邻黄陂镇，南连叶塘镇，西接龙川县，北靠罗岗镇，是闽粤赣边区游击纵队司令员、粤赣边军政委员会主席、中共中央分局后方留守处主任罗屏汉的故乡。境内交通便利，圩镇距兴宁市区29千米，省道226线、339线贯穿全镇，平兴高速在坪洋设有1个互通口。2020年，辖37个行政村和1个社区，总面积187.09平方千米，其中山地面积1.18万公顷，耕地面积2800公顷，水田面积2135公顷。至年末，总户数19122户，总人口75952人；全镇财政预算收入3188.44万元（其中本级收入87.04万元），比上年增长6.67%。

【新冠肺炎疫情防控】 2020年，大坪镇面对新冠肺炎疫情，认真落实各项防疫工作举措，完成排查1万多户3万多人，登记“五类人员”2万多人，核查大数据反馈涉重点地区人员288人、购买退热类药品人员1589人。设立69个临时防疫检查点，检测登记车辆1万多车次、人员1.8万人次。全镇自愿捐款15.1万元，接收抗疫资金11.3万元，医用口罩3万多个，以及消毒液、防护服等防疫物资一批。充分利用“线上+线下”方式，全面铺开联防联控，悬挂宣传横幅300多条，张贴防疫宣传海报2700多张，印发各类宣传资料4.5万份。疫情防控工作取得“零确诊、零感染、零输入”阶段性成果。

【基层组织建设】 2020年，大坪镇实施南粤党员先锋工程，发展党员18人，走访慰问党员245人，发放慰问金10万多元。完成10个党政办公机构调整和挂牌，依法依规依程序完成15个村（社区）党支部书记调整和19个村（居）委会主任缺额补选工作，实现“三个一肩挑”。强化党风廉政建设，大力整治“文山会海”，抓好巡察反馈意见整改落实；持之以恒正风肃纪，严肃查处违纪违规案件，受理群众信访举报14件，查结14件，查处违纪违规案件6件，谈话提醒10人次，处分6人，通报批评5人。

【基础设施建设】 2020年，大坪镇争取市交通部门支持投入2100多万元实施坪大线整治改造工程，完成“屏汉大道”、水浸街改道路基填土平

▲2020年8月28日，嘉应学院思想政治理论课实践教学基地苏区精神（广东）研究中心研学基地揭牌仪式在罗屏汉故居举行　（翁明杰 摄）

整。完成14个村25条共24.3千米“四好农村路”建设。完成21条乡道修建安全防护栏7.08千米和6处水毁路段修复。破解上黄坑村、坪光村、省道226线大坪秋水段等多处交通瓶颈。争取市水务部门支持，投入3000多万元实施清洁型小河流域治理项目；投入4500多万元，全面完成38个村117.8千米自来水主管铺设，建成储水点16个，11个村实现安全饮水覆盖。完成黄坑、屏汉、坪联等10个村级污水处理设施和23.18千米集污管网建设，实现圩镇范围及10个村污水集中处理。投入635.3万元完成6个村移民后扶项目10个。

【红色旅游产业】 2020年，大坪镇争取省委宣传部支持下拨红色革命遗址保护及布展项目资金905万元。投入30多万元，规划编制《兴宁市大坪镇红色文化旅游产业总体规划（2020—2035）》。对罗屏汉出生地久安围、黄文杰故居修缮展陈进行规划设计。投入100多万元，完成白云村至罗屏汉故居长约1.1千米、宽约10米“屏汉大道”土地流转。完成罗屏汉出生地久安围2200多平方米、黄文杰故居1300多平方米土地20年承租。电影《生死坚守》入选2021年全民国防教育万映计划重点推介影片；罗屏汉故居被评选为苏区精神（广东）研究中心研学基地、嘉应学院思想政治理论课实践教学基地。

【生态建设】 2020年，大坪镇加强森林抚育、碳汇造林，全面推动“河长制”“湖长制”见实效，严格落实河长巡河护河职责，积极实施山塘、水库、河道综合治理和“五清”、治理“四乱”行动，清理水域面积0.77平方千米、漂浮物164吨、底泥污染物183吨。争取中央环保资金支持，投入近400万元实施完成坪中村废弃稀土矿山整治工程。全面完成2739个农村乱占耕地建房问题图斑摸排，核实乱占耕地建房图斑389个，涉及面积约10.7万平方米，其中耕地面积5.61万平方米。全镇森林防火安全形势稳定。

【民生民利】 2020年，大坪镇以民生实事项目人大代表票决制试点镇为契机，稳妥推进该镇十项民生实事的建设。发放各类社会保障金936.5万元、救助金83.19万元。投入20多万元完成镇退役军人服务站升级改造，深入推进退役军人大走访活动，走访率99%。完善留守流动儿童和困境儿童服务机制，优化儿童成长环境，完成713名妇女“两癌”免费筛查。加强乡村休闲步道、文体广场、农家书屋建设管护，突出抓好美化绿化亮化提升工程，实现乡村客运全覆盖。

【新时期精准扶贫】 2020年，大坪镇实施产业扶贫、就业扶贫、消费扶贫、党建扶贫工作举措，办好扶贫专场招聘活动，开展贫困劳动力免费技能晋升培训，帮助贫困劳动力就业。投入各类帮扶资金4007.90万元，实施帮扶项目1602个，全镇741户贫困户1960人贫困人口、5个省定贫困村均达到退出标准，实现100%“双退出”，顺利通过省2020年扶贫开发工作成效考核。

【新农村建设】 2020年，大坪镇进一步扫清“三清”工作余量，完成拆除92处9363.52平方米，其中省道沿线24处2735平方米。投入资金3997.7万元，实施5个省定贫困村和3个统筹村EPC项

▲2020 年 10 月 27 日，广东首届国际高端优质籼稻品种展示交流活动在大坪镇潭坑村举行 （李佳玲 摄）

目107个，奖补项目72个。投入310万元，实施6个村“千村示范、万村整治”项目2期7个。推进52个村级公厕建设。完成丢荒撂荒地流转100公顷，新增复耕面积60公顷、柚果种植66.67公顷。成功举办广东首届高端优质籼稻品种展示暨交流培训活动、大坪高山红薯开挖仪式活动，润丰农业专业合作社“味多来丝苗米”评为兴宁十佳优质米。潭坑等5个村列入全省村庄规划优化提升试点（第一批），争取到5.07公顷建设用地支持。

【文教卫生】 2020年，大坪籍学子考上985工程大学全日制本科生、研究生12人。考上东山中学、兴宁一中等重点高中学生87人。广东力地规划科技有限公司向大坪奖教奖学基金捐款30万元，进一步壮大奖教奖学基金池；举办大坪镇奖教奖学协会第四届表彰大会，表彰优秀师生212人，比上年增加41人。全面完成兰亭、坪中、胜利、咨洞、上大塘5个村足球场地建设。持续巩固“创文创卫”工作成效，常态化抓好圩镇市场管理，引导进店经营、明厨亮灶、明码标价，规范市场经营秩序。开展“两美”“六乱”整治、周四大扫除、农村人居环境提升“百日攻坚”等行动，强化日常卫生保洁，定时定点收集清运生活垃圾，推行禽畜集中圈养。

【社会治理】 2020年，大坪镇投入50多万元打造“红色标杆派出所”。推进扫黑除恶专项斗争，开展矛盾纠纷排查化解，调解处理各类矛盾纠纷289件，调解成功280件。统筹推进全民禁毒、反电诈、法治乡村创建工作；印发各类宣传资料3万多份，张贴海报1500多张，开展法治讲座50场次，解答法律咨询问题140余件。投入25万元安装镇村应急大喇叭39个、加装消防栓10个，为五保户免费安装消防烟感灭火器255个。检查生产经营单位97家次，查处并整改隐患239处。常态化抓好道路交通、安全生产、森林防火、建筑施工、烟花爆竹等安全隐患排查和护林防火、河道管护、国土管理等动态巡查，保持打击非法盗采河沙、倾倒固体废弃物、非法采土、盗采稀土、违规用地行为高压态势，狠抓野外违规用火、露天焚烧秸秆行为。

（李佳玲）

石马镇

【概况】 石马镇位于兴宁市东北部，东邻径南及梅县南口，西连龙田、合水，南毗永和、宁中，北接梅县石坑。2020年，辖26个行政村和1个社区。总面积107.78平方千米，耕地面积1140公顷，其中水田面积1006.7公顷，旱畲地面积1372公顷，山地面积9000公顷。至年末，总户数9430户，总人口37730人，其中农业人口34552人、非农人口3151人；农业总产值4.11亿元；财政总收入2214.5万元，其中：预算内收入2025.08万元，预算外收入189.42万元；农村人均纯收入8903元。是年，粮食种植面积1671公顷，总产量1.12万吨，其中水稻种植面积1642.1公顷，总产1.005万吨；水果种植面积425.9公顷，总产量2.94万吨；茶叶种植面积14.6公顷，总产量83吨；油茶种植面积1539公顷，产量1120吨。

【新冠肺炎疫情防控】 2020

年，石马镇投入防疫资金200多万元，排查1万多人，居家隔离60多人、集中隔离2人，实现零病例、零感染，疫情防控取得阶段性成果。疫情稳控后，千方百计组织复工复产，做好常态化疫情防控，严格管控重点场所、重点人员和重点环节，完善公共卫生服务体系，开展爱国卫生运动，抓好冬春季疫情防控，持续做好“外防输入、内防反弹”工作。

【新农村建设】 2020年，石马镇全面实施“两美”行动，年投入100多万元运行保洁机制，提升城乡人居环境；推进新农村建设，EPC项目立项64个，实际使用资金2500多万元，奖补项目立项19个，实际使用资金1000多万元，洋门村通过新农村建设成为周边群众的“打卡地”；扎实推进“六村联动”新农村连片示范项目，在原来省定贫困村建设社会主义新农村示范村的基础上，增加投入3500万元，打造示范片区，引领带动全镇新农村建设；全面完成2020年度面上村厕所革命任务，新建简易公厕33座；通过“千村示范、万村整治”项目撬动社会资金投入新农村建设，全镇立项9个，撬动社会资金240多万元。

【新时期精准扶贫】 2020年，石马镇解决饮水安全项目1个，惠及农户290户；实施道路硬底化、美化、亮化工程13个；26个村均完成村卫生站和服务平台建设；落实贫困户种养产业项目9279个，投资1061.34万元；4个省定贫困村投资收益和光伏发电收益每年150万元以上。全镇745户1981人实现脱贫，脱贫率100%；4个省定贫困村全部达到退出标准。

【民生民利】 2020年，石马镇加强劳动力转移就业，结合精准扶贫，全年组织农村劳动力技能培训2次，培训各类劳动力300多人，转移就业170多人；按时足额发放种粮直补资金130多万元，生态公益林补偿资金110多万元；五保、低保人员实现应保尽保，敬老院硬、软件和管理水平进一步提高；全年发放老龄补贴900多人次20多万元。

【文教体育】 2020年，石马镇创建“广东省卫生镇”。主导组织成立石马镇教育基金会，筹集基金近800万元。全民健身工程有序推进，石马镇足球队获得2020年市长杯亚军。全年完成“送戏下乡”3场次，完成“送影下乡”311场次，镇文化站、各村农家书屋按时开放，为群众提供良好的文化学习场所。

【社会治安综合治理】 2020年，石马镇充分发挥“中心+网格化+信息化”体系和综治联勤指挥室作用，全力做好维护社会稳定工作。开展普法宣传、禁毒宣传、反电信网络诈骗活动40多场次。认真开展全面禁毒工作，加强易制毒场所排查巡查，积极推进社区戒毒（康复）“8·31”工程。全年受理调处纠纷32宗，结案32宗，结案率100%。派出所全年刑事立案22件，破获15件，破案率70%。加强安全生产工作宣传，开展交通安全宣传劝导，加大对加油站、燃料气站等高危行业和商场、公车站等公共场所的隐患排查，全年未发生重大安全生产事故。

【基层组织建设】 2020年，石马镇各级党组织开展专题学习220多次，成立宣讲团，开展宣讲活动。通过制作大型宣传栏、悬挂横幅、印刷宣传单等形式，宣传习近平总书记系列重要讲话精神。全年轮训党员880人，发展党员11人。

（钟文东）

名 录

责任编辑：李晨阳

2020年兴宁市领导班子成员名单

中共兴宁市委

市委书记：余其豹

市委副书记：洪国华　何志平

市委常委：余其豹　洪国华　何志平
徐　甦　赖伟强（任至9月）
何小娟　骆小锐（9月任职）
冯　振　邓　强　袁勇华
朱志勇　蒋建青　蓝　蓝

政协兴宁市委员会

主　席：罗利娜

副主席：罗苑铭　罗宇芳
谢文航　郑　华
罗健辉　曾庆雄

兴宁市人大常委会

主　任：何建元

副主任：李福泉　何伟忠　廖红彬
温建文　刘秋宏　刘瑞灵（6月任职）

中共兴宁市纪律检查委员会

书　记：冯　振

副书记：刘瑞灵（任至5月）
陈远辉
袁望中（5月任职）

兴宁市人民政府

市　长：洪国华

常务副市长：徐　甦

副市长：姚智超（任至1月）
蓝　蓝　陈日新　曾招强
罗丽平　练胜红　潘启东

兴宁市监察委员会

主　任：冯　振

副主任：刘瑞灵（任至5月）
陈远辉
袁望中（5月任职）

2020年兴宁市直和省、梅州属驻兴宁各单位及各镇（街道）领导干部名单一览表

表13

机构名称	领导成员名单
中共兴宁市 纪律检查委员会机关	书　记：冯　振 副书记：刘瑞灵（任至5月）　陈远辉　袁望中（5月任职） 常　委：罗定权　袁望中（任至5月）　曾世欣　曾小苑　刁勇辉（5月任职）
兴宁市监察委员会	主　任：冯　振 副主任：刘瑞灵（任至6月）　陈远辉　袁望中（6月任职） 委　员：曾世欣　曾小苑　罗清清　刁勇辉（任至6月）　黄伟平（6月任职）
中共兴宁市委办公室	主　任：邓　强 副主任：黄勇华　刘智丰　张奎宏（6月任职） 陈思东（任至6月）　周黎明（任至6月）
兴宁市人大常委会办公室	主　任：陈自渊 副主任：巫东海　李淡宗　林远文
兴宁市人大常委会 监察和司法工作委员会	主　任：陈志文 副主任：谢　慧
兴宁市人大常委会 财政经济工作委员会	主　任：罗赞龙 副主任：张东红
兴宁市人大常委会 农业农村工作委员会	主　任：刘文忠 副主任：李东平
兴宁市人大常委会 教育科学文化卫生 工作委员会	主　任：彭立峰（任至11月）
兴宁市人大常委会 选举联络人事任免 工作委员会	主　任：孙小龙 副主任：彭文芳
兴宁市人大常委会 城乡建设环境与资源保护 工作委员会	主　任：罗建新 副主任：王小波

续表 13

机构名称	领导成员名单
兴宁市人民政府办公室	主　任：彭伟洪 副主任：刘野青　石战宇　何森清　黄　辉　罗　辉（任至4月）
政协兴宁市委员会办公室	主　任：陈伟东 副主任：王洪尧　刘善君
政协兴宁市委员会 农业和农村委员会	主　任：范圣权 副主任：曾海青
政协兴宁市委员会 港澳台侨外事和联络委员会	主　任：钟　青 副主任：曾育宏
政协兴宁市委员会 科教卫体和文史资料委员会	主　任：陈志锋 副主任：练雄标
政协兴宁市委员会 提案委员会	主　任：钟胜良 副主任：陈志强
政协兴宁市委员会 经济委员会	主　任：刘小炎 副主任：钟建秀（6月任职）
政协兴宁市委员会 社会法制和人口资源环境 委员会	主　任：陈伟林 副主任：胡萍萍
中共兴宁市委组织部	部　长：赖伟强（任至9月）　骆小锐（9月任职） 常务副部长：谢振国 副部长：张德辉　李顺新　王小华　李广青　张利红（任至7月）　袁　亮（7月任职）
中共兴宁市委宣传部	部　长：何小娟 常务副部长：何耿明（任至7月）　黄佑鹏（7月任职） 副部长：刘学伟　黄佑鹏（任至7月） 文明办专职副主任：罗　静
中共兴宁市委 统一战线工作部	部　长：袁勇华 常务副部长：温振秋（任至3月）　温会权（3月任职） 副部长：温会权（任至3月）　邓超明（3月任职）　罗红娟（3月任职）

续表 13

机构名称	领导成员名单
中共兴宁市委政法委员会	书　记：朱志勇 常务副书记：钟绍红 副书记：肖浩文　张海荣
中共兴宁市委机构编制委员会办公室	主　任：李广青 副主任：刘秋琼　薛　锋
中共兴宁市直属机关工作委员会	书　记：吴新明 副书记：许文华（任至 11 月）　何森华
中共兴宁市委老干部局	局　长：张利红（任至 7 月）　袁　亮（7 月任职） 副局长：何复荣（任至 7 月）　赖望珍　杨锦茂（7 月任职）
兴宁市人民法院	院　长：陈声欢（任至 7 月）　周展明（7 月任职） 副院长：王清波（任至 9 月）　张思东　何金盛 党组书记：陈声欢（任至 7 月） 党组副书记：王清波（任至 9 月） 纪检组组长：（空缺）
兴宁市人民检察院	检察长：李培军（任至 11 月） 代理检察长：彭　宙（11 月任职） 副检察长：李炎飞（任至 11 月）　赖建华　罗梅辉 党组书记：李培军（任至 11 月）　彭　宙（11 月任职） 党组副书记：李炎飞（任至 11 月） 纪检组组长：（空缺）
兴宁市发展和改革局	局　长：刘导文 副局长：罗建军　李小波　钟月才　刘德斌（任至 12 月）　刘苍山　范湘萍
兴宁市教育局	局　长：郭远林 副局长：曾洪生（3 月任职）　陈春红　刘跃东（任至 2 月）　张新金
兴宁市科工商务局	局　长：张小海 副局长：丘　炜　黄启泉　郭国栋　罗　文　李宇浪　刘　伟　刘云辉　石俊雄　李满红（任至 11 月）　欧阳勇辉

续表 13

机构名称	领导成员名单
兴宁市公安局	局　长：曾招强 政　委：伍海波（1 月任职） 常务副局长：伍海波（任至 2 月） 副局长：罗伟航　石天泉　张向东（5 月任职）　陈勇强 纪委书记：黄立真（任至 4 月）
兴宁市民政局	局　长：何群标 副局长：范耀新（11 月任职）　刘科平（5 月任职）　曾晓波（5 月任职） 饶杏超（任至 5 月）　曾志嫦（任至 11 月）
兴宁市司法局	局　长：何伟洪 副局长：廖春芳　张远辉　杨　军
兴宁市财政局	局　长：陈思忠 副局长：刘建华（任至 11 月）　张永坚　刘海波　朱金炎（11 月任职） 总会计师：朱金炎（任至 11 月）
兴宁市人力资源和社会保障局	局　长：李顺新 副局长：丘怀光　罗龙章　刘伟明　曾　瑜
兴宁市自然资源局	局　长：刘铭中（任至 1 月）　陈伟东（1 月任职） 副局长：刘　心　张俊杰　李清辉　钟伟崇（11 月任职）
兴宁市住房和城乡建设局	局　长：刘　坚（任至 4 月）　彭晓明（4 月任职） 副局长：孙运辉　翁戈飞　陈志彬　曾　然 总工程师：周振辉
兴宁市交通运输局	局　长：吴尚华 副局长：谢志勇　陈仕辉　曾新胜 总工程师：王　波（1 月任职）
兴宁市水务局	局　长：李坤明 副局长：赖超华　陈毅光　黄锦添（任至 11 月） 总工程师：李　聪

续表 13

机构名称	领导成员名单
兴宁市农业农村局	局　长：曾巨文（任至9月）　曾小芬（9月任职） 副局长：罗志高　李小文　曾宪尧　钟韬良　陈静标　何军辉　林　斌　廖伟坤
兴宁市文化广电旅游体育局	局　长：欧阳秋茹（任至3月）　邹燕锋（3月任职） 副局长：潘伟明　彭尚东　黄法平　李永芳　陈永辉　钟夏渊
兴宁市卫生健康局	局　长：陈秋吾 副局长：罗小锋　刘思佳　曾月辉　钟剑伟
兴宁市退役军人事务局	局　长：刘尚方 副局长：陈　云　罗燕丽
兴宁市应急管理局	局　长：陈志标 副局长：张淦清　谢永红　练伟强　黄建辉
兴宁市消防救援大队	大队长：李　龙（任至12月）　吴增鑫（12月任职） 教导员：李建设 副大队长：郭政伟
兴宁市审计局	局　长：钟剑波 副局长：邱文先　潘志平
兴宁市市场监督管理局	局　长：黄耀添 副局长：蒋泉桢　范伟华　刘宁平　陈春帆　袁素文　张永新　叶宏君
兴宁市统计局	局　长：曾东球 副局长：饶振旺　刘信昌
兴宁市医疗保障局	局　长：张伟兰 副局长：钟洪彬　罗春雄
兴宁市城市管理和综合执法局	局　长：黄浩灵 副局长：陈小良　刘天华　李　永
兴宁市信访局	局　长：黄启东 副局长：罗小忠　张　炜

续表 13

机构名称	领导成员名单
兴宁市政务服务数据管理局	局　长：许振波 副局长：林汉辉　孙文冠
兴宁市林业局	局　长：潘启东（任至 1 月）　刘铭中（1 月任职） 副局长：卢宝炎　黄小清　曾宪禹
中共兴宁市委党校	校　长：杨颂阳（任至 7 月）　赖伟强（7 月任至 9 月）　骆小锐（9 月任职） 常务副校长：杨颂阳（7 月任） 副校长：黄日松　刘松茂
中共兴宁市委党史研究室	主　任：范益民 副主任：柯干雄（任至 7 月）　曾远红
兴宁市档案馆	馆　长：刘智丰（7 月任职） 副馆长：罗思洪　李小利
兴宁市地方志办公室	主　任：秦建浩 副主任：沈远东
兴宁市融媒体中心（兴宁市广播电视台）	市广播电视台台长：陈自立 市广播电视台副台长：陈伟辉　李　冲　陈凯明 市广播电视台总编辑：廖勇平 市融媒体中心主任：陈自立（12 月任职） 市融媒体中心副主任：陈伟辉（12 月任职）　李　冲（12 月任职）　陈凯明（12 月任职） 市融媒体中心总编辑：廖勇平（12 月任职）
兴宁市公路事务中心	主　任：曾勇威 副主任：黄科文　李春雄　马平平
兴宁市社会保险基金管理局	局　长：黎伟新
兴宁市二轻集体企业联社	主　任：刘海辉 副主任：何广名
兴宁市公共人才服务中心	主　任：曾立洪 副主任：彭汝君　袁伟方

续表 13

机构名称	领导成员名单
兴宁市房产服务中心	主　任：孙运辉 副主任：罗雄标　林茂全
兴宁市供销合作社联合社	主　任：廖裕导 副主任：李新利　罗　旋　凌　通（5 月任职）
东莞石碣（兴宁）产业转移工业园管理委员会	主　任：马志源 副主任：钟旅平　刘　杰　刘福标
梅州市住房公积金管理中心兴宁市经办业务分理处	主　任：巫为民
兴宁市总工会	主　席：温建文（任至 7 月）　刘瑞灵（7 月任职） 常务副主席：杨　文 副主席：钟胜章（任至 3 月）　陈飞泉（6 月任职）　陈洁红
中国共产主义青年团兴宁市委员会	书　记：王超宙（4 月任职） 副书记：王超宙（任至 4 月）　罗学宏　吴燕锋（5 月任职）
兴宁市妇女联合会	主　席：邹燕锋（任至 3 月）　刘　凌（3 月任职） 副主席：温玲玲　王玉芳
兴宁市工商业联合会	主　席：徐毅坚 副主席：钟家平（任至 6 月）　曾巨文（7 月任职）　张奎宏（任至 7 月）　黄海珍　曾志嫦（11 月任职）　叶柳春　张文东　陈焕新　赖伟东　李奕权　杨亚文　张　弦　叶学渊　刘　勇　陈　勇　刘名远　刘信辉　何柏东　陈小平　罗建雄　蔡幸丽 党组书记：钟家平（任至 6 月）　曾巨文（7 月任职） 秘书长：陈　莉
兴宁市文学艺术界联合会	主　席：廖润源 副主席：巫晶华　罗　琳
兴宁市归国华侨联合会	主　席：刘　凌（任至 3 月）　欧阳秋茹（3 月任职） 副主席：薛　冰　吴秋芳
兴宁市残疾人联合会	理事长：袁　亮（任至 7 月）　王建平（7 月任职） 副理事长：曾　思　曾维添

续表 13

机构名称	领导成员名单
兴宁市科学技术协会	主　席：黄志平 副主席：黄任文　黄德强
兴宁市 社会科学界联合会	主　席：彭晓明（任至 4 月）　刘　坚（4 月任至 5 月） 副主席：邓国新
中国国民党革命委员会 广东省兴宁市委员会	主　委：廖强栋 副主委：廖伟坤　曾庆浩
中国民主同盟 广东省兴宁市委员会	主　委：谢文航 副主委：罗　高　张颂华
中国民主建国会 广东省兴宁市委员会	主　委：黄任辉 副主委：练小辉　陈炯番
兴宁市物资总公司	副总经理：廖汉新
兴宁市商业集团公司	总经理：温怀忠（任至 11 月）
兴宁市自来水总公司	董事长（总经理）：朱春强
梅州市生态环境局 兴宁分局	局　长：黄伟文 副局长：罗远强　罗庆平　叶云星
国家税务总局 兴宁市税务局	局　长：李品良（任至 12 月） 副局长：何坤文（任至 6 月）　曾益平（任至 6 月）　刘建雄（任至 6 月） 罗　伟　黄立权　刘文胜（任至 6 月）　丘碧华　张添华 纪检组组长：赖铭学 总经济师：罗新峰（任至 6 月）
兴宁市气象局	局　长：罗伟华（11 月任职） 副局长：罗伟华（任至 11 月）

续表 13

机构名称	领导成员名单
国家统计局兴宁调查队	队　长：彭　燕 副队长：周进军
中国邮政集团有限公司 广东省兴宁市分公司	总经理：陈清权 副总经理：汤怀裕　陈　利　丘　杨（任至9月）　邱裕洪（10月任职）
中国电信股份有限公司 兴宁分公司	总经理：王　建 副总经理：华国威　邹文锋（3月任职）　罗妙元（任至1月）
中国移动通信集团 广东有限公司兴宁分公司	总经理：孙宇翔 副总经理：曾怀宗（任至5月）　陈天湖（5月任职）
中国联合网络通信有限公司 兴宁市分公司	总经理：汪成龙 副总经理：陈东松　李小荣（任至1月）　陈　浩（1月任职）
广东电网有限责任公司 梅州兴宁供电局	党委书记、副总经理：廖晓明 党委副书记、总经理：黄治勇 副总经理：卓建丰　张达洄　李　杰
兴宁市烟草专卖局 （分公司）	局长（经理）：李文辉 副经理：刘远涛 副局长：余云中
广东省盐业集团 梅州有限公司兴宁分公司	经　理：曾伟强
中国人民银行兴宁市支行	行　长：陈寿亮 副行长：王森浩
中国工商银行股份有限公司 兴宁支行	行　长：熊海昌 副行长：陈丽娟　黄新民
中国银行股份有限公司 梅州兴宁支行	行　长：刘　政（任至12月） 副行长：陈广森（10月任职）　黄艳红　罗拥军　钟其良（任至10月） 李堃辉（任至9月）　巫武雅（9月任职）　李俊伟（3月任职）

续表 13

机构名称	领导成员名单
中国建设银行股份有限公司兴宁支行	行　长：邓瑞宏 副行长：李其志
中国农业银行股份有限公司兴宁市支行	行　长：赖　鹏（6 月任职） 副行长：黄春泉　黎斯婷（1 月任职）　罗永都（12 月任职）　陈茂东（任至 7 月） 杨伟安（7 月任至 12 月）　黄　瑞（任至 2 月） 纪委书记：朱钦州
中国农业发展银行兴宁市支行	行　长：邓良生（任至 8 月） 副行长：熊依添（8 月任职，代为履行行长职责） 副行长：王思彬
广发银行梅州兴宁支行	行　长：吴文俊（任至 2 月）　罗远峰（2 月任职）
广东兴宁农村商业银行股份有限公司	董事长：杨　帆 行　长：李文彦 监事长：刘　颂 副行长：林全达　黄尚文　黄仕锐
中国人寿保险股份有限公司兴宁支公司	总经理助理：张宇辉（1 月任职，主持工作）
中国人民财产保险股份有限公司兴宁支公司	总经理：吴　良（任至 11 月）　陈纪勇（11 月任职）
兴田街道	党工委书记：石秀芳 党工委副书记、办事处主任：杨秋阳 人大工委主任：幸伟宏（任至 7 月）　邹强兵（9 月任职） 党工委副书记：陈飞泉（任至 5 月）　黄迪锋　陈新淼（7 月任职） 党工委委员、办事处副主任：曾小华 党工委委员：曾子玲（任至 3 月）　黄慧梅　温利红　彭飞苑 陈伟礼　罗　誉　潘光辉　曾　涛　周志明（4 月任职） 人大工委副主任：陈建彬 办事处副主任：刘俊煌　刘文光　刘　婷（11 月任职）　陈新淼（任至 7 月）

续表 13

机构名称	领导成员名单
宁新街道	党工委书记：吴思波 党工委副书记、办事处主任：何　为 人大工委主任：凌万明 党工委副书记：曾云清（4 月任职）　陈小玲 党工委委员、办事处副主任：曾云清（任至 4 月）　袁　魏（4 月任职） 党工委委员：苏严松　刘宇云　何东红　刘飞球　李维坚（任至 11 月） 蒋美苑　刘东援　余　冰（4 月任职） 办事处副主任：何耿辉　刘苑红　刘国和
福兴街道	党工委书记：童东平（3 月任职） 党工委副书记、办事处主任：童东平（任至 3 月）　黄威灵（3 月任职） 人大工委主任：何永添（任至 7 月）　李满红（11 月任职） 党工委副书记：张建明（任至 6 月）　赖福腾　曾迪华（6 月任职） 党工委委员、办事处副主任：刘作明 党工委委员：何丽娴　何晓辉　曾伟思　曾迪华　林海彬　黄秋璇 人大工委副主任：曾裕龙（7 月任职） 办事处副主任：刘艳琼　陈　平
宁中镇	党委书记：王建平（任至 6 月）　罗　平（8 月任职） 党委副书记、镇长：彭燕妮 人大主席：罗建新 党委副书记：袁利雅　罗海东 党委委员、副镇长：赖淼龙 党委委员：陈子明　巫翠霞　李子红　钟国炎　周　宁　钟华飞 人大副主席：黄　豪 副镇长：刘裕春　刘海中
刁坊镇	党委书记：罗国强 党委副书记、镇长：罗　平（任至 8 月）　刘舫斯（11 月任职） 人大主席：陈伟洪 党委副书记：黄威灵　罗亮宏 党委委员、副镇长：钟俏锋 党委委员：丘曼莉　刁利妮　王新唐　何权辉　周山客　陈伟东　陈奔旺（6 月任职） 人大副主席：罗坛标 副镇长：王苑梅　罗勇辉

续表 13

机构名称	领导成员名单
坭陂镇	党委书记：邓利民 党委副书记、镇长：陈君辉 人大主席：陈远新 党委副书记：曾尚辉　何宏新 党委委员、副镇长：丘文勇 党委委员：蓝小琼　张艳辉　温作环　李新梅　陈　云　刘俊锋　陈新茂　何浩泉 人大副主席：王建军 副镇长：陈永文　李峥嵘　王伟操
龙田镇	党委书记：曾小芬（任至 7 月）　刘超华（8 月任职） 党委副书记、镇长：刘超华（任至 8 月）　彭立峰（11 月任职） 人大主席：刘茂云 党委副书记：曾晓波（任至 5 月）　刘舫斯（任至 11 月）　刘宇辉（7 月任职） 党委委员、副镇长：刘宇辉（任至 7 月）　杨文俊（7 月任职） 党委委员：钟志雄　李小芳　苏彦明　高伟红　王　龙 人大副主席：廖强栋 副镇长：杨文俊（任至 7 月）　李美容
合水镇	党委书记：赖建文 党委副书记：陈　静（任至 3 月）　罗　辉（3 月任职） 镇长：陈　静（任至 3 月）　罗　辉（6 月任职） 人大主席：杨伟连 党委副书记：谢利香　马建春 党委委员、副镇长：陈晖辉 党委委员：许汉强　苏　华　罗娟玲　丘振洪　刘永星 人大副主席：曾铁坚 副镇长：罗小嫦　苏剑辉
叶塘镇	党委书记：陈伟东（任至 1 月）　万耀明（3 月任职） 党委副书记、镇长：万耀明（任至 3 月）　练学伟（7 月任职） 人大主席：罗志东 党委副书记：练学伟（任至 7 月）　朱远平　肖雷鸣（7 月任职） 党委委员、副镇长：肖雷鸣（任至 7 月） 党委委员：李伟浩　王文建　刘　静　肖　滨　何丽琼 石　宏　彭百超　李兴邦（11 月任职）　幸珊媚（任至 3 月） 人大副主席：王　忠 副镇长：彭志光　黄映香　陈炯番

续表13

机构名称	领导成员名单
新陂镇	**党委书记：** 李新强 **党委副书记、镇长：** 陈媛媛 **人大主席：** 罗汉新（任至3月） 宋博鹏（6月任职） **党委副书记：** 宋博鹏（任至6月） 张建明（6月任职） 张祖波 **党委委员、副镇长：** 罗晋导 **党委委员：** 陈　忠　刘可辉　罗小新　何伟强　邹建辉 **人大副主席：** 罗永忠 **副镇长：** 曾环东　戴胜安
永和镇	**党委书记：** 胡启宏 **党委副书记、镇长：** 曾　波 **人大主席：** 王英霞 **党委副书记：** 李映华　李维坚（11月任职） **党委委员、副镇长：** 钟自红 **党委委员：** 谢海明　李标明　陈宇东　周维新　曾超群（任至1月） 李国东 **人大副主席：** 罗志波 **副镇长：** 罗新辉　罗辉红
径南镇	**党委书记：** 曾秋勇 **党委副书记、镇长：** 罗汉新（3月任职） **人大主席：** 曾铭辉 **党委副书记：** 彭永源（任至6月） 廖胜光（11月任职） **党委委员、副镇长：** 幸志辉 **党委委员：** 张建雄　范友良　钟晓峰　蓝伟雄 袁文苑（任至1月） 赖海桂（4月任职） 黄平忠（5月任职） **人大副主席：** 张世良 **副镇长：** 黄任辉　杨小娟
新圩镇	**党委书记：** 邓超明（任至3月） 陈　静（3月任职） **党委副书记、镇长：** 罗　超 **人大主席：** 何颂文 **党委副书记：** 张宇东 **党委委员、副镇长：** 周小勇 **党委委员：** 何苑威　曾繁清　范子明　彭文燕　杨源辉（4月任职） **人大副主席：** 刘端贤 **副镇长：** 罗区元　陈国新

续表 13

机构名称	领导成员名单
水口镇	党委书记：黄志勇 党委副书记、镇长：曾发茂 人大主席：曾洪生（任至 3 月） 张苑龙（6 月任职） 党委副书记：李宇苑 蓝广新（7 月任职） 党委委员、副镇长：陈天文 党委委员：罗 丽 陈海方 陈静娴 黄勇君 黄利清 陈奔旺（任至 6 月） 人大副主席：蓝志华 副镇长：黄 斌（任至 11 月） 谢秋莹 黄林坚
罗浮镇	党委书记：曾 胜 党委副书记、镇长：陈凯平 人大主席：李伟斌 党委副书记：刘阳辉 赖远辉（4 月任职） 党委委员、副镇长：杨锦茂（任至 7 月） 叶庆辉（8 月任职副镇长） 党委委员：刘新强 刘会兰 刘金灵 钟丰犇（任至 4 月） 李兴邦（任至 11 月） 人大副主席：伍 东 副镇长：赖远辉（任至 4 月） 丘海洪 谢 安（8 月任职）
罗岗镇	党委书记：钟安胜 党委副书记、镇长：欧阳晓波 人大主席：周建平 党委副书记：陈伟忠 刘世泉 党委委员、副镇长：余 冰（任至 4 月） 袁庆豪（7 月任职副镇长） 党委委员：曾碧辉 黄 琴 巫海东 张苑标 钟宇兵 人大副主席：高绍廉 副镇长：刘文海 温春祥 刘嘉焕
黄槐镇	党委书记：罗卫星 党委副书记、镇长：蓝 彬 人大主席：陈勇强 党委副书记：曾新华 石文彬 党委委员、副镇长：李建波 党委委员：何文强 何海平 黄宇梁 陈志强 魏燕玲 黄平忠（任至 7 月） 人大副主席：刘宇山 副镇长：何小青 何柳斌

续表 13

机构名称	领导成员名单
黄陂镇	党委书记：杨洪亮 党委副书记、镇长：袁作胜 人大主席：邹强兵（任至 8 月） 党委副书记：黄伟光　罗文峰（7 月任职） 党委委员、副镇长：曾岳鹏 党委委员：罗文峰（任至 7 月）　钟汉平　钟启文　练达强　廖胜光（任至 11 月）　温聪兴　黄祖常　张　科　邹晗媚（12 月任职） 人大副主席：钟森华 副镇长：叶胜良　练海峰　曾远东（7 月任职）
大坪镇	党委书记：许杰浩 党委副书记、镇长：刘　渊 人大主席：朱碧锋 党委副书记：罗伟南　巫远清 党委委员、副镇长：刘　东 党委委员：罗元伟　黄爱中　杨伟区　罗志雄　陈　兵　黄凯波　林　莉 人大副主席：黄水祥（任至 7 月）　朱楚彬（12 月任至职） 副镇长：佘彬朋　罗　云　钟在明
石马镇	党委书记：孙伟权 党委副书记、镇长：卢志煌 人大主席：邓　锋 党委副书记：王绍雄　林文美 党委委员、副镇长：张颂波 党委委员：王勇强　廖锦均　何妙军　黄国青　伍永锋　刘仕伟（3 月任职） 人大副主席：潘裕洪 副镇长：刘仕伟（任至 3 月）　陈侃彝　曾　玲（7 月任职）

2020 年度获厅级以上荣誉的先进单位名单

2020 年度兴宁市获省部级以上荣誉的先进单位一览表

表 14

获奖单位（部门）	授称年月	授予单位	荣誉名称
兴宁市福兴消防救援站	2020 年 5 月	共青团中央	全国五四红旗团支部
兴宁市龙田镇人民政府	2020 年 11 月	农业农村部	全国“一村一品”示范镇
兴宁市石马镇新群村	2020 年 11 月	中央精神文明建设指导委员会	继续保留全国文明村称号
兴宁市福兴街道人民调解委员会	2020 年 12 月	司法部	2020 年全国模范人民调解委员会
广东富农生物科技股份有限公司	2020 年 12 月	中共广东省委 广东省人民政府	广东省先进集体

2020 年度兴宁市获省直部门表彰的先进单位一览表

表 15

获奖单位（部门）	授称年月	授予单位	荣誉名称
兴宁市消防救援大队	2020 年 1 月	广东省消防救援总队	2019 年度执勤训练先进大队
兴宁市消防救援大队	2020 年 2 月	广东省消防救援总队	2019 年度全省消防救援队伍安全工作大队级先进单位
兴宁市公安局	2020 年 5 月	广东省公安厅	2019 年执法质量考评优秀县级公安机关
兴宁市图书馆	2020 年 6 月	广东省文化和旅游厅	广东省基层文化工作先进单位
兴宁市人力资源和社会保障局	2020 年 7 月	广东省人力资源和社会保障厅	2020 年度广东人社窗口单位业务技能练兵比武活动分片赛（潮州赛区）团体二等奖
兴宁市消防救援大队	2020 年 7 月	中共广东省消防救援总队委员会	2019—2020 年度先进基层党组织
兴宁市突发事件预警信息发布中心	2020 年 7 月	广东省气象局	嘉奖
国家税务总局兴宁市税务局第一税务分局	2020 年 7 月	广东省妇女联合会	广东省三八红旗集体

续表 15

获奖单位（部门）	授称年月	授予单位	荣誉名称
兴宁市黄陂镇（油茶）	2020 年 8 月	广东省农业农村厅	广东省“一村一品、一镇一业”专业镇
兴宁市新陂镇三新村（丝苗米）	2020 年 8 月	广东省农业农村厅	广东省“一村一品、一镇一业”专业村
兴宁市新陂镇新元村（丝苗米）	2020 年 8 月	广东省农业农村厅	广东省“一村一品、一镇一业”专业村
兴宁市新陂镇新金村（丝苗米）	2020 年 8 月	广东省农业农村厅	广东省“一村一品、一镇一业”专业村
兴宁市龙田镇碧园村（肉鸽）	2020 年 8 月	广东省农业农村厅	广东省“一村一品、一镇一业”专业村
兴宁市龙田镇羊岭村（肉鸽）	2020 年 8 月	广东省农业农村厅	广东省“一村一品、一镇一业”专业村
兴宁市龙田镇鸡公桥村（肉鸽）	2020 年 8 月	广东省农业农村厅	广东省“一村一品、一镇一业”专业村
兴宁市龙田镇环陂村（肉鸽）	2020 年 8 月	广东省农业农村厅	广东省“一村一品、一镇一业”专业村
兴宁市永和镇新寨村（蔬菜）	2020 年 8 月	广东省农业农村厅	广东省“一村一品、一镇一业”专业村
兴宁市永和镇三枫村（茶叶）	2020 年 8 月	广东省农业农村厅	广东省“一村一品、一镇一业”专业村
兴宁市永和镇林场村（茶叶）	2020 年 8 月	广东省农业农村厅	广东省“一村一品、一镇一业”专业村
兴宁市宁中镇石岭村（水稻）	2020 年 8 月	广东省农业农村厅	广东省“一村一品、一镇一业”专业村
兴宁市黄陂镇后山村（油茶）	2020 年 8 月	广东省农业农村厅	广东省“一村一品、一镇一业”专业村
兴宁市黄陂镇留陂村（油茶）	2020 年 8 月	广东省农业农村厅	广东省“一村一品、一镇一业”专业村
兴宁市黄陂镇龙溪村（油茶）	2020 年 8 月	广东省农业农村厅	广东省“一村一品、一镇一业”专业村
兴宁市黄槐镇禾村（丝苗米）	2020 年 8 月	广东省农业农村厅	广东省“一村一品、一镇一业”专业村
兴宁市新圩镇大村（鸡枞菌）	2020 年 8 月	广东省农业农村厅	广东省“一村一品、一镇一业”专业村
兴宁市新圩镇官峰村（沙田柚）	2020 年 8 月	广东省农业农村厅	广东省“一村一品、一镇一业”专业村
兴宁市大坪镇友联村（丝苗米）	2020 年 8 月	广东省农业农村厅	广东省“一村一品、一镇一业”专业村

续表 15

获奖单位（部门）	授称年月	授予单位	荣誉名称
兴宁市大坪镇大东村（丝苗米）	2020 年 8 月	广东省农业农村厅	广东省“一村一品、一镇一业”专业村
兴宁市大坪镇潭坑村（丝苗米）	2020 年 8 月	广东省农业农村厅	广东省“一村一品、一镇一业”专业村
兴宁市石马镇米渡村（油茶）	2020 年 8 月	广东省农业农村厅	广东省“一村一品、一镇一业”专业村
兴宁市径南镇马山村（茶叶）	2020 年 8 月	广东省农业农村厅	广东省“一村一品、一镇一业”专业村
兴宁市径南镇黄坑村（茶叶）	2020 年 8 月	广东省农业农村厅	广东省“一村一品、一镇一业”专业村
兴宁市径南镇官亭村（茶叶）	2020 年 8 月	广东省农业农村厅	广东省“一村一品、一镇一业”专业村
兴宁市径南镇宝山村（茶叶）	2020 年 8 月	广东省农业农村厅	广东省“一村一品、一镇一业”专业村
兴宁市罗岗镇高陂村（丝苗米）	2020 年 8 月	广东省农业农村厅	广东省“一村一品、一镇一业”专业村
兴宁市坭陂镇宣明村（丝苗米）	2020 年 8 月	广东省农业农村厅	广东省“一村一品、一镇一业”专业村
兴宁市叶塘镇群星村（蔬菜）	2020 年 8 月	广东省农业农村厅	广东省“一村一品、一镇一业”专业村
兴宁市永和镇大成村（蔬菜）	2020 年 8 月	广东省农业农村厅	广东省“一村一品、一镇一业”专业村
兴宁市水口镇璜江村（油茶）	2020 年 8 月	广东省农业农村厅	广东省“一村一品、一镇一业”专业村
兴宁市疾病预防控制中心	2020 年 10 月	中共广东省委员会	广东省抗击新冠肺炎疫情先进集体
兴宁市司法局“智慧村居法律公共平台”	2020 年 11 月	广东省普法办	广东省国家机关“谁执法谁普法”优秀普法项目
兴宁市福兴消防救援站	2020 年 11 月	广东省消防救援总队	全省消防救援队伍抗击新冠肺炎疫情先进集体
兴宁市宁中镇退役军人服务站	2020 年 11 月	广东省退役军人事务厅	五星级镇退役军人服务站
兴宁市司法局	2020 年 11 月	省普法办	广东省国家机关“谁执法谁普法”优秀普法项目
国家税务总局兴宁市税务局工会女职工委员会	2020 年 11 月	广东省总工会	2015—2019 年广东省工会女职工工作先进集体
兴宁市纪委监委	2020 年 12 月	中共广东省委 广东省人民政府	2018—2020 年度广东省文明单位

续表 15

获奖单位（部门）	授称年月	授予单位	荣誉名称
国家税务总局兴宁市税务局	2020 年 12 月	中共广东省委 广东省人民政府	2018—2020 年度广东省文明单位
兴宁市人民检察院	2020 年 12 月	中共广东省委 广东省人民政府	继续保留广东省文明单位称号
兴宁市叶塘镇叶塘社区	2020 年 12 月	中共广东省委 广东省人民政府	继续保留广东省文明单位称号
兴宁市治安大队	2020 年 12 月	广东省公安厅	集体二等功
兴宁市网警大队	2020 年 12 月	广东省公安厅	集体二等功
兴宁市龙田镇人民政府	2020 年 12 月	中共广东省委 广东省人民政府	广东省文明镇
兴宁市合水镇龙东村	2020 年 12 月	中共广东省委全面依法治省委员会办公室 中共广东省委农村工作办公室 广东省司法厅 广东省民政厅	2020 年“广东省民主法治示范村”
武警梅州支队兴宁中队	2020 年 12 月	武警广东省总队	集体三等功
兴宁市退役军人服务中心	2020 年 12 月	广东省退役军人事务厅	广东省五星级退役军人服务中心
兴宁市龙田镇退役军人服务站	2020 年 12 月	广东省退役军人事务厅	广东省五星级退役军人服务站
兴宁市合水镇退役军人服务站	2020 年 12 月	广东省退役军人事务厅	广东省五星级退役军人服务站
兴宁市宁中镇退役军人服务站	2020 年 12 月	广东省退役军人事务厅	广东省五星级退役军人服务站
兴宁市叶塘镇退役军人服务站	2020 年 12 月	广东省退役军人事务厅	广东省五星级退役军人服务站
兴宁市黄陂镇退役军人服务站	2020 年 12 月	广东省退役军人事务厅	广东省五星级退役军人服务站
兴宁市大坪镇退役军人服务站	2020 年 12 月	广东省退役军人事务厅	广东省五星级退役军人服务站
兴宁市永和镇退役军人服务站	2020 年 12 月	广东省退役军人事务厅	广东省五星级退役军人服务站

续表 15

获奖单位（部门）	授称年月	授予单位	荣誉名称
兴宁市坭陂镇退役军人服务站	2020 年 12 月	广东省退役军人事务厅	广东省五星级退役军人服务站
兴宁市新陂镇退役军人服务站	2020 年 12 月	广东省退役军人事务厅	广东省五星级退役军人服务站
兴宁市刁坊镇退役军人服务站	2020 年 12 月	广东省退役军人事务厅	广东省五星级退役军人服务站
兴宁市罗岗镇退役军人服务站	2020 年 12 月	广东省退役军人事务厅	广东省五星级退役军人服务站
兴宁市径南镇退役军人服务站	2020 年 12 月	广东省退役军人事务厅	广东省五星级退役军人服务站
兴宁市罗浮镇退役军人服务站	2020 年 12 月	广东省退役军人事务厅	广东省五星级退役军人服务站
兴宁市兴田街道办事处退役军人服务站	2020 年 12 月	广东省退役军人事务厅	广东省四星级退役军人服务站
兴宁市水口镇退役军人服务站	2020 年 12 月	广东省退役军人事务厅	广东省四星级退役军人服务站
兴宁市宁新街道办事处退役军人服务站	2020 年 12 月	广东省退役军人事务厅	广东省四星级退役军人服务站
兴宁市福兴街道办事处退役军人服务站	2020 年 12 月	广东省退役军人事务厅	广东省三星级退役军人服务站
兴宁市石马镇退役军人服务站	2020 年 12 月	广东省退役军人事务厅	广东省三星级退役军人服务站
兴宁市黄槐镇退役军人服务站	2020 年 12 月	广东省退役军人事务厅	广东省三星级退役军人服务站
兴宁市新圩镇石崖村	2020 年 12 月	中共广东省委全面依法治省委员会办公室 中共广东省委农村工作办公室 广东省司法厅 广东省民政厅	2020 年“广东省民主法治示范村”
武警梅州支队兴宁中队	2020 年 12 月	武警广东省总队	先进基层党组织

2020年度兴宁市获梅州市级表彰的先进单位一览表

表 16

获奖单位（部门）	授称年月	授予单位	荣誉名称
兴宁市人民检察院	2020年7月	中共梅州市委 梅州市人民政府	2019年梅州市创建全国文明城市平安建设工作先进单位
兴宁市国保大队	2020年7月	中共梅州市委 梅州市人民政府	2019年度梅州市安保维稳工作先进集体
兴宁市消防救援大队	2020年7月	中共梅州市委 梅州市人民政府	2019年度梅州市安保维稳工作先进集体
中共兴宁市刁坊镇委员会	2020年7月	中共梅州市委 梅州市人民政府	安保维稳工作先进集体
兴宁市教育局	2020年12月	中共梅州市委 梅州市人民政府	梅州市抗击新冠肺炎疫情先进集体
兴宁市公安局指挥中心	2020年12月	中共梅州市委 梅州市人民政府	梅州市抗击新冠肺炎疫情先进集体
兴宁市指挥中心党支部	2020年12月	中共梅州市委	梅州市先进基层党组织
兴宁市交通运输局	2020年12月	中共梅州市委 梅州市人民政府	梅州市抗击新冠肺炎疫情先进集体
兴宁市市场监督管理局	2020年12月	中共梅州市委 梅州市人民政府	梅州市抗击新冠肺炎疫情先进集体
兴宁市兴田街道党工委	2020年12月	中共梅州市委	梅州市先进基层党组织
兴宁市兴田街道办事处	2020年12月	中共梅州市委 梅州市人民政府	梅州市抗击新冠肺炎疫情先进集体
兴宁市罗浮镇人民政府	2020年12月	中共梅州市委 梅州市人民政府	梅州市抗击新冠肺炎疫情先进集体
兴宁市卫生健康局	2020年12月	中共梅州市委 梅州市人民政府	梅州市抗击新冠肺炎疫情先进集体
兴宁市人民医院	2020年12月	中共梅州市委 梅州市人民政府	梅州市抗击新冠肺炎疫情先进集体

2020 年度获厅级以上荣誉的先进个人名单

2020 年度兴宁市获省部级以上荣誉的先进个人一览表

表 17

单位	姓名	授称年月	授予单位	荣誉名称
兴宁市大坪镇	罗新辉	2020 年 11 月	中共中央 国务院	全国劳动模范
兴宁市齐昌粮油储备有限公司	钟运泉	2020 年 1 月	人社部 国家粮食和物资储备局	国家粮食和物资储备系统劳动模范
广东省兴宁市气象局	赖金毅	2020 年 6 月	中国气象局	全国气象部门 2020 年优秀共产党员
广东电网梅州兴宁供电局有限责任公司黄槐供电所所长	钟浩文	2020 年 12 月	中共广东省委 广东省人民政府	广东省劳动模范
兴宁市人民医院	肖海钦	2020 年 10 月	中共广东省委	广东省抗击新冠肺炎疫情先进个人

2020 年度兴宁市获省直部门表彰的先进个人一览表

表 18

单位	姓名	授称年月	授予单位	荣誉名称
兴宁市人民检察院	曾展飞	2020 年 1 月	广东省人民检察院	个人嘉奖
兴宁市人民法院	范佳文	2020 年 4 月	广东省人民法院	2019 年度全省法院信息工作先进个人
兴宁市人民检察院	陈涛	2020 年 5 月	共青团广东省委员会	广东省优秀共青团员
兴宁市高级技工学校	曾检洪	2020 年 5 月	共青团广东省委员会	广东省优秀共青团干部
兴宁市公安局禁毒大队	刘永宁	2020 年 6 月	广东省禁毒委员会	最美禁毒人
武警梅州支队兴宁中队	刘　斌	2020 年 6 月	武警广东省总队	优秀共产党员
武警梅州支队兴宁中队	冯赐来	2020 年 6 月	武警广东省总队	优秀共青团员
兴宁市公安局治安大队	陈建强	2020 年 7 月	广东省公安厅	全省公安机关新冠肺炎疫情防控工作先进个人

续表 18

单位	姓名	授称年月	授予单位	荣誉名称
兴宁市消防救援大队	李建设	2020 年 7 月	广东省消防救援总队	2019—2020 年度优秀党务工作者
梅州市金绿现代农业发展有限公司	陈伟波	2020 年 8 月	广东省精神文明建设委员会办公室	2020 年第一季度广东好人
兴宁市善小助学协会	刘选仁	2020 年 8 月	广东省精神文明建设委员会办公室	2020 年第一季度广东好人
兴宁市人民检察院	李炎飞	2020 年 9 月	广东省人民检察院	个人二等功
兴宁市高级技工学校	彭柳青	2020 年 9 月	广东省人社厅 广东省共青团委员会	第十六届“振兴杯”全国青年教师职业技能大赛二等奖
兴宁市高级技工学校	陈仕鹏	2020 年 9 月	广东省人社厅 广东省共青团委员会	第十六届“振兴杯”全国青年教师职业技能大赛三等奖
兴宁市高级技工学校	张岸明	2020 年 9 月	广东省人社厅 广东省共青团委员会	第十六届“振兴杯”全国青年教师职业技能大赛三等奖
兴宁市公安局交警大队	温高峰	2020 年 12 月	广东省公安厅	个人三等功
兴宁市公安局治安大队	陈建强	2020 年 12 月	广东省公安厅	个人二等功
兴宁市高级技工学校	黄炜彬	2020 年 12 月	省人社厅	粤港澳大湾区“粤菜师傅”技能大赛优胜奖
兴宁市公安局刑侦大队	彭思元	2020 年 12 月	广东省公安厅	个人二等功

2020 年度兴宁市获梅州市级表彰的先进个人一览表

表 19

单位	姓名	授称年月	授予单位	荣誉名称
兴宁市公安局	罗伟义	2020 年 7 月	中共梅州市委 梅州市人民政府	2019 年度梅州市安保维稳工作先进个人
兴宁市信访局	黄启东	2020 年 7 月	中共梅州市委 梅州市人民政府	先进个人
兴宁市坭陂镇人民政府	张军芳	2020 年 7 月	中共梅州市委 梅州市人民政府	2019 年度梅州市安保维稳工作先进个人
兴宁市公安局宁新派出所	陈云龙	2020 年 7 月	中共梅州市委 梅州市人民政府	2019 年度梅州市安保维稳工作先进个人

续表 19

单位	姓名	授称年月	授予单位	荣誉名称
兴宁市科工商务局	张小海	2020 年 12 月	中共梅州市委 梅州市人民政府	梅州市抗击新冠肺炎疫情先进个人
兴宁市公安局交警大队	陈胜涛	2020 年 12 月	中共梅州市委 梅州市人民政府	梅州市抗击新冠肺炎疫情先进个人
兴宁市交通运输局	吴尚华	2020 年 12 月	中共梅州市委 梅州市人民政府	梅州市抗击新冠肺炎疫情先进个人
兴宁市文化广电旅游体育局	陈远忠	2020 年 12 月	中共梅州市委 梅州市人民政府	梅州市抗击新冠肺炎疫情先进个人
兴宁市市场监督管理局	谢洪波	2020 年 12 月	中共梅州市委 梅州市人民政府	梅州市抗击新冠肺炎疫情先进个人
兴宁市福兴街道办事处	曾迪华	2020 年 12 月	中共梅州市委 梅州市人民政府	梅州市抗击新冠肺炎疫情先进个人
兴宁市水口镇	黄尚清	2020 年 12 月	中共梅州市委 梅州市人民政府	梅州市抗击新冠肺炎疫情先进个人
兴宁市第三人民医院	刘军红	2020 年 12 月	中共梅州市委 梅州市人民政府	梅州市抗击新冠肺炎疫情先进个人
兴宁市疾病预防控制中心	池振兴	2020 年 12 月	中共梅州市委 梅州市人民政府	梅州市抗击新冠肺炎疫情先进个人
兴宁市罗浮镇卫生院	丘玉婷	2020 年 12 月	中共梅州市委 梅州市人民政府	梅州市抗击新冠肺炎疫情先进个人
兴宁市人民医院	邹晓平	2020 年 12 月	中共梅州市委 梅州市人民政府	梅州市抗击新冠肺炎疫情先进个人
兴宁市人民医院	范亚婷	2020 年 12 月	中共梅州市委 梅州市人民政府	梅州市抗击新冠肺炎疫情先进个人
兴宁市人民医院	袁沈兰	2020 年 12 月	中共梅州市委 梅州市人民政府	梅州市抗击新冠肺炎疫情先进个人
兴宁市人民医院	林静	2020 年 12 月	中共梅州市委 梅州市人民政府	梅州市抗击新冠肺炎疫情先进个人
兴宁市人民医院	钟新龙	2020 年 12 月	中共梅州市委 梅州市人民政府	梅州市抗击新冠肺炎疫情先进个人
兴宁市人民医院	曾伟浩	2020 年 12 月	中共梅州市委 梅州市人民政府	梅州市抗击新冠肺炎疫情先进个人
兴宁市卫生监督所	刘远彬	2020 年 12 月	中共梅州市委 梅州市人民政府	梅州市抗击新冠肺炎疫情先进个人
兴宁市卫生健康局	曾月辉	2020 年 12 月	中共梅州市委 梅州市人民政府	梅州市抗击新冠肺炎疫情先进个人

续表 19

单位	姓名	授称年月	授予单位	荣誉名称
兴宁市兴田街道社区卫生服务中心	刘史君	2020 年 12 月	中共梅州市委 梅州市人民政府	梅州市抗击新冠肺炎疫情先进个人
兴宁市中医医院	潘思题	2020 年 12 月	中共梅州市委 梅州市人民政府	梅州市抗击新冠肺炎疫情先进个人
兴宁市人民政府	石战宇	2020 年 12 月	中共梅州市委 梅州市人民政府	梅州市抗击新冠肺炎疫情先进个人
兴宁市宁新街道办事处	蒋美苑	2020 年 12 月	中共梅州市委 梅州市人民政府	梅州市抗击新冠肺炎疫情先进个人
兴宁市广播电视台	赵玉龙	2020 年 12 月	中共梅州市委 梅州市人民政府	梅州市抗击新冠肺炎疫情先进个人
兴宁市卫生健康局	钟剑伟	2020 年 12 月	中共梅州市委	梅州市优秀共产党员
兴宁市石马镇卫生院	陈文智	2020 年 12 月	中共梅州市委	梅州市优秀共产党员
兴宁市黄陂镇卫生院	王思泉	2020 年 12 月	中共梅州市委	梅州市优秀党务工作者
兴宁市公安局交警大队	陈胜涛	2020 年 12 月	中共梅州市委	梅州市优秀共产党员

（市地方志办）

附 录

责任编辑：李晨阳

中共兴宁市委关于2020年脱贫攻坚工作情况的报告

兴委〔2020〕66号

2020年12月28日

2020年，我市深入学习贯彻习近平总书记关于扶贫工作重要论述精神，认真贯彻落实中央、省和梅州市脱贫攻坚各项决策部署，始终把脱贫攻坚作为重大政治任务和第一民生工程，努力克服新冠肺炎疫情带来的不利影响，以高度的政治自觉和责任担当，以时不我待、只争朝夕的责任感和紧迫感，以农民持续增收脱贫奔康为主线，着力补齐农村发展短板，举全市之力抓好精准扶贫工作，脱贫攻坚取得决定性成果。现将2020年脱贫攻坚工作情况报告如下：

一、基本情况

我市共有455个行政村、4503个村民小组。至目前，全市共有贫困人口11109户、27529人，其中：有劳力户5184户、18755人，无劳力户5925户、8774人；58个省定贫困村贫困户2671户、7678人，397个面上村分散贫困户8438户、19851人。58个省定相对贫困村中，省直、中直驻粤单位帮扶8个贫困村，广州市直单位帮扶9个贫困村，广州市天河区帮扶35个贫困村，梅州市直单位帮扶6个贫困村。至2020年11月底，全市累计筹集各类帮扶资金6.27亿元（其中：各级6.3.1财政资金3.52亿元，帮扶单位自筹资金2.25亿元，行业、社会扶贫等资金0.5亿元），累计投入各类帮扶资金6.02亿元（其中：各级6.3.1财政资金已投入使用3.52亿元）。全市贫困人口11109户、27529人均达到脱贫标准，全市有劳力贫困户年人均可支配收入17636元，比省脱贫标准8951元高出8685元，无劳力户年人均可支配收入10595元（达到了应保尽保），58个省定贫困村均达到出列标准。

二、主要成效

（一）扶贫信息系统全面完善。一是加大培训力度。2020年全市组织召开11场扶贫专题（培训）会议，累计培训1052人次。二是加强与行业部门的数据比对。重点是加强与民政、教育、医保、住建、残联等部门数据的实时比对，确保各部门的政策，特别是医疗、教育、住建“三保障”政策的落实。

（二）产业扶贫富有成效。一是产业结构不断优化。按照“一镇一业，一村一品，因户施策”的生产模式，扶持发展特色优势产业，总结推广“公司+基地+农户”“公司+合作社+农户”“种养大户（致富带头人）+农户”“光伏产业”等一系列产业化扶贫形式，大力发展农业合作组织，带动有劳动能力的贫困户按其意愿发展种养业。至目前，全市形成了东部茶叶蔬菜、北部油茶灵芝、南部无花果蜜雪梨、中部乳鸽养殖的产业扶贫格局，创建了“陈小鸽”“梅一客”“绿宝峰”“石岭情”等产业扶贫品牌。二是产业联结带动取得实质性进展。印发了《关于构建农业产业扶贫长效机制的实施意见》和《关于健全农业产业联结带动贫困户长效脱贫机制的指导意见》，建立健全新型农业经营主体与有劳力贫困户联动发展的利益联结机制。至目前，全市有劳力贫困户都有1个以上的产业增收项目，有劳力、有参与意愿的贫困户100%实现与各类经营主体签订产供销合同、务工合同。三是“村村联动”联农带农成效明显。以梅州市金绿现代农业发展有限公司、兴宁市四季美农业科技有限公司、广东梅一客农业科技有限责任公司等公司为龙头，实施产业扶贫“村村联动”。我市的产业扶贫村村联动带贫益贫典型经验，得到了省扶贫办的充分肯定，在2020年8月召开的全省产业扶贫推进会上，作为产业扶贫先进典型材料印发。

（三）消费扶贫亮点突出。印发《兴宁市关于加强消费扶贫工作的指导意见》，成立消费扶贫工作专班，积极做好扶贫产品认定，目前已推荐38家企业（合作社）的139个产品上报省进行扶贫产品认定，其中有30家企业（合作社）的87个产品进入省第一批、第二批扶贫产品认定名录，共有12家农业龙头企业、合作社等农业经营主体入驻广东扶贫馆和东西部协作交易市场梅州馆。创新消费扶贫模式，在天河区驻兴宁扶贫工作组的大力支持下，在天河区车陂街道商业旺地建立兴宁市扶贫产品展销中心，该中心于2020年8月28日试业，当天现场签约销售扶贫产品达900多万元。2020年11月11日至17日，我市携手天河区委、区政府在广州市中轴线“天河路商圈”举办天河对口帮扶兴宁第二届农特产品展销会，共有24家具有代表性的兴宁本地企业参与，现场销售额约680万元，线上销售额约253万元，意向订单约990万元。

（四）“三保障”政策全面落实。至目前，共完成贫困户危房改造任务4198户，全面解决贫困户住房安全问题。落实发放2019年秋季至2020年春季贫困户子女就读各阶段生活费补助4997人，发放率达100%，2020年秋季教育补助正在核发；全额资助建档立卡贫困人口购买2021年农村合作医疗保险。对我市符合条件的无劳力户建档立卡贫困人口，全部纳入农村低保或特困人员救助供养。

（五）就业帮扶积极有效。2020年，为克服疫情影响，确保贫困户增收稳定脱贫，我市积极筹集省级涉农资金、“630”扶贫济困资金、中央财政资金近2000万元，实施就业奖补项目，落实有劳力贫困人口就业7179人。

（六）相对贫困村相对贫困人口有序退出。印发《关于做好我市相对贫困人口相对贫困村退出工作的通知》，抽调扶贫业务骨干，按照贫困户退出“八有”指标和贫困村退出“十项”指标进行核查，至目前，全市贫困人口11109户、27529人均达到脱贫标准退出，58个省定贫困村均达到出列标准，实现脱贫摘帽。

（七）扶贫资产确权登记全面开展。出台《兴宁市加强扶贫资产管理的实施方案》《兴宁市扶贫资产监管制度（试行）》《兴宁市扶贫资产项目收益分配指导意见》等文件，全面厘清扶贫资产的所有权、经营权、收益分配权、监督权。11月5日至7日，全省扶贫资金绩效和扶贫资产管理培训班在我市举行，在培训班上，我市作了经验交流发言，得到省扶贫办的充分肯定和培训班学员的高度赞誉。

三、主要做法

（一）强化组织领导。今年以来，我市累计召开市委常委会8次、市政府常务会5次，传达学习习近平总书记关于扶贫工作重要讲话精神，研究部署全市精准扶贫工作。市扶贫开发领导小组坚持每月召开专题工作协调会议，有效推进全市精准扶贫工作。梅州市委常委、兴宁市委书记余其豹认真履行党政一把手负总责的职责，大力实施“党建强村”战略，坚持抓党建促脱贫。深入开展市、镇、村三级书记遍访活动，至2020年4月，市委书记已遍访58个省定贫困村，全面完成遍访任务。

（二）强化驻村包户。选优配强贫困村“两委”班子，充分发挥驻村第一书记和村党员的先锋模范作用，对各镇（街）贫困人口多、脱贫任务重、第一、二轮扶贫“双到”期间未帮扶的面上村，统筹选派89个单位驻村开展帮扶工作，切实落实各镇（街）、帮扶单位、驻村干部的工作责任，落实帮扶措施，助力贫困户实现稳定脱贫。

（三）强化挂牌督战。出台《兴宁市加强脱贫攻坚挂牌督导工作方案》，制订《兴宁市决战决胜脱贫攻坚挂牌督战工作手册》，将省挂牌督战的坭陂镇和宁中镇龙岗村，梅州市挂牌督战的水口镇、叶塘镇，59个村未脱贫户75户，未退出的省定贫困村罗浮镇勤光村、澄联村、罗岗镇红旗村、叶塘镇�竹村作为重点督导对象，由市委、市人大、市政府、市政协四套领导班子成员挂牌督导，并加强指导。

（四）强化消费扶贫。创新消费扶贫模式，利用广州市天河区帮扶兴宁的契机，搭建“天河·兴宁”消费扶贫平台，加强消费扶贫的统筹协调，及时宣传推广消费扶贫工作中涌现的经验做法、先进典型，营造全社会参与消费扶贫的良好氛围。

（五）强化资金监管。严格按照以规划定项目、以项目定资金的原则规范使用扶贫资金。严格落实扶贫项目公告、公示制度，保障群众知情权、参与权和监督权，确保资金使用符合政策规定。

（六）强化防返贫监测与帮扶。一是制定出台《兴宁市建立防止返贫监测和帮扶机制实施方案》，对存在返贫致贫风险的脱贫人口、边缘人口在做好调查核实、建立监测台账，实行动态监测管理工作。二是对监测对象的有劳力户，加强产业帮扶、就业帮扶等措施，对无劳力户强化低保、医疗、养老保险等综合性社会保障措施，确保应保尽保。三是加强扶贫资产收益分配的倾斜力度，将扶贫项目资产收益优先向返贫易致贫风险贫困户倾斜，确保全市返贫易致贫风险户实现稳定增收，巩固脱贫成效。目前，我市已形成收益类的扶贫资产2.5亿元左右，每年的资产收益可达2000万元，为巩固脱贫成果提供了资金保障。

四、主要存在问题

我市的脱贫攻坚工作虽然取得了明显成效，但对照上级的要求，仍然存在薄弱环节，主要表现在如下三个方面：

一是个别贫困户因家庭人口多、劳力少弱或家庭成员患病，巩固脱贫成果任务仍然较重。二是加快土地流转力度，引领新农人回乡创业带贫益贫机制还有待完善。产业与贫困户的利益联结机制不紧密，带贫效应还不够明显。三是建立完善“天河·兴宁”消费扶贫长效机制还有待加强。

五、下一步工作打算

下来，我市将深入学习习近平总书记关于扶贫工作的重要论述，认真贯彻落实省委、省政府和梅州市委、市政府的工作部署，鼓起“不破楼兰终不还”的劲头，践行“绝不让一个贫困村、一个贫困户掉队”的铮铮誓言，巩固脱贫攻坚成果，坚决夺取脱贫攻坚的全面胜利。

（一）全面加强对返贫易致贫户的监测帮扶。积极整合各级各类扶贫资金，继续落实住建、教育、医疗“三保障”政策，对有劳力户加强产业帮扶、就业帮扶等措施，对无劳力户强化低保、医疗、养老保险等综合性社会保障措施，确保应保尽保。同时，将扶贫项目资产收益优先向返贫易致贫风险贫困户倾斜，确保全市返贫易致贫风险户实现稳定增收，巩固脱贫成效。

（二）全面整合资金扶持产业发展。进一步完善巩固脱贫成果的长效机制，积极在全市推广“村村联动”“农光互补”“产品直销”等多种形式联结模式，组织引导农业经营主体与贫困户签订长期稳定合作协议，实现片区带动、就近就地带动贫困户发展特色产业。同时发挥扶贫政策优势，继续整合中央扶贫资金和“一村一品、一镇一业”项目资金，向特色鲜明、带动能力强、产业效益好的扶贫农业龙头企业倾斜扶持，提升带动力，助推产业扶贫发展。

（三）全面做好就业扶贫。继续落实公益性岗位优先向贫困户倾斜的政策，村级光伏电站优先吸纳有劳力贫困户就业，有效增加贫困户收入，确保贫困户家庭持续稳定增收。

（四）全面做好消费扶贫。利用广州市天河区帮扶兴宁的有利契机，推动我市扶贫产品进入粤港澳大湾区，稳定线上线下扶贫产品销售渠道，建立完善“天河·兴宁”消费扶贫长效机制。积极组织扶贫产品认定，指导各农业经营主体入驻广东东西部协作交易市场梅州馆，形成全社会“人人皆可为、人人皆能为、人人皆愿为”的消费扶贫浓厚氛围。继续推进各农业经营主体与贫困户保价对接，确保贫困户农产品产得出，有销路。

（五）全面健全扶贫资产登记管理机制。严格按照省、市扶贫资金使用管理规定，全面梳理清理2016年以来各级财政专项扶贫资金使用管理情况，完善对扶贫资产收益项目登记造册确权，进一步完善扶贫资产监督管理制度和收益分配制度。

（六）全面强化宣传引导。深入宣传习近平总书记关于扶贫工作的重要论述和党中央、国务院关于脱贫攻坚工作的决策部署；全面总结反映各镇（街）各部门的积极成效和重要经验；大力宣传脱贫攻坚先进典型事迹，凝聚尽锐出战、迎难而上、决战决胜的强大动力；加大对贫困户的引导宣传，提高贫困户对脱贫攻坚的认识和支持，大力提升获得感。

（七）全面做好与乡村振兴的有效衔接。将脱贫攻坚规划部署中仍需巩固拓展的基础设施建设、产业发展等项目，有机嵌入乡村振兴发展规划，突出农业产业提升、产销对接、龙头带动、人才培养，提升农业产业扶贫，巩固扩大脱贫攻坚成果。

中共兴宁市委关于2020年实施乡村振兴战略工作情况的报告

兴委〔2020〕67号

2020年12月28日

2020年以来，我市坚持以习近平新时代中国特色社会主义思想为指导，深入学习贯彻习近平总书记关于实施乡村振兴战略的重要论述精神，认真落实中央、省和梅州市的决策部署，坚持农业农村优先发展，努力克服新冠肺炎疫情带来的不利影响，主动作为，统筹推进，抓党建、兴产业、夯基础、优环境、提乡风、促改革，全力推动实施乡村振兴发展战略，促进了农业提质增效、农村文明进步、农民增收致富。

一、主要做法及成效

（一）抓党建强治理，乡村振兴焕发新活力。一是强化部署落实。通过召开市委常委会会议、市委实施乡村振兴战略领导小组会议、市政府常务会议等方式，研究部署乡村振兴和精准扶贫工作；市委书记、市长带头深入基层一线开展专题调研，强力推动乡村振兴工作落实；召开实施乡村振兴战略现场推进会，举办专题培训班，学习借鉴各地的好经验、好做法，促进乡村振兴工作取得实效。二是健全工作机制。坚持三级书记抓乡村振兴，在市委实施乡村振兴战略领导小组的基础上，成立了组织振兴、人才振兴等10个专项组和办公室，细化目标任务和工作举措，举全市之力推动乡村振兴。三是加强队伍建设。开展村级换届选举工作，选优配强“三个一肩挑”村党组织书记和村“两委”班子。加强村级后备干部队伍建设，推行村级后备干部“123工程”，选拔培养党组织书记后备干部584名、其他村“两委”后备干部1011名。27个软弱涣散村（社区）党组织全部实现了转化升级。四是提升治理水平。完善基层党组织领导下自治、法治、德治相结合的治理体系，持续开展党员干部“回乡联村”和党员志愿活动，深入推进“扫黑除恶”专项斗争，坚决铲涉黑涉恶分子和充当黑恶势力的“保护伞”；调整撤换“四不”书记13人，提升农村治理水平。

（二）抓帮扶多举措，脱贫攻坚夺取新胜利。全面落实“三保障”政策，优化扶贫产业结构，推动产业联结带动、“村村联动”联农带农、消费扶贫、就业帮扶举措有效落实，抓好扶贫资产确权登记，强化防返贫监测，巩固提升脱贫成果，夺取了脱贫攻坚全面胜利。至2020年11月底，我市累计筹集各类帮扶资金6.27亿元，累计投入各类帮扶资金6.02亿元，全市贫困人口11109户、27529人均达到脱贫标准，全市有劳力贫困户年人均可支配收入17636元，比省脱贫标准8951元高出8685元，无劳力户年人均可支配收入10595元（达到了应保尽保）；58个省定贫困村均达到出列标准。

（三）抓特色促融合，富民产业构建新格局。一是加快特色农业发展。统筹丝苗米、柚果、茶叶、油茶、肉鸽等产业发展，丝苗米省级现代农业产业园建设扎实推进，示范片丝苗米早晚双季亩产达1300.12公斤，创世界优质香稻双季高产纪录；新种梅州柚面积500亩，备耕3000亩。大力开展“万企帮万村”行动，28个“一村一品、一镇一业”项目稳步推进。加强农业品牌建设，全市共有省“菜篮子”基地19家、粤港澳大湾区“菜篮子”生产基地和生产企业8家、农业特色专业镇3个、农业特色专业村29个；省级以上农业龙头企业24家，省级以上名特优新产品16个、省名牌产品22个、“兴宁鸽”入选2020年第一批全国名特优新农产品名录。加快培育新型农业经营主体，共有农民专业合作社示范社51家、家庭农场919家。二是促进农旅融合发展。广东明珠养生山城、熙和湾·客天下花灯文化特色小镇、玖崇湖温泉特色小镇等项目建设加快推进。新陂、叶塘“两镇五村”乡村振兴连片示范高标准推进，得到了省委书记李希的高度肯定，目前已成为“网红”打卡地。大力发展林下经济，加快农家乐、民宿等新业态发展，“兴宁古驿道客家人文自然风光线路”入选省乡村旅游精品线路。三是推进农村电商发展。完善电商产业链条，拓宽农产品销售渠道，我市入选广东省数字乡村发展试点名单，在广东省首创启动客货“三级物流”配送体系建设。成功承办了2020梅州互联网大会、举办了中国农民丰收节庆祝活动等，有力推动了茶油、优质稻等特色农产品走进大都市、融入大湾区。依托兴宁互联网产业园建设平台，大力培育兴宁互联网+优质企业和优质品牌，通过“直播+电商+网红经济”等方式，推动兴宁优质农产品走出“围龙”。12月13日，举办首届“兴宁鸽”美食烹饪大赛，以“粤菜（客家菜）师傅”工程为抓手，加强产学研合作，进一步做大做强“兴宁鸽”产业。四是抓好人才培育工程。加强职业技能培训，大力实施“粤菜（客家菜）师傅”“南粤家政”“广东技工”工程，培育新型职业农民416人。罗新辉获评2020年全国劳动模范；张雪莲、刘苑红获评广东省“优秀创业致富带头人”。

（四）抓基础补短板，公共服务得到新提升。一是建好道路。成功创建省级“四好农村路”示范县，扎实推进“四好农村路”三年攻坚行动，完成403.89千米“四好农村路”建设，通200人以上自然村基本完成村道路面硬化，镇通行政村公路达到安全通客车条件。二是建好碧道。抓好“万里碧道”建设，完成宁江河碧道（亲水公园段）、麻岭河碧道建设。三是建好供水设施。统筹推进镇村集中供水设施及配套管网建设，基本实现全市行政村集中供水全覆盖。四是建好公共设施。文化、教育等公共服务设施不断完善。455个行政村公建规范化卫生站建成使用。基本完成农村地区“低电压”治理。实现全市行政村4G网络全覆盖，20户以上自然村普遍覆盖。五是建好厕所。大力推进农村“厕所革命”，建成农村公共卫生厕所769座；全市农村无害化卫生户厕建普及率100%。六是建好垃圾污水处理设施。抓好镇、村污水处理设施建设，提升农村生活污水治理水平。开展垃圾分类治理，建立健全生活垃圾收集、转运、处理长效机制，建立村保洁员队伍，农村生活垃圾无害化处理率达100%。

（五）抓整治美家园，人居环境刷出新颜值。一是抓好人居环境整治。开展“美丽兴宁·美好家园”城乡环境大提升和农村人居环境提升“百日攻坚”行动；2429个自然村成立了村民理事会，持续抓好农村人居环境整治，巩固提升“三清三拆三整治”和行政村环境基础整治成果。二是抓好美丽乡村建设。省定贫困村创建社会主义新农村示范村和全域推进人居环境整治建设生态宜居美丽乡村项目基本完成；实施两批次“千村示范、万村整治”美丽村屋、美丽村道项目共148个，撬动社会资金5263.3万元；全市90%以上的村庄基本达到干净整洁村标准，40%以上的村庄达到美丽宜居村标准。三是抓好生态环境保护。扎实推进饮用水水源地环境清理整治，开展河道“五清”专项行动，清理河道651.83千米，清理水域面积30多平方千米。抓好绿化造林和森林抚育，森林覆盖率达67.03%，大坪镇金坑村、合水镇龙东村等5个村入选广东省首批“国家森林乡村”。

（六）抓文化重导向，乡风文明增添新韵致。扎实推进新时代文明实践中心建设，以“围龙讲堂”为载体，大力宣传习近平新时代中国特色社会主义思想，积极开展“听党话、感党恩、跟党走”宣讲活动，宣传社会主义核心价值观，引导群众坚定信心跟党走。深入推进公共道德建设，完成村规民约修订工作；推进梅州市级文明镇街、文明村居创建工作，全市文明村镇覆盖率达95%；广泛开展文明家庭、文明交通、文明旅游、文明餐桌等活动，涵养文明乡风。加强基层文化阵地建设，基本实现镇（街）综合文化站、行政村综合性文化服务中心全覆盖。加强古民居修缮保护，福兴街道五里村黄粤兴成功申报为第七批梅州市文物保护单位。组织开展文化惠民活动，共开展“送戏下乡”文艺演出260场；“送影下乡”公益电影放映5460场，进一步丰富了全民精神文化生活。

（七）抓改革建机制，农村发展汇聚新动能。发展壮大村级集体经济，从市直单位选派党员干部到28个壮大村级集体经济试点村担任第一书记，对每个试点村给予50万元补助。深入推进涉农资金整合试点工作，探索建立涉农资金统筹整合长效机制，提高涉农资金使用效益，全市乡村金融服务站实现全覆盖。制订《兴宁市推进土地流转及复耕复种工作方案》，建立土地流转机制，全面推动解决水田撂荒问题。积极开展土地承包经营权流转奖补试点，推进所有权、承包权、经营权“三权”分置，引导土地经营权规范有序依法流转。农村集体产权制度改革稳步推进，积极探索土地股份合作融资等新型模式。

二、存在的问题

我市乡村振兴工作虽然取得了一定成效，但对照上级要求和群众期盼仍存在不少薄弱环节，主要体现在：

一是产业规模化程度不高。我市农业产业发展规模化种养的企业不多，规模化程度不高，还存在“单打独斗”的现象。二是基础设施不够完善。农村一些打基础、利长远的配套设施仍存在短板，如生活污水处理设施、雨污分流管网等基础设施不够完善。三是农村人才较为缺乏。新型职业农民队伍培育和培训力度不够，缺乏懂经营、会管理、能够参与市场竞争的复合型人才。四是人居环境有待提升。“重建轻管”的现象一定程度仍然存在，村庄长效保洁机制还未完全建立。

三、下一步工作计划

下来，我市将坚持以习近平新时代中国特色社会主义思想为指导，按照上级的决策部署，统筹抓好常态化疫情防控和经济社会发展，紧紧围绕产业、人才、文化、生态、组织“五大振兴”要求，大力实施好乡村振兴发展战略，在“绿水青山”中打造“金山银山”，让兴宁农业更强、农村更美、农民更富。

（一）全力推动产业振兴。一是加快特色产业发展。围绕打造湾区“米袋子”“菜篮子”“果盘子”“茶罐子”“油瓶子”，重点抓好丝苗米、柚果、油茶、单枞茶、兴宁鸽等产业集群发展。加快推进28个“一村一品、一镇一业”项目建设，打造一批农业特色专业镇村。抓好高标准农田建设，推进垦造水田和拆旧复垦工作，加快丝苗米省级现代农业产业园建设，加强土地流转和复耕复种，稳定粮食生产。二是不断提高农业效益。培育壮大新型农业经营主体，完善新型农业经营主体同小农户的利益联结机制。加强农产品精深加工和品牌创建，提高农产品附加值。三是促进农旅融合发展。加快石马“六村联动”以及刁坊、坭陂、新圩“三镇11村”乡村振兴连片示范建设；大力发展农耕体验、农家乐、民宿等新业态，活化利用古村落、围龙屋、名人故居等特色资源，有效串联古驿道、罗屏汉故居等红色资源，串珠成链打造一批省、梅州市级乡村旅游精品路线。四是大力发展电子商务。完善农产品展示平台和农电商运营平台，鼓励支持开展“农业+直播”网红带货新模式，推动兴宁优质农产品更好走出“围龙”。

（二）全力推动人才振兴。实施新型职业农民培育工程、农村技能人才培育工程，深入实施“广东技工”“粤菜（客家菜）师傅”“南粤家政”工程，持续开展职业技能提升培训。深入推进“万企帮万村”行动，进一步组织动员乡贤企业家和工商资本参与融入乡村振兴。

（三）全力推动文化振兴。深入推进新时代文明实践中心建设，加快市镇村三级文明联创。抓好基层文化阵地建设，强化对革命遗址、名人故居、重要历史文化遗迹的挖掘和保护，继续开展文化惠民、文艺演出、“送戏下乡”“送影下乡”等活动。加强乡风文明建设，完善和落实基层矛盾调解化解制度，进一步加强乡村自治、法治、德治。

（四）全力推动生态振兴。一是打好蓝天碧水净土保卫战。持续开展大气污染、焚烧秸秆等专项治理，加快推进“五清”专项行动，抓好万里碧道建设，确保如期实现“河畅、水清、堤固、岸绿、景美”目标。二是抓好农村环境综合整治。加强农房风貌管控，扎实推进泥砖房清理整治。继续推进“千村示范、万村整治”奖补项目建设，打造一批美丽村屋、美丽村道。加快推进静脉产业园建设，抓好生活垃圾处理，实施农村生活垃圾分类处理专项行动，建立健全长效保洁机制。三是完善农村公共服务设施。抓好农村道路建设，重点解决农村砂土路问题。实施农村饮水提升工程，进一步提高饮用水水质达标率。抓好农村污水处理设施和配套管网建设。补齐教育、卫生、电力、信息、物流等公共服务短板，持续改善农村生产生活条件。

（五）全力推动组织振兴。继续压实三级书记抓乡村振兴责任，选优配强“三个一肩挑”村党组织书记和村“两委”班子。加强党建引领，巩固提升脱贫攻坚帮扶成效，认真做好脱贫攻坚与乡村振兴的有效衔接，实现脱贫攻坚与乡村振兴“顺利转段、接续发力”。

（六）全力推动农村综合改革。稳步推进农村土地“三权分置”改革，探索发展多种形式的适度规模经营模式，鼓励农户土地经营权向种养大户、合作社等经营主体流转。深入开展扶持壮大村级集体经济试点，增加农民财产性收入。

关于加强基层应急管理建设的实施方案

2020 年 3 月 6 日

以兴市明电〔2020〕9 号文印发

按照中央、国务院和省、梅州市党委政府关于积极推进应急管理体系和能力现代化，完善应急救援体系，加强基层应急管理工作的有关精神，根据《中共梅州市委办公室 梅州市人民政府办公室印发〈关于加强基层应急管理建设的指导意见〉的通知》（梅市明电〔2020〕22 号）要求，结合我市实际，现制定如下实施方案。

一、指导思想

以习近平新时代中国特色社会主义思想为指导，深入贯彻落实党中央、国务院和省委省政府、梅州市委市政府关于防灾减灾救灾的重大决策部署，着力构建统一领导、权责一致、权威高效的应急能力体系，推动形成统一指挥、专常兼备、反应灵敏、上下联动、平战结合的应急管理体制，努力实现从注重灾后救助向注重灾前预防转变，从应对单一灾种向综合减灾转变，从减少灾害损失向减轻灾害风险转变，统筹抵御各种自然灾害，提高防灾减灾救灾能力，努力实现“不发生群死群伤、不发生决堤、不发生爆炸、不发生大火”的目标。

二、工作目标

整合目前镇（街）相关部门的安全生产、应急管理工作职责，按照“四个一”的标准来建设，即：有一个健全的应急管理组织体系、有一支应急救援队伍、有一个应急指挥平台、有一个应急救援物资仓库，全面健全镇（街）应急管理组织体系，搭建应急管理智慧平台，统筹各类应急救援力量，形成相互补充、相互融合、就近救援、救早救小、应急及时的高效救援体系，打通应急管理工作“最后一公里”。

三、建设标准

（一）建设一个健全的应急管理组织体系

各镇（街）依托现有的安全生产监督管理机构，整合相关部门的安全生产、应急管理工作职责，履行基层应急管理日常工作职责。按照“有独立场所、有车辆装备、有工作职责、有执勤制度、有保障措施”的标准，配备必要的办公场所、人员和设备设施，保证应急值班值守、信息报送、安全生产巡查检查、生产安全事故和自然灾害事件先期处置等工作。

1. 完善镇（街）应急管理工作职责和机构。结合深化镇（街）行政体制改革完善基层治理体系工作，整合相关部门的安全生产、应急管理工作职责，履行基层应急管理日常工作职责。同时，镇（街）应急管理车辆编制及配备标准严格按照《党政公务用车管理办法》

及公务用车相关政策规定执行。

2. 各镇（街）应急管理办公室必须制定完善应急值班值守、信息报送、安全生产巡查检查、生产安全事故和自然灾害事件先期处置制度、方案以及各类应急预案，整合消防、“三防”、森防等管理网格，构建“大应急、大安全”应急管理体系，夯实基层应急救援基础。

（二）建设一支应急救援队伍

各镇（街）要整合现有应急队员，组建一支15人以上的专兼职相结合应急救援队伍，队员年龄原则上要求在40周岁以内。队伍实行规范化管理，建立健全24小时值班备勤制度，保持正规的战备、训练、工作和生活秩序。着眼“全灾种”“大应急”任务需要，着力从救援理念、职能、能力、装备、车辆等方面推动队伍转型升级，实现救早救小。定期不定期地组织开展应急救援演练和应急救援业务学习培训，每半年组织开展一次应急救援实战演练，每季度（或每月）组织一次应急救援业务学习培训，积极参与上级组织安排的各项应急救援演练和应急救援业务培训，由镇（街）负责考核管理。市财政每年给予每个镇（街）10万元应急救援队伍人员经费补助，用于队伍建设管理，并列入年度财政预算。

（三）建设一个应急指挥平台

为满足应急值守、统一指挥和信息保障工作要求，镇级应急指挥中心应结合应急指挥需求和物理环境，集约规划应急指挥场所，统筹建设场所支撑系统和综合业务系统，整合“三防”气象、自然灾害、森林防灭火、应急视频会商等多个信息系统，独立建立应急管理指挥平台；或整合、对接综治平安乡村视频资源、视频会商系统、党建等信息系统，建立综合指挥平台，打通镇（街）与市视频会商通道，满足应急指挥互联互通技术要求。

1. 应急指挥大厅。镇（街）应急指挥大厅建筑面积建议不少于100平方米，设置20个以上会商指挥席位，具体建设面积应严格执行办公用房和业务用房建设标准。应急指挥大厅具备各类网络资源的接入能力，建设高清晰、多源信号接入的大屏显示系统，能支撑多屏显示监测预警信息、事故灾害发展态势、现场实时情况，联合会商画面等内容。同时，做好应急指挥场所的供配电、空调、防火、防灾等安全防护和稳定运行保障。

2. 综合信息应急指挥平台。以现有的“应急会商视频系统”和“三防视频会商系统”为基础，整合“综治平安乡村视频系统”延伸到行政村一级，从而打通“省→市→县→镇→村”的视频会商通道，并结合党建信息系统、三防气象、自然灾害、森林防灭火等多个信息系统，建立一个综合信息应急指挥平台。

3. 应急值班值守室。配置联合值守座席、值守系统等软硬件设施。满足值班值守、突发事件接报、信息分发、指挥调度等需求，具备与指挥大厅音视频信号连通能力。

4. 互联互通要求。镇（街）应急指挥中心应与市应急指挥中心、市应急管理局、市林业局、市水务局及重点企业、移动应急平台等实现互联互通和信息共享，要求如下：一是向上级应急指挥中心提供突发事件现场以及救援处置的相关数据，接收上级应急指挥中心下达的任务信息；二是接收行政村、社区应急资源数据，以及突发事件现场视频图像等实时数据，并进行相应的指挥调度；三是及时向相关部门报送突发事件信息和监测预警信息，并接收气象、自然资源、水务、交通运输、林业等部门监测预警数据，实现多部门协同应急。

5. 卫星电话。原则上每个村（社区）均需配备卫星电话，尤其是易发生地质灾害、泥石流、山洪等边远山区村，必须配备卫星电话。

（四）建设一个应急救援物资仓库

统筹建设一个面积50平方米以上综合应急救援仓库，也可以分别建设安全生产（消防）救援器材库、防汛防风抗旱器材库、森林防火器材库、救灾物资库，各个仓库的面积要求在15平方米以上，储备如下物资、器材、设备：安全生产（消防）救援器材切割机、液压剪、油锯、手锯、灭火器等物资；三防应急发电机、橡皮艇（冲锋舟）、救生衣、救生圈、编织袋、应急照明、木桩、铁锹、绳索、抽水泵等物资；森林防火器材救火服、灭火工具、强力吹风机、高压水炮枪、正压式空气呼吸器、防毒面具、打火把等物资；救灾物资帐篷、棉大衣、棉被、折叠床、草席、毛毯、毛巾被、雨衣、雨鞋等物资。落实专职人员对仓库进行管理，实现对物资的统一管理、统一调度，按照维护保养要求做好物资保养工作，确保物资始终处于良好状态，保障随时应急调用，提高预防和处置突发性灾害事件的物资保障能力。同时，充分利用社会资源，建立登记预备制度，对本区域可调用的应急抢险施工队伍及挖掘机、运输车辆、救生器材等大型抢险机械、运输工具、砂、石料等进行动态管理。

四、工作责任

镇级党委和政府（含街道党工委和办事处）为本辖区应急管理责任主体，镇（街）应急管理办公室负责具体落实，主要工作责任如下：

1. 按照有关规定，组织本辖区应对安全生产类事故、自然灾害类突发事件和综合防灾减灾救灾工作。

2. 按照属地管理原则，对本辖区内安全生产、消防、森林防灭火工作及所属的工矿商贸企业的安全生产（消防）等工作进行综合协调、监管。

3. 组织开展安全生产、消防安全巡查检查和隐患排查，做好专项整治工作，对检查中发现的违法行为，当场予以纠正或责令限期整改；对应当给予行政处罚的应及时报告，由市应急管理局等部门依法作出行政处罚决定。

4. 组织本辖区相关应急预案编制（修订）、备案，并组织实施应急演练。

5. 负责本辖区应急救援指挥调度处置和应急值班值守，生产安全事故和自然灾情信息的报送工作。

6. 组织生产安全事故、消防的先期处置，按规定参与本辖区事故调查处理工作，组织协调事故应急救援工作。

7. 组织本辖区应急管理、安全生产、消防和森林防灭火宣传教育和干部职工培训工作。

8. 组织本辖区防汛防台抗旱、地震地质灾害、森林火灾等应急救援先期处置工作。

9. 负责建立健全应急物资储备计划，组织实施调拨工作。

10. 组织实施自然灾害生活救助工作。

11. 负责建立辖区内各类应急资源数据库，做好有关应急队伍的培育和建设工作。

12. 协助住房城乡建设部门推进本辖区避灾安置场所等应急避难设施建设、管理工作。

13. 按时完成市应急管理局、市消防救援大队等部门和属地党委(工委)、政府(办事处)交办的其他工作任务。

五、工作要求

（一）加强组织领导。各镇（街）要高度重视，切实加强对镇（街）应急管理建设工作的组织领导，确保基层应急管理建设工作有人抓、抓得实，有人管、管得住。市委市政府将加强对各镇（街）基层应急管理建设情况进行督导，对督导中发现的问题及时帮助解决，确保镇（街）应急管理建设落到实处。

（二）稳步有序推进。我市加强基层应急管理建设工作分两个阶段推进：一是2020年4月底完成罗浮、坭陂、水口三个中心镇和叶塘工业重镇基层应急管理建设试点工作；二是2020年上半年完成其他16个镇（街）基层应急管理建设工作，实现全市20个镇（街）全覆盖。

（三）全力做好保障。按照“有独立场所、有车辆装备、有工作职责、有执勤制度、有保障措施”的标准和建设信息化引领的应急体系要求，各镇（街）和市组织人事、机构编制、财政等部门要切实保障好镇（街）应急管理建设所需的各项经费、办公场所、设施设备和人员待遇。各镇（街）要加强对基层应急管理人员的培训考核。

兴宁市加快互联网产业发展的若干措施

2020年11月8日

以兴市府〔2020〕32号文印发

第一章　总则

第一条　为优化我市产业结构，促进产业转型升级，营造良好的发展环境，吸引更多互联网企业和人才入驻本市，加快互联网产业集聚发展，根据《国务院关于积极推进“互联网+”行动的指导意见》（国发〔2015〕40号）、《广东省数字经济发展规划（2018—2025）》和《梅州市加快互联网产业发展若干扶持措施》(梅市工信〔2019〕89号）等文件精神，结合我市实际，特制定本措施。

第二章 适用范围

第二条 本办法适用于登记注册地、税务征管关系及统计关系均在兴宁市，有健全的财务制度、具有独立法人资格并纳入《兴宁市互联网产业企业管理名单》管理，从事互联网产业研发、生产、运营、应用的各类企业和组织以及扶持我市互联网产业的专业服务机构。

互联网产业项目按《国民经济行业分类》（GB/T 4754—2017）中的互联网和相关服务、软件和信息技术服务业界定。

第三章 支持引进互联网龙头企业

第三条 对在文件有效期内迁入或在我市设立全资子公司的国内外互联网龙头企业（中国电子信息100强企业、中国软件100强企业、中国互联网100强企业、全球软件500强企业），且新注册落地三年内年均应税服务收入达到10亿元以上的，给予一次性专项资金1000万元的奖励。

第四条 对在文件有效期内迁入或在我市设立全资子公司的国内外互联网企业，且新注册落地三年内年均应税服务收入达到1亿元以上的，给予一次性专项资金50万元的奖励。

第四章 支持壮大互联网企业

第五条 经营贡献奖励。对年应税服务收入超过1000万元的互联网企业，每年按其本级财政贡献量的60%给予奖励，每家企业每年最高不超过30万元。

第六条 购买办公用房扶持。对购买兴宁市互联网产业园自用办公用房和公寓（不包括附属设施和配套用房）的互联网企业，按其产权交易中本级财政贡献量的30%，给予一次性财政补贴，最高不超过50万元；对购买办公用房面积超过1000平方米的，再给予一次性5万元补贴。

第七条 水电补贴扶持。对入驻兴宁市互联网产业园的企业，每立方用水费用按我市非居民用水收费标准基本水价的20%给予补贴；给予每度用电0.1元的财政补贴。每年每家企业水电费用补贴总额不超过企业当年度本级财政贡献量，最高不超过5万元。

第五章 支持互联网服务和应用创新

第八条 鼓励本市互联网企业参加国家、省主办的创新创业大赛，对在国家级创新创业大赛中获得前三的企业或项目，分别给予一次性10万元、6万元、4万元的奖励；省级的分别给予5万元、2万元、1万元的奖励。

第九条 鼓励互联网企业原创数字文化，获国家级、省级奖励的数字文化原创作品，分别给予一次性5万元、2万元的奖励，每家企业累计奖励不超过10万元；对经国家批准，正式上线运营的数字文化原创作品，每款奖励20万元，每家企业累计奖励不超过40万元。

第十条 互联网企业建设境内外商品、生活服务、旅游、会展、金融、医疗、教育等专业性、垂直型平台，B2B、B2C、O2O等水平性电子商务平台以及跨境电商平台，每年度线上交易额达到1亿元、5亿元以上，分别给予一次性5万元、10万元的奖励。

第十一条 鼓励传统商贸业转型升级。限上商贸企业加入第三方电子商务服务平台拓展业务，线上实际交易额首次占总交易额50%以上的，按其当年度本级财政贡献量的40%给予一次性奖励，最高不超过50万元。

获得上述奖励的限上商贸企业，每年交易总额及年线上交易额均增长15%以上时，按其当年新增的本级财政贡献量的30%给予奖励，每年每家企业奖励金额不超过10万元。

第十二条 支持工业互联网。鼓励工业企业“上云上平台”，推动企业数字化、网络化、智能化升级。

（一）对我市的平台供应商，每成功签约一家工业企业“上云上平台”给予一次性0.3万元的奖励，每年每家平台供应商最高累计奖励不超过3万元。

（二）鼓励工业企业示范引领，对新认定为国家级、省级工业互联网平台的企业，分别给予一次性50万元、20万元的奖励。

第十三条 对本市互联网

企业获得国家知识产权局批复设立的第三方知识产权保护中心或知识产权培训基地的，给予一次性10万元的奖励。

第十四条 年应税服务收入达1000万以上的我市互联网企业，依托第三方机构进行“互联网+”知识产权托管、知识产权侵权假冒线索智能监测、网络电子证据固化、知识产权标识电子化管理、知识产权维权指导管理平台等公共服务项目的，经相关职能部门评审通过后，给予每家企业一次性1万元的奖励。

第六章 支持互联网人才培育

第十五条 扶持企业引进高层次人才

（一）引进一批我市互联网产业发展需要的高层次专业人才，鼓励我市互联网产业及相关行业用人单位通过聘用、顾问等方式加大柔性引才力度。

符合梅州市高层次人才和急需紧缺人才的，按《关于加快人才发展的意见》（梅市发〔2017〕5号）政策规定享受相关待遇。其子女由市教育局安排到辖区内学校接受义务教育。

（二）与我市互联网企业签订三年以上劳动合同并缴交社保，个人年缴纳工资薪金综合所得税在5万元以上的，给予其本人当年度缴纳工资薪金综合所得税本级财政贡献70%的财政补贴。每年每家企业全体员工补贴金额最高不超过10万元。

第十六条 扶持人才培训。扶持本市有资质的培训机构扩大互联网人才培养规模。本市培训机构培养的互联网专业人才，取得人社部门认定的相关职业技能资格证书，与本市互联网企业签订两年以上劳动合同，并依法缴交社保的，按每人200元的标准一次性给予培训机构补贴，每年每家培训机构补贴不超过2万元。

第七章 支持互联网企业创建行业品牌

第十七条 我市企业新入选中国软件和信息技术服务综合竞争力百强企业名单的，给予一次性100万元的奖励。

第十八条 我市企业新获得ITSS（信息技术服务标准）三级及以上认证的、新获得CMMI（软件能力成熟度集成模型）三级及以上认证的、新获得C-STAR（云安全评估）或可信云认证的，按照办理资质的费用总额30%给予一次性奖励，最高不超过20万元。

第八章 支持设立互联网产业基金

第十九条 鼓励企业或企业实际控制人在兴宁市以设立互联网产业基金、并购基金等方式，对产业链上下游企业进行投资、并购。

对规模超过1亿元且实际投资我市互联网公司达到5000万元以上的产业基金，对受委托的投资基金管理机构，每年按其本级财政贡献量的50%给予扶持。

第九章 支持互联网产业园载体建设

第二十条 鼓励社会资本投资发展互联网产业，对纳入市招商引资项目，符合规划、产业布局和发展方向等条件，认定为互联网产业园并依法建设运营的，按该项目每年实际固定资产投资额的6%给予专项资金扶持，累计不超过2500万元。

第二十一条 购买产业园人才公寓的园内企业从事人员，其子女可享受与该区域户籍人口接受义务教育的同等待遇。

第二十二条 入驻互联网产业园经营期满1年，且服务我市互联网企业所产生的主营年应税收入达2000万元以上的专业服务机构，可享受本措施第六条。

第十章 支持营造互联网产业发展氛围

第二十三条 每年安排100万元用于举办互联网创新创业活动、宣传我市互联网产业发展举措以及鼓励互联网企业创新模式、健全机制、技术应用、信息交流等。

第十一章 组织保障

第二十四条 为加强对互联网产业发展工作的领导，成立兴宁市互联网产业发展领导小组。由分管市领导任组长，成员由市科工商务局、市发展改革局、市司法局、市财政局、市自然资源局、市住房城乡建设局、市市场监管局、市政务服务数据管理局、市招商和企业服务中心、市税务局等单位主要负责人组成。下设互联网产业发展认定工作小组和互联网产业发展审核工作小组。

互联网产业发展认定工作小组由市科工商务局、市市场监管局、市政务服务数据管理局、市招商和企业服务中心工作人员各1人，互联网协会专业人员2人组成。工作小组对申请纳入《兴宁市互联网产业企业管理名单》的创业人员、团队及企业进行考察和评估，并出具认定意见（包括纳入理由、发展前景、扶持建议等内容）报市互联网产业发展领导小组审批。

互联网产业发展审核工作小组由市科工商务局、市财政局、市政务服务数据管理局、市招商和企业服务中心、市税务局等部门相关同志组成。工作小组负责审核扶持对象资格和确定奖励扶持标准，并出具审核意见报市互联网产业发展领导小组审批。

第二十五条　本措施由市互联网产业发展领导小组具体组织实施，由各类企业、组织和机构自主进行申报。

符合享受本措施扶持政策的各类企业、组织和机构应向兴宁市互联网产业发展认定工作小组申请，经兴宁市互联网产业发展工作领导小组审批后，与市科工商务局签订承诺书，需承诺5年内注册地及办公地址不得迁离兴宁、不得改变在兴宁纳税义务、不得减少注册资本。如果企业违背承诺，市政府依法追偿企业已获得的全部奖补资金，且按照银行同期贷款基准利率支付利息。

第二十六条　企业当年度发生侵权、欺诈、商业贿赂、较大安全生产事故、产品质量事故等其他违法行为的，取消当年度享受扶持政策的资格。对以虚假资料等方式骗取扶持资金的，将依法追回扶持资金；涉嫌犯罪的，移送司法机关处理。

第二十七条　对全市经济社会发展具有战略性意义、产业带动性强、科技含量高、地方经济贡献大的重大互联网产业项目，实施“一企一策”，经市委、市政府研究确定后，另行制定扶持政策。

第十二章　附则

第二十八条　相关名词解释

（一）“本级财政贡献量”是指企业在我市年度实际缴纳本地入库的增值税和企业所得税等地方留成部分。

（二）“专业服务机构”是指工商注册地、税务征管关系及统计关系在我市的律师事务所、会计师事务所、审计师事务所、税务师事务所、资产评估事务所、人力资源服务、专利代理、科技中介、投融资机构等各类具备相关资质的专业服务企业、以及依法定程序在我市设立的产业联盟、行业协会等互联网行业组织（财政拨款企事业单位、国有企业除外）。

（三）本措施所称“以上”，均包含本数，文中有特别说明的除外。

第二十九条　对同一项目、同一事项需本级财政负担的，按照从高不重复的原则予以支持，另有规定的除外。

第三十条　本措施自印发之日起施行，有效期三年。施行期间，如国家、省、梅州市、兴宁市相关政策调整，从其规定。

第三十一条　本措施由市科工商务局负责解释。

兴宁市60周岁以上老人中小学生残疾人现役军人驻兴部队家属等群体免费乘坐客运车辆实施方案

2020年7月10日

以兴市府办〔2020〕5号文印发

为进一步做好兴宁市60周岁以上老人、中小学生、残疾人、现役军人、驻兴部队家属等群体（以下简称特定群体）免费乘坐客运车辆工作，着力提高城乡客运便民利民服务水平，增强市民出行幸福感，结合实际，特制定本方案。

一、基本情况

（一）我市共有服务客运企业5家，车辆371辆（其中：公交车290辆，农村客运81辆），全市人口约120万。原我市出台了相关补助政策：中小学生半价，特殊学校学生、现役军人、驻兴部队家属子女出行免费，每年给予益盛公交公司100万元补助；老人（60周岁以上）、残疾人未列入优惠对象范围。

（二）全市特定群体人员情况：

1. 中小学生约14万人（现已5633人实施半价优惠）；

2. 驻兴部队官兵及家属约

0.35 万人（已全部免费）；

3. 残疾人约 2 万人；

4. 老人（60 周岁以上）约 20 万人（其中城区常住人口约 12 万人）。

二、优惠区域

本方案优惠区域是指兴宁市辖区范围。

三、优惠人群

（一）兴宁市户籍 60 周岁以上（含 60 周岁，下同，计算到达年龄以身份证记载出生年月界定）老人，凭老年人免费卡免费乘坐兴宁公交车和农村客运车辆。

（二）兴宁市在册登记就读的全日制中小学生，凭学生免费卡免费乘坐兴宁公交车和农村客运车辆。

（三）兴宁市户籍残疾人，凭残疾人免费卡免费乘坐兴宁公交车和农村客运车辆。

（四）现役军人、驻兴部队家属（现役军人按规定持官兵证免费乘坐兴宁公交车和农村客运车辆，驻兴部队家属凭驻兴部队家属免费卡免费乘坐兴宁公交车和农村客运车辆）。

四、免费卡办理及使用规定

免费卡采取记名 IC 卡方式办理，制卡工本费 5 元 / 张由免费人群自行承担；免费卡分为：老年人免费卡、学生免费卡、驻兴部队家属免费卡、残疾人免费卡四种卡。

持卡人只限于本人免费乘坐使用，非本人使用不予免费；故意将卡借给他人使用或帮他人刷卡的，发现 1 次停用半年，累计 2 次停用一年，累计 3 次以上予以注销，并视情节取消持卡人享受免费乘车资格。

遗失免费卡的，持卡人应在 15 日内向发卡机关挂失，未在规定时限内挂失，造成免费卡被他人使用盗刷的，发现 1 次停用半年，累计 2 次停用一年。

任何单位和个人通过免费卡非法牟利，一经发现由公安机关及有关部门严肃处理。

（一）老年人免费卡。

卡面信息：姓名、相片、身份证号码、电话、住址、紧急联系人姓名及电话。

办卡要求：本人持身份证、户口簿及常住地居委会证明等原件办理。老年人卡须每年年审一次，年审时由本人携带身份证及户口簿到办理机构进行审验。

（二）学生免费卡。

卡面信息：姓名、相片、学校、届别、身份证号码、监护人姓名及电话。

办卡要求：监护人陪同下持教育部门证明、户口簿、监护人身份证等原件办理。

（三）驻兴部队家属免费卡。

卡面信息内容：姓名、相片、身份证号码、电话。

办卡要求：本人持部队证明、身份证原件等办理。

（四）残疾人免费卡。

卡面信息内容：姓名、相片、身份证号码、电话、残疾证编号、住址、紧急联系人姓名及电话。

办卡要求：监护人陪同下持兴宁市残疾审核部门证明、身份证、残疾证、监护人身份证等原件办理。

五、投入车辆和补贴办法

（一）实际每天投入车辆。

公交车：290 台 ÷2=145 台（续航里程原因）；

农村客运：81 台（兴城至各镇）。

（二）运营费用。

公交车（城区）：

145 台 ×45（座）× 5（单程）×2 元 ×307 天 ×50 % ≈ 1000 万元；

农村客运（兴城至各镇）：

81 台 ×30(座)× 2(单程) ×8 元 ×257 天 ×50 % ≈ 500 万元；

合计约 1500 万元。

上述补贴金额属于政府最高补贴限额，在运营中实际乘坐补贴费用低于最高补贴限额，按实际数进行补贴；超过则由企业自行解决。农村客运车辆补贴费用根据实际运营线路距离及免费人数比率进行调节。

六、实施单位职责

（一）市交通运输局：牵头制订特定群体免费乘坐客运车辆政府补贴资金实施细则。负责组织协调办理免费卡、监督管理特定人群免费乘坐兴宁市辖区内客运车辆等相关事宜，会同市财政局审核拨付补贴资金。

（二）市财政局：会同市交通运输局审核拨付补贴资金及后续监管工作，确保补贴资金安全准时到位。

（三）市民政局：负责老人死亡的火化名单统计和上报工作。

（四）市教育局：负责协调我市各中小学校，做好在册登记就读的全日制中小学生人数统计、信息采集、审核及协助免费卡发放工作。

（五）市住房城乡建设局：负责完善城区停靠点基础设施

规划。

（六）市残联：负责做好残疾人已办证人数统计工作，协助做好残疾人免费乘车的监督管理工作。

（七）市公安局：提供辖区内人口自然减员变动信息（包括户口所在地、姓名、身份证号等）统计和上报工作，会同相关职能部门打击通过免费乘车卡非法牟利的行为。

（八）各镇人民政府（街道办事处）：负责区域内常住老人的统计和上报工作，配合有关部门做好特定群体免费乘坐的相关工作。

（九）涉补运输企业：负责执行政府相关部门交办的政治任务，提供优质服务。配合做好各类免费卡制作等相关工作；协助做好刷卡计费系统后台的批量办卡受理、系统运维、故障受理报修、数据维护、报表归类等相关工作。

七、监督检查

市交通运输局、市财政局共同对特定人群在辖区范围内免费乘坐客运车辆工作进行监督，同时对服务不到位的车辆适当扣除补贴资金，达到加强管理、更好服务市民群众的目的。

八、拨付方式

依据实际运营及会计财务审计情况按季度进行拨付。

九、实施时间

本方案自 2020 年 9 月 1 日起实施，有效期 1 年，期满后根据实施的绩效评价情况，再行制定 3—5 年实施方案。此前制定的兴宁市特定群体免费乘坐客车规定与本方案不一致的，以本方案为准。

兴宁市 2020 年“四好农村路”建设攻坚方案

2020 年 5 月 27 日

以兴市府办函〔2020〕29 号文印发

“四好农村路”是习近平总书记亲自总结提出并领导推动的一项重要民生工程、民心工程、德政工程，是实施乡村振兴战略、打赢脱贫攻坚战、推进农业农村现代化的重要抓手。为认真贯彻落实《广东省“四好农村路”建设攻坚方案》《梅州市 2020 年“四好农村路”建设攻坚方案》，全面落细落实兴宁市“四好农村路”建设攻坚各项工作，服务保障乡村振兴发展、打赢脱贫攻坚战和全面建成小康社会，结合我市实际，制定本方案。

一、总体要求

（一）工作思路。按照“建好、管好、护好、运营好”的总要求，坚持因地制宜、量力而行的原则，摸清底数、明确目标，优化管理、精准施策，聚焦砂土路改造，全力推进“四好农村路”建设发展，实现 2020 年底我市“四好农村路”建设走在梅州市前列，为加快构建“一核一带一区”区域发展新格局、落实省委省政府“1+1+9”工作部署、梅州市委“六争六补”“123456”思路举措和兴宁市构建“一城一廊一带”发展格局，服务保障乡村振兴发展、打赢脱贫攻坚战和全面建成小康社会提供强有力的交通保障。

（二）建设目标。2020 年完成县道砂土路 103.713 公里；完成 200 人以上自然村通硬化路 297.147 公里；完成 100 人以上自然村通硬化路 3.03 公里；完成农村公路危桥改造 1 座。

二、工作规范

按照“一张蓝图干到底”的要求，把“四好农村路”建设与乡村建设规划、乡村公交体系建设、地质灾害防治等工作同步谋划、一体推进，全力抓好“四好农村路”建设攻坚工作。

（一）建设标准。坚持“安全适用、经济自然”原则，合理确定建设标准。充分利用老路路基宽度，综合利用老路砂石材料。宜宽则宽、宜窄则窄，尽量避免裁弯取直、征地拆迁，不得随意提高标准和占用永久基本农田。交通标志标线、安全防护、绿化及其他附属设施应与公路主体工程同步设计、同步施工、同步投入使用。

1. 砂土路改造。县道砂土路采用不低于双车道四级公路标准，路基宽度 6.5 米，路面宽度 6.0 米。乡、村道砂土路改造原则上采用单车道四级公路标准，近期规划调整为县道的乡、村道采用双车道路基、单车道路面，如资金允许可采用双车道路面。用地困难路段结合实际路况实施路面工程，完善安防设施，保障行车安全。结合沿线地形合理设置错车道，满足错车通行。

2. 通村（组）硬化路。原则上采用单车道四级公路标准，路基宽度 4.5 米，路面宽度 3.5 米。对 100 至 200 人自然村村道，按照宜宽则宽、宜窄则窄原则，结合实际路况实施路面硬化，并在沿线设置错车道，满足错车通行。

3. 危桥改造。县道应当不低于三级公路的技术标准，乡道、村道应当不低于四级公路的技术标准，对受地形、地质等自然条件限制的局部路段，可以适当降低技术标准。采用加固方案的桥梁，加固后的桥梁荷载等级不低于原设计荷载标准，同时桥梁技术状况不低于二类。原则上农村公路桥梁宽度不低于县道8.5米、乡道7.5米、村道6.5米的标准。

（二）建设资金。攻坚任务省级补助资金性质为涉农统筹资金。资金下达规模的定额测算标准为：县道砂土路90万元／公里；乡村道砂土路、通200人以上自然村硬化路45万元／公里；通100—200人以上自然村硬化路18万元／公里。勘察设计费、工程监理费、质量监督检测费等费用按规定纳入项目建设成本。项目建设投资除省补助外，其余由市交通运输局自筹。将通过拍卖、转让农村公路冠名权、路域资源开发权、“一事一议”、捐助、捐款等方式筹集资金。

省涉农资金已落实用于“四好农村路”资金规模中，除按规定安排新增农村公路养护、示范县奖励外，其余资金通过调整项目库的方式，全部用于保障砂土路改造和自然村通硬化路建设。统筹用好省已下达的2020年中央车购税资金和涉农统筹资金，集中保障“四好农村路”建设攻坚任务。对此前涉农统筹资金用于“四好农村路”建设的，将调整资金用于“四好农村路”攻坚建设任务项目，确保完成此次攻坚任务。

（三）建设管理。

1. 优化项目审批管理。在确保质量和安全的前提下进一步简化工程设计、招标、财政投资审查和资金支付程序。市交通运输主管部门会同市发展改革部门审核镇政府（街道办）农村公路建设计划，明确2020年县级“四好农村路”建设项目库。项目业主同步组织开展项目改造方案设计及设计施工建设总承包招标文件编制，最大限度提高工作效率。

2. 结合实际推行农村公路建设总承包管理。落实项目业主责任制，市公路机构或市人民政府指定的机构履行农村公路建设项目业主责任，负责农村公路的日常建设养护管理等工作。项目业主结合建设任务和工程费用，合理划分项目标段。多个项目捆绑成项目包开展招投标工作，实行统一建设、统一设计、统一施工、统一验收，提高效率，节省费用。

3. 健全完善农村公路项目库，完善项目储备机制。加强项目库、设计审批、建设总承包、招投标备案、资金审批等重点领域和关键环节管理，全面实现数字化全过程网上办理。运用大数据推动行业决策科学化、管理精准化、服务便利化。

4. 规范农村公路质量监督管理。根据《广东省农村公路建设工程质量监督实施细则》，市交通运输主管部门负责农村公路建设项目质量监督工作。

5. 规范农村公路竣（交）工验收管理。根据《广东省农村公路建设工程竣（交）工验收办法》，重要农村公路建设项目竣（交）工验收按照交通运输部印发的《公路工程竣（交）工验收办法》执行；一般农村公路建设项目可将交工验收和竣工验收合并进行，由市交通运输主管部门按照工作职责和项目管理权限组织验收，并邀请市公安、安全生产监督管理等相关部门参加。验收合格后按规定统计申报入库，列入农村公路养护范围。

三、进度安排

本次决胜攻坚任务工作是省政府“四好农村路”建设专项任务，责任主体为市人民政府，负责统筹协调和筹措资金，市交通运输局是具体责任单位，负责具体组织实施以及指导、监督和检查攻坚任务工作，同时做好相关统计工作。

按照目标任务，分三个阶段组织实施。

（一）部署准备阶段（2020年4月26日前）。

1. 省、梅州市、兴宁市确认攻坚任务量。

2. 市交通运输主管部门根据省下发的攻坚任务完成项目方案设计。

（二）前期工作阶段（2020年5月25日前）。

1. 各镇人民政府（街道办事处）作为公路管养责任主体，充分履行主体责任，要协调工程建设中征地拆迁、质量安全等工作，确保工程顺利实施。

2. 市交通运输主管部门

具体负责项目的组织实施，按照因地制宜、经济实用、确保质量的原则，分类分片做好设计审批、财审、招投标等前期工作。

3. 鼓励镇、村两级筹资筹劳，拓宽社会融资渠道，以“出地代出资”等方式整合资金，支持“四好农村路”建设。

（三）施工阶段（2020年6—11月）。

项目全面开工建设，至2020年9月底，确保完成建设投资比例不低于35%。至2020年11月底，所有建设任务全面完工。

1. 项目业主与施工单位必须签订施工合同、廉洁合同、安全合同，依据合同实施管理，市交通主管部门组建监理组进行监理，也可委托社会监理。市交通主管部门应当按照相关规定督促施工单位做好施工路段现场管理，设置规范、齐全、醒目的施工及安全警示标志，保证施工路段的安全。

2. 坚持政府监督和社会监督有机结合，市交通运输局要加强建设质量监管和业务技术指导，成立质量管理机构对项目进行全过程抽检和指导，项目所在镇政府（街道办）、村（居委）邀请两代表一委员、村（居委）“两委”干部、村民理事会成员，以及当地较有威望、办事公正、敢做敢言的社会人士全程参与监督，确保工程质量经得起历史、经得起群众检验。

（四）验收考核阶段（2020年12月）。

根据《广东省农村公路建设工程竣（交）工验收办法》，一般农村公路建设项目由建设单位组织交工验收，可将交工验收和竣工验收合并进行，市交通运输主管部门负责组织验收，出具竣工验收报告，并按照“一路一档”进行资料整理。

四、保障措施

（一）加强组织保障。按照“省级统筹、市县落实、部门协同”的工作机制，市政府成立“四好农村路”建设决胜攻坚领导小组，科学制定攻坚方案，定期召开会议，高位推进。建立专项协调、督查通报、约谈问责、考核奖惩等工作制度，形成闭环联动机制。市政府每月召开一次项目研判会，每季度召开一次现场会，现场点评，比学赶超，强力推进。市交通运输局落实建设主体责任，成立相应组织领导机构，主要领导亲自抓，分管领导具体负责，明晰县镇工作职责、部门职责，明确时间表、路线图、责任单位和责任人。

（二）强化项目管理。项目实施应严格按照公路工程建设基本程序进行。加强对设计审批、招投标、施工许可、安全、合同、质量、资金、工程进度、档案、工程验收等环节的管理，认真落实农村公路建设“七公开”制度，抓好工程质量，确保工作实效。

（三）加强督促检查。市交通运输部门要履行好行业主管责任，按照“一月一会商、一月一跟进、一月一通报”的工作原则，及时掌握项目动态。市交通运输局要成立工作专班，挂图作战、倒排工期，并由局领导班子挂钩联系，安排1名专职协调员，负责做好项目跟踪、业务指导工作。

（四）强化示范引领。巩固省级“四好农村路”示范县成果，推广典型经验做法，充分发挥示范引领作用，大力营造比学赶超氛围，高效调动工作积极性。加强新闻宣传和舆论引导，综合运用各种宣传媒介，总结推广“四好农村路”在服务乡村振兴、服务脱贫攻坚、服务全面小康等方面的典型案例，激发广大群众爱路护路的内生动力。在完成此次攻坚任务的基础上，重点打造2—3条精品示范路。同时，要做好道路沿途原有修路功德碑的修缮保护工作。

（五）加强信息统计。建立信息统计机制，按照一月一报的要求，及时、准确地向上级主管部门报送工作进展情况，争取项目完工一个、上报一个、销号一个。加强与统计部门的协调，加强对业务人员的统计培训，科学统计、及时统计、合理纳统，确保数据真实准确。市交通运输主管部门应严格按照本行动方案的各项要求，扎实推进，狠抓落实，确保按时保质完成全市“四好农村路”建设攻坚任务。

2020年兴宁市国民经济和社会发展统计公报

2020年是极不平凡的一年，全市人民在兴宁市委市府的坚强领导下，坚持以习近平新时代中国特色社会主义思想为指导，深入学习贯彻习近平总书记出席深圳经济特区建立40周年庆祝大会和视察广东重要讲话、重要指示批示精神，按照广东省、梅州市和兴宁市委市府的部署要求，科学统筹常态化疫情防控和经济社会发展，全面强化“六稳”“六保”措施，决战决胜全面建成小康社会，确保了全市经济社会平稳有序发展。

一、综合

经济发展保持正增长。根据梅州市地区生产总值统一核算结果，2020年我市地区生产总值为179.17亿元，同比增长0.4%。其中：第一产业增加值51.70亿元，同比增长1.6%；第二产业增加值26.87亿元，同比下降8.3%；第三产业增加值100.59亿元，同比增长3.7%。三次产业结构比重为28.9∶15.0∶56.1。

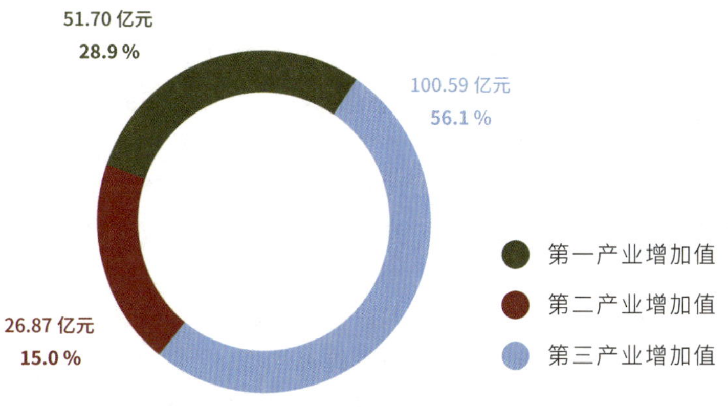

兴宁市三次产业结构比重分布图

二、农业

农业生产稳定发展。2020年，我市实现农业总产值82.70亿元，同比增长1.8%，增幅比前三季度回落0.3个百分点；农林牧渔业增加值51.95亿元，同比增长2.2%，增幅比前三季度回落0.5个百分点。

种植业发展稳定。全年粮食种植面积64.56万亩，比上年增长1.3%；全年粮食总产量28.57万吨，比上年增长1.0%；其中稻谷总产量27.63万吨，比上年增长1.2%；花生产量4559吨，比上年增长1.7%；蔬菜产量77.82万吨，比上年增长4.3%；茶叶产量2741吨，比上年增长4.4%；水果产量17.26万吨，比上年增长4.0%；沙田柚产量4.8万吨，比上年增长5.2%。

畜牧业产品总量减少。全年肉类总产5.02万吨，比上年下降6.3%。其中全年肉猪出栏39.45万头，比上年下降10.7%；产出猪肉2.87万吨，同比下降12.8%；出栏家禽2018万羽，比上年增长7.4%；禽肉产量2.01万吨，比上年增长4.5%。

渔业产量微跌。全年水产品产量1.74万吨，比上年下降0.6%。

三、工业

规模以上工业生产稳定。2020年，全市完成工业总产值69.37亿元，同比下降21.8%，完成工业增加值17.67亿元，同比下降25.9%。其中：69家规模以上工业企业完成工业总产值51.15亿元，同比增长5.5%；完成规模以上工业增加值12.71亿元，同比下降3.7%。

四、固定资产投资

固定资产投资保持较快增长。2020年，我市固定资产投资同比增长40.7%，在梅州排第一位。其中：房地产完成投资同比增长27.8%；项目投资同比增长47.7%；工业投资同比增长45.8%。

五、交通运输和邮电

交通建设成效明显，交通运输发展稳定。交通路网不断完善，基本完成梅龙高铁征地拆迁任务，完成国道205线宁新至新陂段路面改造、403.89公里“四好农村路”建设攻坚任务，锦绣大桥春节前建成通车，省道225线火车站至水口段（二期）、“一江两岸”河堤公路等项目加快建设，新改建9条市政道路。实施了一批主干道路口渠化工程，努力消除交通安全隐患。

邮电通信事业快速发展。2020年邮政业务总量2.38亿元，比上年增长87.3%，电信业务（含移动通信）总量比上年增长23.8%。年末移动电话用户达68.8万户，比上年增长11.3%。年末互联网用户达23.1万户，比上年增长5.4%。

六、国内贸易和市场物价

消费市场情况。2020年，全市实现社会消费品零售总额101.33亿元，同比下降6.6%，批发业实现销售额46.46亿元，零售业实现销售额48.16亿元，分别比2019年下降2.5%和8.5%；住宿业实现销售额1.07亿元，餐饮业实现销售额5.95亿元，分别比2019年下降26.6%和15.3%。

物价小幅上涨。全年居民消费价格总水平上升2.1%。分类别看：食品烟酒类上涨8.4%；医疗保健类上涨2.5%；教育文化和娱乐类上涨0.3%；衣着类下降0.2%；生活用品及服务类下降1.0%；交通和通信类下降2.7%；居住类下降3.6%。

七、对外经济贸易和旅游业

对外贸易发展情况。2020年，我市实现贸易进出口总额5.66亿元，同比下降9.4%，增速降幅比前三季度缩窄8.5个百分点。其中：出口总额4.64亿元，同比下降14.6%。进口总额1.02亿元，同比增长24.5%。实际利用外资101万元，同比增长16.1%。

旅游业发展情况。全年旅游接待总人数达211万人次，比上年下降63.7%，全年实现旅游收入12.73亿元，比上年下降73.5%。

八、财政、金融和保险业

财政收支情况。2020年，全市累计实现一般公共财政预算收入10.34亿元，同比增长1.2%；完成一般公共财政预算支出71.93亿元，同比增长4.4%。

金融运行稳健。2020年，全市金融机构各项存款余额379.3亿元，比年初增长5.3%，其中城乡居民储蓄存款余额303.3亿元，比年初增长11.6%。金融机构各项贷款余额238.5亿元，比年初增长19.1%。存贷比为62.9%，比年初提高7.7个百分点。

九、人口与社会保障

全市人口状况。2020年全市人口出生率11.16‰，死亡率5.66‰，自然增长率5.50‰。公安部门统计户籍人口为116.35万人。

民生民利持续增进。2020年，全年民生支出62.89亿元，占财政支出的87.35%。十件民生实事30项具体任务全面完成。城镇新增就业3530人、失业人员再就业2820人，城镇登记失业率2.45%。脱贫攻坚全面胜利，累计投入各类帮扶资金6.02亿元，建档立卡贫困户11109户27529人和58个省定贫困村全部达到脱贫标准。

注：1. 本公报各项统计数据均为初步统计数。

2. 公报中生产总值、各产业增加值和工业总产值、农业总产值绝对数按现价计算，增长速度按可比价计算。

（兴宁市统计局　2021年2月8日）

兴宁市第七次全国人口普查主要数据公报[1]

根据《中华人民共和国统计法》《全国人口普查条例》规定，我国进行了第七次全国人口普查[2]。在以习近平同志为核心的党中央坚强领导下，在市委、市政府统一部署下，在各级各有关部门的大力支持下，在全市各级普查机构和普查人员的共同努力下，在广大普查对象的积极配合下，我市第七次全国人口普查圆满完成普查现场登记工作，汇集了丰富翔实的普查数据，取得重要阶段性结果。根据第七次全国人口普查结果，现将2020年11月1日零时我市常住人口[3]的基本情况公布如下：

一、常住人口

全市常住人口[4]为779411人。

二、户别人口

全市常住人口中，共有家庭户[6]263824户，集体户5027户，家庭户人口为758509人，集体户人口为20902人。平均每个家庭户的人口为2.88人，比2010年第六次全国人口普查的3.68人减少0.8人。

三、人口性别构成

全市常住人口中，男性人口为390627人，占50.12%；女性人口为388784人，占49.88%。总人口性别比（以女性为100，男性对女性的比例）由2010年第六次全国人口普查的100.66下降为100.47。

全市常住人口中，0—14岁人口为181357人，占23.27%；15—59岁人口为429913人，占55.16%；60岁及以上人口为168141人，占21.57%，其中65岁及以上人口为122760人，占15.75%。与2010年第六次全国人口普查相比，0—14岁人口的比重提高4.57个百分点，15—59岁人口的比重下降11.85个百分点，60岁及以上人口的比重提高7.28个百分点，65岁及以上人口的比重提高 5.94 个百分点。

四、人口年龄构成

全市常住人口中，0—14 岁人口为 181357 人，占 23.27%；15-59 岁人口为 429913 人，占 55.16%；60 岁及以上人口为 168141 人，占 21.57%，其中 65 岁及以上人口为 122760 人，占 15.75%。与 2010 年第六次全国人口普查相比，0—14 岁人口的比重提高 4.57 个百分点，15—59 岁人口的比重下降 11.85 个百分点，60 岁及以上人口的比重提高 7.28 个百分点，65 岁及以上人口的比重提高 5.94 个百分点。

五、受教育程度人口

全市常住人口中，拥有大学（指大专及以上）文化程度的人口为 54709 人；拥有高中（含中专）文化程度的人口为 124562 人；拥有初中文化程度的人口为 347625 人；拥有小学文化程度的人口为 166317 人（以上各种受教育程度的人口包括各类学校的毕业生、肄业生和在校生）。与 2010 年第六次全国人口普查相比，每 10 万人中拥有大学文化程度的由 3481 人上升为 7019 人；拥有高中文化程度的由 16772 人下降为 15982 人；拥有初中文化程度的由 51205 人下降为 44601 人；拥有小学文化程度的由 17716 人上升为 21339 人。

与 2010 年第六次全国人口普查相比，全市常住人口中，15 岁及以上人口的平均受教育年限[7]由 9.31 年提高至 9.65 年。

全市常住人口中，文盲人口（15 岁及以上不识字的人）为 11607 人，与 2010 年第六次全国人口普查相比，文盲人口减少 11038 人，文盲率[8]由 2.35% 下降为 1.49%，下降 0.86 个百分点。

六、城乡[9]人口

全市常住人口中，居住在城镇的人口为 365661 人，占 46.92%；居住在乡村的人口为 413750 人，占 53.08%。与 2010 年第六次全国人口普查相比，城镇人口比重提高 6.21 个百分点。

七、流动人口[10]

全市常住人口中，人户分离人口[11]为 204254 人，流动人口为 204254 人。流动人口中，外省流入人口为 9308 人，省内流动人口为 194946 人。

各镇（街道）常住人口一览表

表 20

地　区	人口数（人）	比重（%）[5]
兴宁市	**779411**	**100.00**
兴田街道	131792	16.91
福兴街道	44620	5.72
宁新街道	122678	15.74
永和镇	24812	3.18
新圩镇	20828	2.67
罗浮镇	29073	3.73
罗岗镇	34391	4.41
黄槐镇	18081	2.32
龙田镇	24964	3.20

续表 20

地　区	人口数（人）	比重（%）[5]
石马镇	17436	2.24
宁中镇	21196	2.72
径南镇	17471	2.24
坭陂镇	45834	5.88
水口镇	37721	4.84
黄陂镇	41846	5.37
合水镇	19633	2.52
大坪镇	35964	4.61
叶塘镇	44013	5.65
新陂镇	25351	3.25
刁坊镇	21707	2.79

各镇（街道）常住人口性别构成一览表

表 21　　单位：%

地　区	占常住人口比重		性别比
	男	女	
兴宁市	**50.12**	**49.88**	**100.47**
兴田街道	49.33	50.67	97.36
福兴街道	49.55	50.45	98.21
宁新街道	48.72	51.28	95.01
永和镇	50.27	49.73	101.07
新圩镇	50.87	49.13	103.54
罗浮镇	50.79	49.21	103.22
罗岗镇	50.89	49.11	103.61
黄槐镇	50.72	49.28	102.91

续表 21

地 区	占常住人口比重		性别比
	男	女	
龙田镇	50.95	49.05	103.89
石马镇	50.91	49.09	103.69
宁中镇	50.23	49.77	100.91
径南镇	51.82	48.18	107.57
坭陂镇	50.48	49.52	101.93
水口镇	51.43	48.57	105.89
黄陂镇	49.86	50.14	99.43
合水镇	50.73	49.27	102.97
大坪镇	51.08	48.92	104.40
叶塘镇	50.58	49.42	102.34
新陂镇	50.32	49.68	101.29
刁坊镇	51.55	48.45	106.38

各镇（街道）常住人口年龄构成一览表

表 22　　单位：%

地区	占总人口比重			
	0—14 岁	15—59 岁	60 岁及以上	其中：65 岁及以上
兴宁市	**23.27**	**55.16**	**21.57**	**15.75**
兴田街道	23.37	57.97	18.66	13.43
福兴街道	24.53	57.46	18.01	12.71
宁新街道	25.02	57.26	17.72	12.54
永和镇	21.57	53.46	24.97	18.58
新圩镇	23.67	52.30	24.03	17.51

续表 22

地区	占总人口比重			
	0—14 岁	15—59 岁	60 岁及以上	其中：65 岁及以上
罗浮镇	25.95	52.34	21.71	16.09
罗岗镇	24.95	53.61	21.44	15.79
黄槐镇	22.31	57.27	20.42	14.75
龙田镇	20.99	54.88	24.13	17.69
石马镇	21.20	52.24	26.56	19.72
宁中镇	20.10	52.81	27.09	20.05
径南镇	18.95	53.04	28.01	20.49
坭陂镇	22.50	53.14	24.36	18.19
水口镇	23.32	53.69	22.99	16.91
黄陂镇	25.36	55.86	18.78	13.71
合水镇	22.18	54.20	23.62	17.14
大坪镇	24.06	52.56	23.38	17.10
叶塘镇	21.41	52.84	25.75	19.26
新陂镇	21.75	53.81	24.44	18.15
刁坊镇	19.86	54.22	25.92	19.56

注释：

[1] 本公报数据均为初步汇总数据。

[2] 普查标准时点为 2020 年 11 月 1 日零时，普查对象是普查标准时点在中华人民共和国境内的自然人以及在中华人民共和国境外但未定居的中国公民，不包括在中华人民共和国境内短期停留的境外人员。

[3] 常住人口包括：居住在本乡镇街道且户口在本乡镇街道或户口待定的人；居住在本乡镇街道且离开户口登记地所在的乡镇街道半年以上的人；户口在本乡镇街道且外出不满半年或在境外工作学习的人。

[4] 全市常住人口是指市内 20 个镇（街道）的人口，不包括居住在市内 20 个镇（街道）的港澳台居民和外籍人员。

[5] 指各 20 个镇（街道）的常住人口占全市常住人口的比重。

[6] 家庭户是指以家庭成员关系为主、居住一处共同生活的人组成的户。

[7] 平均受教育年限是将各种受教育程度折算成受教育年限计算平均数得出的，具体的折算标准是：

小学 =6 年，初中 =9 年，高中 =12 年，大专及以上 =16 年。
[8] 文盲率是指市内 20 个镇（街道）常住人口中 15 岁及以上不识字人口所占比例。
[9] 城镇、乡村是按国家统计局《统计上划分城乡的规定》划分的。
[10] 流动人口是指人户分离人口中扣除市辖区内人户分离的人口。
[11] 人户分离人口是指居住地与户口登记地所在的乡镇街道不一致且离开户口登记地半年以上的人口。

（兴宁市统计局　兴宁市第七次全国人口普查领导小组办公室 2021 年 5 月 25 日）

2020 年中共兴宁市委、市委办公室文件一览表

表 23

名称	发文日期	文号
中共兴宁市委关于印发《中共兴宁市委贯彻落实〈中共广东省委贯彻落实《中共中央关于坚持和完善中国特色社会主义制度、推进国家治理体系和治理能力现代化若干重大问题的决定》的实施意见〉的行动方案》的通知	2020-03-04	兴发〔2020〕1 号
中共兴宁市委　兴宁市人民政府关于印发《兴宁市支持深圳建设中国特色社会主义先行示范区的行动方案》的通知	2020-03-04	兴发〔2020〕2 号
中共兴宁市委　兴宁市人民政府关于印发《兴宁市支持广州市推动“四个出新出彩”的若干措施》的通知	2020-03-04	兴发〔2020〕3 号
中共兴宁市委　兴宁市人民政府关于印发《兴宁市深化乡镇街道体制改革完善基层治理体系实施方案》的通知	2020-08-14	兴发〔2020〕7 号
中共兴宁市委　兴宁市人民政府关于表彰 2019 至 2020 学年度教书育人先进集体和先进个人的通报	2020-09-09	兴发〔2020〕8 号
中共兴宁市委关于市委常委分工调整的通知	2020-11-03	兴发〔2020〕10 号
中共兴宁市委领导班子 2019 年度工作情况报告	2020-01-14	兴委〔2020〕5 号
中共兴宁市委 2019 年党建工作情况报告	2020-01-14	兴委〔2020〕6 号
中共兴宁市委关于召开十三届十次全会的情况报告	2020-01-14	兴委〔2020〕7 号

续表 23

名称	发文日期	文号
关于举办第二届农特产品展销暨农电商交流贸易会情况的报告	2020-01-19	兴委〔2020〕8 号
中共兴宁市委关于在兴宁市委十三届十次全会上递补兴宁市第十三届市委委员的备案报告	2020-01-21	兴委〔2020〕10 号
中共兴宁市委兴宁市人民政府关于新型冠状病毒感染的肺炎疫情防控工作的情况报告	2020-02-08	兴委〔2020〕11 号
中共兴宁市委关于同意市科学技术协会设立党组的批复	2020-02-12	兴委〔2020〕12 号
中共兴宁市委关于同意中共兴宁市环境保护局党组改设为中共梅州市生态环境局兴宁分局党组的批复	2020-02-12	兴委〔2020〕13 号
中共兴宁市委关于呈报《兴宁市深化镇（街道）体制改革完善基层治理体系实施方案（送审稿）》的请示	2020-02-20	兴委〔2020〕15 号
中共兴宁市委　兴宁市人民政府关于统筹推进疫情防控和经济社会发展工作的情况报告	2020-03-05	兴委〔2020〕16 号
中共兴宁市委关于同意中共兴宁市公路局党组改设为中共兴宁市公路事务中心党组的批复	2020-03-25	兴委〔2020〕19 号
中共兴宁市委关于同意市工业园管委会设立党组的批复	2020-06-08	兴委〔2020〕24 号
中共兴宁市委关于同意中共兴宁市应急管理局党组改设为党委的批复	2020-06-08	兴委〔2020〕25 号
中共兴宁市委关于同意成立中共兴宁市委教育工作委员会的通知	2020-06-08	兴委〔2020〕26 号
中共兴宁市委关于设立中共兴宁市第十五届人民代表大会第六次会议临时委员会的决定	2020-06-12	兴委〔2020〕27 号
关于兴宁市第十五届人民代表大会第六次会议补选市人大常委会副主任候选人预备人选建议名单推荐书	2020-06-12	兴委〔2020〕28 号
中共兴宁市委关于增补选政协兴宁市第十四届委员会常务委员候选人建议名单推荐书	2020-06-12	兴委〔2020〕29 号
中共兴宁市委　兴宁市人民政府关于邀请梅州市领导出席兴宁市产业转移工业园工业项目集中动工活动的请示	2020-07-01	兴委〔2020〕35 号
中共兴宁市委　兴宁市人民政府关于神光山“融丰一号”项目及护坡工程有关信访问题的调查报告	2020-07-03	兴委〔2020〕36 号
中共兴宁市委关于 2020 年上半年工作总结及下半年工作计划	2020-07-21	兴委〔2020〕38 号

续表 23

名称	发文日期	文号
中共兴宁市委兴宁市人民政府关于同意推荐兴宁市为广东省县级文明城市的请示	2020-07-28	兴委〔2020〕39 号
中共兴宁市委　兴宁市人民政府关于兴宁市 2019 年食品安全工作评议考核问题的整改报告	2020-08-26	兴委〔2020〕44 号
中共兴宁市委 兴宁市人民政府关于承办 2020 梅州互联网大会的请示	2020-09-17	兴委〔2020〕46 号
中共兴宁市委关于召开十三届十一次全会的情况报告	2020-10-13	兴委〔2020〕49 号
中共兴宁市委关于在兴宁市委十三届十一次全会上递补兴宁市第十三届市委委员的备案报告	2020-10-16	兴委〔2020〕51 号
中共兴宁市委关于学习贯彻落实习近平总书记出席深圳经济特区建立 40 周年庆祝大会和视察广东重要讲话重要指示精神的情况报告	2020-11-05	兴委〔2020〕53 号
中共兴宁市委　兴宁市人民政府关于兴宁市农村人居环境整治三年行动工作自查验收情况报告	2020-11-20	兴委〔2020〕56 号
中共兴宁市委 兴宁市人民政府关于承办 2020 第二届梅州互联网大会情况报告	2020-12-04	兴委〔2020〕57 号
中共兴宁市委 兴宁市人民政府关于 2020 年度食品安全工作情况的报告	2020-12-16	兴委〔2020〕58 号
中共兴宁市委兴宁市人民政府关于恳请梅州市安排领导出席兴宁广弘农牧 30 万头生猪养殖项目开工活动的请示	2020-12-23	兴委〔2020〕63 号
中共兴宁市委中共兴宁市委关于 2020 年脱贫攻坚工作情况的报告	2020-12-28	兴委〔2020〕66 号
中共兴宁市委中共兴宁市委关于 2020 年实施乡村振兴战略工作情况的报告	2020-12-28	兴委〔2020〕67 号
中共兴宁市委办公室　兴宁市人民政府办公室关于印发《兴宁市加强脱贫攻坚挂牌督导工作方案》的通知	2020-03-22	兴市办〔2020〕1 号
中共兴宁市委办公室关于印发《中共兴宁市委常委会“三重一大”事项清单》的通知	2020-04-20	兴市办〔2020〕2 号
中共兴宁市委办公室　兴宁市人民政府办公室关于印发《中共兴宁市罗浮镇委员会、兴宁市罗浮镇人民政府职能配置、内设机构和人员编制规定》的通知	2020-08-28	兴市办〔2020〕3 号
中共兴宁市委办公室　兴宁市人民政府办公室关于印发《中共兴宁市罗岗镇委员会、兴宁市罗岗镇人民政府职能配置、内设机构和人员编制规定》的通知	2020-08-28	兴市办〔2020〕4 号

续表 23

名称	发文日期	文号
中共兴宁市委办公室　兴宁市人民政府办公室关于印发《中共兴宁市大坪镇委员会、兴宁市大坪镇人民政府职能配置、内设机构和人员编制规定》的通知	2020-08-28	兴市办〔2020〕5 号
中共兴宁市委办公室　兴宁市人民政府办公室关于印发《中共兴宁市叶塘镇委员会、兴宁市叶塘镇人民政府职能配置、内设机构和人员编制规定》的通知	2020-08-28	兴市办〔2020〕6 号
中共兴宁市委办公室　兴宁市人民政府办公室关于印发《中共兴宁市新陂镇委员会、兴宁市新陂镇人民政府职能配置、内设机构和人员编制规定》的通知	2020-08-28	兴市办〔2020〕7 号
中共兴宁市委办公室　兴宁市人民政府办公室关于印发《中共兴宁市黄槐镇委员会、兴宁市黄槐镇人民政府职能配置、内设机构和人员编制规定》的通知	2020-08-28	兴市办〔2020〕8 号
中共兴宁市委办公室　兴宁市人民政府办公室关于印发《中共兴宁市黄陂镇委员会、兴宁市黄陂镇人民政府职能配置、内设机构和人员编制规定》的通知	2020-08-28	兴市办〔2020〕9 号
中共兴宁市委办公室　兴宁市人民政府办公室关于印发《中共兴宁市合水镇委员会、兴宁市合水镇人民政府职能配置、内设机构和人员编制规定》的通知	2020-08-28	兴市办〔2020〕10 号
中共兴宁市委办公室　兴宁市人民政府办公室关于印发《中共兴宁市龙田镇委员会、兴宁市龙田镇人民政府职能配置、内设机构和人员编制规定》的通知	2020-08-28	兴市办〔2020〕11 号
中共兴宁市委办公室　兴宁市人民政府办公室关于印发《中共兴宁市石马镇委员会、兴宁市石马镇人民政府职能配置、内设机构和人员编制规定》的通知	2020-08-28	兴市办〔2020〕12 号
中共兴宁市委办公室　兴宁市人民政府办公室关于印发《中共兴宁市径南镇委员会、兴宁市径南镇人民政府职能配置、内设机构和人员编制规定》的通知	2020-08-28	兴市办〔2020〕13 号
中共兴宁市委办公室　兴宁市人民政府办公室关于印发《中共兴宁市永和镇委员会、兴宁市永和镇人民政府职能配置、内设机构和人员编制规定》的通知	2020-08-28	兴市办〔2020〕14 号
中共兴宁市委办公室　兴宁市人民政府办公室关于印发《中共兴宁市宁中镇委员会、兴宁市宁中镇人民政府职能配置、内设机构和人员编制规定》的通知	2020-08-28	兴市办〔2020〕15 号
中共兴宁市委办公室 兴宁市人民政府办公室关于印发《中共兴宁市刁坊镇委员会、兴宁市刁坊镇人民政府职能配置、内设机构和人员编制规定》的通知	2020-08-28	兴市办〔2020〕16 号

续表 23

名称	发文日期	文号
中共兴宁市委办公室 兴宁市人民政府办公室关于印发《中共兴宁市坭陂镇委员会、兴宁市坭陂镇人民政府职能配置、内设机构和人员编制规定》的通知	2020-08-28	兴市办〔2020〕17 号
中共兴宁市委办公室 兴宁市人民政府办公室关于印发《中共兴宁市新圩镇委员会、兴宁市新圩镇人民政府职能配置、内设机构和人员编制规定》的通知	2020-08-28	兴市办〔2020〕18 号
中共兴宁市委办公室 兴宁市人民政府办公室关于印发《中共兴宁市水口镇委员会、兴宁市水口镇人民政府职能配置、内设机构和人员编制规定》的通知	2020-08-28	兴市办〔2020〕19 号
中共兴宁市委办公室 兴宁市人民政府办公室关于印发《中共兴宁市兴田街道工作委员会、兴宁市人民政府兴田街道办事处职能配置、内设机构和人员编制规定》的通知	2020-08-28	兴市办〔2020〕20 号
中共兴宁市委办公室 兴宁市人民政府办公室关于印发《中共兴宁市宁新街道工作委员会、兴宁市人民政府宁新街道办事处职能配置、内设机构和人员编制规定》的通知	2020-08-28	兴市办〔2020〕21 号
中共兴宁市委办公室 兴宁市人民政府办公室关于印发《中共兴宁市福兴街道工作委员会、兴宁市人民政府福兴街道办事处职能配置、内设机构和人员编制规定》的通知	2020-08-28	兴市办〔2020〕22 号
中共兴宁市委办公室 兴宁市人民政府办公室关于印发《兴宁市发展和改革局职能配置、内设机构和人员编制规定》的通知	2020-08-28	兴市办〔2020〕23 号
中共兴宁市委办公室 兴宁市人民政府办公室关于印发《兴宁市交通运输局职能配置、内设机构和人员编制规定》的通知	2020-08-28	兴市办〔2020〕24 号
中共兴宁市委办公室关于成立中共兴宁市委深化乡镇街道体制改革完善基层治理体系工作领导小组的通知	2020-01-22	兴委办〔2020〕1 号
中共兴宁市委办公室 兴宁市人民政府办公室关于调整市精神文明建设委员会成员的通知	2020-03-23	兴委办〔2020〕2 号
中共兴宁市委办公室关于调整市委、市人大常委会、市政府、市政协、市纪委领导挂钩联系镇（街道）工作安排的通知	2020-03-30	兴委办〔2020〕3 号
中共兴宁市委办公室关于调整中共兴宁市委巡察工作领导小组成员的通知	2020-06-04	兴委办〔2020〕4 号

续表 23

名称	发文日期	文号
中共兴宁市委办公室关于成立市委平安兴宁建设领导小组的通知	2020-06-30	兴委办〔2020〕5 号
中共兴宁市委办公室关于调整市委办公室正副主任和相关领导分工的通知	2020-07-09	兴委办〔2020〕6 号
中共兴宁市委办公室 兴宁市人民政府办公室关于成立兴宁市老区苏区振兴发展领导小组的通知	2020-08-04	兴委办〔2020〕7 号
中共兴宁市委办公室关于调整中共兴宁市委巡察工作领导小组成员的通知	2020-10-09	兴委办〔2020〕8 号
中共兴宁市委办公室关于调整市委全面深化改革委员会专项小组成员名单的通知	2020-10-21	兴委办〔2020〕9 号
关于以中共梅州市委办公室 梅州市人民政府办公室的名义下发《关于参加 2020 梅州互联网大会通知》的请示	2020-11-05	兴委办〔2020〕11 号
中共兴宁市委办公室关于调整部分市委领导挂钩联系镇（街道）工作安排的通知	2020-11-17	兴委办〔2020〕12 号
关于成立兴宁市机关事业单位绩效考核协调领导小组的通知	2020-01-13	兴市明电〔2020〕1 号
关于成立兴宁市“1·19”重大刑事案件处置工作领导小组的通知	2020-01-20	兴市明电〔2020〕2 号
关于成立兴宁市防控新型冠状病毒感染的肺炎疫情工作领导小组的通知	2020-01-23	兴市明电〔2020〕3 号
关于印发《兴宁市防控新型冠状病毒感染的肺炎疫情指挥部工作方案》的通知	2020-01-26	兴市明电〔2020〕4 号
关于调整兴宁市防控新型冠状病毒感染的肺炎疫情工作领导小组的通知	2020-01-26	兴市明电〔2020〕5 号
关于切实做好强降雨和降温天气防御工作的紧急通知	2020-02-15	兴市明电〔2020〕6 号

续表 23

名称	发文日期	文号
关于兴宁市 2019 年度党风政风建设评议结果的通报	2020-02-24	兴市明电〔2020〕7 号
关于做好 2020 年“行风热线”工作的通知	2020-02-24	兴市明电〔2020〕8 号
中共兴宁市委办公室 兴宁市人民政府办公室印发《关于加强基层应急管理建设的实施方案》的通知	2020-03-06	兴市明电〔2020〕9 号
关于印发《中共十三届兴宁市委第八轮巡察工作方案》的通知	2020-03-09	兴市明电〔2020〕10 号
中共兴宁市委办公室　兴宁市人民政府办公室关于印发《市级督检考事项工作指引》和《兴宁市 2020 年督查检查考核计划》的通知	2020-03-12	兴市明电〔2020〕11 号
中共兴宁市委办公室 兴宁市人民政府办公室关于全市 2019 年度无偿献血工作考核情况的通报	2020-03-13	兴市明电〔2020〕12 号
关于调整兴宁市创建省县级文明城市工作领导小组成员的通知	2020-03-17	兴市明电〔2020〕13 号
中共兴宁市委 兴宁市人民政府印发《关于统筹推进新冠肺炎疫情防控和经济社会发展工作的实施意见》的通知	2020-03-17	兴市明电〔2020〕14 号
中共兴宁市委办公室 兴宁市人民政府办公室关于印发《兴宁市 2020 年度重点项目责任分工安排表》的通知	2020-03-23	兴市明电〔2020〕15 号
中共兴宁市委办公室　兴宁市人民政府办公室关于做好《兴宁年鉴 2020》组稿工作的通知	2020-03-26	兴市明电〔2020〕16 号
中共兴宁市委办公室 兴宁市人民政府办公室关于印发《2020 年兴宁市打击治理电信网络新型违法犯罪专项工作总体方案》的通知	2020-03-31	兴市明电〔2020〕17 号
中共兴宁市委办公室　兴宁市人民政府办公室关于成立兴宁市农村土地（耕地）集约利用工作领导小组的通知	2020-04-01	兴市明电〔2020〕18 号
中共兴宁市委办公室关于印发《中共兴宁市委十三届十次全会重点工作责任分工安排表》的通知	2020-03-31	兴市明电〔2020〕19 号

续表 23

名称	发文日期	文号
中共兴宁市委办公室　兴宁市人民政府办公室关于做好2020年清明节期间有关工作的通知	2020-04-01	兴市明电〔2020〕20号
中共兴宁市委办公室 兴宁市人民政府办公室关于做好2020年汛期工作的通知	2020-04-01	兴市明电〔2020〕21号
中共兴宁市委办公室 兴宁市人民政府办公室关于成立兴宁市清明期间统筹疫情防控森林防灭火和安全生产工作专班的通知	2020-04-02	兴市明电〔2020〕22号
关于印发《兴宁市贯彻落实中央环境保护督察“回头看”及固体废物环境问题专项督察反馈意见暨省级环境保护督察反馈意见整改落实工作计划》的通知	2020-04-09	兴市明电〔2020〕23号
关于印发《2020年以市委或市委、市政府名义召开的全市性会议和全市重要政务活动安排》的通知	2020-04-10	兴市明电〔2020〕24号
中共兴宁市委办公室关于调整兴宁市扫黑除恶专项斗争领导小组成员的通知	2020-04-17	兴市明电〔2020〕25号
兴市明电〔2020〕26号中共兴宁市委办公室 兴宁市人民政府办公室关于2019年度全市安全生产责任制和消防工作考核情况的通报	2020-04-22	兴市明电〔2020〕26号
关于中共兴宁市委办公室 兴宁市人民政府办公室关于成立石马镇睿山生态园建设协调小组的通知	2020-04-23	兴市明电〔2020〕27号
中共兴宁市委办公室 兴宁市人民政府办公室关于市委、市人大常委会、市政府、市政协市纪委领导挂钩镇（街道）、学校专项检查督导2020年春季学期学生返校准备工作的通知	2020-04-24	兴市明电〔2020〕28号
中共兴宁市委办公室 兴宁市人民政府办公室关于调整兴宁市污染防治攻坚战指挥部成员的通知	2020-04-28	兴市明电〔2020〕29号
中共兴宁市委办公室　兴宁市人民政府办公室关于印发《兴宁市城市生活垃圾分类工作实施方案》的通知	2020-04-30	兴市明电〔2020〕30号
中共兴宁市委办公室 兴宁市人民政府办公室关于成立兴宁市工业园发展工作领导小组和工作专班的通知	2020-05-08	兴市明电〔2020〕31号

续表 23

名称	发文日期	文号
中共兴宁市委办公室关于印发《2020年市委常委会“一月一研判”基层党建工作安排》的通知	2020-05-07	兴市明电〔2020〕32号
中共兴宁市委办公室 兴宁市人民政府办公室关于成立兴宁市离退休干部帮扶工作领导小组的通知	2020-05-08	兴市明电〔2020〕33号
中共兴宁市委印发《关于建立市政府向市人大常委会报告国有资产管理情况制度的实施意见》的通知	2020-05-18	兴市明电〔2020〕34号
中共兴宁市委办公室 兴宁市人民政府办公室关于印发《兴宁市推进国有企业退休人员社会化管理实施方案》的通知	2020-05-18	兴市明电〔2020〕35号
中共兴宁市委办公室 兴宁市人民政府办公室关于切实做好当前强降雨和强对流天气防御工作的紧急通知	2020-05-20	兴市明电〔2020〕36号
中共兴宁市委办公室关于印发《兴宁市第六轮县级交叉巡察工作方案》的通知	2020-06-01	兴市明电〔2020〕37号
中共兴宁市委办公室 兴宁市人民政府办公室关于成立兴宁市名人故居（旧居）抢救保护利用工作领导小组的通知	2020-06-01	兴市明电〔2020〕38号
中共兴宁市委办公室 兴宁市人民政府办公室关于切实做好危化品运输车辆监管工作的紧急通知	2020-06-14	兴市明电〔2020〕39号
中共兴宁市委办公室 兴宁市人民政府办公室关于成立兴宁市2020年“广东扶贫济困日”活动领导小组的通知	2020-06-15	兴市明电〔2020〕40号
中共兴宁市委办公室关于印发《贯彻落实中央办公厅关于持续解决形式主义问题八条措施的分工安排》的通知	2020-07-15	兴市明电〔2020〕41号
中共兴宁市委办公室 兴宁市人民政府办公室关于印发《兴宁市环境综合治理与修复项目无障碍施工建设工作方案》的通知	2020-06-23	兴市明电〔2020〕42号
中共兴宁市委办公室 兴宁市人民政府办公室关于全面推动村党组织书记“三个一肩挑”的通知	2020-07-21	兴市明电〔2020〕43号
中共兴宁市委办公室 兴宁市人民政府办公室关于兴宁市2020年1—6月省市重点项目建设考评情况通报	2020-07-22	兴市明电〔2020〕44号

续表 23

名称	发文日期	文号
中共兴宁市委办公室 兴宁市人民政府办公室关于调整兴宁市民族宗教工作协调领导小组成员的通知	2020-07-23	兴市明电〔2020〕45 号
中共兴宁市委办公室 兴宁市人民政府办公室关于切实做好全市防旱抗旱工作的紧急通知	2020-07-29	兴市明电〔2020〕46 号
中共兴宁市委办公室 兴宁市人民政府办公室关于成立兴宁市中小学校长交流轮岗工作领导小组的通知	2020-08-04	兴市明电〔2020〕47 号
中共兴宁市委办公室关于印发《2020 年全市开展纪律教育学习月活动的意见》的通知	2020-08-07	兴市明电〔2020〕48 号
中共兴宁市委办公室 兴宁市人大常委会办公室关于进一步规范镇（街道）人大负责同志分管工作的通知	2020-08-07	兴市明电〔2020〕49 号
中共兴宁市委办公室关于组织市直和省、梅属驻兴单位党组织和在职党员到社区报到开展服务的通知	2020-08-11	兴市明电〔2020〕50 号
中共兴宁市委办公室 兴宁市人民政府办公室关于做好兴宁市深化乡镇街道体制改革完善基层治理体系有关事项的通知	2020-08-14	兴市明电〔2020〕51 号
中共兴宁市委办公室 兴宁市人民政府办公室关于做好迎接省“创文”实地考察和问卷调查工作的通知	2020-08-14	兴市明电〔2020〕52 号
中共兴宁市委办公室 兴宁市人民政府办公室关于认真做好市政协十四届五次会议重点提案办理工作的通知	2020-08-18	兴市明电〔2020〕53 号
中共兴宁市委办公室 兴宁市人民政府办公室关于印发《2020 年兴宁城区“创文创卫”市容环境综合整治专项行动方案》的通知	2020-08-18	兴市明电〔2020〕54 号
中共兴宁市委关于认真学习宣传贯彻《习近平谈治国理政》第三卷的通知	2020-08-20	兴市明电〔2020〕55 号
中共兴宁市委办公室 兴宁市人民政府办公室兴宁市 2020 年 1—7 月省市重点项目建设考评情况通报	2020-08-26	兴市明电〔2020〕56 号
中共兴宁市委办公室 兴宁市人民政府办公室关于成立兴宁市驻广州招商联络处暨兴宁特产展销中心的通知	2020-08-27	兴市明电〔2020〕57 号

续表 23

名称	发文日期	文号
中共兴宁市委办公室关于征集编纂《中国共产党兴宁历史第二卷（1949—1978）》图片、资料的通知	2020-09-01	兴市明电〔2020〕58 号
中共兴宁市委办公室 兴宁市人民政府办公室关于成立兴宁市创建国家森林城市工作领导小组的通知	2020-09-11	兴市明电〔2020〕59 号
中共兴宁市委办公室 兴宁市人民政府办公室关于成立《中国共产党兴宁历史第二卷（1949—1978）》编审委员会的通知	2020-09-10	兴市明电〔2020〕60 号
关于印发《兴宁市加强新时代爱国主义教育的实施方案》的通知	2020-09-22	兴市明电〔2020〕61 号
关于开展农村人居环境提升“百日攻坚”行动的通知	2020-09-22	兴市明电〔2020〕62 号
中共兴宁市委办公室 兴宁市人民政府办公室关于做好 2020 年国庆中秋节期间有关工作的通知	2020-09-27	兴市明电〔2020〕63 号
中共兴宁市委办公室 兴宁市人民政府办公室关于做好 2020 年国庆中秋节期间有关工作的通知	2020-09-27	兴市明电〔2020〕64 号
中共兴宁市委办公室 兴宁市人民政府办公室关于印发《兴宁市 2020 年度重点项目责任分工安排表》的通知	2020-09-30	兴市明电〔2020〕65 号
中共兴宁市委办公室兴宁市人民政府办公室关于印发《兴宁市实施“广东技工”工程工作方案》的通知	2020-10-12	兴市明电〔2020〕66 号
中共兴宁市委办公室 兴宁市人民政府办公室印发《关于深化改革加强食品安全工作的实施方案》的通知	2020-10-15	兴市明电〔2020〕67 号
中共兴宁市委办公室关于成立市村（社区）“两委”换届工作领导小组的通知	2020-10-16	兴市明电〔2020〕68 号
中共兴宁市委办公室 兴宁市人民政府办公室关于成立兴宁市根治拖欠农民工工资工作领导小组的通知	2020-10-19	兴市明电〔2020〕69 号
中共兴宁市委 兴宁市人民政府印发《兴宁市促进中医药传承创新发展实施方案（2020—2022 年）》的通知	2020-10-21	兴市明电〔2020〕70 号

续表 23

名称	发文日期	文号
中共兴宁市委办公室 兴宁市人民政府办公室关于成立兴宁市广电网络改革重组工作领导小组的通知	2020-10-20	兴市明电〔2020〕71 号
中共兴宁市委办公室关于印发建立党员领导班子成员党支部工作联系点的通知	2020-10-29	兴市明电〔2020〕72 号
中共兴宁市委办公室 兴宁市人民政府办公室关于印发《广州市天河区帮扶兴宁市第二届农特产品展销会工作方案》的通知	2020-11-02	兴市明电〔2020〕73 号
中共兴宁市委办公室 兴宁市人民政府办公室关于建立市领导挂钩村（社区）“两委”换届工作制度的通知	2020-11-03	兴市明电〔2020〕74 号
中共兴宁市委办公室关于做好 2021 年度重点党报党刊发行工作的通知	2020-11-10	兴市明电〔2020〕75 号
中共兴宁市委办公室印发《关于围绕学习贯彻习近平总书记出席深圳经济特区建立 40 周年庆祝大会和视察广东重要讲话重要指示精神开展“深调研”工作方案》等 3 个工作方案的通知	2020-11-12	兴市明电〔2020〕76 号
中共兴宁市委办公室关于转发《市委第一轮巡察整改“回头看”情况通报》的通知	2020-11-23	兴市明电〔2020〕77 号
中共兴宁市委办公室关于印发《市委常委挂点联系学校思想政治教育及意识形态工作调整方案》的通知	2020-12-04	兴市明电〔2020〕78 号
中共兴宁市委办公室 兴宁市人民政府办公室关于成立兴宁市“粤菜（客家菜）师傅”“广东技工”“南粤家政”三项工程领导小组的通知	2020-12-04	兴市明电〔2020〕79 号
中共兴宁市委办公室关于印发《中共十三届兴宁市委第九轮巡察工作方案》的通知	2020-12-11	兴市明电〔2020〕80 号
中共兴宁市委办公室 兴宁市人民政府办公室关于进一步加强全市非煤矿山与消防安全管理的紧急通知	2020-12-17	兴市明电〔2020〕81 号
中共兴宁市委办公室 兴宁市人民政府办公室关于做好当前寒潮防御工作和 2021 年元旦春节期间有关工作的紧急通知	2020-12-30	兴市明电〔2020〕82 号

2020年兴宁市人民政府、市政府办公室文件一览表

表24

名称	发文日期	文号
兴宁市人民政府关于加强2020年春节元宵期间神光山国家森林公园管理的通告	2020-01-22	兴市府〔2020〕1号
兴宁市人民政府关于印发兴宁市推进创建足球特区建设奖励扶持办法的通知	2020-03-17	兴市府〔2020〕5号
兴宁市人民政府关于征收水口镇博溪等村集体土地的土地征收启动公告	2020-04-16	兴市府〔2020〕6号
兴宁市人民政府关于征收水口镇布头村集体土地的土地征收启动公告	2020-04-16	兴市府〔2020〕7号
兴宁市人民政府关于印发兴宁市人民政府任命的国家工作人员宪法宣誓实施办法的通知	2020-04-26	兴市府〔2020〕8号
兴宁市人民政府关于征收水口镇博溪等村集体土地的征地补偿安置公告	2020-05-21	兴市府〔2020〕9号
兴宁市人民政府关于征收水口镇布头村集体土地的征地补偿安置公告	2020-05-21	兴市府〔2020〕10号
兴宁市人民政府关于印发《兴宁市村镇供水工程运行管理办法(试行)》的通知	2020-05-29	兴市府〔2020〕12号
兴宁市人民政府关于印发兴宁市南部新城宁新街道横湖村花树下刁屋房屋征收补偿安置方案的通知	2020-06-10	兴市府〔2020〕13号
兴宁市人民政府关于征收兴宁市南部新城宁新街道横湖村花树下刁屋房屋决定的公告	2020-06-10	兴市府〔2020〕14号
兴宁市人民政府关于新建梅州至龙川铁路项目（兴宁市段）的土地征收启动公告	2020-06-20	兴市府〔2020〕15号
兴宁市人民政府关于高考期间实行环境噪声管制和交通管制的通告	2020-06-23	兴市府〔2020〕16号
兴宁市人民政府关于征收福兴街道黄畿等村集体土地及征收土地补偿安置方案的公告	2020-07-07	兴市府〔2020〕18号
兴宁市人民政府关于征收叶塘镇大众等村集体土地的土地征收公告	2020-08-07	兴市府〔2020〕19号

续表 24

名称	发文日期	文号
兴宁市人民政府关于印发梅龙高铁（兴宁段）建设项目土地房屋征收补偿安置方案的通知	2020-08-11	兴市府〔2020〕20 号
兴宁市人民政府关于做好我市 2019 年退役士兵安置工作的通知	2020-08-11	兴市府〔2020〕21 号
兴宁市人民政府关于征收水口镇布头等村集体土地的土地征收启动公告	2020-08-24	兴市府〔2020〕22 号
兴宁市人民政府关于征收叶塘镇教礼等村集体土地的土地征收启动公告	2020-08-24	兴市府〔2020〕23 号
兴宁市人民政府关于在兴宁城区进行防空警报试鸣的通告	2020-09-09	兴市府〔2020〕24 号
兴宁市人民政府关于开展“房地一体”农村宅基地和集体建设用地确权总登记的通告	2020-09-18	兴市府〔2020〕25 号
兴宁市人民政府关于新建梅州至龙川铁路项目（兴宁市段）用地的征地补偿安置公告	2020-09-28	兴市府〔2020〕26 号
兴宁市人民政府关于征收叶塘镇龙坪等村集体土地的土地征收启动公告	2020-10-09	兴市府〔2020〕27 号
兴宁市人民政府关于印发兴宁市促进招商引资工作的若干措施的通知	2020-10-09	兴市府〔2020〕28 号
兴宁市人民政府关于征收叶塘镇教礼等村集体土地的征地补偿安置公告	2020-10-20	兴市府〔2020〕29 号
兴宁市人民政府森林防火禁火令	2020-10-22	兴市府〔2020〕30 号
兴宁市人民政府关于印发兴宁市征收土地地上附着物和青苗补偿标准的通知	2020-10-29	兴市府〔2020〕31 号
兴宁市人民政府关于印发兴宁市加快互联网产业发展的若干措施的通知	2020-11-02	兴市府〔2020〕32 号
兴宁市人民政府关于征收叶塘镇龙坪等村集体土地的征地补偿安置公告	2020-11-13	兴市府〔2020〕33 号
兴宁市人民政府关于征收黄陂镇振光等村集体土地的土地征收启动公告	2020-11-13	兴市府〔2020〕34 号
兴宁市人民政府关于征收水口镇布头村集体土地的土地征收公告	2020-11-13	兴市府〔2020〕35 号

续表 24

名称	发文日期	文号
兴宁市人民政府关于划定禁止使用高排放非道路移动机械区域的通告	2020-11-25	兴市府〔2020〕36 号
兴宁市人民政府关于征收黄陂镇振光等村集体土地的征地补偿安置公告	2020-12-02	兴市府〔2020〕37 号
兴宁市人民政府房屋征收告知书	2020-12-09	兴市府〔2020〕38 号
兴宁市人民政府关于征收水口布头等村集体土地的征地补偿安置公告	2020-12-09	兴市府〔2020〕39 号
兴宁市人民政府办公室关于印发兴宁市畜禽养殖禁养区划分修订方案（试行）的通知	2020-02-28	兴市府办〔2020〕1 号
兴宁市人民政府办公室关于印发兴宁市足球发展专项资金管理实施方案的通知	2020-03-13	兴市府办〔2020〕2 号
兴宁市人民政府办公室关于印发兴宁市紧密型县域医疗卫生共同体建设实施方案的通知	2020-05-27	兴市府办〔2020〕3 号
兴宁市人民政府办公室关于印发兴宁市残疾儿童康复救助实施办法的通知	2020-06-08	兴市府办〔2020〕4 号
兴宁市人民政府办公室关于印发兴宁市 60 周岁以上老人中小学生残疾人现役军人驻兴部队家属等群体免费乘坐客运车辆实施方案的通知	2020-07-10	兴市府办〔2020〕5 号
兴宁市人民政府办公室关于印发兴宁市普通公路“路长制”工作方案的通知	2020-08-05	兴市府办〔2020〕6 号
兴宁市人民政府办公室关于印发兴宁市进一步稳定和促进就业若干政策措施的通知	2020-10-10	兴市府办〔2020〕7 号
兴宁市人民政府办公室关于成立兴宁市离岗基层老兽医认定工作领导小组的通知	2020-01-09	兴市府办函〔2020〕1 号
兴宁市人民政府办公室关于成立水口镇强兴灯饰店“1·9”火灾事故调查组的通知	2020-01-09	兴市府办函〔2020〕2 号
兴宁市人民政府办公室关于印发 2020 年度市政府常务会议学法计划的通知	2020-01-15	兴市府办函〔2020〕4 号
兴宁市人民政府办公室关于成立兴宁市培育企业上市工作领导小组的通知	2020-01-20	兴市府办函〔2020〕6 号
兴宁市人民政府办公室关于成立兴宁市应对新冠肺炎疫情推动复工复产工作领导小组的通知	2020-02-21	兴市府办函〔2020〕7 号

续表 24

名称	发文日期	文号
兴宁市人民政府办公室关于成立兴宁市第二自来水厂扩建工程工作领导小组的通知	2020-03-02	兴市府办函〔2020〕8号
兴宁市人民政府办公室关于印发兴宁市企业诉求响应工作机制的通知	2020-03-03	兴市府办函〔2020〕9号
兴宁市人民政府办公室关于印发兴宁市镇级及以下集中式饮用水水源地专项整治工作方案的通知	2020-03-06	兴市府办函〔2020〕11号
兴宁市人民政府办公室关于成立兴宁市第七次全国人口普查领导小组的通知	2020-03-09	兴市府办函〔2020〕12号
兴宁市人民政府办公室关于调整兴宁市重点水利工程防汛责任人的通知	2020-03-11	兴市府办函〔2020〕13号
兴宁市人民政府办公室关于调整市防汛防旱防风指挥部成员的通知	2020-03-11	兴市府办函〔2020〕14号
兴宁市人民政府办公室关于调整兴宁市电子商务进农村综合示范工作领导小组成员及明确职责分工的通知	2020-04-21	兴市府办函〔2020〕18号
兴宁市人民政府办公室关于印发兴宁市人民政府2020年度重大行政决策事项目录和兴宁市人民政府2020年度重大行政决策听证事项目录的通知	2020-04-23	兴市府办函〔2020〕19号
兴宁市人民政府办公室关于成立创建国家安全发展示范城市工作领导小组的通知	2020-05-11	兴市府办函〔2020〕22号
兴宁市人民政府办公室关于调整兴宁市质量强市工作领导小组成员的通知	2020-05-20	兴市府办函〔2020〕23号
兴宁市人民政府办公室关于印发兴宁市数字政府改革建设2020年工作要点的通知	2020-05-26	兴市府办函〔2020〕25号
兴宁市人民政府办公室关于印发兴宁市创建国家级电子商务进农村综合示范县（市）工作方案的通知	2020-05-26	兴市府办函〔2020〕26号
兴宁市人民政府办公室关于印发兴宁市2020年“四好农村路”建设攻坚方案的通知	2020-05-27	兴市府办函〔2020〕29号
兴宁市人民政府办公室关于印发小（1）型水库防汛行政责任人的通知	2020-06-01	兴市府办函〔2020〕30号
兴宁市人民政府办公室关于开展2020年政府挂牌督办火灾高风险区域整治工作的通知	2020-06-23	兴市府办函〔2020〕36号

续表 24

名称	发文日期	文号
兴宁市人民政府办公室关于建立兴宁市养老服务部门间联席会议制度的通知	2020-07-10	兴市府办函〔2020〕40 号
兴宁市人民政府办公室关于印发《兴宁市合水水库饮用水水源地突发环境事件应急预案》《兴宁市和山岩水库饮用水水源地突发环境事件应急预案》的通知	2020-07-15	兴市府办函〔2020〕42 号
兴宁市人民政府办公室关于印发兴宁市地质灾害防治三年行动方案（2020—2022 年）的通知	2020-07-20	兴市府办函〔2020〕43 号
兴宁市人民政府办公室关于印发兴宁市县镇两级国土空间总体规划（2020—2035 年）编制工作方案的通知	2020-07-20	兴市府办函〔2020〕44 号
兴宁市人民政府办公室关于印发兴宁市畜禽养殖废弃物资源化利用工作实施方案（修订版）的通知	2020-07-30	兴市府办函〔2020〕47 号
兴宁市人民政府办公室关于公开选调公务员的通知	2020-09-09	兴市府办函〔2020〕53 号
兴宁市人民政府办公室关于成立兴宁市创建全国基层中医药工作先进单位领导小组的通知	2020-08-31	兴市府办函〔2020〕51 号
兴宁市人民政府办公室关于调整兴宁市人民政府教育督导委员会成员的通知	2020-09-01	兴市府办函〔2020〕52 号
兴宁市人民政府关于印发兴宁市“房地一体”农村不动产登记发证工作实施方案的通知	2020-09-15	兴市府办函〔2020〕55 号
兴宁市人民政府办公室关于聘任兴宁市督学的通知	2020-09-29	兴市府办函〔2020〕59 号
兴宁市人民政府办公室关于调整兴宁市老龄工作委员会成员的通知	2020-09-29	兴市府办函〔2020〕60 号
兴宁市人民政府办公室关于印发兴宁市促进家政服务业提质扩容工作方案的通知	2020-10-10	兴市府办函〔2020〕61 号
兴宁市人民政府办公室关于梅州市七届人大七次会议第 20200007 号代表建议会办意见的函	2020-10-16	兴市府办函〔2020〕63 号
兴宁市人民政府办公室关于梅州市政协七届四次会议第 20200056 号提案答复的函	2020-10-16	兴市府办函〔2020〕64 号

续表 24

名称	发文日期	文号
兴宁市人民政府办公室关于梅州市政协七届四次会议第 20200145 号提案答复的函	2020-10-16	兴市府办函〔2020〕65 号
兴宁市人民政府办公室关于成立兴宁市防震抗震救灾指挥部的通知	2020-10-16	兴市府办函〔2020〕66 号
兴宁市人民政府办公室关于调整兴宁市食品安全委员会组成单位和人员的通知	2020-10-20	兴市府办函〔2020〕67 号
兴宁市人民政府办公室关于梅州市政协七届四次会议第 20200175 号提案答复的函	2020-10-22	兴市府办函〔2020〕69 号
兴宁市人民政府办公室关于成立兴宁市安葬（放）设施违规建设经营专项摸排暨违建墓地专项整治成果巩固提升行动领导小组的通知	2020-11-06	兴市府办函〔2020〕72 号
兴宁市人民政府办公室关于成立兴宁市药品安全监督管理工作领导小组的通知	2020-11-13	兴市府办函〔2020〕73 号
兴宁市人民政府办公室关于成立兴宁市第一次全国自然灾害综合风险普查领导小组的通知	2020-11-17	兴市府办函〔2020〕74 号
兴宁市人民政府办公室关于印发兴宁市野生动物及其栖息地保护管理工作方案的通知	2020-11-24	兴市府办函〔2020〕76 号
兴宁市人民政府办公室关于公布 2020 年兴宁市气象灾害防御重点单位的通知	2020-11-24	兴市府办函〔2020〕77 号
兴宁市人民政府办公室关于印发兴宁市非道路移动机械大气污染防治工作实施方案的通知	2020-11-25	兴市府办函〔2020〕78 号
兴宁市人民政府办公室关于暂停办理房屋征收范围内建房审批等相关手续的通知	2020-12-09	兴市府办函〔2020〕80 号
兴宁市人民政府办公室关于调整兴宁市困难群众基本生活保障工作协调机制成员的通知	2020-12-17	兴市府办函〔2020〕81 号
兴宁市人民政府办公室关于印发兴宁市“三小”场所、出租屋（群租房）和电动自行车消防安全专项治理行动方案的通知	2020-12-21	兴市府办函〔2020〕82 号
兴宁市人民政府办公室关于成立兴宁市全民所有制企业公司制改革工作领导小组的通知	2020-12-29	兴市府办函〔2020〕87 号

主题索引

说 明

一、本索引采用主题分析方法，款目按汉语拼音字母（同音字按声调）顺序排列。

二、文中的类目题、分目题、次分目题用黑体字标明，其余用宋体字排印。

三、索引款目后的数字表示内容所在的页码，数字后面的拉丁字母（a、b、c）表示栏别（即版面的三栏）。

四、同一主题的内容在文中多次出现的，在其款目后用不同的页码标明。

五、本索引对《特载》《年度关注》《大事记》《名录》及《附录》等篇不做内容主题分析。

A

B

C

G

H

J

N

P

Q

R

S

T

W

X

Z